G. I. 구르지예프와 소태산 박중빈

동·서양에서의 '온전한 인간' 만들기 실험

G.I. 구르지예프와 소태산 박중빈

동·서양에서의 '온전한 인간' 만들기 실험

김성규(종천) 지음

일러두기

1. 소태산 대종사는 교조이고 1대 종법사는 정산 종사, 2대 종법사는 대산 종사로 지칭하는 것은 저자의 개인적인 의견임을 밝힌다.
2. 본문에 사용된 외국어 발음 표기는 저자의 표기 방식에 따랐다.

아버님(金熙泰)
어머님(崔命順)
　영전에

게오르기 이바노비치 구르지예프
George Ivanovitch Gurdjieff
1866? - 1949

소태산 박중빈 대종사
少太山 朴重彬 大宗師
1891 - 1943

차례

• 머리말 … 011

제1장   **구도의 길**

1. G.I. 구르지예프 … 021
2. 캅카스의 별 … 035
3. 목마른 '선재 동자' … 050
4. 구도의 길에서 … 069
5. 현대의 달마대사 … 081
6. 천면불 … 092
7. 개벽의 일꾼 … 114

제2장   **제생의세**

1. 제도의 첫걸음 … 123
2. 터키에서의 '온전한 인간 개발학교' … 137
3. 마지막 본부는 프랑스로 … 145

4. 프랑스에서의 학교 ··· 165
5. 차량 정비소 ··· 180
6. 구르지예프의 경구 ··· 189
7. 위험한 공부 ··· 195
8. 쿼바디스 도미네 ··· 204
9. 주연과 조연 그리고 엑스트라 ··· 214
10. 모이 쪼는 새들 ··· 225
11. 구르지예프의 제자들 ··· 232
 1) 오라지 ··· 234
 2) 우스펜스키 ··· 244
 3) 토마스 드 하르트만 ··· 254
 4) 레즈비언 그룹 ··· 261
 5) 제자들의 전등록 ··· 264
12. 구르지예프의 부모 사랑 ··· 269

제3장   무량법문

1. 전쟁과 인간 ··· 277
 1) 전쟁의 외적인 원인 ··· 277
 2) 전쟁의 내적 원인 ··· 292
 3) 사랑이 해답 ··· 309
2. 스탑! ··· 332
 1) 충격요법 ··· 332
 2) 완충장치 ··· 340

   3) 멈추는 방법 ··· 352
   4) 왜 멈추어야 하나? ··· 360
3. 부정적 감정들 ··· 377
4. 인간기계 ··· 393
5. 셀프-리멤버링 ··· 402
   1) 셀프-리멤버링이란? ··· 402
   2) 셀프-리멤버링과 유사한 명칭들 ··· 414
   3) 셀프-리멤버링의 방법 ··· 419
   4) 셀프-리멤버링의 공덕 ··· 423
   5) 셀프-리멤버링과 증인되기의 차이 ··· 426
   6) 셀프-리멤버링과 비슷한 다른 종교의 수행법 ··· 429
6. 종교예술 ··· 437
7. '가짜' 예술품은 보지도 말자 ··· 443
8. 타지마할 - 또 하나의 상징 ··· 450
9. 의도적 예술로서의 건축과 색조 ··· 460
10. 가톨릭 성당 ··· 466
11. 의도적 예술인 '음악' ··· 475
12. 의도적 예술인 '그림'과 '경전' ··· 481
13. 바보들을 위하여 건배! ··· 486

• 맺음말 ··· 504

• 연표 ··· 507
• 참고한 책 ··· 510

머리말

G.I 구르지예프는 현대의 보리달마요, 소태산 박중빈은 부처 중의 부처님입니다. 소태산의 수제자 정산鼎山 송규宋奎, 1900~1962)는 스승의 비명비명碑銘에서, '백억화신百億化身의 여래如來시오 집군성이대성集群聖而大成'이라 찬탄하였습니다.

그들은 이제 인류 역사상 하나의 '사건'이 되었습니다.

구르지예프와 소태산은 각자 문화와 정치적 여건이 다른 서양과 동양에 있으면서도 불구하고, 물질이 개벽하는 시대가 요청하는 새로운 인간상, 즉 온전한 인간을 만들기 위해 평생에 시종일관 성의를 다하였습니다.

당신은 이 세상에 초대를 받고 나오셨나요? 아니면 그냥 던져졌나요? '잉여' '루저' '패배자?' 이것도 저것도 아니라면 격발이 잘못된 오발탄입니까? 답을 알 수 없는 어리둥절한 질문에 당황하실 겁니다. 가끔 누구를 만나기도 하고 또 뒤도 돌아보지 않고 '아듀!' 하며 헤어지기도 하지만, 그래놓고도 '우리 만남은 우연이 아니야, 그것은 우리의 바람이었어'라고 잠꼬대 또한 잊지 않습니다.

그러나 또 다른 면으로는 구류중생九類衆生[1] 가운데 사람 몸 받기가 그렇게도 힘들다고 하는데, 그런 귀한 몸을 가지고 또 누구를 만난다는 것은 그야말로 횡재입니다.

살면서 누구를 만났느냐가 나의 본질이 됩니다. 그래서 마르틴 부버는 요한복음에서처럼 "태초에 로고스가 있었다."라고 하지 않고, "태초에 관계가 있었다."라고 하였습니다. 처음에 인연이 있었던 겁니다. 이 것이 있으므로 저것이 있고 저것이 있으므로 그것이 존재하는 연기설이지요. 부버는 또 말합니다. "만남은 결코 존재의 모자람 때문에 이루어지는 것이 아니라, 오히려 만남이 존재를 발견하게 한다."고요.

우리는 누군가를 알아서 사랑하는 것이 아니라, 사랑하기 시작해서 점점 알게 되는 것이니까요. 그러니 그 만남이 좋은 소리를 내려면 '곳곳이 부처님 일마다 불공'으로 이어져야겠지요.

남성중심주의사회에서 나온 묘사이긴 하지만, 여성은 인생을 건너가는데 다섯 명의 중요한 남자를 만납니다. 첫째는 '남자란 이런 동물이다'라는 것을 알게 해준 사람, 둘째는 사랑에 눈을 뜨게 하여준 남자, 셋째는 섹스의 세계가 어떤 것인지 구경시켜준 남자, 넷째는 행복의 나라가 어떤 것인지 창문을 열어준 남자, 다섯째는 자신이 어떤 여자인지 생의 의의 즉 존재감을 각인시켜준 남자입니다.

그리고 너스레를 떨자면 심리학에서는 살면서 보통 결정적인 다섯 사람 five pivotal people을 만난다고 하는데, 유아기에 자신을 보호해준 부모, 사춘기나 혼란스러운 청소년 때 중심을 잡아준 친구나 스승, 성인

---

[1] 과거에 지은 선악의 업에 따라 9가지 형태의 몸을 받는다는 이야기, 출처는 『금강경』.

이 되어 사회 초년병 시절에 만나는 사람 그리고 나머지 두 사람은 성인이 된 후에 만난다고 합니다.

만남은 그것만으로도 운명이 결정됩니다. 왜냐하면 내 삶은 내가 어쩔 수 있는 것이 아니요, 인생이란 우리가 생각하는 것보다는 훨씬 비좁은 것이기 때문입니다.

그래서 상생의 인연으로 만나는 것이 필요하고, 여러 가지 복 중에서 인연복이 가장 좋은 것이라고 강조하는 것입니다.

역사적으로 예를 들면, 소크라테스와 플라톤, 예수와 바울[2], 공자와 안연, 왕양명과 총애하였던 제자 서애徐愛[3], 일본 조동종 종조 도겐道元과 중국 천동산天童山의 여정如淨 선사, 마르크스와 레닌[4], 프로이트와 라캉[5], 천문학자 에드윈 허블Edwin Hubble과 밀튼 휴메이슨Milton Humason[6], 또 스승과 제자가 나란히 걷다가 스승이 물웅덩이에 빠졌는데도 제자는 모르는 척 가던 길을 계속 갔고, 그런데도 스승은 그 제자를 칭찬하

---

2 바울(바오로, 원래 이름은 사울)은 예수를 친견하지는 못했으나, 그리스도의 수난을 자신의 승리로 재해석하여, 예수의 가르침을 로마화 내지 세계화하였다.
3 안연과 서애는 같은 나이인 31세에 죽었고, 그들의 스승들 또한 제자의 요절을 통곡하였다.
4 러시아 내에서도 레닌은 동부 경계지역인 타타르 출신으로 인정을 받지 못했고, 생전에 마르크스나 엥겔스를 만난 적은 없다.
5 라캉은 소시르를 반사경 삼아 프로이트를 읽었다.
6 미국 캘리포니아주의, 해발 1,800m에 있는 윌슨산 천문대에서 휴 메이슨의 도움으로, 허블은 우주 팽창의 증거를 발견하여 20세기 천문학계 최고의 영웅으로 등극하였다. 휴 메이슨은 중학교 중퇴로 노새가 이끄는 수레를 모는 건달이었는데, 기계를 다루는 재주가 인정되어 정식 천문대원이 되었고, 허블과 죽이 맞아 그의 오른팔 노릇을 하였다.

는 철학자 피론Pyrrhon과[7] 그의 스승 아브데라의 아낙사고라스Anaxagoras 의 만남인 회의주의자들의 동행도 있습니다. 그리고 픽션이긴 하지만, 어린 나이에도 불구하고 성적 선택권을 행사할 수 있었던 이몽룡과 성춘향 등 부지기수입니다.

그런데 성인은 혼자 출현하는 것이 아니고 반드시 조력자와 함께 등장하는데, 퇴계 이황李滉과 같이 공자와 맞먹는 인격을 가졌으면서도, 운이 없으면 후학들이 못나 스승을 천추에 빛나는 성인의 반열에 드러내지 못하는 경우도 가끔 있습니다.

소태산 박중빈의 가르침을 이어받아 원불교 1대 종법사[8]로 교단의 틀을 만들었고 법모法母로 존경받는 정산 송규는 스승과 해후한 남다른 소회를 다음과 같이 피력하였습니다.

"나는 평생에 기쁜 일 두 가지가 있노니, 첫째는 이 나라에 태어남이요, 둘째는 대종사를 만남이라."(『정산종사법어』 기연편 8장)

"… 다행히 대종사를 뵈온 그날부터는 그 모든 고통이 일소되고, 다만 나의 심리작용이 추호라도 사에 끌리어 허공같이 되지 못하는가 걱정이요 삼대력三大力이[9] 부족하고 공심이 널리 미치지 못하는가 근심이

---

7 피론은 알렉산더 대왕의 군대에 소속된 병사로 인도에서 2년 넘게 살았고, 그곳에서 불교 철학을 공부했던 듯하다.
8 소태산 대종사는 교조이고 1대 종법사는 정산 종사, 2대 종법사는 대산 종사로 지칭하는 것은 저자의 개인적인 의견임을 밝힌다.
9 원불교 수행의 주요개념으로, 정신수양을 해서 얻은 수양력, 사리연구로 얻은 연구력, 작업취사로 얻은 취사력의 세 가지를 말함.

될 뿐, 학문이나 기술이나 명리 등에는 조금도 끌리거나 부러운 바가 없었노라."(『정산종사법어』 기연편 9장)

"나는 대종사를 뵈온 후로는 일호의 이의가 없이 오직 가르치는 대로만 순종하였으며, 다른 것은 모르지마는 이 법으로 부처 되는 길만은 확실히 자신하였노니, 그대들이 기필 성불하고자 하거든 대종사의 교법대로만 수행하고 나의 지도에 순종하라."(『정산종사법어』 기연편 10장)

'만남'이 곧 길입니다. 모든 만남은 우리의 서 있는 자리를 증언해주고 또 가야 할 길을 가르쳐 줍니다. 거기 그 자리에 우뚝 서 있는 '그분'에게 다가가 식어버린 심장을 다시 뛰게 하여 달라고 조를 수 있는, '그 사람'과 만나기를 기도합시다.

그런데 기다리기만 한다고 뭐가 될까요?
일본의 신하가 되기를 거부하다 발바닥 껍질이 벗긴 채 화형을 당했다는 신라의 충신 박제상과 그를 기다리다 망부석이 되었다는 아내. 그런 사연이 담긴 노래가 '치술령곡'이라 전해지기는 하지만 내용은 알 길이 없습니다. 뭐 제주도의 망부석望夫石 설화와 관계된 이런 것이겠지요. 유달산의 월출봉에 오른 청년과 제주도의 일출봉에 오른 제주도 섬 여인의 사연도 기가 막히지요.

일출봉에 해 뜨거든 날 불러주오
월출봉에 달 뜨거든 날 불러주오
기다려도 기다려도 임 오지 않고
빨래 소리 물레 소리에 눈물 흘렸네

봉덕사에 종 울리면 날 불러주오
저 바다에 바람 불면 날 불러주오
기다려도 기다려도 임 오지 않고
파도 소리 물새 소리에 눈물 흘렸네

- 김민부 작사, 장일남 작곡, '기다리는 마음'

기다린다는 것은 오늘 하루를 다른 날들과는 좀 다르게 만드는 일이라는 『어린 왕자』에서 여우가 한 말과 같이, 선善을 못하면 악惡이라도 좀 저질러야 뭐가 되는 것이 아니냐고 삐딱하게 생각도 해봅니다.

무작정 기다린다는 것처럼 불길한 고문 또한 없습니다. '안동역에서'의 가사처럼 오는 것인지 안 오는 것인지 알 수도 없고, 이미 지나간 버스를 마냥 기다리는 것일 수도 있을 테니까요. 그런데 문제는 그 '버스'가 지나갔는지 안 지나갔는지 도무지 알 수 없다는 것에 우리의 '공포'가 있다는 것입니다.

결국 공부 또는 수행이란 별것이 아닙니다. 요란한 것을 진정시키고(精神修養), 막힌 것을 사통오달로 뚫어주어 멍청한 것을 지혜롭게 해주며(事理硏究), 굽은 것을 펴주는(作業取捨) 일이지요. 달리 말하면 맑고 밝고 훈훈하게 사는 것이고, 다른 표현으로는 '맑은 마음, 밝은 생각, 바른 실천'[10]입니다.

이 책은 구르지예프 부처님을 주연으로, 그의 개괄적인 특징과 동서

---

10 장흥 대덕초등학교와 나주 중앙초등학교, 전남여고의 교훈이었는데, 현산 한양직의 글

에 걸친 광범위한 구도와 제생의세의 여정을 차례로 살펴본 후, 그의 사상 중 소태산 부처님의 가르침과 관계가 있고, 수행인으로서 자극을 받을 수 있는 부분을 주제별로 살펴보았습니다.

두 분 다 평생을 '온전한 인간 만들기'에 성심성의를 다하고, 이론을 위한 이론 같은 것에는 관심도 없이 실제 인간을 두고 임상실험을 하신 만큼, 이 책은 '의식 있는 공부인'에게는 잔칫상이 될 것입니다.

프랑스 아봉에 있는 구르지예프 학교 본부

제1장
구도의 길

1.
G.I. 구르지예프

인생이 절반이라도 모차르트의 터키행진곡 같은 리듬에 올라탔으면 얼마나 좋을까. 이리저리 좌고우면左顧右眄 눈치 안 보고 침을 튀기거나 말거나 나만의 노래를 불렀으면 하는 말이다. 행진곡 위에서의 '나'는 쓸데없는데 한눈을 팔 겨를이 없다.

"밥은 먹고 다니냐?"라는 어느 영화의 마지막 대사처럼 세 끼를 다 꼬박꼬박 먹고 다녔지만, 해놓은 것 없이 밥만 축내다 힘없이 늙어버린 불쌍한 두 다리는 기껏해야 간단한 트레킹도 버겁다. 젊어서 드럼 소리에 맞춰서 인생을 '행진' 한 번 제대로 해보지도 못한 양쪽 다리에 또한 죄송하기 짝이 없다.

전인권이 작곡을 하고, 먼저 가버린 허성욱의 수려한 피아노로 시작하는 가요 '행진'은 1980년 후반의 암울한 시대 상황을 대변한다. 그 격동의 현대사에서 팔자에 없는 미국 교화를 한답시고 이방인이 되어 그 시대를 빗겨온 나는, 당신과 함께 손을 잡고 아침을 기대하며 어두운 밤을 행진하는 공동체 의식을 가져보지 못했던 것에 대해 항상 미안한 마음뿐이고 지금까지도 무임승차하고 온 기분이라 염치가 없다.

시인 한하운의 심정[1]을 조금은 이해할 것 같다.

'상실의 시대'라 하지만 '상실'이란 단어가 내게는 잃어버린 무엇인가의 결핍을 공유하고 싶고 또 어딘가 다친 마음을 치료받고 싶어 하는 심리에 기인하는 것은 아닐까.

"행진 행진 행진하는 거야
행진 행진 행진하는 거야"

'행진'이란 말은 '청춘예찬'이요 젊음의 열정을 대변한다. 행진은 영화 '포레스트 검프Forrest Gump'와 같이 질주하는 것이 아니요, 손에 손을 잡고 저 높은 곳을 향하여 같은 방향을 보면서 전진하는 철학이 있는 움직임이다.

행진은 "파수공행"把手共行(수심결 6장)이다. 혼자 힘으로는 안 되고 그룹을 만들어 힘을 모아 기운을 주고받아야만 한다.

1894년 전라도 고부에서 시작된 동학농민운동, 1914년의 1차 세계대전, 1917년 러시아 사회주의 11월 혁명인 볼셰비키 혁명 등 세계의 질서가 어지러울 때 비슷한 시기에 동서양에서 각각 일어난 게오르기 이바노비치 구르지예프(George Ivanovitch Gurdjieff, 1866? 1.~1949.10.29.)와 소태산 박중빈(少太山 朴重彬, 1891.5.5.~1943.6.1.)의 '온전한 인간 만들기 운동'은 공동

---

1 일본에서 고등학교를 마치고 북경대학에서 공부를 한 엘리트인 그는, 한센병 환자로 몸이 상하였기 때문에, 1946년 3월 13일 함흥학생사건 때 데모 현장을 물끄러미 지켜볼 수밖에 없었다. "뛰어들고 싶어라, 뛰어들고 싶어라"로 시작하는 그의 '데모'라는 시는 우리 가슴을 저민다.

체 모양을 갖고 행진, 행진 그리고 또 행진하는 인간 의식의 정상화를 위한 조용한 혁명이었다.

"삶에도 죽음에도 냉정한 시선을 보내라. 말 탄 자여 지나가라!"
Cast a cold eye / On life on death / Horseman pass by!

이것은 아일랜드 농민의 전설적인 이니스프리 섬을 동경하였고, 타고르의 시집 『기탄잘리』의 영역을 교정하여준 당시 아일랜드 최고의 시인 윌리엄 버틀러 예이츠가 쉬고 있는 드럼클리프Drumcliff 교회 묘지에 있는 그의 자작 묘비명이다.

'말 탄 자여 지나가라'의 명령 아닌 명령은 여기서 더 우물쭈물하지 말고 너의 길을 재촉하라고 참배객의 발길을 독촉한다. 길 위에서 꾸물거리면서 멈추어 서 있다 보면 남의 눈에 남자는 부랑자요 여자는 매춘부로 보일 수 있기 때문일까? 아니면 '물고기가 맨 마지막으로 보게 되는 것은 물이다.'라는 말처럼 소중한 것을 소중한 줄 모르고 지내다 때늦은 후회를 하지 말라는 생의 방법을 가르치는 말일까. 갑자기 찬바람이 '쏴!!' 몰아치면서 장군 죽비에 얻어맞고 또 무엇인가에 걷어차이는 것 같다.[2]

그냥 지나간다는 것은 목적어가 무엇이 됐든 간에 그리 쉬운 일이

---

[2] 성균관 들머리에서, 비각 안에 세워진 것은 탕평비이고, 그 오른쪽에는 작은 하마비下馬碑가 서 있다. 비에는 "여기를 지나는 크고 작은 사람들은 모두 말에서 내리라"고 쓰여 있다. 성균관과 문묘 일원은 공자를 위시한 여러 성인이 계시는 곳이기 때문이라는데, 명령보다는 저절로 말에서 내릴 줄 아는 겸손을 요청한 것 같다.

아니다. 지나간다는 것이 여행일진데, 여행하려는 사람에게 중요한 것은 낯선 세계를 두려워하지 않는 용기가 아니라 현재 누리고 있는 것들을 먼저 포기해야 하는 용기다. 그래서 중장년보다는 젊은 사람들의 여행이 쉬운 것이다. 나이가 들면 내려놓고 떠날 수 없는 것들이 많아지기 때문이다. 우리의 의식은 물같이 자연스럽게 잊거나 기억하면서 흘러가지 못한다. 인간을 '호모 비아토르Homo Viator' 즉 떠도는 사람 또는 길 위의 사람이라고 하는데, 인간은 공간적으로나 시간상으로 멈출 수 없는 팔자 속에서 부대끼며 살다가 간다.

그래서 진리를 도道라 하며 그것을 추구하는 사람을 '도꾼'이라고 한다. 길 위에 있는 사람은 안주하지 않고 정착하지 않는다. 또 그럴 수도 없다. 길 위에서 낯선 자기를 찾고 궁극적으로는 그리스 신화의 오디세우스처럼 성장해야 집으로 돌아올 수 있다.

모스크바강을 옆에 둔 붉은 광장에는, 1917년 볼셰비키 혁명으로 역사를 흔들고 1924년 54세의 나이로 죽은 레닌의 묘가 있다.

방부 처리된 채 유리관 안에 있는 레닌의 시신 모습을 보려는 관광객들은 항상 긴 줄을 서서 차례를 기다려야만 한다. 누군가 미련이 남아서 우물쭈물 좀 더 자세히 보려고 하면, 유리관을 지키고 있는 근위병이 낮지만 강한 소리로 경고한다. 웬만하면 영어 사용을 피하는 러시아인의 영어이다.

Don't stop, please go!　　서지 말고 가세요!

프랑스 파리에서 동남쪽으로 60km 정도의 거리에 있는 폰텐블러-아봉Fontainebleau-Avon의 묘지에, 예이츠의 것과 같은 시건방진 수다스러운 글귀는 물론, 고타마 붓다의 요설과 유마維摩 거사의 침묵을 비웃겠다는 듯이, 이름도 아무것도 표시되어 있지 않은 고인돌 같은 두 개의 다듬지 않은 큰 입석이 묵묵히 무덤을 지키는 곳이 있다. 그곳은 묘원의 어디에서도 쉽게 찾을 수가 있는데, 그곳이 지난 세기 전반에 서양 세계를 무대로 조용히 다녀간 부처님, 구르지예프의 묘소이다.

그는 임종의 해가 된 1949년 9월 1일, 노구의 불편한 다리를 지팡이에 의지하면서 제자들과 함께, 프랑스 남서부 도르도뉴 지방의 구석기시대 크로마뇽인의 장엄한 채색동물 벽화로 알려진 라스코 동굴을 방문하였다. 2,000여 개의 달리는 말, 소, 사슴 같은 동물들과 창을 든 사람과 추상적 상징으로 구성된 구석기 후기의 석회암 동굴 벽화는, 하나의 언어言語로 우리 앞에 나타난다. 문자가 자리 잡기 전에 그려진 그림이지만 지금도 우리에게 말을 건넨다. 그것이 시간을 초월한 예술의 힘이다.³

구르지예프는 첫 회랑에 그려진 가지처럼 뻗어진 뿔들이 있는 수사슴 같은 복합적인 모양을 한 동물을 올려다보면서, 그것들은 단순한 모방 활동이나 유희 충동에서 생겨난 것이 아니라, 생존을 위한 일종의 주술과 같은 성격을 지닌즉슨 스핑크스와 같은 역할을 하는 것이며, 뿔

---

3 1940년에 발견된 프랑스의 구석기 시대 동굴 벽화인 라스코 동굴이나, 1990년대 초반 프랑스의 쇼베퐁다르크 동굴 그리고 19세기 말 스페인 북부에서 발견된 17개의 구석기 시대 동굴인 알타미라Altamira의 벽화들을 두고, 오스트리아 출신 미술사학자 곰브리치Ernst Gombrich는 더 많은 사냥을 기원하는 주술적 의미가 있다고 보지만, 그것보다는 시커먼 동굴에서 횃불을 켜고 그림을 그리는 사람의 심경은 깊은 자기 자신을 찾기 위한 작업이었을 것이라는 설도 있다. 그런데 이런 동굴벽화가 처음 발견됐을 때는 아무도 믿지 않았다. 방사성 탄소 연대 측정법과 같은 과학적 도구가 나온 다음에야 믿음을 가지고 많은 연구자를 매료시켰다.

들은 법위등급法位等級을 묘사하는 것이라고 해독하였다. 그리고 그 그림들의 연대는 고고학자들이 추정한 2만 년 전이 아니라 약 8천 년 전의 것이라고 하며, 분명히 지브롤터 해협에 있다가 해저로 사라져버린 아틀란티스 섬 붕괴 이후의 일이라고 하였다. 또 이 동굴들이 있는 곳에서 5km 안에는 분명히 돌멘dolmen들이 있을 것인데 그것들이 발견되면 다시 와서 이 동굴들을 보자고 하였다.

구르지예프는 예이츠의 고향인 아일랜드에서 발견된 신석기 시대의 거석문화의 하나인 '태양의 신전sun-temple', 기원전 2천5백 년의 바빌론에 있었다는 지혜의 학교 '사르뭉 형제Sarmoung Brotherhood', 그리스 로마와 예수 이전의 '기독교' 등 '태양의 아들'로서의 인간이 잊어버린 고대의 지혜들을 찾아 현대 인간행동 심리학과 접목을 시켜준 메신저이다.

그러면서 그 메시지에는 우주와 인간의 숙명에 대하여 일이관지하는 순수성이 있다. 그래서 그는 당신이 만난 러시아 여성이며 신지학협회Theosophical Society 창시자의 한 명인 옐레나 블라바츠카야(Helena Blavatskaya, 영어권에서는 Blavatsky로 사용) 그리고 신지학협회 회장이었던 베쌍 Mrs.Besant과 크리슈나무르티Jiddu Krishnamurti를 이야기하는 자리에서 "진리에 대해서 말하자면 인도는 그저 bordel(프: 갈보집, 영: brothel)일 뿐이지." 라고 말했다. (1949.9.24. 법문)

그것은 살아있는 우주의 진화에 동참하는 의식을 가진 생명체로서의 인간과 그 운명에 지대한 관심을 두고, 인간 존재의 목적을 추구하는 그로서는 인도 종교들의 복마전이나 무당집 같은 분위기가 그렇게 보였는지도 모른다.

사실 여러 종교의 발생과 육파철학의 난무 등 인도 아리안의 3500년 종교철학은, 한마디로 베다Veda와 베다에 대한 각주뿐이라고 심하게 말할 수도 있다.

인도는 그 자체로 하나의 '거대한 혼란'이었다. 신성과 타락, 부와 빈곤, 정결과 추악의 극단을 가진 땅이다. 그런데 인도는 이 극단의 생각들을 카오스로 끝낸 것이 아닌 코스모스를 가능케 하였다.

그러나 구르지예프에게는 근대 이후로는 아쉬람ashram의 명상 단체들을 중심으로 하여 일종의 신비를 팔아먹고 연명하는, 작부들의 소굴로 보였을 수도 있었겠다.

인간은 남녀 불구하고 갓난아이 때부터 외부에서 심리적인 제약을 받으면서 뿌리 깊게 프로그램화되어왔고, 또 그런 상태로 자라는 과정에서 밖으로 향하여 끊임없이 기계적인 반작용을 하며 살아왔다. 그러면서 자기도 모르는 '물건'을 '나'라고 또는 참나, 주인공, 진아, 진여 등 여러 가지 상표를 붙여가며 거짓 표현하면서 살아가고 있다. 이러한 상태를 그는 '테러terror와 같은 상황'이라고 표현하였다. 2001년 9월 11일의 뉴욕테러보다 이러한 생존의 처지가 더 근원적이고 무서울 수도 있다는 것이다.

한편 물질 일변도의 문화에 최면 되어있는 인간은, 자기를 보호해주는 사회가 치료를 해줄 것이라 믿으면서 일루의 희망을 걸고 살아왔지만, 아무도 자신을 구제할 수 없다는 것은 역사적으로 증명이 되었다. 그래서 그는 자기만이 자신을 개벽시킬 수 있을 뿐이라고 강조하며, 그의 역량을 소수 정예 제자들의 기질과 심성 변화에 쏟아부었다.

그의 메시지는 인간은 의지도 의식도 영혼도 없는 단지 조건반사만 하는 기계이기 때문에, 그 '기계'에 설교한다는 것은 아무 의미가 없다는 것이다.

소태산은 원만한 인격의 완성을 위해서 정신수양精神修養, 사리연구事

理硏究, 작업취사作業取捨라는 세 가지 공부 길을 제시하였다.

이 삼학三學공부는 원불교의 대표적 수행교리 가운데 하나이며 삶의 기술art이다.

정신수양이란 안으로는 분별심과 주착심을 없애고 밖으로는 산란하게 하는 경계에 끌려다니지 말자는 것이다. 왜냐하면 만병의 근원이 욕심에서 일어난 만큼 욕심을 없애고 자주력自主力을 양성하면 인생에서 부딪치는 천만 경계를 굴리고 다니지 결코 굴림을 당하지 않는다는 것이다.

소태산은 정신수양 과목으로 염불念佛과 좌선坐禪을 권했는데 둘 다 기존의 전통적인 수행방법으로 특별한 테크닉 하나 정도를 제시하지 못한 것이 못내 아쉽다. 그러나 일제 식민지 당시 원불교의 전신인 불법연구회의 명맥조차 유지하기 어려울 때 또 민도民度가 낮은 분위기에서, 아무리 흉중에 당신의 복안이 있었다 하더라도 다음 세대를 위한 새로운 테크닉의 소개는 그리 쉬운 일이 아니었으리라 생각된다.

사리연구란 인간의 시비이해是非利害와 천조天造의 대소유무大小有無를 연마하자는 것이다. 인간의 주목할 만한 능력 중 하나는 어떤 가설에서 출발하여 결론에 도달하는 추론 능력이다. 추론은 정보로부터 시작하여 다른 인간들과 같이 사고의 틀을 공유하며 추론을 한다. 인간은 수없이 다양한 상황에 부딪히며 추론을 하게 되는데, 그 추론이 타당성을 갖느냐는 조건들을 살펴보는 학문이 논리학이다. 사리연구란 세상만사에 대한 추론의 다른 이름이다.

국보 제78호인 금동미륵반가사유상을 보면 꽃미남이다. 꽃미남의 원조는 신라 시대의 화랑들이라 할 수 있는데, 꽃미남의 모델로 미륵

보살이 되어 버린 것이다. 원래 보살은 보리 살타Bodhisattva의 준말이고, 중성명사로 성 표시가 없는데, 신라 사람들은 미륵보살을 남자로 생각한 모양이다. 그야말로 좀 관능적이다. 보살을 두고 정지용의 '향수'에 나오는 아내처럼 '아무렇지도 않게' 생겼다고 해도 안 되는 것은 아니겠지만, 팝 가수 마돈나Madonna가 골고다에서 십자가에 매달린 예수의 나신을 두고 섹시하다 했으니 뭐 꽃미남으로 둔갑한 미륵보살에 대해 시비를 걸 것은 없다. 그 보살은 사유를 담당하는 좌뇌左腦의 소관인 오른손을 턱에 괴고 사유를 하고 있는데, 무엇을 생각하고 있는지 더듬어보는 것은 각자의 자유다.

사事란 인간의 시비이해다. 인간사회를 해부하여 보면 옳다 그르다 또 이해관계에 즉 이익이 있느냐 없느냐로 계교 사량하는 관계로 점철되어 있다.

이理란 우주의 대소유무大小有無를 이야기하는데, 대大란 우주만유의 본체를 뜻하고, 소小라는 것은 만상이 형형색색으로 차별이 아닌 구별되어 있음을 뜻한다.

유무有無라는 것은 춘하추동의 사시순환과 풍風 운雲 우雨 로露 상霜 설雪과 만물의 생로병사의 변해가는 모습을 심각하게 생각해 보자는 것이고 또 그런 천리天理를 나의 실생활에 응용하여 현명한 사고를 갖자는 것이다.

사리연구란 무슨 거창한 것을 하자는 이야기가 아니다. "아빠! 천둥이 치면 왜 비가 와?"라는 아이의 질문에, "어 그래, 왜 그럴까? 아빠도 궁금하네, 네 생각은 어때?" 이럴 때 아이의 표정을 보면 생각이 돌아가는 게 보인다. 그리고 나름의 답을 한다. 이런 생각의 과정을 통해서 문제를 풀고 내면의 지혜가 생기는 것이다. 간단한 청소나 설거지를 통해서도 아이들은 사물의 이치를 터득한다. 구도의 길에서 스승이 제자를 가르치는 방식도 이와 비슷하다. 청소하는 경우도 주어진 시간에 정해진 구역을 하기로 했다면, 대체를 보고 다스릴 곳과 그냥 건너뛸 곳을 정하여 시간 배정을 잘하여야 한다. 그래서 불가에서는 견성見性을 해야 청소도 잘할 수 있다고 하고, 또 소태산은 청소나 마당 정리 등을 하는데 손수 시범을 보이며 어린 제자들을 가르쳤다.

청소란 그 공간을 완전히 이해하게 만든다.
제자 김봉식이 청소시간에 바깥마당을 청소하게 되었는데, 비로 흙과 티끌을 함께 쓸어 한 수대 담아서 쓰레기장으로 가는데 소태산이 조실에서 걸어 나오며 말했다.
"거 누구냐? 뭣을 담아 가지고 가느냐?" 그리고 다가와서 말했다.
"땅에 부어라. 흙과 종이와 티끌이 다 섞였구나. 흙도 돈 들여 사 온 것이다." 그리고는 손수 가려내시고 흙은 흙대로 담아 비가 와서 팬 곳에 부으라고 하고 다시 다독거리고 발로 밟아 단단하게 하였다.

경전의 말씀은 이 세상 이치에 대한 우리의 착각을 정리해주고, 우리의 심신이 삶을 지나가는데 막힘없이 흐르게 하여준다. 그래서 까닭 있게 살다 보면 우리의 삶에서도 사리舍利가 생긴다. 뼈를 1,400도의 고열로 태워서 얻는 사리가 1,000개가 있으면 뭐하나? 사리舍利를 만드는 사리事理, 그것이 정말 사리舍利인 것이다.

소태산은 사리연구의 훈련과목으로, 경전經典·강연講演·회화會話·의두疑頭·성리性理·정기일기定期日記 공부를 권했다.

작업취사란 위에서 언급한 정신수양을 바탕으로 하여 사리연구로 알아낸 진리를, 내 몸에 붙어있는 눈·귀·코·혀·몸·마음이라는 육근六根의 작용을 통해 바르게 사용하자는 것이다. 즉 육근 작용을 '작업'作業이라 하고 정의正義는 용맹 있게 취하고 불의不義는 죽기로써 하지 말자는 것이 취사이다. 그러니까 심신작용을 할 때 취할 것은 취하고 버릴 것은 과감하게 버리자는 것이기는 하나, 이 또한 쉬운 일이 아니다. '작업'이란 말은 좀 생소한 말일 텐데, 노동하는 것도 아니고, 시쳇말로 연애를 하는 것도 아니다. 글자 그대로 모든 일이 업業을 짓는作 일들이기 때문이다.

'짓다'라는 말에는 묘미가 있다. 공장에서 기계적으로 나오는 것은 그냥 '만든다'로 표현하지만, 정성이 들어간 것이나 창의적인 의지가 들어갔을 경우는 '만든다'라고 하지 않고 '짓다'라고 한다. '밥 만든다' '옷 만든다' '집 만든다'라고 하지 않고, 밥 짓고 옷 짓고 집 짓다 라고 한다. 또 눈물짓고 웃음 짓고 글 짓고 때로는 죄짓고 '작업作業'이란 말과 같이 업業도 짓는다.

소태산은 작업취사의 공부 방법으로 상시일기常時日記·주의注意·조행操行 공부를 제시하였다.[4]

소태산의 수행방법 주류에 있는 삼학三學 공부의 실용화 된 글을 보자.
오스트리아의 성性 과학자 빌헬름 라이히Wilhelm Reich도 그랬지만, 버트런드 러셀은 인간이 겉으로 내세우는 '도덕적 명분'의 허구성을 파헤치고, 서양문화의 정신적 지주라고 할 수 있는 기독교 이데올로기까지 비판하고 나서는 바람에, 두 사람 다 사법당국에 체포된 일까지 있었다. 러셀은 저서 『나는 왜 기독교인이 아닌가?』에서 기독교가 가진 호

---

4 『원불교전서』, 정전, 삼학과 정기훈련법 참조.

전적 성격과 이기적 배타주의를 신랄하게 공격하고, 기독교의 편협한 도그마가 서양의 몰락을 자초하였다고 하였다.

"사실 그때는 신부가 될까 말까 고민도 하던 시절이라 기독교에 대한 호기심도 있었지만, 그보다 큰 인상을 받은 건 그 책(나는 왜 기독교인이 아닌가?)의 서술 방식이었어요. 언어라는 것이 시인의 손에 들어가면 꽃이 되고 구름이 되는데, 버트런드 러셀 손에 들어가면 문장이 군대로 변하더라고요. 자신의 의견을 주장하는 문장 하나가 앞으로 전진을 하고, 그러면 그에 대한 반대 의견이 나올 수 있잖아요. 그러면 양쪽에서 기병대가 옆으로 돌면서 포위하고…. 제가 어떤 논리로도 반박을 못 하겠더라고요."(신해철)

러셀이 쓴 책의 내용은 놓아두고라도 러셀은 사람 자체가 대단하다. 2차 대전 때 영국의 온 국민이 전쟁에 붙들려 총화단결을 외치고 국가의 존폐가 갈림길에 서 있을 때, 그는 혼자 전쟁 반대를 이야기하여 학계에서 추방당하고 교수직을 박탈당한, 그야말로 사회적으로 왕따를 당한 일이 있었다. 반전을 주장했던 러셀이 옳으냐 아니면 전쟁을 승리로 이끈 처칠이 옳으냐의 차원이 아니라, 대중과 언론 공권력의 광기에 맞서 소신을 굽히지 않고 두들겨 맞은 것은 대단한 신념의 사나이이기 때문이다. 영국이란 나라이었기에 그렇지, 종전 후 한참 되어 러셀은 사회적인 위치가 복권되기는 하였지만, 다른 사회 같았으면 아마 맞아 죽었을 것이다. 그래도 영국은 반란 불순분자의 꼴을 용인하고 그를 그의 자리로 돌려보냈다. 복권을 시킨 영국민도 대단하다는 생각이 든다. 프랑스에서도 알제리 혁명을 지원한 사르트르를 처벌하자는 언론이 비등하자, 드골 대통령이 "그도 프랑스일세"라고 했다는 이야기가 있다.

다음은 자유주의자이며 프리게와 더불어 현대 논리학의 창시자로 불리는 버트런드 러셀 경이, 90살 넘어서 쓴 자서전의 서문 첫 문장이다.

"간단하지만 강렬하게 용솟음치는 세 가지 열정이 내 인생을 덮쳤다. 사랑에 대한 갈망, 지식에 대한 탐구심, 파란 고해에 시달리는 인류에 대한 견딜 수 없는 연민이 그것이다."
(Three passion, simple but overwhelmingly strong, have governed my life : the longing for love, the search for knowledge and unbearable pity for the suffering of mankind.)

삼학 공부의 내용을 약간 비틀었을 뿐 맥락은 같다. 잘난 정신수양 사리연구도 결국은 작업 취사인 정의 실현을 통하여 건강한 사회, 인류 보편적 공동선을 추구하자는 것 아닌가.

위의 세 가지 열정은 매사추세츠 공과대학MIT의 언어학자이고 미국의 양심으로 존경받는 놈 촘스키Noam Chomsky의 좌우명이 되어, 그의 연구실에도 이 말이 붙어있다고 한다.

"법률로 옭아매는 결혼은 실패하며 도덕이 엄격할수록 성매매는 성행하므로 남녀 간 자유연애만이 답이다."

1929년 출간한 『결혼과 도덕』에서 80세의 러셀은 이렇게 말했다. 자기보다 40살이 적은 이디스 핀치라는 여자와 네 번째 결혼을 한 후 18년을 살고 98세에 사별했으니, 그는 '행복한 수컷'이었는지도 모른다.

구르지예프는 기계 상태로 있는 인간이긴 하지만, 그래도 참사람(원불교 법위등급에서의 法强降魔位 정도)이 될 수 있는 잠재력은 갖고 있기 때문에 일단 희망은 있다는 것이다. 그가 평생을 바친 질문들의 핵심은 '나는 도대체 누구이며(이 뭐꼬?) 전변무상 하는 우주라는 저울 위에서 인간은 어떤 의미가 있는가?'였다. 그 대답을 위해 그의 목표는 나락으로 떨어진 오염된 인간 각자의 의식 수준을 높여 우주의 목소리를 듣게 하자는 것이었다.

보이지 않는 라디오나 전화는 적당한 기계가 없으면 수신할 수 없는 것과 마찬가지로 정제精製된 의식이 아니면 우주의 소리를 들을 수 없다.

구르지예프는 인간 의식의 개발을 위하여, 어느 정도의 정신적 성숙과 함께 책임감이 있는 사람(지극히 평범한 사람)만을 자격 기준으로 한정하였다. 그에게 있어서는 '성실한 가장' 즉 개인은 물론 가정적으로나 사회적으로 모범적인 중생만이 일단 '목우십도송' 1장의 주인공이 될 수 있다는 것이다.

그래서 그는 정신분열이나 조울증 등 정신질환의 기미가 조금이라도 보인다거나 심리적으로 성숙하지 못한 사람들은 일단 전문가의 일로 돌리고, 그 증세가 호전되면 입문시켰다. 그러나 어찌 다행 목우십도송의 1장의 주연 배우로 스카우트되었다 하더라도 역시 갈 곳 없는 중생인지라, 감독의 실력은 출중한데 배우들의 연기력이 매끈하지 못하는 수도 있다.

그의 말씀대로 "세상에 끝없는 것이 두 가지가 있는데, 하나는 중생의 우치함이요, 또 하나는 신의 자비다." Two things have no limit : the stupidity of man and the mercy of God.

2.
캅카스의 별(출생)

한반도의 오행지도五行地圖라는 것이 있다.

일별하면, 골기骨氣인 함경도는 '아바이 동무'로 억세고, 화기火氣인 평안도는 싸울 때 꼭 이마로 들이받고,[5] 목기木氣인 강원도는 담력이 세고, 금기金氣인 경상도는 대장에 기운이 있어 배짱이 두둑하고, 수기水氣인 전라도는 화기火氣인 왜군을 격파할 수 있었으며 또한 그 수기가 엄청나게 강하기 때문에 계산이 빠르고 학자들이 많이 나왔다 등등이다.

작고한 경남(현 울산시) 울주군 출신의 소설가 오영수吳永壽는 1979년 각 지방 사람들의 기질(주로 경상도와 전라도)을 문학으로 형상화한 '특질고特質考'라는 제목으로 『문학사상』 1월호에 기고하였는데, 전라도민 비하 발언이 지역 사람들의 분노를 사 화를 당한 일이 있었다. 그의 본의는 각 지역의 사투리를 잘 보전하자는 취지였는데도 불구하고 사회적 파문으로, 출판사는 사과문을 발표하고 석 달 동안 자진 휴간하였고, 본인도

---

[5] 프로 레슬링 선수였던 '박치기왕' 김일金一은 전라남도 고흥 출신이었으니, 예외는 어디나 있다.

정신적 충격을 버티지 못하고 그해 5월 타계하였다.

지역의 특성은 동서고금 어느 나라에나 다 있었다. 불문율의 인간차별, 혼혈에 대한 멸시는 이스라엘 민족이 대선배다.

> 제자들에게 저녁거리를 마련하도록 이야기를 한 예수는 목이 말라 우물가를 찾아갔다. 마침 사마리아 여인이 물을 긷고 있었다.
> "물 한 모금 마실 수 있을까요?"
> 예수의 수려한 용모를 보고 놀란 여자가 믿기지 않는다는 듯 뒤를 보며 반문한다.
> "댁은 타지방 사람 같으신데, 어찌 저 같은 사마리아 여자에게 말을 거십니까?"
> 예수는 물을 달게 마셨다.

물론 갈릴리 출신인 예수는 '특질고'를 초월하신 분이지만, 갈릴리인들의 사마리아인에 대한 편견은 약도 없었다.

지방색이나 지역감정으로 말하면 한국은 조족지혈이다. 스위스로 말하면 행정수도는 베른인데 경제수도는 취리히다. 독일어권인 취리히역에서 표를 파는 역무원은 다섯 가지 언어를 기본으로 구사할 줄 알아야 한다. 언어도 통하지 않고 민족이 다른데도 하나의 나라로 잘 굴러가는 것을 보면 정말 예술의 경지다.

미국도 '특질고'가 있다. 대체로 동부는 보수적이고 서부는 진보적이다. 문화적으로 동부가 미국을 선도해 가는 것 같지만, 서부가 그 주역을 갖고, 특히 샌프란시스코 베이bay 지역에 있는 U.C 버클리 대학이 그 중심에 있다. 이 대학이 한때는 미국의 여론을 이끌어 가던 곳이었다.

미국은 각 주州마다 공식 별명이 있는데, 땅은 알래스카주 다음으로 넓고, 인구는 캘리포니아주 다음으로 많은 텍사스는 '외로운 별Lone Star state'이다. 남북전쟁 때 남부의 13개 주 중 마지막으로 버티다 최후로 항복한 주라는 것에서 유래한다. 록 허드슨과 리즈 테일러가 주연한 영화 '자이언트'에서도 그 분위기를 대강 읽을 수 있지만, 텍사스 사람 Texan 하면 보통 '함경도 아바이' 정도로 인식한다.

참고로, 캐릭터의 힘에 따라 소설이 살기도 하고 죽기도 하는데, 종위 위에서 생생하게 살아 움직이는 주인공들은 진한 여운을 남기게 마련이다. 소설에서 강인한 인상을 남긴 인물을 꼽으라면, 『바람과 함께 사라지다』에서 도도하고 결기와 패기 발발한 성품을 보여준 스칼릿 오하라, 『허클베리 핀의 모험』에서 용감무쌍했던 허클베리 핀, 미국적 정서를 대변해 온 미국의 원로 소설가 래리 맥머트리의 대표작이며 1986년 퓰리처 수상작인 『외로운 비둘기Lonesome Dove』의 주인공 거스 맥크레이가 있는데, 영화에서 비비안 리가 열연한 스칼릿 오하라의 배경은 조지아주이긴 하지만 동남부 지방이다.

그리고헤 이바노비치 구르지예프George Ivanovitch Gurdjieff는 19세기 말 러시아 영토인 아르메니아에 있는 알렉산드로폴(Alexandropol : 현재의 Leninakan)의 그리스Greece 구역에 거주하는 그의 부모 집에서 장남으로 출생했다.

영민한 독자는 벌써 눈치를 챘을 것이다. 그리스 등 복잡한 국제정치적 역학관계의 격변하는 소용돌이 지역에서, 다행하나마 '부모의 집'에서 태어날 수 있었다니 말이다. 말구유에서 태어난 예수와 같이 모친과 동생들이 면회 왔다고 하니까, "누가 내 모친이며 내 동생이냐?"고 문전 박대한 사람도 있지 않은가. 뒤에 따로 언급하겠지만, 부모은에 대한 구르지예프의 태도는 상당히 감명 깊은 대목의 하나다. 왜냐하면 동양의 유교 사상에 젖은 사람도 아닌 그가, 자식과 부모에 대한 심리학적인 관계를 깊이 짚었기 때문이다.

그의 생년은 자신이 1877년이라고 밝혔음에도 불구하고 몇 가지의 이견이 분분하여 정설이 없다. 비록 제정 러시아 여권으로는 1877년 12월 28일로 기록되어 있기는 하지만, 1866년 또는 1872년 등 역대의 개인비서들도 의견이 일치하지 않을 정도로 중구난방이다. 구르지예프의 개인비서였고 구르지예프 자신이 "내 속마음을 아는 첫 번째 친구the first friend my inner life",라고 한 하르트만Hartmann 부인은 구르지예프의 개인비서였던 루이스 마치Louise March와 같이, 그의 생년을 1872년이라고 했다. (1877년이 정확하다면, 1949년 10월 29일에 열반하였으니 세수 71이 된다)

그것은 그가 1930년 2월 미국을 방문하기 전 그의 개인적인 문서와 서류를 비롯하여 여권 등을 다 태워버렸기 때문에 어쩔 수 없었겠지만, 출생 당시 전쟁 등 복잡한 지역으로 피신하는 때라 정확한 연대를 기억할 정도로 한가하지는 않았을 것이고, 또 그보다는 신비에 싸인 그의 복잡한 일생과 구도 과정에 대한 세세 곡절의 이야기를 밝히기를 꺼려 일부 제자들의 빈축을 샀던 그의 성격 탓으로도 돌릴 수 있을 것이다. 실은 그의 이름조차도 구르지예프가 아닌 비슷한 이름이었으나 그냥 그렇게 서양세계에 알려지게 되었다.

그의 어머니는 아르메니언이었고 아버지는 그리스 사람이었는데, 러시아와 터키의 전쟁(1877~78) 발발 직전에 그루지야에 있던 형의 집을 떠나 구르지예프가 태어난 알렉산드로 폴로 이사를 하였고, 목축업을 잘 경영하다가 전염병으로 인한 가축들의 몰살로 사업에 실패한 후, 할 수 없이 일용직으로 생계를 유지하다가 목수로 전업을 하였다. 그 후 일반 기술자로 일하면서 가족을 부양하였는데, 그의 부친은 다재다능한 사람이었다.

구르지예프는 자신의 부친을 이렇게 기술하였다.
"나의 아버지는 널리 알려진 한 사람의 아쇼크(ashokh, 시인이며 해설자)였는데 프로는 아니고 아마추어였다. 아버지는 그 당시 트랜스 코카시아 지방을 벗어나 소아시아Asia Minor에 사는 사람들에게까지도 굉장히 인기가 좋았다. 나의 아버지는 인간 세상살이의 목적에 대해 간단하며 명쾌하고 단호한 견해를 갖고 있었는데, 뭐냐 하면 모든 사람은 생生에 대해서 나름대로 내적인 자유를 창조해야 하고 행복한 노후 대책을 세워야 한다고 했다."

구르지예프 부친과 같은 구술 전통은 문자에 앞서 또는 문자가 발명된 이후에도 다른 문화권에서는 그것으로 지식과 문화를 전승해 왔다. 고대 인도의 브라만교 성전聖典인 리그 베다Rig Veda의 암송은 3천 년 동안 글자 하나 안 틀리고 계속되었고, 또 고대 켈트Celts의 암송 기술은 문자가 있었음에도 암송을 통하여 지식을 전승했다고 한다.
2003년 유네스코 세계 인류 무형문화유산에 등재된 한국의 판소리도 구술언어의 예술적 결정체다. 같은 해 11살의 김주리 양은 9시간 20분간 판소리 연창으로 기네스북에 오르기도 했다.

구르지예프가 10살 난 무렵 그의 가족은 깔스Kars로 이사를 하였고, 그는 이곳에서 학교에 다니며 성장한다고 이야기하면, 한 어린이의 예민한 성장 기간이 끝나는 것 같지만, 가난하고 조건이 나쁜 그리스 혈통의 아르메니아인 소년이, 깔스 시내의 그리스 지구에서 새로 지은 러시아 학교에 겨우 들어가 서양세계의 신문명을 접하게 됐다는 것은, 그 당시로써는 어떻게 보면 일종의 엄청난 행운이었다.

J.D. 밴스가 지은 『힐빌리의 노래Hillbilly Elegy』가 있다. '힐빌리'라는 말은 미국 남부 미개지의 주민 즉 두메산골의 사람들을 지칭한다. 미국의 쇠락한 공업지대인 러스트벨트(쇠락한 산업단지) 지역의 가난한 백인 하층민 노동자들이다. 그런 낙후된 지방의 출신인 주인공이, 오직 교육에 온 힘을 쏟은 결과 예일대학교 로스쿨에 진학하면서 그곳을 탈출하여 자수성가한다는, 위기의 가정과 문화에 대한 회고록이다. 동서양을 막론하고 가난한 집 아이가 혼자 힘으로 신분 상승을 할 수 있는 유일한 탈출구는 교육밖에는 없다. 교육은 역시 '힐빌리의 노래'에서처럼 소년 구르지예프에게 행운의 손을 흔들어주었다.

그는 소년 시절에 기술자가 되고 싶었지만 환경은 그를 그렇게 놔두지 않았다. 그를 둘러싼 문화적 배경은, 기독교·아르메니안·아시리안Assyrian·이슬람과 조로아스터교Zoroastrian까지 전통과 전통들이 서로 상충하는 분위기였다.

깔스는 500여 년 동안 아르메니안 왕국의 수도였는데, 알지 못해라 세계역사상 이처럼 머리 어지러운 지역이 있을까 모르겠다. 기원전 500년에는 아시리안족이 지배하고, 기원후 1000년에는 셀죽 터키의 군림과 아르메니안 왕국 또 중앙아시아에서 발흥하는 왕국들이 흑해와 쿠르디시 산맥 사이의 회랑지대를 따라 공격해 내려오고 … 특히 소수민족인 아르메니안 사람이나 쿠르드Kurd인들은 지금도 그렇지만, 항상 다른 족속들로부터 박해의 시달림을 당하고 있었다.

원래의 그리스인들 또 칼데야(Chaldea : 바빌론 남부지방의 옛 이름)문화의 영향을 받은 자기 나름의 언어를 만들어 낸 또 다른 그리스인들, 또 그 언어로 만들어 낸 조로아스터 교리, 새로운 정서를 가미하여 만들어 낸 신新기독교 등, 정치적으로나 종교적으로 혼란에 혼란을 거듭한 지역이었다.

그런 캅카스Kavkaz는 소년 구르지예프가 미래의 발판을 구축한 곳이다. 그 당시 태어난 사람들이 다 그랬었지만, 그도 러시아와 터키 사이의 전쟁 중에 태어나 1차 세계대전과 볼셰비키 혁명이라는 러시아의 11월 혁명을 몸으로 경험하고, 2차 대전이 끝난 3년 후에 세상을 떠났으니, 전쟁은 그의 일생에 무대 배경이 되고 말았다. 그야말로 인류 역사상 가장 불행한 시대의 한 가운데를 관통하며 살았다.

표현주의 화풍으로 사회 비판의식을 회화로 구현한 독일 화가 막스 베크만Max Beckmann의 그림 '파리의 사교계'는 당시 유럽의 긴장과 불안을 잘 보여준다. 그 그림을 그리기 시작한 1931년은 1929년에 시작된 미국의 대공황이 유럽으로 확대된 때다. 히틀러는 집권하자마자 대공황에서의 탈출을 가장 중요한 정책으로 삼았다. 결국 대공황은 제2차 세계대전을 촉발하는 빌미를 주었다. 베크만은 제1차 세계대전에 참전하며 환멸을 느꼈다. 1913년 일기장에 "인간은 1등급 돼지이고, 앞으로도 그럴 것이다."라고 썼다. 전장에서 본 것은 인간이 아니라 돼지로 취급받는 현실이었다. 마취도 못 한 채 팔다리를 절단해야만 하는 수많은 병사를 목격했다. 전쟁은 민족과 국가의 번영이란 미명 아래 소수 권력자와 부를 움켜쥔 세력의 배를 불리기 위해 수많은 사람이 희생을 당하는 현장이었다. 전쟁에 대한 구르지예프의 견해는 뒤에서 살펴보려고 한다.

캅카스 지방에는 과거 70개 이상의 언어가 있었고, 지금도 50개 정도의 말이 사용되고 있을 정도라 하니, 그 지역의 상황을 가히 짐작할 수 있겠다.

캅카스는 러시아 남부 카스피해와 흑해 사이에 있는 지역으로, 그루지야·아르바이잔·아르메니아가 있는 곳으로, 북쪽은 쿠가강과 마치니 계곡이 있고, 남쪽은 이란·터키와 접경하고 있는, 유럽에서 가장 높은 5,642m의 절경의 엘부르즈Elbrus산이 있다. 캅카스를 영어로는 코카서스Caucasus라고 하는데, 이 지방은 꽃의 여왕이라고 불리는 장미의 원산지이기도 하다.

앞에서 '특질고'를 이야기하였는데, 캅카스 '아바이'들을 생각하면 빠트릴 수 없는 사람이 구르지예프 말고 한 명 더 있다. 정신병에 가까운 인명 경시를 한 요시프 비사리오노비치 쥬가시빌리Iosif Djhugashvili이다. 그는 후에 정치 활동을 하면서 '강철의 사나이'라는 뜻의 '스탈린Stalin'이란 이름을 사용하였다. 그는 적어도 6번 개명하였다. 1936년 여러 도시에서 자행된 피비린내 나는 탄압, 즉 이른바 대공포The Great Terror를 전후하여 스탈린의 공포정치는 극도에 달했다. 그의 주변 핵심층의 아첨과 추종은 존경이 아니라 공포심에서 나온 것이었다. 소비에트 시대의 인권 탄압을 고발한 알렉산드로 솔제니친의 소설 『수용소군도』에는, 스탈린의 회의장에서 가장 먼저 박수를 멈추는 실수를 저지르고 10년 형을 선도 받은 한 남자의 운명을 묘사하는 장면이 있을 정도였다. 역사상 요시프 스탈린처럼 대량학살을 하고, 또 사람 목숨을 바퀴벌레처럼 경시한 인간도 없었다. 총살, 굶겨 죽이기, 시베리아 유형, 강제 수용소 등 그가 학살한 수는 2천만 명으로 추산한다.

요시프는 1879년 12월 21일에 그루지야 캅카스 지역의 도시 고리

Gori에서 태어났는데, 주정뱅이 아버지가 살해당했을 때 그의 나이는 11살이었다. 술만 마시면 아내와 자식들에게 주먹을 휘두르는 아버지 밑에서 자란 스탈린은 아버지로부터 당한 분노를 정적에게 투사해 피로 숙청을 하고 공포정치를 불러온다. 스탈린이 청년 시절 애독했던 『부친 살해범』이라는 소설의 주인공 '코바'를 그는 자신이 혁명가로 활동할 때 별명으로 사용했을 정도다. 글을 모르는 농촌 여자인 어머니 키테리나는 삯바느질과 세탁 일을 하며, 하나밖에 안 남은 어린 요시프를 길렀다. 그녀는 신앙심이 깊고 야심이 있었기 때문에 그를 성직자로 키우려고 하였다. 성직자는 비非 러시아계 그루지야 출신의 가난뱅이들이 출세할 수 있는 몇 안 되는 직업 중의 하나였다. 그는 1888년 고리 시市의 그리스 정교 학교에 입학하고, 그 후 재능을 인정받아 티플리스 시의 그리스 정교 신학교에서 장학금으로 공부를 할 수 있었다. 그러나 성경보다는 혁명적인 문학에 관심을 가진 그는, 그루지야인의 자율권과 독립을 이상으로 하는 사회주의 비밀결사인 '메사메 다시Mesame Dasi'에서 활동을 했다는 이유로 졸업을 앞두고 퇴학을 당하였다.

구르지예프와는 달리 스탈린은 성장 과정에서 부모의 따뜻한 애정을 받지 못하였기 때문에 타인을 잘 믿지 못하였다. 왜냐하면 칭찬보다는 욕이나 비난을 더 많이 듣고 자란 아이는 그 비난의 소리를 내면화하기 때문에, 성년이 되어서도 모든 사람이 자기를 이용하려고만 하고 자기에게 모욕을 주려 한다고 생각하는, 내부감시자의 목소리를 평생 숨기고 살기 때문이다. 의식 있는 '아바이'들은 다 그런가? 구르지예프도 러시아 정교회 신학교를 잠깐 다닌 적이 있다.

구르지예프를 이해하는데 있어서 캅카스 지방의 문화나 기질을 이해하는 것은 필수적이다. 깨달음을 얻은 사람의 경지인지라 뭐라고 할 것은 없지만, 평범한 상식인으로서는 도저히 이해할 수 없는 제자들에 대한 언행이, 혹시 성장해 온 주변의 환경에도 영향을 받았지 않았겠나 하는 생각에서다. 아무튼 캅카스의 '특질고'는 구르지예프를 읽는 데 있어서 키워드인 것만은 틀림이 없다.

중동지방이나 서구에서는 보통 아르메니아인을 '염장한 아르메니안salted Armenians'이라고, 짠돌이 짠순이라고 부르는데 그런 표현에는 다 역사적 배경이 있기 마련이다.[6]

유대교 기독교 이슬람교의 성지인 예루살렘은 세 개의 구역으로 나뉘는데, 필자가 그 아르메니안 구역에 가서 느낀 분위기도 비슷하였다. 나라 없는 방랑자 신세를 뭐라고 탓할 수도 없을 것 같다.

수많은 종족과 여러 가지 얼굴빛의 인종들, 또 갈라진 종교들과 복잡한 지정학적 분위기는 어린 그에게 상당한 영향을 주었음이 틀림없다.

흑해와 카스피안 바다를 끼고 터키·러시아·아르메니아·그리스·이라크·이란의 역사와 문화가 뒤엉킨 곳에서, 그는 어머니를 통해 아르메니아의 자장가를 듣고, 아버지가 사용하는 그리스어를 배우며, 학교에서 쓰는 러시아어와 그 당시 여러 종족의 지방 공용어였던 터키어 등을 익힐 수 있었다. 특히 여러 가지의 방언으로 된 터키어에 대한 그의 출중한 지식은, 후에 그가 중앙아시아를 여행하는 데 있어서 많은 도움을 주었다. 그리고 유창한 티베트어의 구사에 비해 러시아어는 보통 수준을 넘지 않았던 모양이었다. 어쨌든 중앙아시아 지방어의 어법

---

[6] 참고로 사담 후세인의 정치적 스승이며, 외국인을 혐오하는 극단적 아랍주의자이자 훗날 바그다드 시장을 한 탈파가 1940년에 쓴, 『알라가 창조하지 말았어야 했던 세 가지 : 페르시아인, 유대인 그리고 파리들』이라는 작은 에세이가 있다.

과 악센트를 흉내 내는데 특별한 재능을 가졌던 그는, 그것으로 카스피 안 해에서 고비사막까지 어느 곳에서든 모국어를 쓰는 듯 무소 불통이 었다고 한다.

구르지예프는 소년 시절 자기에게 구도의 충동을 결정적으로 준 두 사람을 이야기 한 일이 있다. 한 사람은 그의 아버지Giorgios Giorgiades다. 앞에서도 말했듯이 그의 아버지는 훌륭한 시인의 품성이 있었는데, 그는 어릴 때부터 가사를 돕는 자기 아들에게 수메르와 바빌로니아 신화의 영웅인 길가메시Gilgamesh 전설이나, 터키어를 사용하는 지방의 민속적 인물로 현명하면서도 멍청한 주인공으로 유명한 나스 레딘Mullah Nassr Eddin이야기나, 천일야화, 또 나르는 안락의자 등 기상천외의 것을 만드는 '절름발이 목수 예언자Mustapha the Lame Carp·enter' 등의 비유담을 통해 구도의 꿈을 심어주었다.

소년 구르지예프는 아버지가 부르는 길가메시 서사시The Gilgamesh Epic의 무용담의 영송을 들으면서, 그런 이야기들이 오랜 세월 입에서 입으로 또는 스승으로부터 제자들에게로 전승되고 있다면, 사라진 고대의 지혜도 어디에선가 누구를 기다리고 있지 않겠는가 생각하고, 자기의 속 깊은 물음에 대한 답을 어디에선가는 찾을 수 있다고 생각하기 시작하였다.

당시 영국을 비롯한 서구의 여러 나라는 메소포타미아까지 고대 문명의 파편들을 발굴하여 본국의 박물관으로 운송하는 데 혈안이 되어 있었다. 그 지역에 있었던 고대 도서관을 발굴한 영국인 레이어드는, 호르무즈 라쌈Rassam이라는 현지인 조수를 채용하였는데, 그 라쌈은 1853년에 B.C 18세기경에 쓰인 '길가메시 서사시'를 발굴하고, 1872년 영국의 고고학자 조지 스미스George Smith는 그 서사시를 해독하여 발표하였다. 그 판독은 단순한 학문적 성과로서만 끝나는 것이 아니라, 이

한편의 서사시는 2천 년 동안 서구 사회를 지배하고 있던 성경에 대한 권위와 순진한 믿음의 기반을 송두리째 파괴하는 것이었기 때문에, 엄청난 폭발력을 갖는 성과였다.

어릴 때부터 그는 갈데없이 타고난 구도자였다. 그리고 고고학자들의 바빌로니아Babylonia의 전설에 관한 고대古代 도표가 잡지에 발표된 것을 보고, 자기가 그것에 직접 관련된 것 같은 내적인 흥분을 느꼈고, 자신의 어떤 운명을 예측하였다고 한다. 또 좋아하였던 누이의 죽음으로 사후 세계에 대해 뜬눈으로 밤을 새우며 깊이 생각하는 시간을 가졌다.

소년 구르지예프에게 영향을 준 또 다른 사람은 1877년 제정 러시아가 까르를 점령한 후 신축한 러시아 정교회의 수석 사제였던 보시Borsh다. 러시아의 국교가 정교로 채택된 것은 988년 키예프 공국의 블라디미르 1세 때다. 국민들을 종교로 통합하기 위해 이슬람교와 유대교, 로마 가톨릭, 정교 등을 탐색하였는데 민족의 특성 즉 식습관의 영향이 컸다 한다. 이슬람은 처음부터 배제되었다. 추위를 독주로 견디는 러시아인들에게 술과 돼지고기를 금하는 종교는 말도 안 되었다. 그리고 콘스탄티노플에 있는 소피아 대성당의 찬란한 위용, 아름답고 장엄한 미사가 또한 영향을 끼쳤다. 흰색의 교회 건물 위로 얹힌 황금색 돔들이 동화 속의 이야기처럼 둥둥 파란 하늘로 떠다니는 것은 러시아 정교회의 특징 중의 하나다.

구르지예프가 사제 보시에 대하여 언급한 것을 보면, "그는 나이가 70대였는데, 좋은 인상으로 키가 크고 날씬하며 몸이 가냘프면서도 단단하고 건강했다. 그는 광범위하면서도 깊은 지식의 소유자였고, 주위의 사람들하고는 분위기가 전혀 달랐다. 그래서 그를 둘러싸고 있는 사람들은 그를 별종이라고 생각했다."

구르지예프는 보시 사제를 '나의 두 번째 아버지'라고 불렀을 정도로 존경했다. 계속해서 그는 "우리 집의 아버지는 은근히 내가 사제가 되기를 바랐는데, 보시 사제는 진정한 의미의 사제라는 것에 대해 좀 특별한 생각을 하고 있었다. 보시는 사제란 교구의 신도들을 보호하는 것뿐만 아니라 또한 그들의 육신의 질병과 그것을 치료하는 역할을 해야 한다고 하면서, 육신에 대해서는 의사, 정신에 대해서는 순교하지는 않았지만, 박해에도 굴하지 않고 신앙을 지키는 고해신부가 되어야 한다고 강조했다." 보시 사제는 카르스에서 소년 구르지예프를 2년간 가르쳤다.

당시 러시아와 터키의 국경지대였던 까르는 서구화의 물결로, 모든 소년이 엔지니어나 과학자가 되고 싶어 하였다. 그도 그런 경향에 휩싸일 수밖에 없었고 또 그 지역의 동방 기독교, 어머니의 종교였던 아르메니아 교회(초대 기독교의 전통을 일부 간직하고 있으며 일반 기독교와는 다름), 이슬람과 조로아스터교의 종교와 문화적인 상호 침투의 영향에서 벗어날 수 없었다.

그 후 그는 평생 그리스 및 러시아 정교회와 유대를 갖게 되었고, 1949년 10월 말 프랑스에서 있었던 그의 장례식도 러시아 정교회의 사제들이 집례하였다.

언제인가 제자들이 "당신의 가르침에 연원을 밝히라면 무엇이라고 하겠습니까?"라는 질문에, "굳이 대답을 꼭 해야 한다면 '비전秘傳의 기독교Esoteric Christianity'라고 할 수 있겠지"라고 말한 일이 있다.

그러나 그가 예수를 흠모한 것은 사실일 수도 있지만, 그것은 우리가 흔히 생각하는 '기독교'와는 상당히 다른 내용, 다른 차원의 '기독교'인 것이다.

그는 터키 동쪽에 있었던 카파도키아Cappadocia 지방에서 기독교 예배 기도문의 시원을 탐구하였고, 14세기 현 그리스에 있는 유명한 마운트 아토스Mount Athos의 고행승들로부터 시작되었고, 신비경험을 위한 테크닉 개발 운동이었던 헤서카즘Hysychasm을 주의 깊게 살펴보았다. 또 그는 기독교 영지주의, 그리고 예수가 이 공동체에서 공부했으리라 상상되는 에세네파The Essenes에 대한 연구, '기독교'가 원류인 수피Sufi들에 대한 관심 등 광범위한 구도를 통하여 샘물의 원천을 향해 역류逆流하였다.

소태산은 원불교 교전 '교법의 총설'에서 지향하는 바를 이렇게 천명하였다.

"… 그러므로, 우리는 우주만유의 본원이요, 제불 제성의 심인心印인 법신불 일원상을 신앙의 대상과 수행의 표본으로 모시고, 천지·부모·동포·법률의 사은四恩과 수양·연구·취사의 삼학三學으로써 신앙과 수행의 강령을 정하였으며 모든 종교의 교지敎旨도 이를 통합 활용하여 광대하고 원만한 종교의 신자가 되자는 것이니라."

즉, 한국 사회에 결정적인 영향을 끼치지 못하고 역사의 뒤안길로 사라지면서, 하나의 지적 허영으로만 남아있던 유교·불교·도교 세 가지 종교의 정수를 통합하여 사통오달의 대도大道를 지향하였던 것과 같이, 구르지예프도 전 생애를 통하여 지리멸렬하게 되어버린 여러 '기독교'들의 진수를 '통합 활용'하려고 노력하였다.

그것은 구차스레 '기독교'라고 부르기보다는, 차라리 '고대 동방의 지혜'라고 하는 편이 귀에 거슬리지 않을 것 같다.

어쨌든 구르지예프의 포부와 경륜이 담긴 '비전의 기독교' 중에서, 예수가 무대로 등장하는 부분은 뒤에서 한번 다루어볼 생각이다. 왜냐하면 그것은 기독교나 원불교 또는 다른 종교의 신자로서도, 틀에 박힌 사고의 외연을 넓힐 수 있는 계기가 되며, 또 그런 이야기들은 종교의 본질로 향하는 행진곡들이기 때문이다.

그런데 세상의 문제를 이해하고 해결하는 방법이 바벨탑 수준으로 너무 세분되어 소통이 안 되기 때문에 '통합' '활용' 또 비슷한 개념인 통섭 융합, 다른 장르가 교차한다는 크로스오버Crssover 또는 컬래버레이션(collaboration : 협업)이나 에디톨로지(編輯學)까지 등장한다.

글로벌하게 일본을 대표하는 문예평론가 가라타니 고진(柄谷行人)에 비해 일본 '내수용內需用'의 대표 지식인인 마츠오카 세이고(松岡正剛)의 표현대로, "좋은 것은 기꺼이 취한다"(아이토코도리 : 良いとこ取り)는 정체성이 결여된 일본 문화처럼, 취한다고 나쁠 것도 없겠지만 그렇다고 또 좋은 일만 있는 것도 아니다.

끊임없이 구성되고 해체되었다가 재구성되는 정·반·합正反合의 세상일이라, 그런 틀을 무시할 수는 없겠지만, 관건은 그런 와중에서도 그것을 해석하고 실행하는 후진後進들의 역량에 명맥命脈이 달렸다는 것이다.

3.
목마른 '선재 동자' 善財童子(구도)

수십억 개의 태양계에 생명이 없는데 비하여 지구에만 온갖 종류의 생명체가 존재한다는 것은 기적이다. 그 생명은 자신의 생존과 번식을 위해서 수많은 방식을 끈질기게 유지한다. 생명체들은 기발한 장치와 구조 덕분에 장애물들을 이겨내고 목숨을 부지하여 왔다. 그것이 누구의 지적知的 설계이든 아니면 자연선택의 진화든, 무엇인가가 엄청난 설계 작업을 하는 것 같다.

그러면서도 자연은 개체가 오래 사는 것에는 흥미가 없고, 다만 그들의 종족 번식에만 관심이 있는 것 같다. 생식의 임무가 끝나는 순간, 하나의 인간은 도도한 생명의 물줄기에서 소모품의 역할을 다하는 것이다. 자연은 지구 위에서 끊임없이 일어나고 있는 비열하고 잔혹한 약육강식의 비극을, 뭔가 재미있는 연극이라도 보는 양 말이 없다. 거기다 자연은 천재지변이나 질병으로 살아남아 보려고 안달하고 있는 생물들을 한 번에 몰살시키기도 하고, 또는 점점 멸망시키거나, 또는 조금 봐준다면 위협에 위협을 가하고 있다. 인생의 고통과 비참 앞에서는 할 수 있는 일이 없다. 고통의 의미를 묻는 일도 헛된 일이다. 어쩌면 의미는 사치일 수도 있다. 그러니 의미 없는 삶을 살아야 하지 않겠는가. 구약성서 욥기에서, 욥의 친구들은 고통의 의미를 설명하기 위해 많은 담론을 쏟아냈지만 모두 헛된 일이다. 말로는 풀이할 수 없는 삶의 고통과 비극 앞에서는 어떤 종교의 교리도 적합하지 않다. 욥기에서도 하나님은 고통의 의미를 설명하려고 애쓴 친구들의 기름 흐르는 담론보다는, 차라리 하나님에 대한 욥의 저항이 더 옳았다고 하였다. 마치 로마에 불을 질러놓고 하프를 타면서 미소를 짓고 구경하는 네로 황제처럼. 그렇기 때문에 자기가 우주의 중심이라고 생각한다거나 또는 자기가 지금 하는 일이 굉장히 중요한 일이라고 생각하는 것은, 팔푼이들이 갖는 신경쇠약의 초기 증상일 뿐이다. 이런 생각은 남자의 바람기를 변명하려는 마초macho이거나, 인문학이나 예술 등을 진화론적으로 해석하려는 시도일 수도 있고, 인간은 유전자의 생존 기계에 불과하다는 유전자 환원주의일 수도 있다.

인문사회학과 인간 생물학을 가로지르는 리처드 도킨스의 책 『이기적 유전자』에서 인간은 유전자를 저장하고 운반하는 도구이며 날아가는 포탄이 자신의 의지로 날고 있다고 착각한다는 것이다. 그러나 어찌 '사람이 목적'(칸트)이라는 것보다는 '사람이 도구'(도킨스)라는 것은 석연치가 않다.

> 에스트라공 : 그러니까 디디, 우리는 항상 살아있다는 걸 실감 나게 해주는 뭔가를 찾아내잖아?
> 블라디미르 : 그래, 그래. 우리는 마법사니까.
>
> (사무엘 베케트, 『고도를 기다리며』)

이런 우리가 직면하는 부조리가 철학의 근본 문제라고 선언한 최초의 현대 철학자는 알베르 카뮈였다. 그는 『시지프 신화』에서 부조리는 삶에서 의미를 찾으려는 인간의 원초적 욕망과 이성적인 방식으로는 그 의미를 찾을 수 없다는 사실 사이의 부조화에서 나온다고 말했다. 그래서 그랬는가? 파스칼은 "인간의 위대함은 자신이 비참하다는 것을 아는 데에서 시작한다."고 했다.

어쨌든 인간은 우주의 중심이 아닌 것 같다. 『적벽부』에서 소식의 탄식처럼 창해일속滄海一粟, 아니면 하나의 먼지 같은 존재, 예초기 앞에 놓인 풀 한 잎 같은 무의미함, 아니면 지구의 악성 종기, 악성 바이러스인데도 불구하고, 신神의 닮은꼴로 생각하는 오두방정을 과감히 떨쳐 버려야만 자신의 참모습을 볼 수 있다.

우리 개인은 모든 것인 동시에 아무것도 아니다. 지구는 은하계에 있는 천억 개의 행성 가운데 하나이고, 우리 은하계는 우주에 있는 2조 개의 은하계 가운데 하나일 뿐이다.

"天地不仁 以萬物爲芻狗" (도덕경 5장)
(천지는 어질지 않아 만물을 추구로 여긴다.)

천지는 비非인격적인 자연이기 때문에 사람과 같은 인정이 없다. 인정이 없으므로 어느 한 편을 편애하거나 애착하는 일 또한 없다. 그렇기 때문에 만물을 대수롭지 않게 생각하고 공평무사하게 취급한다.[7] 어느 정도냐 하면, 노자老子 당시 제사 때 풀로 개의 형상을 만들어서 콘돔처럼 일회용으로 사용하고 버렸는데, 그처럼 사람 또한 추구strow dog

---

7 소태산은 정전 천지은의 천지보은의 조목, 통칭 '천지 8도'의 8조에서 천지의 응용무념한 도를 배워 실천하라고 하였다.

처럼 취급한다는 것이다. 없으면 안 되니까 사용하기는 사용하는데 거기다 영원한 가치를 두지 않는다는 이야기다.

우리는 각자가 본능적으로 오래 살고 싶어 하지만 동물들의 목표는 오래 사는 것이 문제가 아니고 번식을 하는 것이다. 생존본능과 번식본능은 서로 상충한다. 수많은 동식물에 번식은 자진해서 즐거이 행하는 자살과도 같다. 번식이 완료된 후의 몸이란 것은 더 쓸모없는 쓰레기로 버려진다. 몸은 모든 면에서 숙주와 같고, 생식계는 몸을 죽음으로 몰아가는 기생충이다.

"다윈Darwin적 시각에서 보면 생물은 자신을 위해 사는 것이 아니다. 생물의 주된 기능은 다른 생물을 낳는 것 또한 아니다. 생물은 유전자를 번식시키며, 유전자의 임시 보관소로 쓰인다. 닭은 달걀이 다른 달걀을 만드는 도구일 뿐이라고 말했던 새뮤엘 버틀러의 유명한 경구가 현대화된 셈이다. 생물은 DNA가 더 많은 DNA를 만드는 도구일 뿐이다."(에드워드 O. 윌슨)

반유대주의를 피해서 미국으로 들어오는 유대인을 돕는데 공헌한, 유대인 지도자이며 랍비인 허버트 골드슈타인Herbert S. Goldstein은 1929년 4월 베를린에 거주하던 알베르트 아인슈타인에게 전보를 보낸다.

"당신은 신을 믿습니까? 답신에 필요한 요금은 지급하였습니다. 50단어 이내로 설명하여 주십시오."

아인슈타인이 발표한 상대성이론이 유대인들에게 꽤나 우호적인 미국에 나쁜 영향을 줄 것 같아서, 노파심에서 전보를 보내 의사 타진을 한 것이다. 당시 보스턴 지역의 가톨릭 주교였던 윌리엄 헨리 오코넬William Henry O'Connell은 상대성이론을 "무신론의 흉악한 망령" "모호한 궤변"이라고 반박하고 있었다. 아인슈타인은 다음과 같은 답을 보냈다.

"나는 스피노자Baruch de Spinoza의 신을 믿습니다. 그 신은 이 세상의 규칙적인 조화 안에서 자신을 드러냅니다. 그 신은 인간의 운명과 행동에 관심을 두고 있는 신이 아닙니다."

소태산이 생각하는 '신神'의 행동인 '천지 8도'를 보자. 스피노자와 비슷한 노래다.

"천지에는 도道와 덕德이 있으니, 우주의 대기大機가 자동적으로 운행하는 것은 천지의 도요, 그 도가 행함에 따라 나타나는 결과는 천지의 덕이라. 천지의 도는 지극히 밝은 것이며, 지극히 정성한 것이며, 지극히 공정한 것이며, 순리 자연한 것이며, 광대 무량한 것이며, 영원불멸한 것이며, 길흉이 없는 것이며, 응용에 무념無念한 것이니, 만물은 이 대도가 유행되어 대덕이 나타나는 가운데 그 생명을 지속하여 그 형각을 보존한다."(천지피은의 강령)

스피노자는 반유대주의를 피해 포르투갈에서 네덜란드의 암스테르담으로 이주를 하였으나, 그곳에서도 유대인 공동체로부터 추방당한다. 이유는 전통적인 유대교와 당시 암스테르담을 지배하고 있던 칼뱅의 교리를 무시하였기 때문이다. 그의 신은 우주를 창조하고 관리하는 초월적인 신이 아니라, 만물을 있는 그대로 자연스럽게 놔두고 있는 신이라는 것이다. 즉 '신은 능산적 자연이다'라는 명제 때문에 파문을 당했다. 스피노자는 자연을 능산적 자연(能産的自然 : Natura naturans)과 소산적 자연(所産的自然 : Natura naturata)으로 구분하였다. 당시 유럽인들은 자연을 피조물인 소산적 자연으로만 인식하였다. 그에 의하면 신은 능산적 자연인, 신 즉 자연이라는 것이다. 당시 서구 사회는 그의 생각을 받아들일 만큼 성숙하지 못했다. 그 때문에 그의 나이 불과 23세에 파문을 당했고 당시의 첨단 기술인 안경을 만들다 45세의 나이에 독신으로 죽는다. 동양철학에서 볼 때 그의 생각은 자연스럽고 당연하다. 노자, 장자 등 동양에서는 오래전부터 자연을 조물주로서의 자연인, 능산적 자연으로 이해하여 왔다. 아인슈타인은 스피노자와 같이, 전통적인 관념의 신으로부터 위안이나 보호를 받을 필요가 없고, 자연의 법칙은 수학적으로 정확해서, 인간은 과학의 발전을 통하여 신의 섭리를 조금씩 이해하여 갈 수 있을 뿐이라고 생각하였다.

내게 제일 중요한 것은 목숨인데 그 생명은 내 것이 아니요, 또 이 세상에 내 것이라고 할 만한 것은 없다. 생명의 중요한 임무의 하나가 번식 즉 정보복제이니, '나'는 그저 내 유전자에 탑재된 정보들을 넘겨주면 될 뿐이고, 천지(신)에 다 반납하고 나서 다시 무대에 서고 싶으면 다시 양질의 유전자를 받아 사용하면 된다. 그러면 몸도 마음도 가벼워지는 것이, 중력이 없는 공간에서 유영하는 것 같아 자유롭기 한량 없다. 렌터카rent car처럼 가고 싶은 데로 갈 수도 있고, 고장이 나도 회사에서 알아서 고쳐주니 걱정할 것이 없다. 운전만 잘하다 반납하면 그뿐이다.

한편 우리가 알고 있는 인간이란 완성된 작품이 아니다. 인간은 과학과 기술의 덕분으로 지구에서 사는 생명체들의 먹이사슬의 정점을 이루기는 했지만, 자연은 어느 정도까지 인간을 개발시켜 놓고는, 스스로 노력이나 지혜에 의해 진급을 하든지 아니면 강급을 하여 태어난 그 상태로 죽든지, 전혀 상관을 안 한다는 것이다. 이것이 구르지예프의 가르침의 출발점이다. 진급이냐 또는 정체냐, 아니면 강급이냐의 세 가지 중 선택은 각자의 자유라는 것이다. 언젠가 "당신의 문하로 입문하는 데 어떤 조건 같은 것이 있습니까?"라는 질문에, "어떤 조건도 없지. 또 그런 것이 있을 수도 없고. 우리의 관점은 인간은 자기가 도대체 누구인 줄을 모르고 있다는 것이고, 또 무엇을 할 수 있으며, 또 무엇을 해야 하는지를 모르고 있다는 사실이지."라고 대답한 일이 있다.

그의 본격적인 구도여행은 20세 전후에 시작해서 40이 갓 넘은 나이에 일단 막을 내린 것으로 되어있다. 그는 복잡한 캅카스 지방의 고대 정신문화의 흔적에 탐닉하였다. 또 당시 그 지방을 석권하던 동방교회 수도승들의 일상생활의 한 부분이었던, 기도나 예배의식의 상징적 효과나 율동적인 호흡 테크닉 등을 배웠다.

그러나 당시의 종교나 과학으로는 자신의 깊은 질문에 대한 답을 얻을 수 없다고 판단했던 그는, 고대 문명사회의 흔적 속에 진정한 해답이 있을 것이라고 믿고, 뜻을 같이하는 친구들을 모아 '구도자The Seekers After Truth'라는 그룹을 만들었다. 구성원은 남자가 15~20명 여자가 1명이었으며, 모두 자발적인 의지로 고대의 종교적 탐사를 목적으로 하였다. 탐험은 2인 1조 또는 3인 1조 또 어떤 때는 한 사람만이 임무를 띠고, 이집트·수메리아·아시리아·기독교 성지 등의 유적을 샅샅이 누볐으며, 아프리카의 수단Sudan까지 내려갔고, 중앙아시아 수피의 한 파인 유명한 낙시반디Naqshbandi나 까디리Kadiri의 수행자들이 모이는 곳에서 문을 두드리기도 하였다.

그들은 시베리아의 북쪽 계곡까지 가서, 그들이 찾는 지혜의 지맥호

脈들과 샤머니즘의 뿌리까지 찾았다. 후일 구르지예프는 그 당시를 이렇게 회상하였다. "우리들 가운데는 정말 온갖 종류의 전문가들이 많았어. 모두 자기가 정한 특별한 주제를 공부하고는, 따로 모여서 각자가 발견한 것들을 가지고 토론을 하였지."

구르지예프의 행장을 보면 『대방광불 화엄경』, 즉 축약해서 『화엄경』이라고 부르는 경 속의 입법계품入法界品에 등장하는 선재 동자善財童子의 구도 여정이 떠오른다. 그것은 존 버니언의 『천로역정』과 비슷한 분위기이다.

선재 동자는 목마른 질문이 있었다.

'부처란 도대체 무엇인가?' 또 '만약 부처가 있다면 어디에 있는가?'

문수 보살은 선재 동자의 구도에 대한 발심을 칭찬하고는 다음과 같이 선지식(善知識, 바른 도를 구하기 위해 가르침을 받는 스승)을 찾아가 보살의 실천에 관해 물어야 한다고 가르친다.

"훌륭하고 훌륭하다, 그대여. 능히 최고의 깨달음의 마음을 일으켜서 좋은 스승을 찾고, 좋은 스승에게 다가가 보살의 실천에 관해서 묻고, 보살의 길을 구하려고 하는구나. 그대여, 이것이 보살의 첫째가는 곳집이며 여기에는 부처님의 일체를 아는 지혜가 갖추어져 있다. 즉 좋은 스승을 구하고 다가가서 공경하고 공양하는 것이 그것이다. 그러므로 그대여, 좋은 스승을 구하고 다가가서 공경하고 일심으로 공양하며 보살의 실천을 낳고, 어떻게 보살의 길을 바르게 염하고, 어떻게 보살의 경지의 존재 방식에 관계하고, 어떻게 보살의 길을 충실·발전시키고, 어떻게 보살은 보현의 실천을 몸에 익히는가?"라고. 이렇게 문수 보살의 인도로 시작하여 보현 보살로부터 성불의 예언을 받는 것으로 막을 내리는 선재 동자의 여행은, 좋은 친구(도반)이며 스승이라고 할 수 있는 53명[8]의 선지식 만나서 가르침을 받는다는 이야기다.

등장하는 선지식들은 그야말로 유식무식 남녀노소 선악귀천 등 다양한 직업을 가진 군상들이다. 예를 들면, 보살은 물론이고 바라문·외도外道·야신夜神·비구·왕·어부·상인·창녀 등으로, 대승운동의 모티브인 인간의 평등을 기치로 건 만큼 다양한 인간들로 구성되어있다. 선지식으로 등장하는 53명이 다 불교와 관계된 사람은 아니며, 그중에는 왕자나 의사 같은 속인도 있고, 불교에서는 외도外道라고 배척하고 폄하하는 바라문 출가외도도 있고, 대승운동의 촉발제가 된 상업자본의 진출로 경제적인 부를 축적한 신흥 부유층과 여성 신도들도 포함되어 있다. 그런데 좀 깊이 들여다보면, 화엄종의 대성자인 당의 법장法藏의 소견처럼, "선재와 선지식은 두 몸(二身)이 아니다. 선재 밖에 선지식이 없고 선지식 밖에 선재 또한 없다. 선재와 선우(善友: 선지식)는 둘이 아니다(不二)." 즉 가르치는 사람이 배우는 사람이고 배우는 사람이 곧 가르치는 사람이다.

흥미로운 것은 선지식 중 26번째에 바수밀다라는 여인 한 명이 등장하는데 성 산업에 종사하는 매춘부로 여겨진다. 창녀를 선지식의 한 명으로 격상시킨 것은 대단한 편집이 아닐 수 없다. 물론 그런 경우 요분질 하는 여자는 아닐 터이고 어떤 상징성을 부여하려는 시도였음이 틀림없다. 아니면 종교에 비계가 붙고 경직화되어 심장마비를 일으킬 때쯤 하는 수작인, 자기 정화 아니면 의도적인 장면 전환의 테크닉일 수도 있다. 또 『장자莊子』에서처럼 왕이 할 일 없이 산속의 은자를 찾아간

---

[8] 세는 방법에 따라 54명 또는 55명으로 설이 분분하다. 보통 선재 동자는 55개의 장소에서 53인의 선지식을 방문하는 것으로 알면 된다.

다거나, 왕이 측근의 대신을 부르는 것이 아니고, 하찮은 시중의 요리사를 불러 고견을 듣는다는 이야기처럼, 어울릴 수 없는 두 신분이 만나는 긴장과 충돌로 인한 파격이, 독자에게 기존의 틀에서 벗어나 새로운 관점을 제시하는 카타르시스를 만들어주려는 의도일 수도 있다. 화엄경과 같은 수준의 문장을 구성할 정도의 종교적 천재라면, 이 정도 스토리텔링의 능력은 기본일 것 같다.

종교 경전에는 심심치 않게 매음녀가 등장한다. "음양이 교감하여 만물을 만든다."(二氣交感 化生萬物 萬物生而 變化無窮焉, 주렴계의 '태극도설')고 잘라 말하면 할 말은 없지만. 신약에는 간음하다 남자는 어디로 가버리고 혼자 끌려온 '정치적'으로 고독한 여인과 그에 대한 예수의 말씀이 있다. 자고로 성매매에 관련된 가난한 여성을 폭행하는 것은 사람들의 분노를 덜 산다. 여성의 섹스가 사랑이 되었든 매춘의 탈을 썼든, 남성의 요구가 아니라 여성 자신의 선택일 때, 여성은 모든 위험을 감수해야 하는 것은 물론 목숨까지도 잃게 된다. 남성은 여성을 '신세 망치는 골칫덩어리'로 경멸하였는데, 그 혐오의 정점이 매춘부였다. 지금도 그런 잔재가 남아 있기는 하지만 그때는 참 더러운 세상이었다.

또 사도행전 20장의 에베소를 떠난 바울이 '헬라'에서 석 달 동안 머물렀다 하는데, 그 '헬라'는 고린도를 의미한다. 고린도는 그 당시 헬라에서 가장 큰 항구도시로, 어느 항구보다 무역량이 많아 이방인들의 왕래가 잦은 만큼, 향락의 문화가 극성하고 공창公娼까지 있었다고 한다. 그런 곳에서 기독교를 제조한 바울은 로마서를 썼다.

원불교 『대종경』 실시품 7장에도 간단하나마 창녀 이야기가 나오는데, 극적인 효과를 노린 것 같지는 않고 밋밋한 것이, 룸살롱이 난무하는 이 시대의 독자들에게는 약효가 별무다. 재미가 없으니만큼 의미 또한 별로 없다.

화엄경에서 창녀로 등장하는 바수밀다Vasumitra는 선재 동자의 청에 의해서 '욕망을 벗어난 청정한 진실의 경지'(離欲實際淸淨法門)를 이야기하는데, 그 내용이 육감적이며 마치 '창녀'의 옷을 입은 보살의 고백 아닌 고백을 듣는 것 같기도 하다.

"선재 동자는 보장성城에 도착하여 바수밀다를 찾았으나 아무도 그녀를 아는 사람이 없었다. 선재는 자신의 간절한 마음에 이끌려 성의 북쪽에 있는 그녀의 집까지 왔다. 선재는 여러 여자에 둘러싸여 있는 바수밀다를 보았다. 얼굴은 해맑으며 피부색은 황금색이었고 머리칼은 파도의 너울처럼 굽이치고 있었고 목소리는 쟁반 위에서 구르는 옥 같았다.

바수밀다는 소년 선재를 맞아들였다. 그녀는 신비한 빛을 토하고 있었으며 그 빛을 입은 사람은 심신의 상쾌함을 얻었다. 선재가 물었다. '당신은 어떤 힘을 얻었기에 이렇게 황홀합니까?' '소년이여, 나는 자유를 얻었다. 온갖 탐욕으로부터 자유를 얻었다. 나는 여러 사람이 바라는 욕망에 따라 그에 맞는 몸을 나타낸다. 하늘의 신이 나를 만날 때 나는 천녀가 된다. 사람이 나를 만날 때 나는 여자가 된다. 귀신이 나를 만날 때 나는 귀신의 여자가 된다. 어떤 경우에도 내 모습은 아름답고 빛을 내며 매우 예쁜 용모를 갖게 된다. 만일 애욕으로 내 집에 오는 사람이 있다면 나는 그를 위해 애욕에서 벗어나는 가르침을 이야기하며, 나를 만나는 사람은 기쁨을 얻을 것이다.

나를 포옹하는 사람은 탐욕을 여의고 모든 살아있는 것을 거두어들이는 경지를 체득할 것이며, 내 입을 맞추는 사람은 탐욕을 여의고 은

밀한 공덕 세계의 경지에 들게 될 것이다.'"⁹

힌두교 탄트라에 익숙한 사람에게는 별것도 아니겠지만, 좁은 의미의 불교라는 틀을 벗어나지 못하고 있는 사람에게는 당황스러운 장면이 될 수도 있겠다. 그러나 신분이 매춘부라 해서 선지식이 못될 것도 없다.

구약성서 여호수아 2장의 라합이라는 여인은 창녀였는데, 여호수아가 요르단강 건너편을 정복하기 위해 예리고로 정탐꾼을 보냈을 때, 그들을 숨겨주고 도와주었다. 이스라엘은 이 창녀 라합의 충성스러운 도움으로 생긴 것으로 생각할 때, 그 매춘부는 성스럽게도 이스라엘 건국의 일등공신이 되는 것이다.

그리고 '곳곳이 부처님'處處佛像이듯이 창녀라고 내려다보지 말라. 신약에서 창녀 마그달레나가 성녀로 변신한 것은, 본인의 심적 변화도 없지는 않았겠지만, 마그달레나의 마음 깊은 곳에 내재하여 있던, 누구보다도 그 순결한 마음을 읽을 수 있었던 예수의 거룩한 마음이 있었기에 가능하였다고 볼 수 있다. 그러니 세상에는 두 가지 사람 즉 '가진 자'와 '못 가진 자'가 있듯이, 여자도 '빚 없는 여자'와 '빚 있는 여자(창녀)'가 있을 뿐이다. 매춘이 주술사 같은 샤먼이나 간호사나 의사 같은 직업보다야 오래되지는 않았겠지만, 그래도 '오래된 직업'의 하나였고, 사실 성性의 시장은 다양한 시대와 문화를 통하여 놀랄만한 지속성을 유지하였다. 그러나 매춘이란 것도 어떤 사회에서는 매춘이 되는 것이 다른 사

---

9 "若有衆生 抱持於我 則離貪慾 行菩薩攝一切衆生恒不捨離三昧 若有衆生 接我脣吻 則離貪慾 行菩薩增長一切 衆生福德藏三昧" 실타나다 한역, 대정신수대장경, 권10, pp.365~6

회에서는 매춘으로 여겨지지 않는 만큼, 무엇을 매춘으로 정의할 것이냐에 대해서는 상당한 논란이 있을 수밖에 없다.

화엄경의 바수밀다도, 매춘이라기보다는 섹스 치료요법 학자가 환자의 불능이나 불감증을 치료하기 위하여 이용하는 섹스 대행자의 경우라 할 수 있다. 이것은 매춘이라기보다는 의료 조수가 되는 것인데, 바수밀다도 매춘의 외연을 확장하고 있다. 또 기생의 춤과 노래는 가장 여성적인 것을 직업화한 것인데, 기생이 여러 남자를 상대로 서비스를 제공하면서 살아간 것은, 어떻게 보면 인류사에서 최초의 여성 해방 운동사도 되는 것이다.

구르지예프는 고대 아르메니안 왕국의 수도였던 아니Ani의 유적에서, 기원전 2천5백여 년 경 바빌론Babylon에 있었던, 사르뭉Sarmoung이라는 신비적인 종교 우애 단체의 자취와 문서를 발견하고, 북쪽으로 그것을 추적하러 가는 도중, 우연히 고대 이집트 지도를 발견한다. 그리고 모든 지혜의 원천은 남부 이집트라고 확신하고는, 1895년 곧장 이집트와 에티오피아로 방향을 돌렸다. 그는 이집트와 아비시니아Abyssinia에서 고대 신비주의 교리와 원리들을 설명한 문서들을 발견하였는데, 구르지예프는 훗날 이 가르침들을 '제4의 길The Fourth Way'이라 불렀다.

사람이 내적인 잠재력을 개발하여 진眞선善미美로 향하고 천지와 합일하는 데는, 전통적인 종교에서 말하는 세 가지 방법이 있다.

① 화키르 방법(The way of the fakir)
무슬림 중 수피 고행자라는 뜻의 화키르(아랍어로 fakir 또는 faqir)는 인간관계와 재산 등을 포기하고 빈곤과 숭배의 서약을 한 길이다. 육신의 제

일 낮은 부분을 개발하기 위해서 여러 가지의 몸 모양을 만들며 수련한다. 한 가지만 예를 들면, 의지를 강화하기 위해서 한쪽 다리로만 서는 수련이 있다. (이 책의 뒤쪽, III 무량법문 3.의 '부정적 감정들'에 있는 구르지예프의 7가지 계단 중 '사람#1'에 해당한다.)

② 탁발승 방법(The way of the Monk)

종교적인 희생이나 헌신 또는 믿음을 갖는 방법이다. 6근(六根)의 원활한 개폐開閉 등 감정적인 센터의 원만한 가동을 위한 작업이다. 미세한 욕망은 신神에 대한 사랑으로 일단 극복되기는 하지만, 아직도 중생의 자리에서 왔다 갔다 할 뿐이다. 말하자면 '바보 같은 성자silly saint'다. ('사람#2'에 해당한다)

③ 요기 방법(The way of the Yogi)

지적인 방법이다. 그러나 전체적인 지식을 얻었다 해도 화키르나 탁발승의 길을 숙달하지 못하면 별 소용이 없다. 체성에 합했다 하더라도 새로운 노력, 즉 보림保任 같은 새로운 차원의 정진이 필요하다. ('사람#3'에 해당한다)

위의 세 가지 길은 인간 심성의 한 면만을 강조하였기 때문에 완벽하지 않다. 그래서 구르지예프는 자기의 공부법을 '제4의 길'이라고 불렀다. '제4의 길'은 한마디로 '연꽃과 같이 진흙에 있지만, 그 속에 머물지 않는in the world but not of it' 길이다. 즉 거진출진居塵出塵의 모습이다. 과거의 전통적인 종교에서는 이런 분위기를 가진 단체가 없었던 것은 아니나 영구적으로 지탱된 적은 없었는데, 구르지예프는 그런 모습을 한 인간들이 그리워 '제4의 길'이라 했는지도 모른다.

중앙아시아에 있는 부하라Bukhara와 에티오피아는, 그가 여생을 보내고 싶다고 했을 정도로 그에게는 중요한 의미가 있는 곳이다. 고생 끝에 그는 이집트 지방에서 '제4의 길'이라 부르게 되는, 고대의 신비적인 아이디어와 원리들을 발견한다. 그의 말에 의하면, "기독교나 기독교의 예배 의식은 초기 교회의 복음 선포자에 의해 만들어진 것이 아니다. 그것은 우리가 지금 알고 있는 이집트나 아직도 밝혀지지 않은 '이집트'에 있던 것을 차용한 것이다. 예수가 나기 이전인 수천 년 전 선사시대의 이집트에 '기독교'가 있었다고 말하면 모두 이상스럽게 생각할지 모르겠으나, 그 발상과 원리는 모두 고대 이집트에서 유래한 것이다." 그리고 이런 가르침은 북쪽의 바빌론이나 힌두쿠시Hindu Kush, 티베트 그리고 고비Gobi사막으로 퍼져나갔고, 그는 위에 열거한 모든 지방을 유심히 관찰하며 구도의 여행을 계속하였다.

그 후 그는 고대 그리스의 도시국가였던, 테베Thebe와 메카·메니나를 변장하여 가며 여행하였다. 그리스 문명 이전에 훌륭한 문화를 성취하였던 크레타Crete섬은, 구르지예프가 방문할 당시는 1895년의 터키와 그리스 전쟁의 일촉즉발의 상황이었는데, 그는 제정러시아 정부의 비밀 수행원으로 일하면서 여행의 경비를 조달하였던 것 같다.

그는 항상 대서양에 있었다가 사라졌다는 대륙 아틀란티스Atlantis에 대해 관심이 많았는데, 크레타섬에서의 고고학적인 유적 발굴에 참여하고 나서, 아틀란티스에는 우주 생성의 비밀에 관하여 밝은 지혜를 가진 현자의 무리가 있었다는 정보를 얻게 된다. 그는 그 후 계속 사루뭉 종교단체의 흔적을 따라 중앙아시아의 투르키스탄과 시베리아를 여행하였고, 고비 사막에서는 모래 속으로 함몰된 도시를 찾아다녔다.

그는 또 1900년을 전후하여 수년간, 홍모파Red Head 라마들이 세력을 갖고 있던 북부 티베트에서 심령현상에 관한 테크닉은 물론, 티베트 언어와 의식·춤·의학 등을 공부하였다. 그는 티베트에서 현지 여성과 결혼하여 두 명의 아이들의 아버지가 되었었다는 설도 있다. 그러나 그런 이야기들은 1902년 유탄에 맞아 수개월을 혼수상태로 보냈기 때문에 그 정도로 막을 내렸다. 그는 구도 중 세 번이나 총을 맞았는데, 그의 이야기로는, 첫 번째는 1897년 그리스와 터키 간의 전쟁이 있기 1년 전 크레타섬에서 한 저격병의 총에 맞았고, 두 번째는 영국과 티베트 전쟁 발발 1년 전 티베트 산악지방에서 유탄을 맞았는데, 다행히 3명의 유럽에서 교육을 받은 의사들과 2명의 티베트 의학을 전공한 전문가들이 곁에서 극진한 치료를 해주었기 때문에 살아남을 수 있었다고 한다. 세 번째는 1904년에, 흑해와 카스피안 해 사이 코카서스 산맥이 있는 지방을 트랜스코카시아Transcaucasia라고 하는데, 그 지역에 있는 키아투라굴Chiatura Tunnel 근처에서 유탄에 맞았다고 한다. 그런데 그는 그런 총상들을 입고도 초인적인 비상한 체력으로 목숨을 건질 수 있었다. 이러한 그의 초능력을 소유한 마술가적인 이유인지, 아니면 정치적인 신분의 내막 때문인지는 모르겠으나, 그는 1918년 볼셰비키 당원들에 의해 자신의 세 딸과 잔인하게 살해된 제정러시아 황제 니콜라스 2세를 몇 번 만나기도 하였고, 러시아판 신돈辛旽이라 할 수 있는, 괴승Mad Monk 라스푸틴Rusputin과도 직접 교제를 하였다고 한다. 1905년 짜르Tsar에 소개된 라스푸틴 대신에 만약 구르지예프가 황실에 들어갔더라면, 물론 체질적으로 보아 분명히 전권을 휘둘렀겠지만, 제정러시아의 상황은 조금 달라졌을 것이라는 설도 있다.

위와 같은 세 번에 걸쳐 사경을 헤매게 만든 총상의 후유증은 평생 두고두고 그를 괴롭혔고, 1916년 겨울에는 두 번이나 폐렴 증세를 보이기까지도 하였다. 그는 그 후 그 고통을 무마시키기 위하여 많은 양의 카페인과 니코틴 그리고 알코올을 사용하게 되었다. 구르지예프는 지금은 '흑인의 눈물'이라고 하는 커피 애호가였다. 그가 커피 열매를 먹인 사향고양이 뱃속에서 발효된 커피콩을 배설물에서 골라내어 만든 '고양이 똥 커피'로 불리는 인도네시아의 '루왁Luwak'을 시음하지는 않았겠지만, '밤의 카페 테라스'를 그리고 평소 카페를 옮겨 다니며 작품을 구상하고 커피를 무척 사랑했던 빈센트 반 고흐처럼, 구르지예프 또한 파리의 카페에서 커피를 마시며 온종일 앉아 글을 쓰고는 하였다. 시끄러운 카페에서 어떻게 글이 써지느냐고 생각할 수도 있다. 물론 집중과 몰입이라는 것이 조용해야 잘될 때도 있지만, 어느 정도의 소음이 집중하는 데 도움이 될 때도 있다. 보통 생각하는 '소음'은 귀에 거슬리거나 별로 도움이 되지 않는 소리라고 생각하는데, 시냇물이 흐르는 소리나 비 오는 소리 또는 파도치는 소리는 오히려 심신을 안정시키고 불면증도 치료하며 집중력의 정도를 나타내는 '알파파'를 증가시키는 작용도 한다. 그래서 카페에서 나는 지나가는 소리인 '백색소음'은 사람에 따라서는 오히려 집중하는 데 도움이 될 수도 있다.

하기야 카페Café는 예나 지금이나 문화의 공간이다. 우디 앨런이 감독한 영화 '미드나잇 인 파리Midnight in Paris'는 카페 문화가 절정에 달했던 1920년대의 파리 분위기를 보여주는데, 그때 구르지예프도 파리의 어떤 카페에서 커피를 마셨을 것이다. 당시 카페는 위의 영화가 보여주듯, 프랑스 문학과 예술의 산실이었다. 구르지예프가 파리에 있을 때였는데, 전쟁터에서 병색이 되어 돌아온 어렸을 때의 가까운 제자 피터스Fritz Peters에게 기氣 치료를 해준 후, 약을 못 먹게 하고 가능한 한 커피를 뜨겁게 마시기를 명령한 것도 그렇고, 자신의 열반 직전 마신 음료 또한 커피였다. 그리고 보니 커피 마니아들이 한둘이 아니다. 커피에 대한 사랑을 '커피 칸타타Coffee Cantata'로 작곡하여 바친 바흐, 항상 원두 60알을 세어 넣고 커피를 끓였다는 베토벤, 또 브람스가 있고 '문학의 나폴레옹'이 되고자 글을 쓰기 위해 하루 40잔의 커피를 마시다 심장질환으로 죽은 발자크와 같은 이도 있다.

구르지예프가 애용한 술은 단식 증류기로 두 번 증류하여 프랑스 중부지방 리무쟁Limousin 숲의 오크Oak 나무로 저장 숙성시키는 코냑보다는, 다단식의 반 연속 증류기로 한 번만 증류하여 가스코뉴의 검은 오크로 저장 숙성시키는 아르마냑Armagnac을 선호하였다. 필자가 격에 맞지 않게 긴 설명을 하는 이유는, 이민 시절 술장사를 해본 경력도 있지만, 그것보다는 브랜디는 향기를 맡기 위해 마시는데, 주조하는 방법에 따라 방향芳香이 결정적으로 차이가 나기도 한다. 하지만, 이 명주銘酒는 제자들에 대한 구르지예프의 감성 훈련의 한 재료로 사용되었고, 또 그는 아르마냑 건배 등을 통해 인생을 희롱하고 제자들의 심성을 실험 내지 판단하는 도구로 사용하였기 때문이다. '25'시간 무량 방편의 경지에서 소요하시는 부처님으로서는, 어느 것 하나 중생제도의 재료가 아닌 것이 없다.

거의 10년에 가까운 티베트 생활 중, 그가 13대 달라이라마의 가정교사였던 유명한 아그완 도르지예프Dordjieff와 동일인인지 아닌지에 대해 본인은 긍정도 부정도 하지 않았다. 그 사실 여부야 어쨌든, 그는 티베트 종교의 비밀스러운 부분까지 볼 수 있었던 것만은 확실하다.

구르지예프가 북인도에서도 체류했었는가는 개연성만 있다. 그가 18세 때쯤 신지학회Theosophical Society의 창시자인, 러시아 여성 블라바츠키Helena Blavatsky를 만나고 그녀와 사랑에 빠진 일이 있었다는 미심쩍은 이야기도 있다. 사랑 이야기는 제쳐놓고라도, 그가 신지학회의 업적에 자극을 받아, 힌두 고전 철학이나 불교 그리고 탄트라를 진지하게 공부한 것만큼은 사실인 것 같다. 왜냐하면 그의 가르침에는 불교 심리학을 원용하여 자기의 아이디어로 삼은 부분이 가끔 보이기 때문이다.

구르지예프의 출현은 하나의 돌출 현상으로 보일 만큼, 그는 정신적으로 '홀로선 사람(獨坐大雄峯)'[10]이기는 하였지만, 몇 번씩이나 아래와 같은 말을 한 것으로 보아, 배우는데 지칠 줄 모르는 불사조였다.

그것이 유정물이든 무정물이든, 또는 사막이 교실이요 바람이 스승이든, "누구나 다 스승이 있어야 한다. 구르지예프인 나 자신까지도 나의 스승이 계신다. 나는 내 스승을 떠나 본 적이 없고 지금 말하고 있는 이 순간까지도 그분과 교신하고 있다."라고 말했다.

소태산도 원불교『정전』일상수행의 요법 7조에서, "배울 줄 모르는 사람을 잘 배우는 사람으로 돌리자"라 했고, 제자의 질문에 "너희 스승은 내가 되고 나의 스승은 너희가 된다."(『대종경』변의품, 21)라고 대답한 일이 있다.

구르지예프는 소태산과 마찬가지로 일정한 스승이 따로 없었다. 그가 언젠가 영성이 지극히 맑은 경지를 '수정화(水晶化, crystallization)'라고 표현한 일이 있는데, 그가 언제쯤 "일원의 위력을 얻고 일원의 체성에 합"했는지는 공식적인 이야기가 없지만, 32세쯤 두 번의 사경을 넘는 신비 체험을 한 후라고 추측하여 본다. 그는 그 후 '투르키스탄의 호랑이The Tiger of Turkestan'라는 별명을 얻었다.

---

10 『벽암록』 26, '대웅봉 위에 홀로 앉는다'. 백장 선사에게 한 수행자가 찾아와 "선을 하면 어떤 이익이 있습니까?" 물으니 백장은 "독좌대웅봉"이라고만 대답하였다. 대웅봉은 백장 선사가 살던 중국 강서성 백장산의 별명이다.

4.
구도의 길에서

20여 년의 긴 구도의 여로에서, 도대체 구르지예프는 어떻게 여비를 조달하였는지 궁금한 일이 아닐 수 없다. 더군다나 그가 여행한 시절은 순풍에 돛을 단 배와 같은 시절이 아니요, 종족과 종족끼리의 싸움이 잦고 국가 간의 전쟁이 끊이질 않고 내란과 혁명의 소용돌이로 세계가 벌집을 건드린 것 같은 상황이었다.

앞에서도 언급한 바와 같이, 어린 시절 소년 구르지예프에게 영향을 준 아버지는 그가 교회의 성직자가 되기를 원하였고, 70세가 넘은 러시아 정교회의 사제 보시는 마음 병 의사인 성직자는 물론 육신의 병도 잘 고칠 수 있는 의사가 되어주기를 바랐다. 그러나 운명의 손짓을 바라본 그는 앞길을 위해 하나씩 하나씩 여행의 준비를 하기 시작하였다.

인간 구르지예프는 다재다능한 만능인이었다. 소년 시절 그는 러시아 정교회의 합창단원으로 재능이 나타나기는 하였지만, 음악과 춤 gymnastic movement, dance은 그의 가르침에 있어서 가장 중요한 부분이 하나가 되었고, 그는 많은 악기를 능란하게 다루고 스스로 작곡을 할 수 있는 능력 또한 있었다. 음악의 이론을 이용한 그의 우주론은, 그것이 물론 고대의 종교들로부터 아이디어를 얻었다 할지라도 독특한 면이 있다. 현대의 내로라하는 정신적 지도자 중 그의 가무歌舞에 영향을 받은 사람도 있다.

그는 학생 시절 친구들과 알라게즈Alagheuz 호수로 야생오리를 잡으러 다녔는데 무엇을 고치고 만드는 일에는 특별한 재주가 있었다. 아버지로부터 배운 목수 일은, 후일 프랑스에서 자신의 학교를 지을 때 대목大木으로 유감없이 발휘되었다. 노년에 어린 시절을 회상하면서, "나는 학교 공부에 진도가 빨랐고, 수업 준비에 긴 시간이 필요 없었으므로 틈나는 대로 아버지의 작업실에서 일을 거들어 드렸다. 얼마 안 되어 나에게만 찾아오는 손님들이 생기게 되었고, 나무총이나 연필 상자 등을 만들어주었으며, 나중에는 일반 가정에서 흔히 있는 작은 고장들을 수리하여 주었다. … " 이런 핸디맨handyman의 자질과 천성적인 재치를 그는 여행 중 곳곳에서 유용하게 사용하였다.

지금도 그렇다지만, 그때 러시아 지방에는 상당한 수의 알코올 중독자가 있었고, 중앙아시아의 광활한 지역에는 끝도 보이지 않는 양귀비밭이 널려있어 아편 중독자의 낙원이었다. 그는 아편의 특수한 역할과 소량을 사용하였을 때의 인간에 미치는 효과와 또 오용 내지 과용하였을 때의 인체에 미치는 영향을 연구하였고, 그것에 대한 어떤 확신을 하게 되었다. 청년 구르지예프는 술과 아편의 해독 치료에 사명감을 가졌고, 경험을 쌓으면서 불치라 생각될 정도의 심한 알코올 중독자를 치료하여 줄 수 있었다. 그는 우리가 지금 정신 신체증psychosometic disease이라고 부르는 그런 증세를 호전시키는 치료 등을 통하여 여비의 상당 부분을 충당할 수 있었다. 그리고 그런 임상 치료를 통하여 인간의 정신과 심리 등에 대하여 깊은 생각을 할 기회를 얻게 되었다.

그는 그 당시 첨단 의료요법이었던 최면술에 대해서는 전문적인 지식이 있어서, 여행 중 만나고 싶은 사람과의 교제를 위하여 길거리의 마술사가 되기도 하고, 최면술사professional hypnotist 노릇을 하면서 돈을 모으기도 하였다. 구도 도중 타자기와 재봉틀을 고치고 팔았으며, 골동품 장사를 하면서 중국산 칠보 자기도 팔았고, 정어리 절임도 취급한 일이 있었다.

최면술사를 하던 1909년에서 1912년 사이에는, 타시켄트Tashkent에 근거지를 두고 도로나 철도공사를 위한 자재들을 정부 상대로 조달하기도 하였으며, 많은 수의 레스토랑이나 극장을 만들어 궤도에 오르면 파는 일도 하였으며, 유정油井 사업과 수산업 회사에 참가하기도 하였다. 그리고 주로 카슈가르Kashgar로부터 소 떼들을 몰고 와서 러시아에 파는 일도 했다. 또 그는 사람을 시켜 옷을 세탁하고 수선을 하여 파는 일도 하였다. 그는 카펫 사업을 하여 양탄자를 현지에서 싸게 구입한 후 넘기는 도매업을 하기도 하였는데, 카펫 중간업자로서는 필요불가결인, 다양한 언어의 구사 능력으로 상술에 있어서 탁월한 재능을 보였다. 그런 경제적인 능력으로 그는 한때 그 자신의 대가족과 그를 따르는 사람 등 200여 명의 식솔을 거느린 적도 있었다.

그가 훗날 구도의 옛이야기를 회고하면서, "나도 역시 비즈니스맨이었다."라고 하였는데, 구도를 위해 돈을 모으는 과정의 어떤 이야기들은, 시공을 달리하는 우리들의 눈시울을 적시게 하는 대목들이 있다. 필자도 미국 이민 생활을 하면서 그럴듯한 기술이 없기 때문에, 마구잡이로 30년간 수많은 업종의 장사들을 했었는데, 그의 능력에는 족탈불급이지만 그의 심정만은 조금 이해할 수 있다고 생각한 적이 있다. 사실 원불교의 창시자인 소태산이 지금의 원불교에 몸담은 교무들의 생활을 보면, 고타마 붓다가 지금의 제자들을 보고 놀랄 수 있듯이, 기절

일보 직전일 것이다. 왜냐하면 무엇보다도 제대로 된 생산기관 하나 없이, 교무들이 자기생활을 자력으로 해결하지 못하고, 재가 교도의 주머니에 목숨을 걸고 있기 때문이다. 그런 '서커스'도 능력이라면 능력이겠지만 말이다.

붓다도 '일하지 않고 먹는 사람' 즉 무위도식자無爲徒食者라는 오해를 받았다. 외부에서 육체노동을 하지 않는 수행자들을 비난하는 질문에, 초기 경전인『브라마 상윳따』에서 붓다는 다음과 같이 변명하고 있다.

> "사문이여, 나는 밭을 갈고 씨를 뿌리며, 밭을 갈고 씨를 뿌린 다음에 먹는다. 그대도 밭을 갈고 씨를 뿌려라. 밭을 갈고 씨를 뿌린 후에 먹도록 하라."

그러면서 재가在家 수행인에게는 안락과 행복을 위하여서는 다음의 네 가지를 갖추어야 한다고 했다.

1. 직업을 가져야 하며 근면하고 열심히 일해야 한다.
2. 땀 흘려 벌어들인 소득을 정당하게 관리하고 보존해야 한다.
3. 바른길로 인도해 줄 친구를 사귀어야 한다.
4. 소득에 맞게 합리적인 소비생활을 해야 한다. 『법구경』

프랑스 동부 부르고뉴의 작은 마을에 있는, 가톨릭과 개신교를 아우르며 로제 슈츠 수사가 설립한 국제 공동체인 떼제Taizé는, 2차 대전을 겪은 로제 수사의 경험에 의해 "모든 면에서 재산의 공동소유가 없이는 진정한 형제적 일치도 없다."고 기치를 내걸었다. 떼제 공동체에서는 일체의 기부를 받지 않고, 도자기 등을 만들어 파는 것으로 단체를 이끌어 간다. 간혹 형제들의 가정에서 유산으로 받은 것들이 있으면 그 재물은 공동체 내에서 사용하지 않고 예를 들면 난민구호 등 특별한 목적으로 사용된다.

경제적 독립이 없으면 자유를 잃어버린다는 것은 상식이다.

소태산의 장자이며 원광대학교 초대 총장을 지낸 박광전은 "대종사님은 그 당시 종교 지도자라기보다는 오히려 사업가적인 풍모가 더 돋보이셨다."라고 필자에게 말 한 일이 있었는데, 돈 놓고 돈 먹는 장바닥의 구르지예프를 그 누가 연화대에서 내려오신 부처님으로 눈여겨볼 수 있었겠는가.

소태산이 바라던 구원의 인간상인, "집에 들면 노복 같고, 들에 나면 농부 같고, 산에 가면 목동 같고, 길에 나면 고로古老 같이", 또 배를 타면 어부요, 강단에 서면 학자, 시장에서는 장사꾼, 주방에서는 요리사가 되듯, 여의보주를 머금은 용처럼 운신을 자유롭게 할 수 있는 사람, 그런 사람이 언제쯤 되어볼 수 있을까? 잡지 못한 세월을 지내고 보니 필자도 흉내를 내 볼 기회가 많았었는데, 아무리 생각해도 나의 연기력에 문제가 있었던 것 같은 생각이 드는 것은 어쩐 일일까.

분초를 다투고 직업이 갈수록 전문화되며 해드려야 할 것도 많은 세상, 그래서 매사에 '빈 배虛舟'가 되거나[11], 파도 타는 소년이 되어, 오르

---

11 "… 사람을 대하여 말할 때도 다만 이러하며 행하고 머물고 앉고 누울 때와 혹 말하고 혹 묵묵하고 혹 기뻐하고 혹 성내는 데에 이르기까지 일체 시중에 낱낱이 이처럼 같이하되, 마치 빈 배를 물결에 멍에 하며 높은 것을 따르고 낮은 것을 따르는 것과 같으며 물이 산을 끼고 돌매 굽은 곳을 만나면 굽은 대로 가고 곧은 곳을 만나면 곧은 대로 가는 것과 같아서 마음 마음이 분별이 없나니 …."(『수심결』 28)

고 내리거나 곧고 굽은 곳을 만날 때, 분별없는 헌걸스러운 마음으로 인연을 따라 운전을 하라 하셨나 보다.

　말씀도 그렇고 교과서에도 그렇게 쓰여 있기는 하지만, 자동차 운전이 운전 교본처럼 만은 안 되고 수영이 수영 교본처럼 안 되듯이, 인생이라는 시간의 물결 속에 허우적거리는 곳에서 '육근의 운전'은 그리 쉬운 일이 아니다.

　뒤에서 언급하겠지만, 구르지예프는 수피즘Sufism의 한 큰 스승이다. 수피즘은 신에 대한 사랑을 바탕으로 신과의 합일을 체험하려는 진보적 성향의 영성운동이다.

　수피즘의 시작은 7~8세기 무렵 서아시아에서 북아프리카 등 광대한 영토에 걸쳐졌으며 이슬람 제국인 우마니야 왕조의 세속적 타락에 대한 반발로 시작되었다. 역사적으로 위대한 수피들이 그런 삶의 모습을 보여주었지만, 이상 따위는 토를 떼었으므로 튀어 보려는 생각이 없고 그럴 필요도 느끼지 않는다. 시정아치에 묻혀 흔적 없이 흘러가지만, 그 미묘한 향기가 세상의 구석구석을 풍미한다. 마치 구르지예프가 국제적인 인물이었으면서도 그 무대인 세상에 초연하였듯이 수피들은 그렇게 세상을 지나간다.

　구르지예프를 이야기하면서 한 가지 빠트릴 수 없는 것은 그의 음식 솜씨다. 그것은 솜씨라기보다는 예술이라고 하는 편이 좋겠다.

　중국 상고 시대의 역사를 보면, 자기네들의 삶의 우주적 조화를 위하여 음악과 시 또 춤과 노래와 더불어, 음식의 맛이라든가 식사 의식을 제사의 중요한 부분으로 만들었고, 또 그것을 나라의 대권을 장악한 제사장인 제왕의 건강 등을 위한 중요한 요소로 강조하였다. 그래서 요리할 때 사용되는 솥鼎은 현대국가의 국기같이 최고의 상징으로 대접하였다.

　로마의 경우도 비슷하다. '예수 운동'이 한창일 때, 당시 유대 지방의 총독이었던 빌라도는 예루살렘에서 동전을 주조하였는데, 그 동전이 예루살렘에서 500km 떨어진 안디옥(안타키아)에서도 발견된 것으로 미루어 보아서는, 빌라도는 광활한 지역을 통치한 것으로 보인다. 동전의 한 면에는 당시 로마 황제를 숭배하는 가장 흔한 상징인 '심풀룸simpulum'이 새겨져 있다. 심풀룸은 로마 종교의식을 거행하는 사제가 사용하는 국자 모양의 제기祭器로, 희생 제사에 사용할 동물의 머리에 부을 포도주를 맛볼 때 사용한다. 일종의 포도주 국자라고 생각하면 되겠다. 제사장이 심풀룸으로 포도주 맛을 본 후에 점쟁이가 나와 신이 보낸 징조가 남아있는 그 동물의 내장을 검사했다고 한다. 그러니 이 동전을 보면 빌라도는 로마 제국이 유대라는 조그만 식민지로 보낸 총독이었을 뿐만 아니라 로마 황제 숭배의 제사장이었던 것이다.[12]

　심풀룸과 같이 한 나라의 화폐에는 그 나라에서 가장 존경받는 인물들이 그려져 있다. 20세기 이후는 나라마다 자신들이 내세우는 인물들을 종이돈 위에 그려 넣는다. 한국의 화폐에는 왕이나 정치가 군인만 그려져 있는데 비해, 스위스는 근대 건축가 중 대표적 거장인 르코르뷔지에의 얼굴이 인쇄되어 있고, 핀란드도 구르지예프의 제자인 프랭크 로이드 라이트[13], 현대 건축의 거장 중 한 명인 알바 알토Hugo Alvar Handrik

---

12 배철현, 『인간의 위대한 질문』, 21세기북스, 2017, p.172.
13 근대 건축의 4대 거장이라 하면, 르코르뷔지에, 프랭크 로이드 라이트, 미스 반 데어 로에, 알바 알토를 칭하지만, 그중 두 사람만 뽑는다면 유럽을 대표해서 르코르뷔지에가 그리고 신대륙을 대표해서는 프랭크 로이드 라이트가 꼽힌다.

Aalto의 얼굴이 있다. 그런데 우리의 5만 원권 지폐에는 이율곡을 낳아서 전국 수석을 시킨 어머니로 밖에는 별로 뛰어난 것이 없는 신사임당이 그려진 것을 보면 그 사회의 분위기와 수준을 엿볼 수 있다.

구르지예프는 냉동된 고기나 닭고기를 안 먹었기 때문에, 냉동육류를 취급 안 하는 유대인 정육점을 이용하였다. 이유는 고기를 냉동하였을 때 사람의 정신에 영향을 주는 음식의 미묘한 성분이 분해되어 버린다는 그의 조리 철학 때문이다.

그는 여러 나라를 돌아다니면서 각 지방의 향료나 식물에 대하여 일가견을 가지게 되었고, 각 나라의 지방 요리에 대하여는 전문가가 되었다. 그는 노년까지도 가끔 여러 나라의 음식을 손수 만들어 제자들에게 향연을 베풀고는 하였는데, 모두 그 이상한 재료와 신기한 향미에 감탄을 터뜨리곤 하였다.

대체로 요리를 잘하는 사람 중에 멍청한 인물이 없는 이유는, 세상일이란 것이 사물의 이치는 물론 상대하는 사람의 성질을 살펴보아야 하듯이, 식물이 갖는 특수한 성질과 다스리는 순서와 방법 그리고 시간 등을 잘 터득하고 있어야 하기 때문이다. 그래서 사물에 어두운 사람은 요리를 잘할 수 없는 것이다. 『사기』나 『묵자』에 따르면 상나라 탕왕湯王의 재상이었던 이윤李尹은 솜씨 있는 요리사였고 또 그것으로 인하여 발탁되었다고 하지 않는가. 필자는 언젠가, 파리에서 임종을 몇 년 앞둔 구르지예프가, 당신의 제자를 접견하였던 아파트 안의 식료품이나 향료 등을 보관하는 팬츄리pantry의 사진을 본 일이 있었는데, 그 양과 종류에 입이 딱 벌어진 적이 있다.

결국, 원불교 수행의 핵심인 정신수양 사리연구 작업취사라는 삼학 공부의 궁극적 목적이라는 것도, 주어진 조건에서나마 조화로운 삶을 살고자 하는 것이다. 조화로운 삶의 모습으로서 어차피 치러야 하는 하루에 두 번 내지 세 번의 '제사 의식'인 공양 시간은, 상시 훈련의 한 과정으로서도 훌륭한 공부 시간이 된다.

그냥 물이 있고 불이 있다고 요리가 되는 것은 아니다. 정말 요리를 하고 싶으면 생활의 다른 부분들을 정리해야 한다. 음식이건 집을 보수하는 일이건 무엇인가를 했다는 성취감은 우리에게 독립심이나 자부심 같은 것을 가져다준다.

필자는 정토(원불교 교무 부인을 일컬음)와 함께 딸 둘인 가정을 꾸렸었는데, 어떤 때 정토와 말다툼을 하게 되면 어린 딸들은 항상 일방적으로 '엄마'편을 드는 것이었다. 그래서 오랜 시간 생각을 해봤다. 왜 그럴까? 나 나름의 추론은, 부엌을 맡은 사람 즉 주방의 '권력'을 쥔 사람이 승자가 된다는 우습지도 않은 결론을 내렸다.

그래서 마침 샌프란시스코 교당에 근무할 때, 식솔이 하숙생을 포함하여 7명이나 되어 주방 일을 자발적으로 맡은 일이 있었다. 음식을 제대로 할 줄 모르니 이곳저곳 전화를 걸어 물어보기도 하고 요리 책도 사다 보면서 공양을 준비하고 또 맛있게 음식을 만드는 법도 터득했는데, 결국은 고지방高脂肪·고염분高鹽分·고당분高糖分이 그 비결이었다. 그러나 파는 음식도 아니고 미래의 원불교 주인들이 먹는다고 생각하니 건강 배려 차원에서 그럴 수도 없어서 중도를 취한 일이 있다. 본인이 고등어 마니아인지라 천하무적인 노르웨이 산 고등어구이는 기본이고, 김종천 브랜드의 무공해 해물 스파게티는 일품이요, 콩국수도 만들었고, 캘리포니아 연안에서 잡히는 단전-게Dungeon crab를 먹고, 그 껍데기 속에다 당근과 쪽파 시큼한 김치 등 참기름과 김으로 볶은 밥을 넣어, 마침 방문한 일본 여학생 어머니께 드렸더니, 이런 스타일은 처음 먹어 본다며 그다음 해에 다시 방문했을 때는, 그 게가 고마웠다고 선물 꾸러미까지 받은 일이 있었다. 그 게 요리는 영덕 강구항에서 먹던 기억을 더듬어 만든 것이었다. 그러니 음식도 여러 군데서 먹어봐야 잘하게 되는가 보다. 애들은 어리고 정토가 꽃가게에서 일하느라고 바쁠 땐, 두 꼬마에게 지겹게도 달걀 프라이만 해주었었는데, 지금은 부엌에서의 지위는 '보통급'에서 '법마상전급' 정도는 되는 것 같다. 이제 청춘은 가버리고 삭아서 숨만 할딱거리고 있는데, '할배'로 원로원에 한가하게 앉아서 세월을 뒤돌아보면, 그때의 2년은 신구의 身口意 삼업三業으로 막강한 '권력'을 누렸기 때문에 배시시 웃음이 나며, 내 인생에 있어서 다시는 돌아갈 수 없는 꽤 즐겁고 그리운 한 때였다고 생각한다.

그 후에 알게 되었지만, 요리에 고수가 있었으니 연암 박지원이다. 그가 실사구시의 실학자요 『광문자전』『민옹전』『열하일기』의 저자인 것은 알지만, 책상 위의 문필인이 아니었던 모양이다. 연암은 벽돌·수레·온돌 등의 기술에도 '빠삭'했다고 한다.

> "… 전후에 보낸 쇠고기 볶은고추장을 잘 받아서 조석 간에 반찬으로 하니? 왜 한 번도 좋은지 어떤지 말이 없니? 무람없다, 무람없어. 난 그게 포첩脯貼이나 장조림 따위의 반찬보다 나은 것 같더라. 고추장은 내 손으로 담근 것이다. 맛이 좋은지 어떤지 자세히 말해주면 앞으로도 계속 두 물건을 인편에 보낼지 말지 결정하겠다."
>
> (박지원 저, 박희병 역, 『고추장 작은 단지를 보내니』 p.35.)

헐! 읽을수록 점입가경이다. 연암이 노년에 생계형 관직에 나서서 지방을 떠돌 때 자식들에게 볶은고추장을 만들어 보낸 것이다. 인도의 카스트 제도처럼 신분제가 뚜렷했던 조선 시대, 그것도 명문가의 사대부 중년 남성이 할 것이 없어서 그것도 요리해서 자식들에게 보내고 그 맛을 물었다니 기절초풍할 노릇이 아닐 수 없다. 연암! 역시 과연이다.

원불교의 전신인 '불법연구회' 당시는 먹을거리가 넉넉하지 못하였다. 어느 정도냐 하면, 총부 식사 때에 정일지가 말하기를, "임원들이 영양이 부족하니 끼니에 기름을 조금씩 먹여야 한다"고 하는지라 임원들이 식당에 기름병을 가지고 와서 모두 나누어 먹으려 하는데, 서무부장 송혜완이 "우리의 형편에 아직 그럴 수는 없다"고 제재를 하여 서로 맞서게 되었다. 소태산이 사실을 알고 말했다. "총부 형편상 지금은 기름을 먹을 수가 없으니 꼭 먹어야 할 사람은 자기 용돈으로 사다가 먹어라." 그래서 개인 용돈으로 기름을 사다가 먹은 사람도 있었으나, 대중 가운데 혼자 먹기가 미안하여 결국 기름은 못 먹게 되었다. 그 가난하고 곤궁하여 마음 놓고 먹을 수도 공부할 수도 없었던 초창의 총부 생활 중, 어느 날 소태산이 이성신을 불러 말했다. "성신이가 내 밥상을 보아라. 이만하면 되겠다 할 때 지방에 내보낸다. 5년이고 10년이고 해야 한다. 네 생각에는 내가 식당일을 안 해도 교무 노릇 잘할 텐데 괜히 일 시킨다고 생각할지 모르지만 너는 전생에 산승山僧이다. 그래서 머리가 맑고 초성도 좋으나 솜씨가 없어. 그러니 네가 부엌일만 잘 배우면 교당 살림도 잘해서 일등 교무가 될 터이니 최상옥, 이도신화한테서 잘 배워라."라고 하였다.

호구조차도 어려워 취사나 식사를 예술로까지 승화시킬 수 있는 여유가 없었다 하더라도, 지금도 재가나 출가 교도 중에 음식을 못 한다는 핑계로 가만히 앉아서 수저만 놀리며 자랑스럽게(?) 이야기하는 것을 들을 때, 나는 속으로 '몰라도 한참이구나! 그것이 아닌데' 하는 생각이 들 때가 한두 번이 아니다. 우리의 공부 재료란 항상 코앞에 있는 것들로부터 시작하고 또 그것이야말로 알파요 오메가가 된다는 것을 세상을 뛰어다녀본 사람은 잘 알고 있기 때문이다.

5.
현대의 달마대사

"불멸의 신들에게 신성한 제사를 지내라. 그리고 너의 믿음을 수호하라. Render to the Immortal Gods the consecrated cult; Guard then thy fath."

이것은 고대 그리스의 수학자 피타고라스Pythagoras의 법문의 단편을 제자인 리시스Lysis가 모아놓은 『피타고라스의 금구(金句, Goldenverses of Pythagoras)』의 첫 문장이다.

천 가지 만 가지 모습으로 나타나는 부처님들과 천 가지 만 가지 종교들 속에서, 너의 믿음을 머리로만 생각하지 말고 너의 신앙의 내용을 현실로 증명하라. 그리고 불공만 드릴 것이지 그 이상 떠들어 댈 것이 없다.

피타고라스 하면, 우리는 직각 삼각형의 빗변을 한 변으로 하는 정사각형의 넓이는 나머지 두 변을 각각 한 변으로 하는 정사각형 두 개의 넓이의 합과 같다는 '피타고라스의 정리'하고는, 더 생각할 것이 없다고 입을 다문다. 물론 그의 이 정리는 고대 그리스 기하학의 최대 발견이었고, 그의 이 '정리'로 우주의 성격과 구조를 알게 되었다. 그는 이 발견을 하고 너무 좋아해서, 감사의 보답으로 황소 100마리를 올림포스 신들에게 바쳤다는 일화도 있다.

그러나 '온전한 인간 만들기 실험'을 주제로 하는 여기서 피타고라스를 떠올리게 되는 것은, 그는 철저한 구도자였고 동시에 자득의 경지에 이르렀기 때문이다. 구르지예프가 현대에서 인간의 몸과 마음과 감정들을 조화시키려고 했듯이, 피타고라스는 동양과 서양의 마음을 조화시키려는 노력의 일환으로 새로운 신앙 공동체를 만들고 교주가 되어 제자들을 길렀다는 것이다.

온전한 인간 즉 사람다운 사람을, 플라톤은 사람이 신神처럼 되는 것으로 사람다움의 완성이라 생각했다. 아담과 하와의 실낙원 이야기는 참사람으로 만들려는 신의 원대한 계획과 섭리였다는 해석도 될 수 있다. 신이 온전한 것 같이 사람도 온전해야 한다는 것이다. 그러면 신은 사람을 유한한 존재로 만들어 놓고 어찌하여 완전한 존재로 되어달라고 주문을 하는 것일까? 그것은 피에 굶주린 신이 아니고서는 있을 수 없는 일이라고 에른스트 블로흐E.Bloch는 신을 '피에 굶주린 신'이라고까지 혹평하였다. 불교에서는 견성하지 못하면 범부일 뿐, 사람다운 사람이 될 수 없다. 불교에서의 '불성'이라는 개념도 적극적으로 보면 기독교의 '신의 형상'이라는 말과 흡사하다. 동학의 휴머니즘도 단군신화에 반영된 '홍익인간弘益人間' 사상은, 사람의 존엄성을 드높이는 것을 이상으로 하고 있는데, 사람다운 사람 즉 온전한 사람이라야 존경을 받을 수 있다는 것이다.

고대 그리스에서는 과학과 종교가 지금처럼 확연하게 분리되지 않았던 사회였다. 피타고라스는 역사상 '온전한 인간 만들기 운동'의 대선배가 된다. 그의 의문은 '이 뭐꼬?Who am I?'에서 시작되었다. 하기야 인생의 가을을 맞이하면 '나는 누구인가?'의 답은 '아무것도 아니다!'라는 것쯤은 알겠지만, 어디 그것이 그렇게 간단히 끝나는 일이 아닌 것은 질문에 앞서 그 열정이 그 의문을 넘어서기 때문이다. 그러면서 그

의문에 공들인 시간과 열정은 자기 삶의 인큐베이터가 되어 참된 삶이 무엇인지 읽어내는 미래의 시간을 값지게 하여준다.

당시 희랍 세계를 풍미하던 제논의 '날아가는 화살은 정지하고 있다'는 등 소피스트들의 궤변에 식상한 피타고라스는, 자신의 해답을 얻기 위해 당시 알려진 세계였던 이집트 등을 광범위하게 구도 여행하였다. 그는 대서양에서 사라진 아틀란티스에 관한 정보가 가득 있었고, 인류 최고의 문서 보관소이었으며, 마흐무드 가즈나비Mahmud Gaznavi에 의해 6개월 동안 불타버린 알렉산드리아Alexandria 도서관에서 수년을 공부하면서 보냈다고 한다.

2세기 기독교 영지주의자Christian Gnostic였던 알렉산드리아의 클레멘트Clement of Alexandria는 희랍 철학은 인도로부터 수입된 것이라는 말을 하고, 피타고라스는 인도를 방문하여 브라만Brahman 계급의 한 철인 밑에서 공부했으며, 불교의 한 현인의 제자가 되기도 하였다고 말하였다. 그러나 동양의 지혜가 서양으로 건너가게 되면 새 옷을 입게 되고 또 다른 풍미를 필연적으로 갖게 되는 것이다.

서양은 마음을 집중하고 생각하는데 익숙한 사회고, 동양은 선禪하는 마음을 기반으로 하고 생각을 끊어버리는 사회라고 대충 말한다면, 동양과 서양은 영원히 만날 수 없을 것이라는 키플링Kipling의 말이 일리는 있다. 그러나 뇌도 지구처럼 동서로 갈리듯 좌뇌 우뇌로 갈려, 얼른 생각하면 그 기능이 각각 달라 혼란스러울 것 같지만, 그 나름의 미학이 있듯이, 우리 머릿속에는 사막과 동시에 꽃피는 화단이 공존하며 잘 살아가고 있는 편이다.

> "피타고라스는 그런 불가능한 일을 처음으로 시도한 사람이었고, 그는 결국 성공하고야 말았다. 자신 안에서 동과 서가 하나가 되었다. 그 자신 스스로 음과 양을 결합하고, 남성과 여성의 기운을 조화시켰다. 그는 '상극의 기운을 완전하게 통일시킨 인물Ardhanarishwar'이었다. 시바Shiva와 샥티Shakti를 결합했다."[14]

피타고라스는 지금은 지도에서 사라져버린 종교인 희랍 고대 오르페우스의 신앙인 환생과 윤회를 믿었고, 오르페우스의 교리대로 육식을 하지 않고 채식을 하였다.

그는 음악이 만들어내는 하모니가 선禪에 버금가는 줄을 간파하였다. 음악이란 음과 음 사이의 간격인 음정音程이 형성되어야 하고, 음정이 조화되어야 좋은 음악이 만들어지는 것인데, 이 어울림 음정은 피타고라스가 발견한 것이고 또 그것을 '피타고라스의 음률'이라고 부르게 되었다.

피타고라스는 '수數는 만물을 지배한다'고 주장하였다. 그리고 두 음 사이의 음정도 진동 비율을 환산한 수數의 지배를 받는다는 사실을 발견하였다. 그는 현악기의 줄을 소리를 내어 실험한 결과 가장 조화로운 음정이 완전 5도 음정이라는 것을 발견하고, 이 5도 음정은 현絃의 진동 비율이 2:3일 때 얻어진다는 것도 알아내었다.

2:3이란 기본음이 두 번 진동하는 시간에 5도 위의 음은 세 번 진동한다는 뜻이다.

'피타고라스의 음률'은 이 완전 5도의 어울림 음정을 바탕으로 만든

---

14 Rajneesh, 『Philosophia Perennis』 p. 9.

것이다.

우리가 상식적으로 알듯이, '음악은 선禪으로 가는 지름길이다Music is the best aid to meditation'. 피타고라스가 이름 지은 '하모니아hamonia'란 노자의 도道요 부처님이 말씀하신 법(法, Dhamma)이다. 즉 흘러가는 강물에서 물에 거슬리지 않고 강물과 나를 구별하지 않고 편안한 마음으로 흘러가는 것이다.

파란만장한 구도의 역정을 거친 피타고라스는 깨침을 얻은 뒤 이탈리아 남부에 있던 그리스 도시 크로톤Croton에 신앙 공동체를 건설하였다.

그는 생전에도 적들로부터 많은 생명의 위협을 받았었는데, 그의 사후에는 폭도들이 그의 학교로 난입하여 수많은 제자를 학살하고, 공동체를 불 질러 완전히 초토화해 버렸다 한다. 앞에서도 언급하였듯이, 우리가 지금 알고 있는 몇 안 되는 그의 지혜의 일면들인『피타고라스의 금구』는 스승의 가르침을 후세에 전하고 싶어 유일하게 도망친 제자 리시스의 기억에 의한 것이다.

현대의 정신적인 스승인 구르지에프도 구설수를 심하게 탄 사람 중의 하나이다. 그도 20여 년이 넘은 세월 동안 사선을 몇 번씩 넘으면서 구도 행각을 하였다. 뒤에서 자세히 살펴보겠지만 그는 글자와 문서도 없는 샤먼의 북소리에 귀를 기울였다.

고대 바빌론 문명 그리고 그리스 문화 이전에 높은 문화를 가졌던 크레타의 고문서들을 뒤적였으며, 메카를 방문하고 고대 유대교의 신비적 수양단체인 에세네파에서 인간의 정신에 영향을 주는 음악과 춤을 배웠다. 1947년 사해의 서쪽 동굴에서 발견된 유명한 사해문서死海文

書를 가졌던 쿰란 종단은 이 에세네파에 속한다.

그리고 많은 수피 교단을 방문하여 고대로부터 전승된 명상 테크닉을 습득하였다. 티베트 불교의 승려가 되어서는 그 지방의 여자와 결혼하여 두 명의 아들을 두었는데, 그중의 하나는 고위 라마가 되어, 뒷날 구르지예프가 파리에 있을 때 그를 방문한 일이 있다.

그 후 구르지예프는 여행에서 얻은 지혜로 '온전한 사람 개발학교The Institute of the Harmonious Development of Man'를 세웠는데, 그런 면에서 피타고라스에 필적할 만하다. '하모니'의 내용은, 어떤 강제나 자극 없이 꾸밈없고 자연스럽게 사는 것으로, 고타마 붓다의 법이요, 노자의 도道라고 할 수 있는 유연한 태도의 살림살이를 말한다. 생활에 있어서 하모니는 몸과 마음의 편안함과 행복을 추구하는 태도나 행동으로 웰빙well-being과도 일맥상통한다. 잘 사는 것은 조화 속에서 산다는 말이다. 잘 버는 것만큼 잘 써야 하고, 몸과 마음을 아울러야하며, 어느 것 하나를 얻기 위해 다른 것 하나를 포기해야만 했던 시대는 지나갔다.

구르지예프는 말년에 숨은 지혜를 찾아가는 여행을 풍류적인 모험담으로 표현하여 『경이로운 사람들과의 만남Meeting with Remarkable Men』이라는 제하로 작은 책을 출판하였다. 현대판 선재 동자의 흥미로운 이야기인 이 책은, 그의 여성 상수 제자의 한 사람인 진-드-잘츠만Jeanne de Salzman의 제자이며 영국의 영화감독인 피터 부룩Peter Brook에 의해 1979년 영화로 나왔다. 주연은 막시모빅Dragan Maksimovic이었다. 그것이 개봉된 것은 필자가 미국에 첫발을 들여놓은 다음 해였다.

춘향을 생각하는 이 도령 같이 그것을 보고 싶어 백방으로 알아보았으나, 외국 물정에 어두울 때라 김만 빼고 있었던 적이 있었다.

후에 그것이 비디오테이프로 시판되었을 때 익산에 있는 원불교 총부에 가서 몇몇 교무들에게만 소개한 적이 있다. 몇몇이라고 제한적 용법을 사용하는 것은, 그 당시로는 그런 내용의 가르침은 두부에 칼질하듯 그들의 정서를 해치는 것으로 판단하였기 때문이었다.

그 영화는 구소련 침공 이전의 산악지방인 아프가니스탄에서 촬영한 것이라 구르지예프의 아버지 또 사르뭉Sarmoung단체 등 배경풍경이 장엄하여 꾀죄죄한 손바닥만 한 나라에서 사는 사람들에게는 무척 인상적이었지만, 편집하는 과정에서 대중에게 어필할 수 있는 장면을 많이 삭제하는 바람에 흥행에는 실패하고 말았다. 그러나 공부인으로서는 진귀한 장면을 많이 볼 수 있었다.

'조사가 서쪽에서 온 뜻은?'의 주인공인 보리 달마가 불조의 심인을 동토로 전하려고 했던 것 같이, 구르지예프는 동양의 지혜를 서쪽으로 전하려 했으니, '구르지예프가 동쪽에서 온 뜻은?' 하고 공안 하나가 더 생길 만하다. 아닌 게 아니라 그는 달마대사와 여러 가지 면에서 흡사한 점이 많다. 달마의 행장은 소위『전등록』으로 불리는『경덕전등록』제3권에 나온다. (『전등록』에 관해서는 본서 11-5의 '제자들의 전등록' 참조) 출신 성분이 붓다와 비슷한 남인도 향지국香支國의 왕자였다. 향지는 인도 동남부의 깐치(Kanchi, 현재의 깐치뿌람)를 수도로 했던 빨라와Pallava왕조였다.

"제아무리 찬란한 보석이라도 사람의 마음이 그렇게 봐줘야만 비로소 보석이 됩니다."라는 어린 달마의 말에 감복한, 선종 27조 반야다라般若多羅가 그를 제자로 삼았다. 그 후 부왕이 죽고 막내였기 때문에 왕위 계승 순위에서 멀어지자, 모국을 떠나 527년에 바닷길로 중국에 들어와 소림사에 머물면서 교화했다. 536년 기득권 세력에 의해 암살당했다고 전해진다. 그는 중국에 머무르던 9년의 대부분을 숨어있거나 벽관壁觀을 하며 살았다. 부처님의 입장으로서도 달마는 참으로 곤란한 '친구'이었을 것 같다. 부처님이 아무리 크샤트리아라는 무사 계급의 출신이라 하더라도, 그는 원숙한 인격으로 인해 여성적인 부드러움과 자비가 흐르는 데 반하여, 달마는 우락부락한 마쵸macho같이 근육질의 늠름한 사내로 우리 뇌에 각인되었기 때문이다.

그 메시지의 심오함에 비해, 인간 자체로나 표현의 방법에서 악명이 높은 구르지예프를 자기 친구에게 소개하는 제자들의 말 가운데 이런 표현이 있다.

"그는 꼭 보리 달마 같다네. 왜냐하면 아주 냉혹하기도 하고 또 코에 수염이 있거든."

구르지예프에게는 확실히 '마케도니안 밀수업자나 늙은 크레타 선장' 같은 기댈 수 있는 마음 든든한 사나이의 분위기가 있었던 것 같다.

근대 유럽의 오리엔탈리즘을 역으로 이용하여 선불교를 영어권에 전한 일본 승려 스즈키 다이세츠(鈴木大拙, D.T.Suzuki, 1870~1966)가 있다. 2차 대전 패망 후의 일본은 무력으로는 대패하였으나, 그것을 커버하고 자국의 문화를 서양에 알리고 싶은 욕심에, 혜안이 있다고 생각한 그를 장학금을 주면서 미국으로 보냈다. 형식은 신지학회 회원이자 '과학적 종교scientific religion'의 옹호자였던 폴 캐러스(Paul Carus, 1852~1919)의 초청이었다. 미국으로 건너간 그는 서양 여자와 결혼을 하고 서양의 문화를 익히는 한편, 윌리엄 제임스의 종교연구를 바탕으로 불교 용어를 번역해 서양인들에게 소개하기 시작하였다.

원래 미국의 불교는 폴 캐러스 이전에도 불교사상을 소개하고 불교에 관한 책들을 출판한 사람들은 많았다. 그러나 불교의 대중화를 위해 사명감으로 꾸준한 노력을 기울인 사람은 캐러스가 처음이었다. 1893년 시카고에서 열린 '세계종교회의'에는 세계 각국에서 온 각 종교의 지도자들이 많이 참석하였다. 이 회의에서 일본 대표인 샤쿠 쇼엔釋宗演과 스리랑카 대표인 아나가리카 다르마팔라Anagarika Dharmapala는 폴 캐러스와 만났고, 후에 폴 캐러스는 샤쿠 쇼엔의 제자 스즈키 다이세츠를 초청하였다. 1924년 스즈키가 뉴욕의 네이버후드 극장The Neighborhood Playhouse에서 구르지예프의 신성무Sacred Dance의 공연을 보고는, '서양인을 위한 선Zen for the West'이라고 평한 일이 있다.[15]

구르지예프는 자기를 용화회상의 주인인 미륵보살에 비견될 수 있는 아쉬아타 쉬에매쉬Ashiata Shiemash라고 표현한 적도 있다. 그는 제자들의 입장에서는 다가오는 세계의 예언자였고, 예수와 동등한 능력자로 보이기도 하였다.

그는 '큰 바위 얼굴'이 아닌 그랜드 캐니언과 같이 보기는 보았는데 도대체 무엇을 보았는지 알 수 없고, 또 내려다보아도 그 아래 무엇이 있는지 확실한 영상을 잡을 수 없는 풍경처럼, 구르지예프라는 사람도 도대체 어디까지가 천사이고 어디까지가 악마인지 알 수 없는 불가사의한 인물이었다.

1920~30년대 러시아 심리학자이며 신경심리학의 아버지인 A.R.루리아가 연구한 세렙스키란 사람은 보르헤스의 『기억나는 천재 푸네스』에 나오는 사람처럼 한 번 본 것은 잊지 못하는 사람이었는데, 상대의 표정이나 조명 등이 달라지면 다른 얼굴로 인식했다고 한다. 그러니 구르지예프의 얼굴도 보는 사람마다 다르게 볼 수도 있었던 모양이다.

영국 배우 팀 커리Tim Curry는 변장의 귀재이다. 눈동자가 세 개 있어

---

[15] James Webb, 『The Harmonious Circle』 Shambhala, 1980, p. 529.

도 될 만한 큰 눈과 자유자재로 작동하는 안면근육, 거기에다 길게 찢어진 입이 만들어내는 얼굴은 가히 독보적이며 누구도 흉내 낼 수 없을 정도다. 그야말로 너무나 많은 얼굴을 가지고 있는 배우다.

일본 탐정소설의 캐릭터 가운데 '니주멘소'라는 괴도怪盜가 있다. 에도가와 란포의 사후 50주년 기념작품으로 시작된 애니메이션 란포기담의 소년 탐정단의 시리즈에 나오는 범죄자 '이십면상二十面相'이다. 변장술의 귀신으로 그 자신조차 본래 자신의 얼굴을 기억하지 못한다 했다. 그것처럼 내가 나를 모른다면 얼마나 재미있을까.

구르지예프는 "동양의 지혜와 서양의 에너지를 활용하여 조화롭게 사용 못 한다면 세계는 멸망할 것이다."라고 선언하였다.

이 개벽을 위한 작업을 위해서는 각 개인의 인격 향상인 법위 향상 밖에는 다른 길이 없다고 하면서 좀 잔인한 표현이기는 하지만, 자신이 이끌어 가는 개벽 운동을 위해 '실험재료들'인 '실험용 쥐guinea pigs'가 필요하다고 말한 적이 있다. 물론 '실험용 쥐'는 나치의 그것과는 다르다. 1차 대전 때 독일은 자원 부족으로 고통을 겪었고, 전쟁 후에는 연합국이 무기에 사용할 수 있는 자원 비축을 원천 봉쇄했다. 그 결과로 1925년에 화학 회사들이 힘을 모아 이게파르벤I.G.Farben이라는 회사를 만들고 최고의 고급인력이 투입하였다. 히틀러는 기름과 고무라는 전쟁의 두 가지 핵심자원이 독일에 유입되는 것이 완전히 차단되리라는 것을 알았다.

이게파르벤 회사가 만든 가장 악명 높은 발명품은, '치클론B'라는 나치가 강제수용소에서 사람들을 가스실에 집어넣고 대량 학살 때 사용한 살충제다. 이게파르벤 회사의 설립자들은 나치와 손을 잡으면 수용소의 사람들에게 돈 한 푼 안 주고도 노동력을 쓸 수 있고, 여차하면 사람들을 실험대상으로 삼아 마음껏 실험도 할 수 있겠다고 생각하였다. 전성기엔 아우슈비츠에 있던 이게파르벤 공장에서만도 83,000명을 노예 노동자로 써먹었다. 그야말로 인간 '기니 피그'의 운명이 된 사람들이다.

구르지예프의 제자들이나 소태산 문하에서 얼쩡거리던 사람들은, 스스로가 스승들의 '온전한 인간'을 만들기 위한 실험용 '마모트marmot'가 되었는지, 알아차린 사람이 과연 몇 사람이나 되었을까? 그리고 그 두 스승의 실험으로 과연 몇 명의 '온전한 인간'이 만들어졌는지는 저마다 생각이 다를 수 있겠지만, 필자로서는 두 스승의 교법의 위력에 비하면 숫자적인 면에서 회의적이지 않을 수가 없다.

6.
천면불千面佛

"만일 색色으로써 나를 보거나, 음성을 듣고 여래인지 아닌지를 판단한다면 그 사람은 삿된 사람으로 진짜 부처인 여래를 볼 수 없을 것이다."라는 금강경의 교설은, 빛나는 외모와 기름진 목소리 등 신언서판身言書判 따위로 궁색하게 사람을 저울질하는 우리에게 철퇴를 내린다. 그래도 숨은 것은 나타나게 되고 밖의 사람은 안 사람이 노출된 것이다. 주름이 가득한 사람의 얼굴을 인생의 계급장이라고 하듯, 사람의 몸에서 얼굴만큼 그가 마주친 여러 사건과 타자他者들을 상징하는 것도 없을 것이다.

얼굴이 명함이요, 동작이 보증서니 그 또한 어찌하랴.
원시 경전 중에 '숫타니파타'라는 즉 '경들의 모음經集'이라는 것이 있다. 옛사람들이 직접 필사筆寫하여 남긴 경전들 가운데 현존하는 가장 오래된 것 중의 하나다. 아직도 필사한 현물이 남아있다. 2000년 전에 남겨진 경전 속에서 수행자의 덕목을 사자·바람·연꽃·소의 뿔로 비유하고 있는데, 예나 지금이나 팔풍八風에 유혹당하며 흔들리는 데는 '수행자'라도 별수 없는 모양이다. 보통 불경은 여러 가지 잔소리를 몇 번씩 해서 지루한 면이 있는데 비하여 여기는 법구경 같이 깔끔하게 할 말만

했다. 그 숫타니파타 중에서도 『코뿔소 경經』의 유명한 구절이 있다.

> 소리에 놀라지 않는 사자와 같이
> 그물에 걸리지 않는 바람과 같이
> 진흙에 물들지 않는 연꽃과 같이
> 무소의 뿔처럼 혼자서 가라.

사자, 바람, 연꽃 같이 살라는 이야기인데 고승들의 대부분이 다 그런 모습을 하였겠지만, 마조 도일馬祖道一은 카리스마가 있는 두목 같은 야인의 사내대장부였던 것 같다.

마조는 '마음이 부처다卽心卽佛'라는 캐치프레이즈를 들었는데, 입버릇처럼 하는 이야기는 '내 말을 듣지 말라' '내 말을 따르지 말라'고 가르쳤다. 자기 말을 들으면 가르침을 어기는 것이 되고, 듣지 않으면 듣는 것이 되어버리니 까다로운 노인으로 만만치 않았던 스승이었던 것 같다. 그러기에 많은 제자가 따랐을 것이다. 하기야 마조로부터 시작되는 새로운 분위기의 선을 마조선馬祖禪이라고 선종사禪宗史에서는 부른다.

마조馬祖 선사의 풍모를 그린 것에 '호시우행虎視牛行'이란 말이 있다. 그 얼마나 당당한 외모이었기에 호랑이 눈초리에 뚜벅뚜벅 소걸음으로 걸었다 하였을까. "잘 가꾸어진 남자의 모습은 얼굴에서만 나타나는 것은 아니다. … 걸음걸이·목놀림·손목과 무릎의 구부림에서도 나타나며, 옷으로도 감출 수가 없다. 그가 지닌 강하고 감미로운 특성은 면과 포플린을 뚫고 나오며, 그가 지나가는 모습을 보노라면 최고의 시詩를 읽는 기분, 아니 그 이상이고 그의 등, 목과 어깨에서 시선을 떼지 못한다."(월트 휘트먼의 'Sing in the Body Electric') 『로마인 이야기』를 쓴 일본 여류

소설가요 역사 평설가인 시오노 나나미塩野七生도 "성공한 남자란 몸 전체에서 밝은 빛을 뿜는 사람이다. 조용한 동작 하나하나에서 밝은 빛이 새어 나오는 그런 사람이다."라고 『남자들에게』서 성공한 중년 남자의 외모를 그렇게 표현하였다.

누구나 다 걷는다. 그러니 그 걷는 방식이나 분위기는 각각 다르다. 프리드리히 니체도 "누구든 걸음걸이를 보면 그가 자기 길을 찾았는지 알 수 있다. 목표에 가까이 간 사람은 걷는 것이 아니라 춤을 춘다."고 했다.

속병이 있으면 가슴을 펴고 다니기가 어렵다. 속병 앓는 사람은 등뼈가 펴지지 않기 때문이다. 가슴이 중요한 이유는 호흡에 중요하고 몸꼴에도 중요하다. 하늘을 나는 독수리는 가슴을 쫙 편다. 마조의 가슴 펴기는 허리(요추) 바로 세우기와 같다. 단전에 힘을 주고 가슴을 펴게 되면 뱃심(단전)에 밀려 허리가 바로 서게 된다. 사람은 그 걷는 것 하나만 보아도 그의 건강이나 가진 철학의 편린들을 읽을 수 있다.

구르지예프를 친견한 제자들의 이야기를 종합해 보면, 그는 숙명명宿命明 천안명天眼明 누진명漏盡明의 삼명三明과 천안통 천이통 타심통 숙명통 신족통 누진통의 육통六通 중 여러 면을 내비친 부처님이다.

필자는 대학 시절, 서울 화계사 뒷방에서 노년을 보내던 덕산惠山 노스님을 뵌 일이 있다. 덕산은 만공宋滿空의 지기로, 만공이 수덕사에 있을 때 덕산이 왔다고만 하면 버선발인 채로 마당으로 뛰어나갔다고 한다. 정신수양을 하여 축기가 되면 맨 먼저 눈빛으로 나온다고 하는데, 덕산의 눈은 불타는 두 개의 석탄 덩어리 같았다. 필자는 그때 그분을 뵙고 '공부'라는 것이 무엇인지를 생각하게 되었다.

구르지예프의 외모 중에 가장 특이한 것이 눈빛이다. 처음 그를 대면하는 제자마다 이구동성으로 꿰뚫어 보는 그의 눈길에 대하여 강력한 인상을 받았다고 기술하고 있다.

신체적 외양은 적어도 그 사람의 품성을 나타내기 마련인데, 그는 눈으로 사람들의 덧칠한 속내를 꿰뚫어 보았음은 물론, 심연 같은 일별 또 몸짓 그리고 침묵을 가지고도 어떤 깊은 말보다 더 심오한 뜻을 전했다고 한다.

한 제자는 "우리가 소개받았을 때 나는 그렇게 이상한 눈을 본 일이 없었다. 그의 두 눈이 서로 달랐기 때문에, 나는 그 요술 부리는 듯한 눈빛들이 나를 앞에 놓고 장난치는 것처럼 생각되었다." 또 다른 제자는 "구르지예프의 가장 특징적인 모습은 사람을 보는 방법이다. 초면부터 상대의 깊은 속을 훑어버린다. 마치 나 자신도 모르고 있는 '나'를 들켜버린 듯한 느낌을 받는다."

제자 르네 도말Rene' Daumal의 표현으로는, 어떤 때는 구르지예프가 카페에서 온종일 무엇을 쓰고 있는 일이 있었는데, 누가 이야기하러 다가가면, 스승이 숙인 머리를 드는데 마치 과학자 같은 분위기를 풍기면서 사람을 쳐다보는데, 두 개의 검은빛의 동공만 보일 뿐 얼굴은 보이지 않고, 눈조차 큰 눈인지 작은 눈인지를 분별할 수 없는 초자연적인 눈빛이었고 두 눈동자로부터는 검다 못해 푸른 빛이 폭포수처럼 뿜어져 나왔다고 한다. 그야말로 그의 눈빛은 오금을 저리게 하기에 충분했던 모양이다.

다른 차원의 이야기가 될지도 모르겠지만, 눈빛으로 사람의 호감을 사는 사람도 있다. 대통령 로널드 레이건은 사람을 대할 때 어떤 매력을 발산한다고 한다. 그의 오랜 배우수업과 연기에서 나온 것인지는 모르지만 손해 볼 일은 아니다.

대통령 클린턴도 '빌 클린턴즈 아이스Bill Clinton's Eyes'라는 말이 있을 정도로 눈빛으로 매력을 뿜는 사람이었다고 한다. 평소에 클린턴을 끔찍이도 싫어하고 증오까지 한 사람도, 군중 속에서도 그와 눈을 마주치고 악수로 인사를 하는 순간 순식간에 적개심이 사라진다고 한다. 그의 눈 맞춤은 너무 강렬해서 다른 사람은 없고 단둘이 악수를 하고 있다는 생각이 들 정도라고 한다. 아주 짧은 순간이지만 두 사람이 하나가 되는 매력이다. '지금 나는 오로지 당신에게만 관심이 있습니다.'라는 느낌의 호감 어린 눈빛으로 집중하여 나를 바라보는데, 어느 누가 그에게 반하지 않겠는가. 금상첨화로 클린턴이 목소리까지 좀 더 강하고 깊었다면 설득력 있는 인물이 될 수도 있었을 것이다.

할리우드 스타나 스포츠계의 우상들이나 기업가, 정치가들이 이구동성으로 그의 눈빛을 이야기하는 것을 보면, 영화 'X 파일'에서 특수요원 대너 스컬리 역을 맡은 앤더슨은 유명한 '데이비드 레터맨'이라는 텔레비전 쇼에서 빌 클린턴을 만났던 이야기를 공개한 일이 있다.

> "많은 사람이 줄을 섰는데 거의 여자들이었어요. 클린턴이 다가와서는 손을 잡고 눈을 마주치는 겁니다. 그는 다음 사람으로 가면서 다시 한번 뒤를 돌아보고 다시 내게 눈도장을 찍듯 마무리했지요. 집에 돌아와서 나는 그로부터 전화가 올 것이라고 생각을 했는데 그런 일은 일어나지 않았죠. 그를 만나는 미국의 모든 여성이 아마 저와 똑같은 기대를 걸 것으로 생각해요."

눈빛은 개인 수양력의 한 표현일 텐데, 이성과의 데이트나 사람을 만나는 직업을 가진 사람들은 그것으로 손해를 볼 일은 별로 없을 것이다. 배우나 정치인들은 지난 세상에서 수양하다가 도중 하차한 사람들이라는 설에 무게를 둔다면, 그것도 하나의 능력이고 당연한 매력 포인트가 될 수도 있다.

구르지예프의 첫인상에 대해서는 제정 러시아의 일류 인텔리겐치아의 한 사람이었으며, 그를 유럽 세계에 알리고 훗날 그에게 등을 돌린 우스펜스키Piotr Demianovich Ouspensky의 서술이 압권이다. 그 당시 우스펜스키는 이집트를 다녀왔고, 인도를 방문하여 요기yogi 철학자 아우로빈도Aurobindo와 남인도의 아드야르Adyar에서 신지학회Theosophical Society 여성회장인 애니 베쌍Annie Besant을 만났으며, 휘황한 달빛 아래에서 타지마할Taj Mahal을 구경한 일이 있었다.

우스펜스키의 말을 요약하면, "우리는 모스크바 중심가에서 좀 벗어난 조그마한 카페에 도착하였다. 나는 동양인 유형으로 검은 콧수염과 꿰뚫어 보는 눈을 가진 중년의 사람을 보았다. 나는 그가 변장한 것처럼 생각되었고, 이와 같은 장소와 이런 분위기에는 전혀 어울리지 않는다는 것에 굉장히 놀랐다. 그는 내가 어디서 본 듯한 아라비아인들의 흰 두건 달린 겉옷이나, 어떤 금박을 입힌 터번을 쓴 인도의 왕이나, 아랍의 족장 같은 얼굴을 하고 있었다. … 그는 심한 캅카스 지방의 사투리가 섞인 정확하지 못한 러시아어로 이야기하였다." 첫 번의 만남 이후 계속해서 서너 번을 더 만난 후 구르지예프는 그를 학생으로 받아들였고, 우스펜스키는 자신의 집이 있는 '유럽으로 열린 창'인 상트페테르부르크로 돌아가 지인에게 소리친 첫마디가, "나는 기적과 같은 사람을 찾았어!I have found the Miracle"였다.

그들의 만남은 말하자면 소크라테스와 플라톤, 솀즈에딘Shems-eddin과 루미Djellaleddin Rumi의 만남 같은 것이었다.

구르지예프의 외모에서 느낄 수 있는 것처럼, 깨친 사람이란 액자에 있는 그림처럼 고정적인 틀 안에 있는 것이 아니다. 크리슈나 같이 춤추는 부처도 있고 고타마처럼 쭈그리고 앉아있는 부처도 있다. 흔히 사람에게는 두 개의 얼굴이 있다고 한다. 귀·눈·입·코 등 소위 이목구비 耳目口鼻가 반듯하다는 제1의 얼굴과 그 사람 안의 얼굴 즉, 성격이라든가 신용이 있는가 하는 속 얼굴이다. 다양하게 어떤 모습도 보여줄 수 있는 희랍의 해신 프로테우스(海神, Sea-God Proteus)처럼, 구르지예프는 어떤 제자에게는 장난꾸러기 소년, 야바위꾼, 악마 등으로 보이고 또 어떤 제자에게는 '걸어 다니는 신神' 천사, 위엄 있는 현자로 보이기도 한 천면불千面佛 즉 천의 얼굴을 가진 '사나이'였다.

'God'과 'dog'의 두 단어는 관계로서 볼 때는 같은 밸런스의 말이다. God을 뒤집으면 dog이 되고 dog은 또 God이 된다. God은 에너지가 내향적(introversion)으로 결집한 것이고, dog은 외향적(extroversion)으로 표현된 것이라고 할 수 있다. 우리가 지칭하는 것이 무엇이 됐든 간에, 어떤 이름 따위에 구속되어 있다면 병적인 상태요, 그런 것에 구애받지 않고 전 방위적으로 살고 있다면 건강한 것이다.

극을 달리하는 양쪽의 극단적인 것이 서로 조화를 이루어야 '완전한 사람'이라 할 수 있다. 이론과 행동이 수미일관한 사람은 세속적인 의미에서 도덕적인 인간이라 불릴지는 모르지만, 구경에 도달한 사람이라고는 할 수 없다. 반대로 구경각을 이룬 사람일 수도 있겠다.

성경을 보더라도 보통 '신이 있다면 악이 왜 있느냐?'고 유치한 질문을 하게 되지만, 악마가 없는 신은 재미없는 살림살이이다. 둘은 서로 의존하며 사는 개념들이다. 신과 악마는 둘인 것 같지만 동전의 양면과

도 같다. 악마를 죽이면 신 또한 죽이는 것이다. 악마인 뱀이 아담에게 사과를 따 먹으라고 유혹했다지만 실은 신이 그렇게 시킨 것일 것이다.

영어의 악마devil라는 말의 어원은 재미있다. 악마the Devil와 신the Divine은 둘 다 산스크리트어인 'Dev'에 뿌리를 두고 있다. 마치 한 나무 뿌리에 다른 가지인 것과 같다.

소태산도, "큰 도는 서로 통하여 간격이 없건마는 사람이 그것을 알지 못하므로 스스로 간격을 짓게 된다."(『대종경』 성리품 5장)고 하였고, 또 "큰 도는 원융圓融하여 유와 무가 둘이 아니요, 이理와 사事가 둘이 아니요, 생과 사가 둘이 아니요, 동과 정이 둘이 아니다"라 하였는데(『대종경』 성리품 4장), 열린 사람의 행동은 한 가지로만 일관하지 않고 모든 방향으로 열려있기 때문에 구속을 당하지 않는다. 그래서 고공이나 저공비행을 자유자재로 할 수 있다.

제자들이 한쪽으로만 보게 되는 모순적인 구르지예프의 행동도, 그를 바로 이해할 수 없기 때문에 생기는 제자들의 시선의 편차일 뿐인 것이다. 한 사람에게서 죄인과 성인의 두 모습을 보이는 구르지예프 같은 고차원의 인물을 평범한 상식인이 이해한다는 것은 그리 쉬운 일이 아니다. 『바가바드 기타』에서 크리슈나Krishna도 "걱정하지 말아라. 왜냐하면 나는 살인자이며 또한 희생당한 사람이다. 두려워 말아라, 왜냐하면 나는 그 둘 다. 나의 손인 오른쪽과 왼쪽은 서로 숨바꼭질하는 것이다."라고 말한다. 구르지예프의 언행의 모순이나 상충함은 전쟁의 와중인 극한 상황에 처해있는 서양 사람들이란 특별한 인간들을 도와주기 위한 하나의 방편이었을 수도 있다는 것이다. 그 사람이 아니면 그 사람을 이해할 수 없기 때문이다.

"한 사람이 소태산에게 물었다. '이러한 세상에도 견성한 도인이 있습니까?' '이러한 세상일수록 더욱 견성한 도인이 많이 나와야 할 것이 아닌가?' 그 사람이 다시 말하기를 '선생께서는 참으로 견성성불을 하셨나이까?' 소태산이 웃으시며 말씀하시기를 '견성성불은 말로 하는 것도 아니요 말만 듣고 아는 것도 아니므로, 그만한 지각을 얻은 사람이라야 그 지경을 알아볼 수 있는 것이며, 도덕의 참다운 가치는 후대의 천하 사람들이 증명할 바이니라.'"(『대종경』 실시품 11장)

또 "자기가 도인이 아니면 도인을 보아도 도인인 줄을 잘 알지 못하나니, 자기가 외국말을 할 줄 알아야 다른 사람이 그 외국말을 잘하는지 못하는지를 알 것이며, 자기가 음악을 잘 알아야 다른 사람의 음악이 맞고 안 맞는 것을 알 것이다. 그러므로 그 사람이 아니면 잘 알지 못하는 것이다."(『대종경』 인도품 59장)

그러나 부처님들의 손가락들이 다를 뿐 모두 같은 달을 가리키는 것임에는 다름이 없다. 말려 놓은 과실이나 과수에서 금방 따다 놓은 열매나 입맛과 영양가의 차이일 뿐이다.

수천 년 전 회상을 열었던 말려 놓은 과일인 옛 부처님이든, 우리 시대를 같이 호흡한 신선한 과일인 현대의 부처님이든 다 그들 나름의 별미가 있는 것이다. 그러나 혀끝의 맛에서는 천차만별이니, 입맛 따라서 부지런히 찾아다니며 먹을 수밖에 없다. 그래서 초입 구도자들은 뭣이 뭔지를 몰라 구미에 맞는 스승guru 찾기에 갈팡질팡 고생하게 된다. 그것은 사람에 따라 상중하의 세 가지 근기가 있는 데다가, 그 근기들 속에서도 체질적으로 취향이 저마다 다르기 때문이다.

미국의 '소비자 정보 잡지' 『Consumer Report』를 보듯이, 구루(guru : 위대한 스승이라는 뜻)에 대한 자료를 탐색자의 입장에서 바그완 라즈니쉬가 교통정리를 잘 해주었다. 후진들이 나처럼 힘들게 에둘러 가지 않길 바라는 마음에서, 이런 값진 정보는 '소비자'들이 자칫하면 10년쯤 허송세월하기 쉬운 것을 단축해 준 요령 있는 법문이라고 생각한다.[16]

그런데 사람마다 성정性情이 다르고 기질도 또한 천차만별이라 하근기 중근기 상근기로 딱 잘라 말할 수는 없다. 그러나 대체로 생각하고 부연하자면, 숫자가 제일 많은 하근기 중에서도 좀 지적知的인 면이 있으면(하근기 속에서도 여러 질이 있을 테니까), 칼카타 태생의 프라부다가 창시한 속칭 하레 크리슈나 단체를 졸졸 따라다니면서, 'Hare Krishna, 하레 끄리슈나, 끄리슈나 끄리슈나, 하레 하레, Hare Rama 하레 라마, 라마 라마, 하레 하레'라고 자기도 모르는 헛소리를 하고 다닐 터인데, 그렇다면 이 사람은 하근기 중에서도 제일 낮은 지하실 수준이다.

또 하근기 중에서도 정에 끌리기 쉬운 사람은 시크교와 힌두교를 짬뽕시킨 구루, 마하라즈지의 이른바 신광교神光敎를 찾을 것이고, 하근기에서도 좀 의지가 있는 편이라면, 사트야 사이 바바에 관심이 있고 마술 같은 신통 기적 등에 흥미를 느낄 것이다.

중근기 중에 조금 지적인 면이 있는 사람은 슈리 아우로 빈도를 찾

---

16 Rajneesh 『Sufis:The People of the Path 1』 Rajneesh Foundation, 1979, pp. 155~156.

아 인도의 퐁디셰리로 갈 것이고, 자비심이란 것에 관심이 있는 사람은 묵타난다를 스승으로 생각할 것이며, 중근기이면서 의지력이 있다면 하타 요가 수행자나 자이나교 성자를 추종하여, 고행 난행을 밥 먹듯이 하고 그것으로 인해 그럴듯한 힘을 얻은 것처럼 생각할 것이다.

상근기 중 지성적이면 크리슈나무르티Jiddu Krishnamurti 또는 라마나 마하리시Rmana Maharish를 좋아할 것이고, 어떤 느낌 같은 것을 좋아하는 사람은 메어 바바Meher Baba에게 갈 것이고, 상근기로 의지력이 강한 사람이라면 구르지예프를 좋아할 것이다.

보통 사람은 보이는 얼굴과 감추어진 두 개의 얼굴을 갖고 있다. 그러나 구르지예프는 그 한 사람 안에 천 개의 얼굴이 있는 것처럼 생각된다. 열한 개의 얼굴을 가졌다는 천수천안 십일 면 관세음보살도 있기는 한데, 보는 사람마다 다 다른 천의 얼굴을 보여주는 '사나이'가 아닌 '부처님'이 계시니, 말이 쉽지 제자들로서는 '참으로 비용이 많이 드는 성인very expensive saint'이 아닐 수 없다.

천의무봉이라 할까, 천 개의 가면으로 신과 악마의 역할을 '마당극'으로 놀며 가버리신 분이 바로 구르지예프다.

악이 없으면 선이 없고 선이 없으면 악이 없듯이, 악마가 없으면 천사도 없고 천사가 없으면 악마 또한 없는, 서로를 필요로 하는 '상생의 인연'들이다. 신의 모습을 한 악마도 있고 야차의 모습을 한 부처님도 계시니, 미움은 미움이 아닌 사랑의 씨앗이며 거름이고 가면을 쓴 길벗이니, 그래서 '네 원수를 사랑해라' 했던가?

그러니 탐진치 삼독을 승화시키면 '광대 무량한 낙원 세계'를 만드는 무한한 원동력이 될 수도 있는가 보다. 구르지예프와 같이 온갖 감정을 수족처럼 마음대로 연출하고, '죄인'과 '성인'의 복합구조에 천만 방편으로 수기응변하는 인물을 이해한다는 것은 영원한 과제로 남을 수밖에 없다. 그것은 마치 용龍과 같은 변덕쟁이로 상징되는 그리스 신화의 해신海神 프로테우스의 초상화를 그리기처럼 어렵다.

『논어』에서 공자의 위용을 보는 안연顔淵의 탄식과 같이, "우러러볼수록 더욱 높고, 뚫을수록 더욱 굳어지고, 척 보기에는 앞에 있는듯하더니 갑자기 뒤에 가 있구나."이다.

그러나 구르지예프가 그런 난해한 모습으로 보이는 것은 그가 노자와 같은 농경사회가 아닌 두 차례의 세계대전 등 처절하게 병든 세상의 병든 서양 사람들을 상대하였기 때문이 아니었을까.

그렇게 생각하고 싶은 것은 소태산이 석두암에 있을 때 장적조, 구남수, 이만갑 등이 여자의 연약한 몸으로 백 리의 먼 길을 내왕하며 알뜰한 신성을 바칠 때, 소태산이 그들의 기특함을 보고, "그대들의 신심이 이렇게 독실하니 지금 내가 똥이라도 먹으라 하면 바로 먹겠는가?" 하니 세 사람이 그길로 나가서 똥을 가져오는 것을 보고, "그대로 앉으라. 그대들의 거동을 보니 똥보다 더한 것이라도 먹을 만한 신심이로다."라고 말한 일이 있는데(『대종경』 신성품 13장), 당시 구르지예프 앞에 나타난 사람들은 어떤 명상 테크닉에 앞서 무조건 스승에게 항복하는 제자로서 '똥보다 더 한 것이라도 먹을 만한 신심', 은사의 말씀이라면 소를 몰고 지붕 위에 올라가라 해도 그대로 따르는 신심이 요구되었기 때문이었을 것이다.

본 이름은 전하여지지 않고 있는 신라시대 승려 구정九鼎 선사는 처음 출가하여 몹시 추운 날 솥을 걸라는 스승의 명을 받고 밤새도록 아홉 번이나 솥을 고쳐 걸고도 마음에 추호의 불평이 없으므로 드디어 구정이라는 호를 받고 중이 되었는데, 그 후 별다른 법문을 듣는 일도 없이 여러 십 년 동안 시봉만 하되 스승을 믿고 의지하는 정성이 조금도 쉬지 아니하였고, 마침내 스승의 병이 중하매 더욱 정성을 다하여 간병에 전력하다가, 홀연히 마음이 열려 자기가 스스로 깨치는 것이 곧 법을 받는 것임을 알았다고 한다. (『대종경』 신성품 10장)

스승에 대한 신심이 충천하면 서기aura가 감돌고 방광을 한다.
한 제자가 같은 도반이 오는 것을 보니 빛이 나기에 이상하게 생각하고 스승인 소태산에게 그 이유를 여쭈었더니, "신심으로 충일한 사람은 그럴 수도 있다."고 말하였다는 이야기가 있다.

미소가 자본이 된 현대사회에서 거의 모든 사람은 여러 가지 방식으로 감정노동을 하고 산다. 사업 파트너나 고객과는 물론, 육체노동보다 더 힘든 마음을 건네는 사랑하는 관계에서까지 섬세한 감정 컨트롤이 요구되고 있다.
모든 직업에서는 업무능력뿐만 아니라 상대의 감정을 읽고 마스크를 써가면서 환대하고 관심을 보여주어야만 살아남는다.

시골 사람 또는 농경사회의 사람들은 새로운 뉴스나 못 보던 사람 또는 부딪치는 상황에 먼저 마음으로 반응하고 다음에 생각하게 되지만, 도시인들은 일일이 그런 일들에 대해 감정으로 반응하기가 힘들고 또 그럴만한 시간도 없기 때문에 감정 대신 이성으로 빨리빨리 일을 처리할 수밖에 없다. 그래서 외부 세계에 좀 무감각하고 무관심하게 되는 것이 도시인이며 현대인이다. 어떻게 보면 현대인은 인조인간 같고 로

붓 같기도 하다.

　구르지예프는 유식한 제자들에게는 꼭 아무런 의미가 없고 시간 낭비 같은 맹목적인 육체노동 등 그들의 심기를 충분히 거스를 수 있는 신심 테스트를 고의로 하였고 또 그런 과정을 거쳐 제자들을 걸러내었다. 또 그는 아직 기반을 잡기 전인 모스크바에 있을 때, 일반 대중을 위한 공개강연 광고에도 몇 월 며칠 몇 시에 어느 곳에서 한다고 광고를 하고는, 막상 그 시간에 그곳을 가보면 날짜나 시간 장소를 변경하였다고, 2~3번이나 사람들을 골탕 먹인 후 강연을 하고는 하였는데, 이 또한 불필요한 사람들을 걸러내고, 자신의 가르침에 누구나 쉽게 접근할 수 없도록 장애물을 치우려는 방법의 하나였다. 그런 것은 구르지예프가 자신이 가르치는 방법이 진리를 찾는 마지막 방법이라는 것을 인식하고, 죽음도 불사하는 제자들만을 찾기 위해 만들어낸 방편이다. 따라서 적은 수의 제자만the chosen few 모일 수 있었다. 그는 인류 정신사에 정말 희귀한 스승이었고, 또 그런 희귀성 때문에 일반인들과는 거리를 두게 되었다.

　소태산은 깨달음을 얻은 후, "마음이 홀로 기뻐서 스스로 뿌듯하다心獨喜自負"라고 그 느낌을 표현하였다. 혼자 그 기쁨을 주체할 수 없어, "소원성취 이 내 일을 어디 가서 의논하며 어느 사람 알아볼까? 쓸 곳이 전혀 없어 이리 가도 통곡 저리 가도 통곡, 이 울음을 어찌하여 그만둘꼬."(탄식가)라 하였다.

　'심독희자부'의 '부負'는 칼(刀) 아래 돈(貝)이다. 아무리 부처면 뭘 하는가. 목 위에 시퍼런 칼날이 있는데. "나 혼자만 좋으면 먼 재민 겨. 세상과 함께 좋아야제." 자부의식自負意識은 자기 잘났다는 자만감이 아니라 세상 사람들과 더불어 잘 살아야 한다는 책임감이 따르게 되어있다. 그만큼 제중의식이 강해지는 것이다. 고타마 붓다도 정각 후 교진여 등 다섯 비구에게 첫 메시지를 전달하고 싶어 완행기차로 4시간 정도 걸리는 거리를 도보로 걸어서 녹야원으로 달려갔다. 그렇듯 소태산은 '마음이 홀로 기뻐서 스스로 뿌듯'했지만, 일반인은 사람들이 없으면 자신감을 잃는 것이 보통이다. 더군다나 다른 종교와 달리 불교나 유명상표도 아닌 원불교는, 세대 간 종교적 전승, 즉 윗세대로부터 아랫세대로 똑같은 종교로 내림이 쉽지 않은 종교들이기 때문에 더더욱 그럴 것이다.

구르지예프는 자신이 싫어하는 저속한 무리를 쫓아냈다. 지금은 사라졌다고 하지만 옛날 수피의 세계에선 찬사의 소리와 존경의 칭송 등 이름나는 것을 피해 일부러 어둠으로 숨는 방법을 사용하였는데, 그것을 '말라마트의 길the Way of Malamat'이라고 한다. 그의 가르침은 소수의 지적인 사람들에게만 호감이 가는 내용이었다. 그는 사회를 개혁하는 데는 전혀 관심이 없었다. 이유는 좀 이상하기는 하지만 중요한 측면이 있다. 그는 누구나 혼soul을 가지고 태어나지는 않는다고 하였다. 혼은 스스로 각자가 혼신의 노력을 기울여 자기 소질을 구체화하여crystallize 만들고, 그다음에야 사회개혁이고 무엇이고 가능하다는 것이다. 보통 사람들은 그저 식물처럼 살다가 죽는다는 것이다.

지구상에 출현한 모든 종교는 하나같이 혼의 존재를 이야기하지만, 구르지예프 혼자 유독 혼은 각자가 노력해서 만드는 결과물이라는 것이다. 그야말로 충격적인 이야기고 사실일 수야 없겠지만, 그가 그렇게 말하는 의미는 깊다. 그의 이야기는 유물론자들의 이야기 하고는 차원이 다르다. 그것이 사실이든 아니든, 그렇다면 어떻게 인간은 '혼'을 만들 수 있는가 하는 방법이다. 왜냐하면 인간은 혼을 만들기 싫어한다. 혼을 만들어내야 한다는 것은 자유를 갖기 위해 진급으로 가는 노력을 해야 한다는 것을 의미하기 때문에 어떻게 보면 귀찮기 짝이 없는 일인 것이다.

J. 크리슈나무르티도 구르지예프같이 별 볼 일 없는 사람들을 여러 가지 방법으로 쫓아냈다. 네덜란드에서 크리슈나무르티가 주도한 신지학회 모임이 7일간 열렸다. 세계 각지에서 그의 제자들이 다 모였다. 인도에서 한 여자가 그 모임에 참석하였는데 어느 날 쇼핑을 하러 갔다가 크리슈나무르티가 넥타이 사는 것을 보게 되었다. 자기가 골라놓은 넥타이 20~30개를 탁상 위에 펼쳐놓고 색깔이 어떻다느니 사이즈가 어떻다느니 짜증을 내는데 꼴불견이었던 모양이었다. 그 여자는 어떻게 깨쳤다는 사람이 넥타이를 사러 나오며 또 그렇게 아무것도 아닌 일에 법석을 떠는지 이해할 수가 없어 인도로 돌아가 버렸다는 것이다. 물론 크리슈나무르티가 옷에 대해 굉장히 까다롭다는 것은 악평이 나 있었다. 그렇다고 부처님도 여러 가지 스타일이 있을 텐데 넥타이 고르는 것으로 하나의 틀을 만들어 배격한다면 바른길은 아니다.

구르지예프가 얼마나 황당하게 사람을 쫓는지 또 예를 들어보자. 어느 날 몇 명의 제자들과 차를 마시고 있었는데 한 신문기자가 그를 보러왔다. 그는 평소에 저널리스트들을 싫어했다. 그들은 항상 무엇인가를 오해한다는 것이 이유였다. 구르지예프는 매우 예의 바르게 앉기를 권하고 기자에게 케이크와 티를 권했다. 그 기자는 기분이 좋았다. 왜냐하면 구르지예프는 항상 기자들에게 고약한 표현을 하여 내친다는 것을 잘 알고 있었기 때문이다. 기자는 자기를 그렇게 사랑과 자비로 맞아준다는 것에 기분이 흐뭇하였다. 그때 구르지예프가 옆에 앉아

있는 여자에게 물었다. "어제가 무슨 요일이었어요?" "금요일요."라고 여자가 대답하였다. "오늘은 무슨 요일이에요?" 이런 대화를 엿들은 기자는 좀 황당하고 뭣인가 잘못되었다고 생각하였다. 어제가 금요일이라면 오늘이 무슨 요일인지는 물어볼 것도 없잖은가. 그 여자가 말했다. "물론 오늘은 토요일이지요." 그러자마자 구르지예프는 자리에서 일어나 버럭 소리를 질렀다. "어떻게 그럴 수가 있어요? 만일 어제가 금요일이었다면 어떻게 오늘이 토요일이 됩니까? 그것은 있을 수가 없어요! 가서 오늘이 무슨 요일인가 알아보세요." 그 기자는 자리에서 일어나 뒤도 돌아보지 않고 나가버렸다. 이런 일은 정신병자가 아니라면 있을 수 없는 일이라 생각했다. 기자가 나가버리자 구르지예프는 만면에 회심의 미소를 지으며 그 여자에게 말했다. "보세요, 제가 기자를 쫓아버렸습니다. 그는 다시는 오지 않을 것이고, 이 이야기를 사람들에게 퍼뜨려서 다른 많은 사람도 아마 안 올 겁니다." 또 이런 경우도 있었다.

널리 알려진 신비학자occultist가 구르지예프를 찾아와 교분 맺기를 원했다. 구르지예프는 경탄의 눈빛으로 그 손님을 보며, 자기는 구루guru가 아니고 그저 카펫을 파는 사람이라고 말했다. 그러면서 카펫 만 것을 펴서 보이며 좀 사달라고 말했다. 그러자 그 손님은 구르지예프를 소개하여 준 자기 친구에게 속았다고 하며 나가버렸다. 보통, 종교를 직업으로 삼는 삼류들은 교화가 핵 폭발적으로 불어나기를 원하지만, 지난 세기에 필자가 세계를 돌아다녔어도, 구르지예프는 물론 다른 구루들도 신도의 머리 숫자에 관심이 있는 사람은 아무도 없었다. 만일 코의 숫자를 세고 있는 사람이 있다면 수준 이하의 지도자임이 틀림없다.

J. 크리슈나무르티의 이야기를 들어보자.

"어떤 사람들도 여러분들 자신을 자유롭게 해주지는 못합니다. 어떤 조직에 들어가 자신을 희생하거나 무엇을 숭배한다고 해도 자유롭게 되지는 않습니다. … 여러분들은 타자기를 이용해 편지를 쓰긴 하지만, 그렇다고 해서 그 타자기를 계단에 올려놓고 숭배하지는 않습니다. 그런데 조직이나 단체를 주요 관심사로 생각하면서 여러분들이 하는 짓이 바로 그런 것입니다. '신도 수가 얼마나 됩니까?' 신문기자들을 만날 때마다 내가 제일 먼저 받는 질문이 이것입니다. 추종자를 얼마나 많이 갖고 있는가에 따라 우리는 당신의 하는 말이 진실인지 거짓인지를 판단하겠다는 것입니다. 숫자가 얼마나 되는지 나는 모릅니다. 그런 것에는 전혀 관심이 없습니다. 자유로워진 사람이 단 한 사람만 있어도 그것으로 충분합니다. … 구르지예프는 평생 어느 개인을 교화시키려고 시도한 적이 없다. 그의 관심사는 자각한 한 개인이 어떻게 자신 안에 감추어진 진리를 찾아낼 방법만을 가르쳐준 것이다. 그의 말대로, "내가 여러 번 이야기 하였지만, 나의 가르침은 보통 평범한 일상 생활의 문제들이라고 할 수 있는 섹스, 병, 불행 등에 대해 직접 도움을 줄 수는 없다. … 그러나 그런 문제를 가진 사람이 내 옆으로 오면 좋은 느낌이 들고 그 문제를 풀 수 있는 단서를 가질 수 있다."

반규盤珪 선사의 어록을 보면, 선천적으로 성질이 급해 수행에 엄청난 장애를 겪고 있다는 한 제자의 하소연을 듣고 다음과 같이 말한다.

"저는 평생 성질이 급해서 아무리 해도 고쳐지지 않습니다. 타고난 성질이기 때문에 어쩔 수가 없으니 선사의 힘으로 고쳐주십시오."
"자네는 희귀한 것을 가지고 있구나. 어떻게 그 급한 성질 좀 보여줄 수 없겠는가?"
"지금은 없습니다. 순간적으로 나옵니다."

반규는 말한다.

"그것은 타고난 버릇이 아니야. 자기 마음대로 저지를 따름이지. 어버이가 낳아준 것은 고마운 불생不生의 불심佛心 하나다. 제멋대로 저지르지 않으면 그렇게 성미가 급해지진 않는다. 고치느니보다 자기 멋대로 저지르지 않도록 해야 할 것이다. 태어난 마음 그대로 사는 것이 좋다."

구르지예프의 법문도 매뉴얼이 있는 처방전이 아니요, 가장 기본적인 틀을 깨는 방법이었다. 묻지 않으면 답하지 않는다는 응병여약應病與藥의 길이다. 구르지예프의 말을 좀 비약하면, 예수는 교회를 세우기 위해 온 것이 아니라 하나님 나라를 증언하러 온 것이며, 자기 자신에 대한 믿음을 촉구하러 온 것이 아니라 어둠의 역사를 빛의 역사로 바꾸려는 하나님에 대한 믿음을 촉구하러 왔다고 할 수 있다. 예수는 세계의 끝까지 가는 이방 전도를 생각한 일이 없었던 것 같다. 예수는 스스로에 대해서도, "나는 이스라엘 집의 잃어버린 양 외에는 다른 데로 보내심을 받지 않았노라"(마 15:24)고 하고, "이방인의 길로도 들어가지 말고 사마리아인의 고을에도 들어가지 말라"(마 10:5)고 했다. 이방 전도는 물론 교회 같은 시설물을 세워 전도본부나 전투사령부 같은 것으로 만들겠다는 것은 생각조차 못 했다. 역사는 예수의 본래 의도와는 관계없이 교회가 생겨나고 세계화 정책이 채택되는 '쇼'를 벌인 것이다.

문제는 절이나 교당 교회에 꼭 많은 사람이 앉아 있어야 좋다는 관념이 문제다. 교화를 오로지 사람 머릿수로만 보는 것은 천박한 물질주의적 가치에 입각한 사업적 발상이다.

어느 부처님도 마찬가지지만, 구르지예프와 같이 깨친 사람은 자신이 가진 내용을 모든 사람과 함께 나누어 가질 수는 없다. 스승에 대한 확고한 신심이 없으면 이해할 수 없는 것들이 있기 마련이다. 제자 쪽에서 성숙해야만 일이 된다. 제자와 스승 사이에는 어떤 음악 같은 리듬이 흘러야 하는데 제자가 마음의 문을 활짝 열지 않으면 음악은 발생하지 않는다. 구르지예프는 자기가 아는 공부법으로 많은 사람이 온전한 인간이 되기를 염원하였지만, 그것 또한 뜻대로 되는 일이 아니다. 그는 매번 운동(movements나 댄스)하기 전에 제자들에게 자기 자신에게만 이익되게 하지 말고 꼭 인류가 함께하자는 내용의 서원(good-wishing-for-all)을 하게 시켰다.

소태산 또한 혈심 제자를 강조하였다.

"지금은 초창기이다. 내가 사업에 대한 것을 이렇다 저렇다 하는데 너희들이 이것이 다인 줄 알면 안 된다. 앞으로도 사업에 실패하면 서로 야단하지 말고 내 법이 나온 이상 혈심의 법자 그 사람 만나고 기르는데 정성을 다하라."

"여러분이 이왕에 나를 만났거든 혈심 가진 참 제자가 돼라. 지붕에다 소를 끌고 올라가 매라고 하면 의심 없이 매어야지 거기에 의심이나 계교가 생기기 시작하면 나와는 거리가 먼 사람이다."

"너희들은 내 뜻을 따라야지 내가 너의 뜻을 맞추어 주기를 바라는 사람은 참다운 사제지간이 아니다."

"영웅도 학자도 싫고 혈성 가진 사람만이 제일이다."

"설사 도통은 못 하였다 할지라도 혈심 가진 사람만 있으면 내 법이 전해진다."

별 볼 일 없는 사람들을 피하는 이야기는 『임제록』에 간단하게 나오는데, 조사들의 일화 모음집인 『조당집』(祖堂集 17, 보화의 장) 등에 나오는 줄거리들을 편집해 보면 대강 다음과 같은 이야기가 된다.

보화普化는 당나라 마조馬組의 법사法嗣인 반산盤山 보적宝積 선사의 제자이며 크게 깨친 사람이다. 그는 임제가 법을 펼 때 옆에서 크게 도왔다. 보화스님은 매일 거리에 나가 요령搖鈴을 흔들면서 이렇게 외쳤다.

"명두래明頭來면 명두타明頭打 하고
암두래暗頭來면 암두타暗頭打 하며
사방팔면래四方八面來면 선풍타旋風打 하고
허공래虛空來면 연가타連架打 하라!"

이 말은 밝은 것이 오면 밝은 것으로 쳐부수고 어두운 것이 오면 어두운 것으로 쳐부수고 사방팔면에서 오면 회오리바람처럼 자유자재하게 모두 쳐부수고 허공으로 오면 또한 계속 쳐부순다는 뜻이다.

어느 날 행인들에게 옷을 하나 보시하라 하자 사람들이 서로 옷을 지어 바쳤다. 그러자 보화는 "나는 이런 옷들은 필요 없소이다." 하며 손을 내저었다. 그때 임제 선사가 그 이야기를 듣고 원주院主를 불러서 빨리 새 관棺을 짜오라고 일렀다. 보화가 오자 그 관을 주니 희색이 만면하여 거리로 나가, "임제 스님께서 이런 훌륭한 옷을 만들어 주셨고, 이제 동문東門으로 가서 이것을 입고 나는 열반에 들겠소."

사람들이 궁금하여 무슨 일이 있으려나 다투어 동문으로 나오자, "오늘 일진이 맞지 않아 내일 남문 밖에서 죽으리라"고 하였다. 또 사람들이 몰려들자 "내일 서문 밖에서 죽으리라"고 했다. 사람들은 속은 줄 알고 숫자가 차츰 줄어들었다. 넷째 날, 이제는 아무도 따라오지 않는 것을 보고 북문 밖에서 스스로 관에 들어가면서, 지나가는 사람에게 관 뚜껑에 못을 박아달라고 부탁하였다. 고을 사람들이 이 소식을 듣고 몰려나와 관을 열어보니, 시신은 보이지 않고 허공중에서 요령 소리만 은은히 들려왔다 한다. 그래서 사람들은 딸랑딸랑 멀어져가는 요령 소리가 나는 곳을 향하여 무수히 배례하였다. 보화의 죽음은 거리낌 없는 생사 해탈의 한 전형을 보여준다.

구르지예프의 법문을 보면, "나는 훌륭한 신발을 만들고 싶어 하는 사람들에게 팔기 위한 좋은 가죽이 있다."고 하였다. 이 표현은 스승과 제자 사이의 관계를 잘 나타내는 것이라 할 수 있다. 왜냐하면 물건을 판매한다는 것은 일방통행의 거래가 아니요, 서로 가지고 있는 가치를 정당하게 교환하는 것이다. 사람은 자기가 지급하지 않은 것에 대해서는 절대로 감사할 줄을 모르기 때문이다. '돈' 뿐만이 아니라 땀이나 노력 등 어떤 다른 대가를 지급하고 난 후 그 물건(아이디어)인 '가죽'을 가져가야만 그 아이디어를 자기 것(구두)으로 만들 수 있다는 것이다. 즉 이 세상에는 '공짜 점심free sandwich'은 없다는 것이다. 소태산도 이 법으로 공부만 하면 사랑방에 굴러다니는 목침도 부처로 만들 수 있다고 자신하였는데, 가죽이든 목침이든 '모루' 위에 놓고 한번 내리치기는 쳐야 할 모양이다. 하기야 스승이란 우리에게 '연장'을 줄 뿐 작품을 만들고 안 만들고는 각자 자기의 일일 테니까 말이다.

그런데 구르지예프와 소태산이란 공간을 달리하는 두 스승이, 그런 내용을 표현하는 데도 문화적인 차이를 엿볼 수 있어서 흥미롭다. 구르지예프는 그의 기질과 동시에 산업사회의 분위기를 드러낸다면, 소태산은 농경문화의 느슨한 모양새를 보여주는 것 같아서 말이다.

7.
개벽의 일꾼

　지금은 인터넷과 재생에너지가 원자력으로 전이되는 3차 산업혁명을 지나, 인공지능과 로봇기술 및 사물인터넷, 빅데이터 등 정보통신기술ICT의 융합을 통해 생산성이 급격히 향상되고 제품과 서비스가 지능화되는 소위 4차 혁명Fourth Industrial Revolution의 문턱에 서 있지만, 당시 유럽은 인류 초유의 기계기술의 등장 즉, 내연기관과 전기의 발견 등 근대화의 충격으로 인한 기술 문명과 인간 심성 사이의 부조화로 20세기 초의 서구는 1차 세계대전이라는 그에 대한 대가를 혹독히 치렀다.

　구르지예프에 따르면 이러한 물질 일변도로 치달리는 세계를 구하기 위한 일단의 개벽의 일꾼들이 티베트에 있었다고 한다. 그런데 이 그룹의 지도자가 1902년 영국의 티베트 침략의 와중에서 유탄으로 사망한 뒤, 곧이어 나머지 멤버들도 다 죽고 말았다는 것이다. 물질문명과 정신문명을 온전하게 조화시킬 수 있는 비결을 알고 있었던, 이 그룹의 비밀들을 조금 엿볼 수 있었던 구르지예프는 이것을 각색하여 우리에게 알려주었다. 구르지예프가 이야기한 대로 이 지구상에 '온전한 인간' 200명만 있다면 어떤 전쟁도 멈추게 할 수 있다는 것이다.

"서양의 지식과 동양의 지혜를 알고 나서 구도를 시작하라."
(Take the understanding of the East and the knowledge of the West, and then seek)

위의 동도서기론東道西器論의 표어는 프랑스에 있었던 구르지예프의 '온전한 인간 개발학교'의 벽에 걸려 있었던 경구警句 중의 하나이다. 동양의 지혜와 서양의 에너지를 잘 어거하여 조화롭게 사용하지 못하게 된다면 이 세상은 파멸밖에 다른 길이 없다는 것이다. 경구나 표어는 주의나 주장 또는 강령 등을 간결하고 명료하게 나타낸 짧은 어귀로, 집단행동을 할 때 어떤 의견이나 주장을 강력히 호소하는 구호다. 그렇다고 그런 것들이 만능인 것만은 아니다. 모든 것에 과불급이 있듯 표어도 남발하다 보면 약효가 떨어진다. 우스갯소리로 옛 프로이센Preussen은 표어의 과용으로 망했다는 설도 있을 정도다.

소태산의 원불교 사상을 단적으로 나타낸 표어에는, 개교표어인 '물질이 개벽되니 정신을 개벽하자'가 있으며, 교리표어로는 '처처불상 사사불공', '무시선 무처선', '동정일여 영육쌍전', '불법시생활 생활시불법' 등이 있다.

원불교 개교표어인 '물질이 개벽되니 정신을 개벽하자'는, 파란 고해라는 현실적 고통의 세계를 인간의 욕망이 그 원인이라고 진단한 것이다. 그 표어가 지향하는 것은 정신문명인 도학을 발전시켜 주체성을 확립하자는 것이고, 그러려면 정신의 자주성을 확립하여 물질을 선용善用하자는 것이다. 그것이 소태산이 그 많은 역사적인 종교가 있음에도 불구하고 하나의 새로운 종교를 탄생시킨 이유 중의 하나이다.

구르지예프는 '온전한 인간 개발학교'의 벽에 붙인 약간의 '정치성'을 띠는 프로파간다propaganda 같은 표현을 절대 좋아하지는 않았지만, 그의 주요목표는 각 개인의 법위등급法位等級의 향상으로 그런 노력 없이는 인류의 진보라는 것은 있을 수 없다는 것이다.

소태산은 대각 후 제자 중 아홉 사람을 선발하여 소태산 자신이 단장이 되고 중앙 1인 단원 8명인, 10인 1단團으로 조단組團을 하였다. 그후 조단법은 '교화단敎化團'이라는 이름으로 원불교의 교단 통치와 교화 조직의 방법이 되었다.

구르지예프도 소태산과 비슷하게 평생 제자들을 훈련하는 스타일은 그룹 조직을 선호하였다. 그것은 항상 개인의 인격 향상을 전제로 한 것이었다.

그는 이 시대의 인간 존재에 관한 견해나 습성 편견 등을 박멸하는 것이야말로 새로운 인간의 잠재력을 개발시키는 선결 조건이라고 강조하였다. 그는 임종 며칠 전에도 '들을 귀ears to hear'를 가진 제자와의 미래에 관한 대화를 통해, "나는 선천세계(先天世界, the old world)를 위해 싸워줄 병사들이 필요하다"고 말했다. 우리 표현으로 말하면, 그 '군인'들은 '개벽의 일꾼들'이 아니겠는가. 그가 세상을 떠난 지도 70년이 가까워지고 있는 지금, 과연 후천의 나팔소리가 은은히 울려온다고 말할 수 있을 것인가? 정보 통신기계나 진화생물학, 뇌 과학 등 여러 분야에서 발달에 발달을 거듭하고 있기는 하지만, 인간은 아직도 나침반 없이 바다에 나온 뱃사람 같기만 하다.

인류가 돌로 된 연모를 쓰던 석기시대를 지나, 철기를 사용하여 물질적 풍요를 구가하였던 기원전 5세기경, 동양에는 노자·공자·석가, 서양에는 헤라클레이토스·피타고라스·소크라테스 등 많은 성인이 무더기로 배출되었다. 이 시대를 카를 야스퍼스는 "인류의 정신적 스승이 수없이 출현하였다" 하여 '인류의 추축시대'라고 이름 불렀다.

야스퍼스는 그들의 출현은 우연한 것이 아니고, 욕망의 추구로 치닫는 사회에 진정한 행복을 바라는 당시의 사회적 요구 때문이었다고 설명하였다.

후대의 역사가가 20세기를 무엇이라고 부를지는 모르겠으나, 지난 세기에도 수많은 인류의 스승들이 배출되었다. 이들도 이구동성으로 인간이 당면한 진지한 질문에 대하여 사회나 국가의 개선에 앞서 각 개인의 성찰과 삶의 질적인 면을 강조하였다는 사실은 인간의 본질적인 욕망이 수천 년을 지났음에도 불구하고 아직도 변화하지 않았다는 것을 증명한다. 두 차례 세계 대전이 끝나고 베트남 전쟁의 후유증으로, 뉴-에이지New Age 즉 개벽의 바람이 불어, 유명 무명의 자칭 도사들이 석장을 짚고 일어섰다. 그것은 마치 천여 년 전의 티베트 성자 파드마삼브하바Padmasambhava가 "쇠로 만든 새가 날 때 부처님의 법이 서양으로 갈 것이다."라고 한 예언을 맞추려는 것 같다. 티베트의 린포체rinpoche들, 인도의 스와미swami와 구루guru 그리고 리시rishi들, 일본의 노사老師, 이슬람의 셰이크sheik 등이 떼를 지어 서양으로 밀려들었다. 그들은 때로는 깃발을 흔들고 사람을 모으기도 하였으나, 때로는 태생이 다른 문화 사이에 두 다리를 걸치다가 실패를 한 그룹도 있다. 그러나 법法이라고 다 법이냐 법이라야 법이지. '고양이가 법왕法王의 겉옷'을 입은 경우도 있었다.

'참나(주인공)'를 잉태한다는 것은 보통 힘든 일이 아니다. 그것은 어느 시대나 마찬가지로, 마치 물에 빠져 허우적거리는 사람의 살아보려는 초미의 급을 요구하는 간절함과 절박감이 있어야 할 뿐만 아니라, 구르지예프 학교에 붙어있는 다음의 경구같이 체질적으로도 좀 기초가 있

어야 한다. 즉,

> "만일 네가 선천적으로 식별하는 마음이 없으면, 여기 머무는 것은 무익할 뿐이다."

일단은 뱀처럼 지혜로움을 필요로 하는 인생의 계절이 있다는 말씀일 것이다.

도가道家에 한쪽 발만 들이밀어 놓고, 나머지 한 발은 어디 둘지를 몰라 어정쩡 거리며 시간 낭비를 하는 사람들이 얼마나 많은가. 알기 위해서는 배워야만 하고 배우기 위해서는 어떤 내용의 희생이라도 '희생'을 해야만 한다. 희생은 정화靜化의 길이며 영적 성장의 방법이다. 희생 없이는 절대로 새로운 '세계'를 건설할 수 없다. 그것은 마치 '마리아'가 되어야만 '예수'를 낳을 수 있다는 것과 같다.

원불교 교단 초기인 1918년부터 1년간, 전남 영광군 백수면 길룡리에서, 9명의 소태산의 제자들이 스승과 함께 해안 갯벌을 막아 농토를 만들고, 외부의 원조 없이 물질적 정신적 자력을 세운 일이며, 그에 이어 사무여한死無餘恨의 법인성사法認聖事를 이룬 일련의 일들은 성태聖胎를 장양하기 위한 '마리아-되기 운동'이며 '골고다의 희생'을 본받으려는 노력의 일환이었다.

개벽의 운동은 어린이 동화에 나오는 어중이떠중이들의 귀여운 몸놀림이 아니요, 『천로역정Pilgrim's Progress』의 이야기처럼 자기의 본능과 타성 등 수천 가지의 장애물을 뛰어넘어, 인고忍苦로부터 용솟음치면서, '자기自己'에게 귀의하여 스스로 스승이 되고 또 스스로 제자가 된 자들의 환호성인 것이다.

하늘이 열리고 땅이 열린다는 개벽이라는 말의 유래야 어찌 되었든 개벽이 시간적 개념으로서의 선천과 후천이라는 직선적 생각이 아닌 참다운 인간성 회복을 위한 자기 계발의 몸부림으로 이해할 때, 구르지예프와 그의 엘리트 제자들의 역사적 자취는 참으로 개벽의 일꾼에 명실상부하였다.

〈 구르지예프의 어록 〉

- 너는 너 자신과 싸우려고 도문에 입참한 것인데, 그렇다면 그런 기회를 마련하여 준 모든 사람에게 감사하라.

- "생사란 왜 있습니까?"
"너 정말 알고 싶으냐? 정말 네가 알고 싶다면 너는 고난을 당하여만 한다. 네가 지금 가지고 있는 따위의 고통이 아니라, 성성醒醒한 의식을 갖고 느끼는 자발적인 고난이어야 한다. 너는 지금 1프랑짜리 고통도 이기지 못하는데, 생사의 진리를 좀 이해하려면 100만 프랑 정도의 고난을 넘겨야 한다."

페테르 우스펜스키
Peter Demianovich Ouspensky
1878 - 1947

제2장
제생의세
濟 生 醫 世

1.
제도의 첫걸음(타슈켄트Tashkent와 러시아)

붓다가 시라바스티의 제타 숲 기원정사에 계실 때였다. 키사고타미 Kisagotami라는 젊은 과부가 외동아들을 잃고 절망에 빠진 나머지 반미치광이가 되었다. 과부는 성 밖에 있는 제타 숲에 갔다가, 사람들로부터 '부처님은 큰 성인으로 법을 설하여 걱정과 근심을 없애준다는 이야기를 들었다. 과부는 부처님을 찾아가 자초지종을 말씀드리고 자기의 아들을 살려달라고 애원하였다.

"자식을 살리고 싶으면 지금부터 거리로 들어가 사람이 죽지 않은 집에서 불을 얻어 오너라." 과부는 기뻐 날뛰며 성안으로 들어가 온갖 노력을 다했으나 그런 집은 없었다. 그녀는 피붙이의 죽음으로 고통받는 것이 자신만이 아니라는 것을 알게 되었다. 부처님은 과부에게 말씀하셨다.

"사람이 이 세상에 살면서 네 가지 면할 수 없는 것이 있으니, 첫째 항상 하는 것은 없다는 것이요, 둘째 부귀도 반드시 빈천해지는 것이요, 셋째 모이면 반드시 흩어지는 것이다."(雜比喩經)

키사고타미가 아들의 죽음으로 인한 슬픔과 고통에서 벗어날 수 있었던 붓다의 처방전은 사실을 호도하지 않고 '있는 그대로 직시하는 것 如實知見'이었다.

개인이 갖는 고통의 해결을 출발점으로 하여 중생제도라는 실천 행위로 이어져야만 한다. 사고팔고四苦八苦를 관념적으로 이해하면 안 되고, 수행적 지혜로 승화되어 사회구원으로까지 연결되어야 한다. 그렇다고 『카라마조프가의 형제들』처럼 사회 국가 인류의 문제를 이야기하는 사람들이 정작 주변 사람들에게는 관용을 베풀지 않는 것도 또한 문제다. 구르지예프가 자신의 깨달음을 여건의 어려움에도 불구하고 구체적인 실천으로 옮긴 것도 다 그런 자비의 표현이다. 신구의身口意로 즉 몸과 말과 마음으로 언행이 일치될 때야말로 실천이라고 할 수 있다.

구르지예프 공부법(System)의 철학적 근거는, 인간의 진급이라는 의미로 볼 때 우리는 우주에서 가장 취약한 지점에서 살고 있다는 것이다. 그래서 인간이 내적 성숙을 시도하기 위해서는 먼저 자기의 주어진 처지와 상황을 잘 이해하고 있어야만 한다.

플라톤은 인간을 동굴의 뒷벽에서 어른거리는 그림자로 비유를 하였는데, 구르지예프는 보통 인간의 상황을 감옥에 갇힌 수인으로 본다. 좀 수승한 사람은 그 감옥에서 도망치려 하겠지만 그러려면 땅에 굴을 파야 할 텐데 한 사람의 힘으로는 어려울 것이고 여럿의 힘을 모아야 가능할 것이다. 그런데 그 감옥에서 먼저 도망친 사람들의 도움이 없으면 그것조차 어렵다. 그러니 먼저 그룹을 만들어 공동체를 운영하여야 한다는 것이다.

하루에 200개의 외국어 단어를 외우고 나서, 그다음 날 기억력 테스트를 했다는 식의 구르지예프의 언어에 대한 비상한 관심과 능력은, 그의 구도의 내용을 풍요로운 성찰으로 만들어 주는 도구가 되었다. 물론 그런 수확은 개인적인 능력의 소산이라고 할 수도 있겠지만, 그 당시 정신세계를 탐구하는 유럽의 기류를 간과해서는 안 된다.

왜냐하면 인물은 생땅에서 독자적으로 태어날 수만은 없고, 그 씨앗이 발아할 수 있는 토양과 적절한 기후가 있어야 소기의 목적을 달성할 수 있기 때문이다.

당시 러시아에는 위세를 떨치던 두 개의 단체가 있었다. 그들은 구르지예프와 알게 모르게 상호 교섭이 있어 서로 영향을 주고받았다.

그 신비적인 단체 중 하나는, 그와 같이 아르메니안 어머니에서 태어난 괴팍한 천재 플로렌스키Pavel Florensky가 주도한 그룹이고, 다른 하나는 1875년 경탄할만한 러시아 여성인 블라와츠키Helena Blavatsky와 미국인 남자 올코트Olcott에 의해 뉴욕에서 창립한 신지학회Theosophical Society다. 이 단체는 후에 인도의 남부 마드라스 근처에 본부를 두고, 유럽과 미국의 지성인 사회의 정신적 공백에 자극과 영향을 주면서, J. 크리슈나무르티를 세계적인 인물로 배출시키는 산실이 되었다.

당시 러시아 사회에서 신지학회는 그 모임과 그 간행물들이 금지되었으나, 소규모의 지하조직들이 있어 정보를 교환하였다. 물론 구르지예프도 그들의 저술을 읽었다. 그러나 그의 말년의 이야기로는, 그자신이 몸소 블라바츠키의 책인 『비밀교리Secret Doctrine』에 언급된 모든 곳을 여행하였는데, 십중팔구는 허위 정보이었다고 피력한 적이 있다. (참고로 바그완 라즈니쉬도 그 책은 별 볼 일 없는 잡동사니로 가득 차 있다고 말한 일이 있고, 필자도 그 책을 갖고 있었는데 결국 완독을 못 하고 말았다.)

문화적 십자로인 캅카스 지역에서 태어나 20여 년의 고난에 가득 찬 방랑을 마친 구르지예프는, 1910년 중앙아시아의 현재의 우즈벡Uzbek 또는 우즈베키스탄Uzbekistan 공화국의 수도인 타슈켄트에 본부를 두고, 자연과학의 전문 지도자로 명성을 얻기 시작하였다.

그 당시 타슈켄트는 다양한 문화들의 집합장소로, 그 지방의 분위기는 유럽의 전통을 업고 자란 사람으로서는 도무지 이해할 수 없는 부분이 많았고, 당시 러시아 주류 문화의 처지에서 보았을 때도 일개 변방의 속국에 지나지 않았다.

제도의 첫 문을 연 그때의 구르지예프를 만난 사람들의 그에 대한 인상을 종합하여 보면, 그는 식도락가이면서 멋진 생활을 즐겼다. 또 자신의 신분을 감추는 것 같은 불가사의한 인물로 보이면서, 마치 연기를 하는 것 같이 생각되었다고 한다.

이런 꾸미는 연극acting을 하는듯한 그의 '겉치레 삶artificial life'의 모습은, 크거나 작게 열반의 모습을 보일 때까지 계속되었는데, 진정한 의도가 무엇인지 교화의 방편을 알 수 없는 이런 모습은, 그의 일부 세속적인 '성실한' 제자들의 오해와 비난의 대상이 되기도 하였고, 또 그를 '알 수 없고 알 수 없는unknown and unknowable'[1] 수수께끼 같은 '사나이'로 남겨 두고 말았다.

역사적인 관점에서 이야기하자면 구르지예프는 불행한 사람이었다. 그 장황한 사연을 여기서 다 말할 수는 없겠지만, 그는 타슈켄트에

---

[1] 원불교 교전 '법위등급'의 대각여래위에는, 여래가 된 사람의 경지를 "대자대비로 일체 생령을 제도하되 만능萬能이 겸비하며, 천만 방편으로 수기응변隨機應變하여 교화하되 대의에 어긋남이 없고 교화받는 사람으로서 그 방편을 알지 못하게 하며"라 하였는데, 여래의 심법 중 '대의'라는 말의 차원과 의미 방향에는, 좀 더 곡진한 설명이 필요하겠지만, 대체로 너무 명명백백하여 감추는 것 없이 드러내는 소태산의 인격과는 대칭의 자리에 서는 이 재미있고 의미심장한 표현은, 구르지예프 회상의 어느 여성 제자가 사용하기 시작하였는데, 훗날 바그완 라즈니쉬가 즐겨 차용하여 쓰는 표현이 되었다.

서 수년을 보낸 후 영향력의 확대를 위해 러시아가 있는 서쪽으로 고개를 돌렸다.

그가 후일 러시아를 택한 이유를 '평화롭고, 부유하며 조용하다'는 것이기 때문이었는데, 당시 유럽은 '모든 전쟁을 끝내는 전쟁'이라고 하는 1차 세계대전으로 달려가는 도중이었다. 현재 우리가 볼 때 그는 당시의 국제적인 정치 분위기에 민감할 수밖에 없었던 것 같다.

그가 1912년 모스크바에 도착한 2년 후인 1914년, 러시아에 대한 독일의 전쟁 포고가 있었고, 그로부터 3년 후인 1917년에는 인류 문명사에서 '낙원건설'을 위한 거대한 실험의 하나가 된 러시아 혁명이 페트로그라드(현재의 상트페테르부르크)에서 일어났다. 300년 넘게 러시아제국을 다스려온 로마노프 황조가 시민들의 봉기로 무너지고, 급조된 임시정부가 권력의 공백을 메웠다. 그로부터 여덟 달이 지난 늦가을에 볼셰비키가 무장봉기를 일으켜 임시정부를 뒤엎고, 세계 역사상 최초로 피억압계층들을 기반으로 하는, 비시장적이며 국민 국가의 한계를 넘는 대안적 미래를 지향하는 급진 정파가 국가 권력을 쥐는 데 성공했다. 물론 레닌이 꿈꾸었던, 직접 생산을 담당하는 주체들이 생산과정을 통제하는 민주적 사회주의 사회도 결국 제대로 실현되지 못하고 끝나고 말았지만, 러시아 혁명이 아니었다면 그 후 자본주의는 자기 수정의 가능성을 찾기가 어려웠을 것이고, 찾는다고 하더라도 훨씬 오랜 시간이 걸렸을 것이다. 구르지예프는 이 공산주의 혁명을 "악마들의 장난"이라고 표현하였다. 개미 연구로 유명한 진화생물학자 에드워드 윌슨의 마르크스주의에 대한 평이 생각난다. "이론은 훌륭한데 종種이 틀렸다."

1914년 오스트리아가 세르비아에 대한 선전포고로 시작된 제국주의 전쟁인 1차 세계대전은 구르지예프가 많은 것을 생각하게 만들었다. 4

년간 계속된 전쟁은 많은 물자와 인원이 동원되고 신병기가 출현하였으며, 1,000만 명 이상의 인명이 살상되었다. 그 전쟁은 그야말로 대량살상무기들의 실험장이었다. 대량살상 무기 개발 경쟁으로 이전까지의 전쟁 개념이 바뀔 정도로 상상을 뛰어넘는 희생자가 나왔다.

예로, 독일 화학자 프리츠 하버Fritz Haber는 자발적으로 국가 정책에 협력하는 과학자였다. 그는 전쟁 중 연합군에 대항하기 위해 독가스를 개발하였는데, 그것은 노벨의 다이너마이트나 방사능을 발견해 1903년 노벨 물리학상을 받은 퀴리Curie 부부와는 다르게, 오직 목적 자체가 사람을 죽이는 살상용이었다. 그 독가스로 독일군은 동부전선에서 러시아군을 시작으로 이프르Ypres 전선의 프랑스군에 대규모로 염소가스를 살포해 질식사시켰다. 그 뒤 하버의 부인이었고 남편만큼이나 저명한 화학자였던 클라라 하버는 남편의 독가스 개발 행위에 절망감을 느끼고 자살하였다. 1933년 하버는 영국으로 탈출을 하지만, 자기의 동족인 수백만의 유대인이 자신이 개발한 독가스에 학살될 것이라고는 생각을 못 했다.[2]

프랑스 혁명 때도 많은 사람이 희생당했지만, 러시아혁명 때는 1천만 명 이상의 민중이 개죽음을 당했다. 인류 역사를 보면 이상사회의 건설이라는 명분 아래 어이없는 희생이 꼭 뒤따른다. 그러면 그 희생이 값지게 보상받았느냐 하면 절대 아니다. 프랑스 혁명은 단두대로 상징되는 피의 공포시대를 불렀고, 이성계의 역성易姓혁명도 피비린내 나는

---

[2] 1905년 프리츠 하버는 질소를 암모니아로 바꾼 후 다시 비료로 바꾸는 새로운 공법을 만들면서 질소 비료를 개발하였다. 질소 비료는 척박한 지구를 비옥한 땅으로 바꿀 수 있어, 그 공로로 하버는 노벨상을 받았다.

골육상쟁으로 이어졌으며, 한국의 4.19도 민주당 신·구파 간의 대립과 투쟁을 원인으로 애먼 사람들이 실리를 챙기고 말았다. '고생은 같이 나눌 수 있지만 즐거움은 같이 나눌 수 없다'라고 했던가. 함석헌은 『성서적 입장에서 본 한국역사』에서 "민주주의는 사람의 가죽으로 된 병풍을 둘러치고 앉아서 사람의 피를 먹고 성장해 간다."고 갈파했다.

볼셰비키 혁명도 혁명이 외면적으로 일단 성공하는 모양새를 보였으나 무자비한 권력투쟁과 숙청이 계속되었고, 레닌이 죽은 뒤에는 스탈린의 독재정치로 이어지고 말았다. 그래서 구르지예프는 되지도 않을 러시아혁명을 "악마들의 장난"이라고 했는지 모른다. 눈을 '혁명'이라는 목표물에 두고 칼을 쥔다고 해서 다 되는 것이 아니다. 거창한 혁명을 주장하는 또는 자기네들이 다 바꾸겠다고 떠드는 자들을 절대로 믿으면 안 된다. 헌신적 의지와 숭고한 이념으로 포장된 혁명이란 것을 한 꺼풀 벗겨보면, 그 속에는 개인과 조직의 이익 논리 권력의 암투, 사회적 불만 등 혁명과는 거리가 먼 것들이 똬리를 틀고 있음을 알 수 있다. 숭고한 이상으로 포장된 욕망뿐이다. 소위 역사적으로 혁명이라는 것을 보면, 항상 그 끝났다고 하는 곳에서 다시 시작하였기 때문이다.

미국 작가이자 역사가인 바버라 터치먼Barbara Tuchman은 "모든 성공한 혁명은 조만간 자신이 몰아냈던 폭군의 옷을 입는다."고 했다. 오대양 육대주라는 세계는 크고 넓은 것 같지만, 결국은 나와 또 나와 비슷한 사람들이 저마다 다른 문화 속에서 옹기종기 모여 사는 곳이다. 어떻게 보면 생긴 것도 그렇고 사람마다 큰 차이가 있는 것 같지만 또 놀라울 정도로 비슷하기도 하다. 나 자신을 꿰뚫어 보는 것이 그 사람들을 보는 것이고 세상을 보는 것이 나를 보는 것이다. 그러니 '혁명'이라는 환상도 결국은 나를 바꾸지 않고 내가 성숙해지지 않으면 세상도 여전히 그대로일 뿐이다. '혁명'은 나로부터 시작하고 나에게서 끝난다. 내 마음이라는 논밭을 개간할 수 있다면 이 세상의 어떤 황무지를 개척하는 것도 어렵지 않다.

'낙수효과(落水效果, trickle down effect)'라는 것이 있다. 세상의 모든 일은 '위에서 아래로' 이루어지며 또 그래야만 한다고 생각하는 사고방식이다. 이런 생각에 중독이 되면 큰일이 있고 작은 일은 또 따로 있다고 생각한다. 나 자신부터 바로잡아야 '혁명'이 되는 것이지 큰일이 따로 있는 것이 아니다.

그는 전쟁의 소용돌이 속에서 제자들을 모으고 여러 차례 자리를 옮기면서야 겨우 명맥을 이어갈 수 있었다.

모스크바에 도착한 후, 상트페테르부르크St.Petersburg를 방문한 후 그는 폴란드 귀족 출신의 미망인으로 왕실의 왕비를 보좌하였던 율리아Julia Ostrowska(또는 Madame Vitvitskaya라고도 불린다)와 상식으로는 어긋나는 결혼을 한다. 왜냐하면 그의 나이 40을 넘을 때 그녀는 22세요, 그는 그리스계 아르메니안이었고 그녀는 폴란드 귀족, 그는 부자인 반면에 그녀는 가난하였기 때문이었다.

그녀는 매우 아름다웠는데 정직하고 친절한 눈매를 가진 것 같으면서도, 어떤 때는 교활한 것 같기도 하고, 만사에 능숙한 빈틈이 없는 여자처럼 보였다고 한다. 그녀는 여러 면에서 주목할 만한 여자였던 모양이다. 구르지예프는 그녀를 "도덕道德이 무너져 내릴 때 그녀는 모든 여자의 귀감이 될 수 있을 것"이라고 칭찬을 한 일도 있다. 결혼 전, 한번은 구르지예프와 그녀가 우연히 같은 기차에서 만난 적이 있었다. 목적지는 두 사람이 다 달랐다. 구르지예프는 아시카바드Ashkhabad로 돈을 벌기 위해 가는 중이었다. 3개월 안에 도박으로 12,500루블ruble이라는 어마어마한 돈을 벌겠다는 말에 귀가 솔깃한 그녀는, 구르지예프가 도대체 어떻게 돈을 버는지 구경하기 위해 그와 함께 아시카바드에 머물기로 했을 뿐만 아니라, 그를 옆에서 성심껏 도와주었다. 그곳에서 구르지예프는 도박을 건 돈보다 세 배나 되는 50,000루블을 벌었다. 그는 그 돈으로 몇 년 후에, 서양세계에 자신의 가르침을 펴기 위해, 아시카바드에서 번 돈의 20배나 되는 백만 루블의 거금을 투자하였다.

온 천지가 전쟁터라 그랬는지 도박은 당시 대유행이었는데, 그의 도박 실력은 정평이 날 정도로 유명하였다. 그의 카드 실력은 전문가 수준이었다고 한다. 흑해 지방에 있을 때, 구르지예프는 2014년 동계올림픽이 있었던 소치Sochi의 비밀 육군 정보장교들의 금고였던 시르카시아 장교 클럽Circassian officer's club 도박장에 매일 출근한 일도 있었다.

그는 후일 먼저 타계한 율리아를 평하여 '유일하고 성실한 반려자'였다고 표현하였다. 실제 그녀는 구르지예프 댄스팀의 주역이었으며, 전쟁을 거치고 프랑스에 정착할 때까지 그를 따라다니면서 그의 사업을 도와주었다. 그녀의 소녀 시절은 미스터리로 남아있으나, 후일 그는 율리아는 전생에 여러 번 같이 다녔던 '옛 친구old soul'이었다고 살짝 이야기를 흘린 적이 있다. 그녀는 무슨 일이고 절대로 서두르는 일은 없었으나 일을 당하여서는 결단력 있고 점잖았으며, 강한 의지의 영기가 항상 그 여인을 감싸고 있었다고 한다. 그녀의 용모와 품위 있는 자태, 천년의 세월을 위압하는 듯한 침묵, 유연하고 왕비 같은 우아한 걸음걸이는, 물론 율리아가 귀족 출신의 무희였다고는 하지만 하나의 '신화'로 남아있다.

우아한 걸음걸이에 대해 놓치고 싶지 않은 이야기들이 있다. 마이클 잭슨의 트레이드마크인 문 워크moon walk도 마치 떠다니듯 움직이고 모난 데라고는 없이 하늘거리며 부드러운 걸음걸이였다는 여배우 그레타 가르보Greta Garbo도 그렇다.

여성인 사하자요기니찐다Sahajayoginicinta의 제자이면서 탄트릭Tantric 불교의 창시자 중의 한 명인 빠드마바즈라Padmavajra가 누추한 마을에 살면서 돼지몰이를 하는 구루guru인 아낭가바즈라Anangavajra를 찾아 갔을 때, 거기에 있던 한 여인의 행동에서 감동을 하였다고 한다. 그녀는 모든 일 하나하나에 완전히 집중하였고 진리에의 깊은 침잠이 모든 동작을 통해 빛났다고 한다. 흠잡을 데 없이 우아하고 춤을 추는 듯한 동작이었다는 것이다. 그는 그녀가 걷고 움직이는 것을 보는 것이 어느 불교 철학에 관한 담론을 듣는 것보다 더 심오하다고 느꼈다는 이야기인데 발걸음도 우아하게 만들고 볼 것이다. (미란다 쇼, 『열정적 깨달음』, 조승미 역, 씨아이알, 2017, 359~363쪽)

걷기가 전부인 춤, 인간이 아름답게 걷는 방식을 궁리하는 춤이 탱고Tango라는데, 율리아의 걸음새가 그렇게 예술적이었다면, 아르헨티나와 우루과이에서 고향을 떠난 유럽 이민자들의 애환을 먹고 자란 탱고가 유럽 대륙에 전파된 것은 1906년경, 그리고 1912년의 프랑스 신문과 잡지들의 문화면에는 탱고 춤이나 탱고 음악에 관한 기사로 도배되다시피 했다고는 하나, 율리아가 그 춤을 익혔을 리는 만무하고. 글쎄다. 정수리는 더 위로 발바닥은 더 아래로, 팽팽해진 몸에 옆구리를 끌어올려 골반으로 코어를 단단히 받치고, 가슴과 어깨는 힘을 빼 내리면서 멋지게 걷는 율리아 같은 여성의 걸음걸이를 한번 보고 싶기도 한데 …. 어쨌든 훗날 그녀가 그의 정성스러운 간호와 그의 초능력적인 치료법의 사용에도 불구하고 암으로 명을 달리하였을 때, 그는 며칠간

방문을 닫고 식음을 전폐하여 주위의 걱정을 끼친 적도 있었다.[3]

구르지예프와 역동적인 관계를 맺은 제자들로 우스펜스키, 오라지A. R. Orage, 베넷Bennett 등이 있지만, 오라지는 구르지예프와 흉금을 털어놓고 지냈다. 마치 소크라테스에 대한 플라톤과 같은 완전한 사이였다. 오라지는 1873년 영국 욕셔Yorkshire에서 태어난 유명한 편집자였고, 1900년대 초반 30년간 영국 문학계를 주름잡은 인재였다. 또 그는 파비안회Fabian Society의 지도자였다. 그는 잭슨Holbrook Jackson과 『뉴-에이지The New Age』라는 잡지를 창간하고, 그야말로 우주가 만든 최초의 독설가 버나드 쇼Bernard Shaw, 해학적 수필가 체스터튼G.K. Chesterton, 역사가 웰즈H.G. Wells 등 뛰어난 필진을 이끌었으며, 엘리엇T.S. Eliot으로부터는 "당대의 멋진 비평가finest literary critic of his day"라는 칭송을 들었다. 오라지가 죽었다는 소식을 듣고 구르지예프는 "이런 경우 너희 나라에서는 뭐라고 하느냐? 그의 혼은 천국에 있을 거야! 이 사람은 정말 … 나의 형제였다."라고 말하면서 뺨에 흐르는 눈물을 양쪽 주먹으로 닦았다고 한다.

필자는 가끔 이런 생각을 하곤 한다. 스승과 제자의 관계에서 제자가 도대체 어떤 모습을 보였길래, 스승이 제자를 위해서 두 주먹으로 눈물을 닦으면서까지 울었을까? 그런 사람들은 양쪽 다 행복하기 그지없는 사람들이다. 나도 그런 제자가 될 수 있을까? 정말 '오라지'에게 무한한 질투를 느낀다.

---

3 구르지예프 부인의 임종 등에 대해서 바그완 라즈니쉬는 다른 각도에서 이야기한 적이 있다. 라즈니쉬는 구르지예프의 노력으로 그의 부인이 깨침을 얻은 후 죽었다고 말했다. Rajneesh 『The Transmission of the Lamp』 The Rebel Publishing House, West Germany, First Edition, PP. 128~132.

소태산은 부인 양하운梁夏雲이 사가의 일을 전담하면서 논밭으로 갖은 고역을 하고 다니는 것을 제자들이 보고 죄송히 생각하여 거교적으로 성금을 모아 그 고역을 면하도록 하자는 의논이 돌 때, 그 이야기를 듣고, "그 말도 예에는 그럴듯하나 중지하라. 이만한 큰 회상을 창립하는데 그 사람도 직접 나서서 창립의 큰 인물은 못 될지언정 도리어 대중의 도움을 받아서야 하겠는가. 자력이 없어서 할 수 없는 처지라면 모르거니와 자신의 힘으로 살 수 있다면 그것이 떳떳하고 행복한 생활이다."(『대종경』 실시품 25장)라고 말한 일이 있다.

소태산이 기록상으로 눈물을 비춘 것은 제자인 이동안과 김광선이 타계하였을 때다. 구르지예프와 소태산의 눈물은 비록 외부 상황과 문화적 배경의 차이가 있기는 하지만 우리로서는 흥미 있는 부분이 아닐 수 없다.

상트페테르부르크는 러시아 역사상 유럽화를 선망하면서 첫 계몽군주 노릇을 하였던 표트르 대제가, 18세기 초 유럽의 도시를 본떠 건조한 인공도시다.

구르지예프가 서양 세계로 진입하는 과정에서 러시아를 택한 후, 이 도시에서 그는 후에 훌륭한 협조자의 역할을 한 몇 사람의 잊지 못할 제자들을 만난다.

그 당시 러시아 국내 상황은 완전 중앙집권제의 독재 사회로 식량 배급도 바닥이 나는 등, 도저히 혁명이 일어나지 않고는 어쩔 수 없을 정도였다. 이런 사회적인 분위기 속에서도 '마술사' 구르지예프는 당시 유명한 궁정 음악가로 육군 장교였고 구르지예프 음악의 기초를 마련한 하르트만Thomas de Hartmann과 일류 무대 디자이너이며 세계시민이었던 알렉산더 드 살쯔만Alexandre Gustav Salzmann 그리고 우스펜스키Peter

Ouspensky를 제자로 맞아들인다.

우스펜스키는 구르지예프를 만나기 이전부터 수학자로 또는 저술가로 유럽 지식인 사회에서는 저명한 사람이었다. 우스펜스키는 후에는 모양새가 구겨지기는 하였지만, 처음에는 소태산과 정산, 또는 소크라테스와 플라톤의 관계같이 서로 긴밀한 관계가 되었다. 말하자면 구르지예프는 우스펜스키를 거울 같이 비추어 주고 우스펜스키는 그의 스승을 반사하여 주었다.

볼셰비키 혁명을 피하여 캅카스 지방으로 내려가 있던 구르지예프는, 1917년 6월 모스크바 근방에 있던 13여 명의 제자를 캅카스 산맥의 북쪽 산 중턱에 있는 예센투키Essentuki의 산악지방으로 불러들이고, 그곳에서 6주 동안 밤낮으로 전대미문의 강력한 훈련 기간을 갖는다.

그는 이 훈련에서 자기의 포부와 아이디어 그리고 훈련 방법들과 그것들의 소종래 및 공부의 방향로를 제시하였다. 구르지예프는 이 훈련에서 제자들에 대한 훈련도 훈련이지만, 자기가 구상하고 있는 일련의 공부의 방편들이 미래에 세워질 학교에서의 적용 여부 등을 테스트하는 기간이었다고 볼 수 있다.

깊이 있는 6주의 훈련이 끝난 직후 구르지예프는 갑자기 그 그룹을 해산시켜 버리는데, 훈련에 참여한 제자들은 그의 처사를 도무지 이해할 수 없었다.

소태산도 1914년 대각 후 전라도 영산에서의 방언공사와 혈인기도를 마무리한 후, 1919년 봄에 부안의 변산을 찾았고, 그해 12월에 월명암에 머물다가 전주, 원평 등지에서 온 강증산의 제자들에 의해 실상동에 초당을 짓고 수양하는 한편, 원불교의 교리 강령을 초안한다. 소태산은 대각 후 기존 종교들의 경전을 두루 열람한 후 『금강경』을 보고,

"내가 스승의 지도 없이 도를 얻었으나 발심한 동기로부터 도 얻은 경로를 돌아본다면 과거 부처님의 행적과 말씀에 부합되는 바 많으므로 나의 연원을 부처님에게 정한다."(『대종경』 서품 2장)라고, 불교를 주체로 하겠다는 불법佛法에 대한 선언을 하고 1920년에 교리의 강령을 선포하였다. 그것으로 원불교는 제2막의 무대를 열게 된다.

구르지예프와 소태산의 풍진 세상을 향한 출범 시기는 우연히도 비슷하다.

그다음 해인 1918년 3월 구르지예프는 흑해에 근접하여 있는 투압세Tuapse에서 40여 명을 모아 두 달간 합숙하면서 두 번째 훈련을 했다. 이곳에서는 수피의 데르비시Dervish에서 유래된 리듬과 춤을 소개하였는데, 이 기간에 제자들에게는 참으로 어려운 정신적 과제와 육체적 노동을 부과하였다.

한국에서는 삼일운동이 일어난 1919년 구르지예프는 트빌리시의 오페라 하우스에서 그의 유명한 신성무Sacred Dance 또는 동작Movements을 처음으로 일반에게 공개하였다.

다음 해 그는 터키의 콘스탄티노플(현재의 이스탄불)로 자리를 옮겨 학원을 활성화하고 공개강연을 하며 유럽에 진출할 생각을 하게 된다.

2.
터키에서의 '온전한 인간 개발학교'

제도의 문을 열면서 구르지예프가 각계각층의 사람들로부터 받은 질문의 내용은 다음과 같은 것이었다.

(1) 구도의 과정에서 어떤 선지식을 만나셨습니까?
(2) 동토東土에서 불가사의한 것을 보셨나요?
(3) 영혼이란 있는 것인지, 있다면 영원불멸하는가요?
(4) 인간에게는 자유의지가 있습니까?
(5) 산다는 것은 무엇이며, 도대체 파란고해波瀾苦海는 왜 있나요?
(6) 초자연적인 힘과 정신과학을 믿습니까?
(7) 최면술과 텔레파시는 무엇인가요?

이런 질문들을 통해서 당시의 인심을 엿볼 수 있다.
터키의 수도가 이스탄불('이슬람의 도시'라는 뜻)이라는 이름을 갖게 된 것은 1923년 케말 파샤에 의한 터키 공화국이 성립되면서부터다. 터키는 고대 문명 발생의 젖줄이었던 유프라테스, 티그리스강이 시작되는 곳으로 여러 문화와 다른 건축양식이 어우러져 고대와 현대의 역사가 같이 숨 쉬고 있다.

이스탄불은 정말 파란만장한 역사의 각축장이었다. 누가 당장 나에게 개인적으로 다시 가보고 싶은 곳이 어디냐고 묻는다면, 거침없이 '이스탄불이에요'라고 말하고 싶다. 그곳은 고대와 현대가 동시에 깊은 숨을 쉬고 있는 곳이다.

흑해와 에게해를 실처럼 잇는 물결치는 보스포루스 '해안海岸', 특히 석양이다. 팔짱을 끼고 서서 아시아와 유럽을 한 눈으로 번갈아 보며 인간의 역사를 돌이켜 볼 수 있다는 것은 역사 속에 서 있는 한 인간을 숙연하게 하는 그 무엇인가가 있다.

보스포루스 해협은 수천 년간 애증의 관계를 맺고 동서양의 대륙을 갈라놓으며 흑해와 마르마라해를 연결하고 있다. 이 해협은 길이가 약 31.7km 폭은 700m에서 3,400m까지 된다. 역사를 통해 상거래의 중심이었던 이곳은 오늘날에도 매년 4만여 척의 배들이 통과한다. 낭만적으로 보이는 이 해협의 유속은 시간당 3~4km여서 이곳저곳에서 소용돌이 인다. 그 이유는 흑해와 마르마라해의 염도가 달라 두 바다의 물이 표면과 속에서 각각 다른 방향으로 흐르기 때문이다.

우리가 사는 세계가 믿을만하고 의지할 만 하다면야, 또 하루하루가 즐겁고 평온하다면야 지나간 역사에 관해서 관심이 있을까? 현실의 고통 때문에 지나간 세월을 반추하게 된다.

노벨문학상 수상 작가 오르한 파묵의 자전적 에세이『이스탄불』에서 그는 이스탄불을 상징하는 정서를 '비애'라고 하였다. 오스만 제국의 몰락으로 인한 상실감, 서구에 대한 패배감이 그의 성장기에 터키 사회를 지배했다. 국부 아타튀르크는 탈脫이슬람 세속주의와 서구 지향 정책을 강행했지만, 지방에서는 서구화된 도시 엘리트에 대한 거부감이 쌓였다. 에르도안이 대선에서 승리할 수 있었던 비밀도 그 점이다. 서구에 대한 자존심 회복이라는 민족주의, 토건 중심의 경제 상황에 대한 지방 빈민들의 지지, 그래서 이스탄불은 지금도 슬프다.

그리스 사람 뷔자스가 이 도시를 세웠다고 하여 뷔잔티온('뷔자스의 도시'라는 뜻)이라 불리면서, 후에 로마제국의 자유도시로 발전하고 비잔티움이라고 이름을 바꾼다.

그 후 로마의 콘스탄티누스 황제가 이곳으로 수도를 옮기면서 동로마제국의 수도 콘스탄티노플('콘스탄티누스의 도시'라는 뜻)이 된다. 지금도 터키와는 견원지간인 그리스인들은 결코 이 도시를 이스탄불이라고 부르지 않는다.

구르지예프가 티플리스(Tiflis, 현재의 트빌리시)에서 '온전한 인간 개발학교 The Institute of the Harmonious Development of Man'를 세우고 제자들을 훈련했던 것은 그의 가르침을 세상에 널리 유포하기 위해서였다. 그러나 흑해 연안 지방은 열강의 씨름판이 되어 정치적인 불안 때문에 소기의 목적을 달성할 수가 없었다. 그는 다시 콘스탄티노플에서 학교를 열고 재기의 몸부림을 친다.

이때의 수업내용 등 그 학교의 개요를 일별하여 보자. 이 자료는 영국 육군 정보장교로, 당시 터키에 근무한 일이 있고 후에 구르지예프의 제자가 되어, 어떤 면에서는 후세인들에게 구르지예프의 그 방대한 사상의 길잡이 역할을 한 J. G. Bennett가 제공한 것이다. J. G. Bennett, 『Gurdjieff : Making a New World』 pp. 128~9.

공부 과목들은
(1) 조화롭고 유연한 리듬
(2) 고대 동방의 댄스들

(3) 의료체조Medical Gymnastic
(4) 무언극
(5) 음악

　담당 교사들은 세상에서 이미 일가를 이룬 전문가들로서 구르지예프의 제자들이었다. 구르지예프는 일주일에 두 번 강의하였는데, 종교의 근원적인 처지에서 보는 현대 과학과 예술 또 고대의 과학 의학 심리학의 처지에서 보는 현대과학에 관한 공개 토론은 그 자신이 직접 이끌어갔다.
　그 강연의 목적은, 콘스탄티노플 시민들에게 중앙아시아 여러 나라에 숨어있는 지혜들을 알리는 것이었다.

　강연의 제목들을 열거하면,
1) 투르키스탄Turkistan, 파미르Pamir고원, 티베트, 카파리스탄, 아프가니스탄, 발 루키스탄 등의 여행에서 얻은 지혜.
2) 인도는 정말 기적이 많이 일어나는 나라인가?
3) 인도의 델리Delhi와 아르메니아의 힌두쿠시 그리고 바빌론과 이집트에서의 고고학적 발굴.
4) 영혼은 영원불멸인가? 인간에게 자유의지란 있는가?
5) 옥타브의 법칙The Law of Octave.
6) 현대과학의 치명적인 결함은 무엇인가?
7) 최면술이란 무엇인가?
8) 사람을 끄는 힘Magnetism, 주정주의Emotionalism, 신비주의.
9) 이슬람 종교의 고행주의, 이슬람의 데르비시Dervishism, 요가.
10) 숫자와 상징과 도형의 과학.
11) 현대인이란 무엇인가?

12) 고대 신비 예술.
13) 독약이나 독물에 관한 과학.
14) 마술.
15) 종교들이 그 근본은 하나라는 증거.
16) 다양한 종교 축제나 제례의 설명과 시범 그리고 이슬람 탁발승, 강신술사, 예언자, 점성술사들의 요술.

이와 같은 강연들은 청중의 성분에 따라 러시아어, 그리스어, 터키어 혹은 아르메니아어로 진행되었다. 그러나 몇 달이 못 가서 점차적인 청중의 무관심으로 인하여 그 학교는 문을 닫고, 구르지예프는 콘스탄티노플에서 몇 마일 떨어진 프링키포 섬에서 쉬게 된다.

그럴 즈음, 제자인 알렉산더 쌀쯔만을 통하여, 세계적인 무대 장치 및 조명기술의 권위자로 제네바에서 활동 중이던 에밀 쟈크 달크로즈Emile Jacques Dalcroze의 초청을 받고, 독일을 향하여 핵심 제자들과 함께 기차로 콘스탄티노플을 떠난다.

달크로즈는 무용가인 진 쌀쯔만Jeanne Salzman의 도움으로, 음악의 리듬에 맞추어 신체적인 자기표현을 통해 육체적 결함을 극복 내지 치료하는 리듬 교육법인 유리드믹스Eurythmics를 만들었다. 그런데 쌀쯔만 내외는 뒷날 구르지예프의 오른팔 역할을 하였는데, 특히 부인 진 쌀쯔만은 구르지예프 후계자의 물망에까지 올랐다.

1921년 11월 24일 구르지예프는 베를린이라는 낯선 유럽 무대에서 취임 연설을 하게 된다. 독일에 정착하려던 그는 그곳이 러시아나 터키와 마찬가지로 사회정세가 폭발 일보 직전이라는 것을 감지하고는 독일에서의 학교 설립의 생각을 접는다.

다음 해 2월 런던을 방문하면서, 당시 영국 최고 지성의 한 사람으로서 잡지 편집자였고 후일 그의 상수 제자의 한 사람이 된 오라지A.R.Orage를 만난다. 런던에서의 첫 강의는 워윅 가든에 있는 신지학회 강당에서 행하여졌는데, 60여 명 정도 청중의 대부분은 사회적으로 명망과 재력을 겸비한 사람들이었다. 그 법석法席에서는 한때 구르지예프의 제자였던 우스펜스키의 문하생들이 많이 참석하였었는데, 모두 대스승 구르지예프의 임석에 돌처럼 굳어져 버렸다.

구르지예프의 법설은 항상 군더더기 없이 정곡을 찌르는데, 그는 통역을 통하여 다음과 같은 이야기를 하였다.

"우리가 보통 자기 자신을 이야기할 때, '나는' 또 '나는 이런저런 것을 하였다'던가, 또는 '나는 이것을 하고 싶다'라고 '나'라고 표현을 하는데 이것은 잘못입니다. '나'라는 구체적인 한 사람이 있다고 하기보다는 우리 자신에게는 몇백 또는 수천의 작은 '내'가 있는 것입니다. 우리는 외부 환경들에 의하여 절대적으로 영향을 받고 있답니다. 모든 우리들의 행동들은 바깥 경계라는 압력에 저항하는 방식으로 행동을 하게 되는 것이지요."

항상 분주한 우리의 뇌 활동이 가장 열심히 일하는 부분은 타인을 이해하려고 노력하는 일이라 한다. 다른 사람들을 관찰하고 공감하며 예측도 하고 또 그들과 소통하는 일 때문에 뇌가 발달해 왔다. 마치 거울 속에 비친 거울과 같은 작용을 하면서. 그래서 우리의 뇌 속에는 또 수없이 많은 다른 사람들의 뇌가 존재한다는 것이다. (장동선 『뇌 속에 또 다른 뇌가 있다』)

구르지예프의 말대로, 현대 뇌 과학자들이 읽어냈듯이, 우리의 뇌

속에는 '나'라는 존재만이 있는 것이 아니고 수많은 또 다른 뇌가 같이 살고 있다는 것이다. '나'라고 불리는 개인은 하나인 것 같지만, 다른 사람들이 보는 나는 저마다 제각기 다른 '나'로 기억하고 있다. 그렇게 발달해온 뇌는 과연 혼자 있다고 행복해질까? 아니다. 같이 호흡하고 같은 솥의 밥을 먹으며, 규모가 크든 작든 공동생활을 하고 있을 때야 만이 정말 행복한 것이다. 혼밥을 먹고 혼술을 마신다고 혼자 있는 것이 아니다. 동포들이 음양으로 도와주었기 때문에 혼밥이라도 구경할 수 있는 것이다. 우리의 뇌는 사회적인 뇌 즉 공동체 생활을 하면서 진화되어 왔다. 우리의 뇌는 사회라는 공동생활을 하기 위해 만들어진 뇌이고 그렇기 때문에 서로 회화하고 소통하고 공감함으로써 존재감과 행복함을 느끼는 것이다. 상대로부터 오해받을 때가 제일 괴롭고 인정받을 때가 가장 기쁘듯이, 우리의 뇌도 다른 뇌들로부터 가치를 인정받고 싶기 때문에 뇌 속에 또 다른 뇌가 있고 '나' 속에 또 다른 수백 수천의 '나'가 있는 것이다.

인정받고 싶어 하는 인정 욕망보다는 상대방을 이해해 주려는 이해 욕구가 앞서야 하는데, 어디 그것이 그리 쉬운가. "인생에 있어서 최고의 행복은 우리가 사랑받고 있다는 확신이다."(빅토르 위고) 어떤 개인이나 진리나 또는 신 같은 절대자로부터 인정을 갈망한다는 것은 심리학적으로 거지 상태다. 타인의 인정에 연연하지 않을 때이어야만 주인의 삶이 가능하다. 그래서 '천상천하유아독존天上天下唯我獨尊'이라 했다. 어쨌든 우리의 뇌는 타인 지향적으로 진화되어 왔으니 초보자로서는 당분간 어쩔 수 없다.

구르지예프는, 그와 그의 학교를 영국으로 유치하려는 영향력 있는 제자들의 증인 출두 등 비자 청원이 간절하였음에도 불구하고, 티베트 체류 당시 제정 러시아의 스파이로 의심받았던 전력 등으로 인하여 영국 정부로부터 체류 비자를 거부당한다.

그는 언젠가 이런 이야기를 한 일이 있다.

"영국인은 속으로 뽐내고 있지만 불쌍한 사람들이지. 자기들은 세계에서 제일 품질 좋은 버터나 고기를 생산하지만 전부 수출하여 버리고는, 마가린이나 오스트레일리아에서 가져온 냉동 양고기만 먹고 있지. 영국인들은 양 떼이고 러시아인들은 까마귀 떼이며 미국인들은 당나귀들이야."

3.
마지막 본부는 프랑스로

터키를 떠난 구르지예프와 그의 그룹이 루마니아와 헝가리를 거쳐 베를린의 교외에 소재한 집을 임대하였을 때는, 독일의 화폐가치가 완전히 곤두박질치고 그에 따른 인플레이션으로 인하여 모두가 심한 경제적인 고통을 겪고 있었다.

외환을 휴대하고 들어온 사람은 졸부가 되어 휘파람을 불고 다닐 수 있었으므로, 구르지예프는 독일 전역에서 학원의 건물을 자유스럽게 물색할 수 있었다. 그때 유드리믹스Eurythmics의 창시자인 달크로즈J,Dalcroze의 학원은 통화팽창으로 인하여 존폐의 위기에 있었기 때문에 구르지예프는 당장이라도 그 학원을 인수할 수가 있었다.

그런데 한 때 그의 제자였던 우스펜스키의 강의가 영국의 부유층에게 대대적인 환영을 받고 있다는 소식을 듣고 생각을 달리하게 되었다.

여권 문제로 인하여 영국 체류가 불가능하게 된 구르지예프의 말을 들어보자.

"이번 여행을 통해서 관찰한 결과, 학교 설립의 최적지는 독일도 아니요 영국도 아닌 프랑스라고 확고한 결론을 내렸다. 프랑스는 지리적으로 독일보다는 중앙이라고 할 수는 없지만, 정치적으로나 경제적으로 단단한 것 같고, 거기다 파리라는 곳은 세계의 수도인 것 같기도 하고 또 지구상의 모든 종족과 여러 나라의 교차로 같은 인상을 받았다."

체류 거부로 영국에서의 학교 건립이 무산된 그는, 부유한 영국 제자들의 힘을 입어 1922년 10월 그의 생애의 마지막 근거지가 된, 파리에서 동남쪽으로 60km 정도의 거리에 있는, 폰텐블러-아봉Fontainebleau-Avon에 위치한 프리우레이의 성城 The Chateau du Prieure을 선택 매매권option으로 사는 조건으로 1년간 임대하였는데 나중에는 그것을 매입할 수 있었다. 그 집의 리스 계약이 끝난 다음 날 구르지예프는 50여 명의 제자들을 데리고 그 집으로 이사를 하였다.

그 집은 지난날 루이 14세의 두 번째 부인의 집이었는데, 예전에는 수도원으로도 사용된 적이 있었다. 40에이커의 부지에 여러 종류의 나무로 이루어진 숲속에 잠겨있는 석조 건물과 돌로 된 높은 장옥 및 큰 철문 또 분수 등으로 잘 정돈된 저택으로 60여 명이 여유 있게 지낼 수 있는 공간이었다.

그런데 프랑스로의 이주에는 여러 어려운 점이 많았지만, 경제적인 곤란 말고도 언어 소통이 그를 괴롭혔다. 유럽 언어에 낯선 그는 독일에서도 그랬지만, 프랑스에서는 그 말을 배울 시간조차 없어서 더 난처함을 겪었다.

비즈니스를 경영하면서 통역인을 늘 옆에 데리고 다니는 것도 문제였지만, 설사 좋은 통역인이 있다 하더라도 거래를 하는데 통역이 걸리는 시간이나 감정의 표현 전달의 미숙 등이 거래의 분위기를 원만하게 만들 수 없었기 때문이었다.

그리고 프랑스에서의 학교생활은 제자들 사이에도 터키 계통의 제자, 아르메니아인, 러시아인, 영국인 등 언어와 문화적 배경 등이 제각기 다른 사람들이 모였기 때문에, 학교에 온 목적은 같았으나 불협화음이 생기게 마련이었다. 사랑한다는 핑계를 대면서 둘이 산다는 것도 그리 쉬운 일은 아니다. 그런데 인종이나 국적 등 언어와 문화가 서로 다르고 성향들이 각양각색인 사람들이, 아무리 지향점이 같고 같은 스승을 모시고 있다 하더라도 서로 존중하며 함께 사는 일이 그리 녹록할 리 없다.

소태산도 제자들 모두가 한결같이 같은 문화 같은 언어를 사용하는 제자들인데도 불구하고 걱정을 하며 다음과 같은 이야기를 한 일이 있다.

"이 세상 모든 사람을 접응하여 보면 대개 그 특성이 각각 다르나니, 특성이라 하는 것은 이 세상 허다한 법 가운데 자기가 특별히 이해하는 법이라든지, 오랫동안 견문에 익힌 것이라든지, 혹은 자기의 의견으로 세워놓은 법에 대한 특별한 관념이라든지, 또는 각각 선천적으로 가지고 있는 특별한 습성 등을 이르는 것이라, 사람사람이 각각 자기의 성질만 내세우고 저 사람의 특성을 이해하지 못하면 다정한 동지 사이에도 촉觸이 되고 충돌이 생기기 쉽나니, 어찌하여 그런가 하면, 사람사람이 그 익히고 아는 바가 달라서, 나의 아는 바를 저 사람이 혹 모르거나, 지방의 풍속이 다르거나, 신·구의 지견이 같지 아니하거나, 또는 무엇으로든지 전생과 차생에 익힌바 좋아하고 싫어하는 성질이 다르고 보면, 나의 아는 바로써 저 사람의 아는 바를 부인하거나 무시하며, 심하면 미운 마음마저 내게 되나니, 이는 그 특성을 너른 견지에서 서로 이해하지 못하는 까닭이니라."(『대종경』 교단품 4장)

"사람이나 물건이나 서로 멀리 나뉘어 있을 때는 무슨 소리가 없는 것이나, 점점 가까워져서 서로 대질리는 곳에는 반드시 소리가 나나니, 쇠가 대질리면 쇳소리가 나고, 돌이 대질리면 돌 소리가 나는 것 같이, … 그대들도 당초부터 아무 관계 없는 사이라면 모르겠지만, 이왕 서로 만나서 일을 같이하는지라 하여간 소리는 나고야 말 터이니, 아무쪼록 나쁜 소리는 나지 아니하고 좋은 소리만 길이 나게 하라. 만일 좋은 소리가 끊임없이 나온다면, 이것이 그대들의 다행한 일일 뿐 아니라 널리 세계의 경사가 되리라."(『대종경』 교단품 5장)

"포스트휴먼 시대를 앞두고 로봇보다 더 강한 팔다리를 가진 인간, 여느 인공지능보다 월등한 지력을 갖춘 인간, 현생 자연인보다 10배나 더 장수하는(아니, 영생하는) 인간이 되기를 소망하는 이가 다수 있을 것이다. 그런데 과연 참다운 인간의 모습은 팔뚝 힘이 세고, 지능이 뛰어나며, 오래오래 사는 인간에서 드러날까? 달리기는 자동차에, 나르기는 비행기에, 계산하기는 인공지능에, 산업노동은 로봇에게 맡기고서도 인간에게는 훨씬 중요한 일이 남아 있으니, 자신을 인간으로 교양하고, 주변 기계들을 조종하고 조율하는 일이 바로 그것이다. 그래서 인간은 무엇보다도 균형 잡힌 통찰력, 곧 온화한 지성을 배양해야 한다. 이러한 지성intellectus은 기민한 지능과는 달리 냉철한 머리와 따뜻한 가슴의 화합에서 온다."[4]

---

4 백종현, 「포스트휴먼 사회와 휴머니즘의 원칙」, 『기독교사상』 2018년 4월호, 39쪽.

타인들과 함께 지낸다는 것은 끝없는 자기 수련을 요구한다. 어느 공동체 생활에서도 몇십 년씩 지낸 사람들에게 제일 어려운 점이 무엇이냐고 물어보면, 하나같이 인간관계라는 대답이 나온다. 기적이란 백지장에 혈인을 보이고(원불교 법인절) 맹물로 포도주를 만드는 일 만이 아니다. 자기모순을 가진 사람들이 같은 장소에서 함께 살아간다는 것이야말로 정말 기적이다. 공동체에서는 '뉴욕이 캐나다의 수도'라고 말하는 사람이 있어도 틀렸다고 이야기하면 안 된다. 내 생각은 다르다고만 말해야 한다. 그곳은 백과사전식 지식을 자랑하고 어떤 문제에 대해 논쟁하는 곳이 아니기 때문이다. 옳고 그름을 상대방에게 반응하지 않고 냉각 기간을 거쳐 자기의 느낌을 말하여야만 한다. 갈등의 대부분은 자기가 상대에 대해서 잘 알지 못하기 때문에 일어난다. 그래서 부부생활이라는 '상시훈련(常時訓練, 원불교 훈련법의 하나)'은 귀중한 체험인 것이다.

> 긴 상이 있다
> 한 아름에 잡히지 않아 같이 들어야 한다
> 좁은 문이 나타나면
> 한 사람은 등을 앞으로 하고 걸어야 한다
> 뒤로 걷는 사람은 앞으로 걷는 사람을 읽으며
> 걸음을 옮겨야 한다
> 잠시 허리를 펴거나 굽힐 때
> 서로 높이를 조절해야 한다
> 다 온 것 같다고
> 먼저 탕하고 상을 내려놓아서는 안 된다
> 걸음의 속도를 맞추어야 한다
> 한 발
> 또 한 발

결혼식 주례사로 애용하는 함민복의 시 '부부'다. 둘이 되었든 셋이 되었든 공동생활은 말이 쉽지 이상도 아니고 환상은 더더군다나 아닌 현실이다. 고기나 생선만 해도 좋아하는 사람과 싫어하는 사람이 있기 마련인데, 그래서 부부를 도반정려道伴情侶라 부른다. 함께 삶의 가치를 추구해 나가는 정으로 뭉쳐진 사이라는 뜻이다. 도를 닦는 도반이면서 밥도 같이 먹는다는 것이다.

스승은 한 사람이지만 학교는 전문가들이 모여 사는 곳이 아니라, 모여서 배우고 익히는 곳이다. 보통 사람들이 모이는 곳이 아니라, 어찌 보면 더 부족할 수도 있는 사람들이 모여서 자타의 국한을 틔우고 사랑을 배우는 곳이다. 그래서 가톨릭에서도 그 생활이 얼마나 어려웠으면 '수도원은 사랑의 학교'라고 했을까? 공동체는 인간적인 성숙의 과정이 죽을 때까지 계속되는 사랑을 가르치고 배우는 학교다.

문화와 언어와 지식의 수준이 천양지판인 사람들이 모였으니 구르지예프의 프랑스 학교의 운영은 얼마나 어려웠을까? 집에서 기르는 가축들도 소, 말, 돼지, 닭, 개, 양 등 수도 많다. 공동체에도 소 같은 사람 고양이 같은 사람 여러 가지다. 그 비위들을 대강이라도 맞추어 주어야 한다. 소나 말은 예로부터 함께 살아온 고마운 동물들이다. 소는 살아서는 뼛골이 빠지도록 일을 하고 핑계 한번 없이 산다. 아시아 초원에서 소똥은 추운 밤을 덥히고 음식을 조리하는 귀중한 연료다. 연기도 그을음도 없이 은근히 타는 소똥은 꼭 자기 어미인 소의 심성을 닮았다. 죽어서도 머리끝에서 발끝까지 인간에게 모조리 가진 것을 다 바친다. 오죽했으면 춘원 이광수가 1925년 1월 을축년을 맞이하여 '조선문단'에 '우덕송牛德頌'이라는 수필을 지어, 이런 성인 같은 동물을 먹는 인간들에게 저주를 퍼부었을까.

춘원은 소가 가진 덕성을 소의 울음소리, 파리를 쫓으면서 휘두르는 꼬리 짓, 외양간에서의 느긋한 새김질, 걸음걸이, 한가로운 낮잠, 짐을 지고 가는 모양, 밭갈이, 그리고 도살되어 피와 살을 인간에게 모두 바치는 소의 운명을 이야기하는데, "소는 인욕의 아름다움을 안다. '일곱 번씩 일흔 번 용서하기'와 '원수를 사랑하며' 나를 미워하는 자를 위하여 기도할 줄 안다고, 신성에 근접한 동물로 칭송하였다. 그 수필 말미에 "소! 소는 동물 중에 인도주의자이다. 동물 중에 부처요 성자다."라고 눈물을 흘린다. 소는 힘이 좋아 사람의 일을 도왔다. 짐 나르기와 밭 갈기는, 소나 말보다 더 좋은 것이 없지만 그들을 부리는 방법은 달랐다. 소는 뒤에서 몰아야 잘 나갔고, 말은 앞에서 끌어야 잘 갔다. 일을 시키는데도 그 방법이 달랐다. 그러니 사람을 교육하는데도 차이가 없을 수 없다. 아이들을 기를 때도 필요할 때 뒤에서 밀어주기만 해도 스스로 잘 알아서 하는 아이가 있고, 소극적인 성격의 아이는 앞에서 다독다독 이끌어주고 칭찬하면서 끌고 가야 한다. 밀어야 할 것인지 끌어야 할 것인지는 구르지예프나 소태산 두 분 다 이 분야의 전문가들이다.

소태산은 "집을 짓는데 큰 집과 작은 집을 다 같이 착수는 하였으나, 한 달에 끝날 집이 있고, 혹은 일 년 혹은 수년을 걸려야 끝날 집도 있다."(『대종경』 성리품 22장)고 하였고, "토질이 나쁘고 잡초가 많은 밭에는 사람의 손이 자주 가야지만 곡식을 거둘 수 있으나, 그렇지 아니한 밭에는 큰 수고를 들이지 아니하여도 수확을 얻기가 어렵지 아니한 것 같이, 사람도 자주 불러서 타일러야 할 사람도 있고, 몇 번 타이르지 아니하여도 좋을 사람이 있다."(『대종경』 교단품 21장)라고도 하였다.

소태산은 키가 180㎝ 정도요, 몸무게는 110㎏ 내외의 건강한 체격이었는데, 제자들에게 마음 쓰는 면은 여성스러운 데가 있었다. 친견한 제자들의 이야기도 표정은 언제나 엄한 듯하면서도 인자함이 넘쳐흘렀다고 한다. 여성 제자들에 대한 사랑을 보자.

어느 해 겨울 조전권이 개울에서 빨래하고 언 손을 호호 불며 돌아왔다. 소태산은 조전권을 위로했다. "오늘같이 추운 날, 방 안에 있어도 몸이 떨리는데, 밖에서 얼마나 추웠겠냐. 전권에게 약간의 죄업이 있다 할지라도 추운 날 대중의 빨래를 한 공덕으로 다 탕감되었을 것이다."

하나 더,

오종태, 조일관 등이 학비를 장만하기 위해 고무 공장에 갔다가 늦게 돌아오면 소태산은 마당에 서서 기다렸다. 시간이 되어도 돌아오지 않으면 제자들을 시켜 마중을 보냈다. 공장에서 돌아오는 것을 보고 나서야 안심하고 잠자리에 들었다 한다. 소태산은 여성 제자들뿐만 아니라 당시 천하고 별 볼 일 없었던 민초들을 살려내었다. 그가 출생한 영광군 백수면 길룡리에서는 처녀가 쌀 한 말 못 먹고 시집간다는 이야기가 있었다. 소태산은 논 한 마지기 없는 동네에서 버려진 개펄을 간척하여 옥답으로 만들었고, 병약하고 무식한 사람들을 최초의 표준제자로 선발하여 품에 안았다. 심지어는 이화여대 전신인 이화여전의 교장이며, 미국서 박사까지 받고 온 한국 최고의 여성 지도자였던 김활란을 두고, '한쪽 눈 팩 돌고 한쪽 볼때기 쏙 들어간' 당신의 여자 제자와 바꾸지 않겠다고 하였다.

밭에서 김매다 방귀 뀌는 제자를 보고 "거름이 되겠다"며 기운을 북돋웠고, 복중에 비 오듯 땀 흘리며 일하는 제자들을 보고는, "올해 여름은 가뭄을 안 타겠다."라고 덕담도 하였다. 당시는 남녀차별이 극심하였는데, 하천하게 여기는 여 제자들을 교단의 여성 지도자로 양성하였다. 선진포 술집의 창녀들이 영광의 영산교당 법회에 참석하자, 제자들이 "이 청정한 법당에 저런 사람들이 내왕하면 남들이 빈정거리고 웃을 뿐 아니라 우리 회상 발전에도 장애가 됩니다."라고 꺼리자, "어찌 그런 쓰잘데 없는 소리를 하는가. 부처님의 본의는 사람을 살려 쓰는 것이다."(『대종경』 실시품 7장)라고 하며 응접하는 모든 것을 하나라도 버림 없이 살려서 썼다.

구르지예프가 비록 프랑스에서, 1948년을 마지막으로 미국을 9번 왕래하면서, 신대륙에서의 학교 건립의 미련을 버리지는 못하였지만, 프리우레이는 결국 구르지예프의 본부가 되고 말았다.

그 마지막 남은 구르지예프의 기념비적이요, 또 그의 포부와 경륜의 흔적이 얼룩져있는 건물이, 콘도로 용도 변경되어 주택시장에 광고 나온 사진을 2003년 10월 '텔로스Telos'라는 구르지예프에 관한 월간 잡지에서 본 일이 있는데, 맘몬Mammon의 신은 역시 위대한 것, 그 앞에 대적할 자가 없다.

왜냐하면, 말년의 구르지예프는 그 집을 유지하기 위하여 파리의 몽마르트르에 있는 두 개의 레스토랑과 석유 사업에 손을 대기도 하였고, 마약과 알코올 중독자들을 위한 치료소도 경영하였으며, 미국을 방문하면서는 유지자금을 모으는 등 경제적으로 노심초사한 적이 한두 번이 아니었기 때문이다. 1932년 5월 그는 결국 자금 부족으로 인하여 학교의 문을 닫고, 다음 해 더 이상 저당권 지급Mortgage payment을 할 수 없게 되므로 그 건물을 완전히 잃어버리게 되고, 집기와 가재도구는 경매에 부쳐지고 말았다. 그 뒤 구르지예프는 독일 점령하의 파리의 한 아파트에 거주하면서, 새로운 팀들 그리고 독립하여 나간 여러 그룹들을 계속 지도하였다.

여기서 잠깐 중요한 이야기 하나를 거론하여 보자.

부처님들께서도 당신들의 회상을 지리적으로 어느 곳에 세우느냐에 따라 그 법등의 화력과 빛깔도 달라질 수가 있다는 것이다.

젊은 시절 필자는 나름대로 많은 '질문'이 있었다. 그것들은 나의 전생으로부터 계속 짊어진 궁금증일 수도 있었고, 아니면 태어나서 교육적 환경으로 생겨난 의문들일 수도 있었다. 오랫동안 인생의 병처病處를 응시하기에 지친 나머지, 나는 실존적 궁지로부터 역전하기로 하고 존재의 기쁨과 그에 따르는 자유를 향유하기로 마음먹었다. 그러면서 원불교를 실습하는 동안 또 다른 내용의 갈증이 생겼다. 그것은 결코 교과서들을 천착함으로써 얻을 수 있는 종류의 것이 아니요, 시대와 환경의 제약으로 인한 소태산이 '차마 하지 못한 말씀'을 찾아가는 일이었다. 그 후 여건이 허락하는 대로 낯선 골목들을 누비면서, '다른 색깔의 옷'을 입고 앉아있는 부처님들을 뵈었다. 그런데 조명을 받고 있던 그분들의 사자후나 금구 설법도 설법이었지만, 그런 말씀의 내용보다는 살아있는 부처님들의 회상의 흥망성쇠에서, 그 내놓으신 메시지와 그 조직의 구성 요원들이 어떻게 시대와 불화를 일으키면서 삐걱거리고 전개되어 가는 것을 지켜보는 것이 더 깊은 관심사였다. 나는 초라한 모습으로 법석에 참석하면서도, 어떤 때는 몰두하는 사람으로 어떤 때는 방관자로서, 그분들이 연꽃을 손에 들고 진토를 지나가시는 모습을 눈여겨보면서 씁쓸한 가슴을 달래곤 하였다.

물론 구르지예프는 친견을 못 하였을망정 그런 분 중의 한 분이시다. 그와 같이 야성의 에너지가 넘치면서 강렬한 카리스마를 가졌던 부처도 역사상 흔하지 않다. 구르지예프라는 수피Sufi 마스터는 중생의 흔한 잣대로 잴 수 있는 사람이 아니다. 어쩌면 푸른 행성 지구로서는 상당히 낯선 인물로 다른 행성에서 온 사신일 수도 있다. 그가 전대미문의 지혜와 역량을 가지고 있었음에도 불구하고 그 포부와 역량을 푸는 마당에서는, 주장자를 휘두른 시대가 인류사적으로도 가공할 전쟁들의 시대였기는 하지만, 그리 성공하였다고 말하기는 좀 어려운 면이 없지 않다. 그 이유 중의 하나가 프랑스에 기지를 가졌다고 생각해 보는 것이다. 이런 생각은 궁여지책의 변명일 수도 있다.

미국에서 권력자들과의 불화로 비자 문제를 핑계로 축출을 당하면서 세계를 주유하다가 1985년 8월 2일 네덜란드의 암스테르담에 체류 중이던 바그완 라즈니쉬는 한 신문기자와의 인터뷰에서 네덜란드인과 독일인 그리고 프랑스 사람들의 성격을 비교한 일이 있다.

"각 나라는 다 저마다 다른 선에서 다른 방식으로 성장하고 각각 독특한 에너지를 축적합니다. 구르지예프가 실패하고 인류사회에 봉사할 수 없었던 이유 중의 하나는 그가 그의 총본부를 프랑스로 선택하였다는 것입니다. 독일이 훨씬 더 의미가 있었을 것이고 네덜란드가 더 나았겠지만, 프랑스는 아닙니다. 프랑스인들은 주색에 빠져있어서 지평선 너머의 어떤 것에 대한 열망이 없습니다. 그 사람들의 시야는 제한되어 있고 매우 폐쇄되어 있지요. 왜냐하면 프랑스인들은 자기 본위의 사람들이거든요. 그 사람들은 자기네가 세계에서 가장 잘난 나라라고 생각하지요.
자기네 언어가 제일 우수하고 철학과 그림들이 최고라고 하지만, 이런 것들은 에고$_{ego}$를 치장하여 줄 뿐이고, 이런 이기주의적 발상에 싸이면 싸일수록 변화라는 것은 점점 어려워질 뿐이지요."[5]

---

5   Rajneesh, 『The Last Testament』 p.668.

소태산은 전라남도 영광군 백수면 길룡리라는 궁벽 산촌에서 대각을 이룬 후, 영산시대 4년(1916~19)과 부안 변산반도에 건립한 봉래정사 蓬萊精舍에서 5년간 주석하다가(1919~24), 1924년 6월 1일에 익산시 마동에 있는 보광사普光寺라는 작은 절을 잠시 빌려 불법연구회(원불교의 전신) 창립총회를 개최하면서 익산 시대를 개막한다.

그 후 제자들과 함께 부근을 답사한 후 북일면 신용리에 총부 기지를 정했다. 기지 건설은 당시 불법연구회 회장이었던 제자 서중안이 3천여 평의 임야를 구매 희사하고 건축비 일부를 담당할 수 있었기 때문이었다. 당시 이곳은 인가가 드물고 행인도 별로 없는 야산 지대였다. 원불교의 전신인『불법연구회 창건사』에는 익산 시대의 개막 광경이 다음과 같이 묘사되어 있다.

"본회 창설 장소를 모색하기 위해 호상 논의하더니 (소태산)대종사께서 말씀하여 가라사대 '익산군 이리 부근은 토지도 광활하고 또는 교통이 편리하여 무산자無産者의 생활이며, 각처 회원의 내왕이 편리할 듯하니 그곳으로 정함이 어떠하냐'고 물으심에 발기인 일동은 그 말씀에 복종하였다. … 4월 29일(음력)에 예정지인 보광사에서 창립총회를 개최하니 …."

소태산이 원불교의 터전을 익산으로 정하고자 한 네 가지 이유가 밝혀져 있다. 1876년 일본은 조일수호조규朝日修好條規라는 속칭 강화도 조약을 체결한 후, 정치 군사적 힘을 배경으로 조선의 국권을 차례차례 갈취함으로써 식민 지배를 다진다. 경제적 지배는 농업자본을 중심으로 곡창지대인 전라도를 중심으로 전개되었다. 군산郡山 지방으로 들어온 일본인들은 자기네들의 토지 취득을 합법화시켰다. 즉 원불교가 창립하였던 전북 익산은 정치 군사적 지배를 수단으로 삼은 경제적 지배라는 일제의 식민 정책이 가장 첨예하게 관철되고 있던 중심지였다. 즉 일제의 식민지 농업 자본에 의한 한국농업과 농민에 대한 수탈收奪이 철저하게 자행되던 역사적 현장이었다.(박윤철 교무) 그 어려운 현장에서 미래를 내다볼 수 있는 당대의 예언자인 소태산은 과연 어떤 그림을 그리고 있었을까?

기지 건설을 마친 후 소태산과 제자들은 만석평의 토지를 빌려 농사짓기와 엿장수 등으로 곤궁하게 생활비를 벌고, 또 밤에 공부하는 주경야독의 공동생활을 시작하였다. 그사이 소태산의 심정을 엿보자. 원기 26년(1941) 익산 총부에서 전국 교리 강연대회가 열렸다. 연례행사였다. 각 교당과 기관에서 대표들이 참석하여 실력을 겨루는 큰 행사에 영산 대표로 17세의 전이창이라는 여자가 가게 되었다. 이창은 이 대회에 나가기 위해 '생사 대사'에 대한 원고를 준비했다. 영산지부장인 정산 송규가 손을 보아 원고를 고쳐주었고, 단상에 올라가서 실지로 할 때 강조할 점과 태도 음성까지 자세하게 지도하였다. 이창은 제일 연소자로 참가하여 총부 대중과 지방 교당에서 온 대표들이 모인 자리에서 연습한 대로 강연을 했다. "세상에 살 때는 인간대사가 결혼해서 가정을 이루고 사는 것인 줄로 알았습니다. 그러나 그보다도 더 큰 생사 대사가 있다는 사실을 알게 해 주신 분은 대종사(소태산을 지칭)입니다. 그러니 대종사님의 은혜가 한량없습니다. 영생을 통해 이 은혜에 보답하겠습니다." 이렇게 강연의 결론을 내리고 소태산에게 큰절을 올렸다. 강연이 끝난 후 소태산의 강평이 있었다. "내가 처음에 나를 잘 아는 제자들 또는 나보다 나이가 많은 제자들과 우리 회상을 창립하기로 할 때, 스승인 내 앞에서도 발을 개고 앉거나 담뱃대를 무는 저 사람들에게 어떻게 해야 내 법이 잘 건넬 것인가, 또는 언제나 제자다운 제자를 만들 수 있을까 했는데 오늘 저 조그마한 아이의 입에서 생사대사의 진리를 듣게 되니 감회가 새롭다." 하며 특등이라 매겨진 성적을 방 붙이라 하였다. 그 후 8·15광복과 더불어 '유일학림唯一學林'이라는 고등교육 기관을 설립하였는데, 유일학림은 현재의 원광대학교의 전신이 되었다.

공식명칭인 '원불교 중앙총부'는 원불교의 행정과 교당 및 기관들의 업무를 관장하는 총본부다. 그런데 언제부터인가 교정원이 수도권에 있지 않기 때문에 불이익을 당한다 하여 서울에 진출하려는 움직임이 있는 모양이다.

소태산의 출생과 대각지인 영광으로부터 익산 진출은 그 당시로써는 대견스러운 일이었을지 모른다. 그러나 한갓 지리적인 변신의 모양새로 수도권으로 옮겨야만 교화 교육 자선의 행정이 원만해진다고 할 수 있을까? 교화니 선교니 포교라는 공격적인 말들은, '주세불主世佛'이니 '주세성자主世聖者'니 하는 말처럼 용도 폐기하여야 할 계몽주의 시대의 단어들이다. 급변한 사회 환경 속에서의 종교 환경 또한 변하였다. 어느 한 특정 종교가 그 시대의 주류라고 하는 시대는 끝났고 또 앞으로도 오지 않을 것이다. 교화나 선교는 '갑'이 '을'을 바꿔놓고야 말겠다는 건방진 의지가 내포되어 있기 때문이다. 이제는 종교의 사회적 역할이 달라졌다. 어떤 종교를 신봉한다 하더라도 '기독교적 불교도' 또는 '불교도적 가톨릭교도' 뭐 이런 다층 의미의 사람들이 자유롭게 왕래하는 시대가 되었다.

어떻게 보면 시스템system으로서의 종교는 임종의 단말마를 하고 있다. 대니얼 데닛Daniel C. Dennett의 예언대로 우리의 손자 세대에는 바티칸 시티는 유럽의 로마가톨릭 박물관이 되고, 메카는 디즈니의 알라 미술 왕국이 될지도 모른다.

컴퓨터 몇 대만 있으면 사무실을 차릴 수 있는 요즘, 더구나 한국 내의 물리적인 거리가 전국이 일일 권으로 축소된 오늘날, '촌사람'이 서울에 갔다고 금방 '서울 사람'이 되는 것은 아니다. 시골과 도시는 지리적인 구분이 아니라 심리적인 상황이다.

어깨에 얹혀있는 머리라는 시계가 시대에 따라 제대로 작동하느냐에 따라 '시골 사람'과 '도시 사람'의 구분 아닌 구분이 생기게 되는 것이고, 이제는 이런 촌스러운 구분조차 민망스럽기까지 하다. 필자로서는 어디로 옮기고 말고 하는 일련의 이런 희극들은 '촌사람들의 조크joke'로만 보인다. 차라리 그런 여력이 있으면 우후죽순식으로 필요에 따라 세운 땜질식의 어수선하게 널려있는 조형 건물들을 50년 정도의 마스터플랜을 세우고 재배치하는 편이 현명할 것 같다. 서양에선 그럴듯한 성당 하나 짓는데도 몇십 년의 세월을 감수하지 않는가.

문장에도 주어 동사 목적어 보어가 있는데, 현 '총부'에는 주어가 되는 건물이 없다. 있다면 현재 영모전이 있는 자리일 것 같은데 제사를 모시는 사당이 본당이라면, 생생약동하는 소태산의 정신에도 어긋날 뿐만 아니라 쓸데없이 조상을 파는 장례문화 지향의 종교로 전락할 수도 있다. 꼭 절의 건물 배치를 본받아야 할 것은 없지만 대웅전 같은 것이 없으므로 무엇인가 빠진 것 같은 느낌이다. 교도들이 '익산 성지'인 총부를 들어오게 되면 소태산 성탑에 가서 깊은 심고를 올리게 되는데, 소태산 재세 시에 그분을 친견한 사람은 모르겠지만, 어쩌니 해도 현대를 살아가는 냉랭한 사람들에게 탑이나 부도 같은 데서 가슴이 뭉클해지는 역할을 기대한다는 것은 무리다. 그렇다고 작은 언덕을 올라가 구석에 박혀있는, 있을 것 같기도 하고 없을 것 같기도 한 대각전으로 안내 하는 것 또한 마뜩잖다. "둥그신 그 체성이여 사은의 본원이시여 … 둥그신 그 묘용이여 자연의 조화이시오 … 아 아 법신불 일원상 만유의 어머니시니 믿음도 임밖에 없고 진리의 거울이시니 표준도 임밖에 없네."(원불교 성가 4장, 법신불 찬송가)라고 노래를 부르면서, 신앙의 대상이요 수행의 표본이라고 하는 둥글고 밝은 빛 일원상이 부재한 곳에 무슨 할 말이 더 있을까? 그런데 교무들이 잠자는 방은 많다. 행방불명된 '임'이 어디 있는지도 모르고 잠이 오는가 보다. 그러고도 잠이 온다면 '좀비'와 다를 것이 없다.

교회 건물도 그렇다. 중세의 유럽 대형 교회들은 그래도 유물로 남아있는 데 비해, 그렇게 돈이 많은 한국의 대형교회들은 관광자원조차 될 가치가 없는 조잡한 모조품 같은 임시 건물뿐이다. 건축 역사에 우뚝 솟을만한 건물이라든가, 또는 뉴욕에 가면 구겐하임 미술관을 꼭 보듯이, 한국에 가면 이 건물은 꼭 보아야 한다고 할 만한 것이 없다는 것은 교회가 됐건 절이건 교당이건 좀 생각해볼 문제다.

'서울'로만 가야 뭐가 되는 것이 아니라 인물이 없는 것이 문제다. 인물 부족 탓을 지리적인 문제로 책임 전가하는 것이야말로 촌스럽다. 국외나 국내에서 다른 종교단체의 경우 지역과 관계없이 잘나가는 공동체들이 많다. 수고스럽게 사람이 많이 모인 곳을 찾으러 가는 것이 아닌 사람이 많이 모이도록 만들어야 한다. 향기가 나면 벌 나비들은 자연히 모이게 마련이다. 물론 냄새를 맡은 똥파리들도 오겠지만. 역사에는 만약이란 것이 없지만, 만약 소태산이 처음부터 둥지를 '경성'이나 그 인근에 틀었다면 원불교의 모습은 어떻게 되었을까? 물 찬 제비 같은 모양새가 되었을까?

앞에서도 소태산이 익산에 본부를 결정한 이유에 대하여 심사숙고하여야 한다. 원불교가 태동한 20세기와 추락하고 있는 21세기, 부러진 두 세기의 척추를 무엇으로 붙일 수 있을까? 비참한 시 한 편이 떠오른다.

1923년 단테와 마찬가지로 걸으면서 시를 쓰고, 그 삶 자체만으로도 이미 신화가 되어버린 유대계 러시아인 오시프 만델스탐의 '세기 Vek'라는 제목의 시 마지막 단락이다.

> 그러나 너의 척추는 이미 부서졌다
> 내 아름다운 불쌍한 시대여.
> 의미 없는 미소 지으며
> 한때는 유연했던 짐승처럼
> 잔인하고 나약하게
> 내 흔적을 되돌아본다.

세대와 세대를 잇는 현재의 척추는 부서져 버렸고, 우리들은 혼이 빠진 얼굴로 소태산의 정신을 추모하며, 그 척추의 균열한 지점에 서 있다. 일그러진 모습을 보이며.

풍토학風土學이라는 학문이 있다.

풍수나 풍토 또는 풍토의 정신을, 즉 그것이 개인적이건 사회적인 인간이건 사람에 미치는 영향을 연구하는 학문이다. 각 종교의 특성에 관심이 있는 사람이라면 꼭 거쳐야 할 과목이다. "세계의 모든 종교도 그 근본 되는 원리는 본래 하나이나, 교문을 별립 하여 오랫동안 제도와 방편을 달리하여 온 만큼 교파들 사이에 서로 융통을 보지 못한 일이 없지 아니하였나니, 이는 다 모든 종교와 종파의 근본 원리를 알지 못하는 소치라 이 어찌 제불제성의 본의시리요."(원불교 교전, 교법의 총설)라는 말씀을 이해하려면 풍토학은 공부인의 필수과목의 하나다. 왜냐하면 그들의 사유방식을 이해하는데 있어서 풍토학은 문화의 발생 이전에 생각해야 하는 일차적인 조건이기 때문이다. 생존을 먼저 하고 나야 생각을 할 수 있을 테니까 말이다.

풍토학의 대가 헤르더Herder식의 정신 풍토학적인 입장에서 자연환경이 인간에 미치는 영향은 귀 기울일만하다. 지리적 환경에 따라 종교적 특성이 달라진다는 이야기다. 몬순Monsoon은 서열暑熱과 습기가 엄청난 힘으로 혼합된 계절풍인데, 가령 인도나 인근 아라비아해 지역의 나라들을 보면, 여름 반년은 남서 몬순이 육지를 향해 불고 겨울 반년은 북동 몬순이 바다를 향하여 분다. 인도는 몬순이 가장 원형대로 나타나는 토지다. 특히 여름 몬순은 대양大洋에서 잔뜩 습기를 머금은 공기가 불어, 그 습기의 강렬함으로 인해, 그곳에 사는 사람들은 냉대 지방이나 사막 지방의 사람들에 비하여 자연에 대항하는 힘이 무척 약하다. 그러니 사람들의 습성이 자연적으로 수용적受容的 인종적忍從的, 즉 자연의 힘을 받아들이고 거기에 무조건 따를 수밖에 없는 것이다.

몬순은 인간에게 대항하는 것을 체념하게 만든다.

그리고 기후가 대체로 온난 다습하기 때문에 적은 수의 사람만 모여도 살아갈 수가 있다. 사막처럼 생존을 위해 일치단결할 필요성을 느끼지 못한다.

고타마 붓다가 기원정사 죽림정사 등 공동생활을 시작할 때는, 몬순 기간에 여행을 하지 못하게 하고, 우안거雨安居 때는 얌전히 일반인에게 설교를 권한 것도 다 풍토학적인 원인이 있기 때문이다.

그럼 이번엔 사막의 풍토학을 보자.

홍해 연안이나 시나이산 또는 아라비아 사막을 여행해 본 사람은 실감이 나겠지만, 사막은 죽음을 연상시킨다. 아니 죽음 자체다. 절대적으로 물이 부족한 생활이기 때문에 초지草地나 오아시스는 항상 전쟁의 원인이 되었다. 칭기즈칸이 놀던 중앙아시아의 천산남북로나 미국 남서부의 사막 지역의 역사는 항상 오아시스를 뺏고 뺏기는 전쟁이었다. 사막에 사는 인간은 혼자서는 살 수 없고 집단이나 종족들이 똘똘 뭉쳐 혹독한 자연과 싸워야만 살아남을 수 있다. 그래서 '선지자' 같은 강력한 지도자를 요청하게 되고, 인도와 같은 많은 신을 필요로 하지 않고 오직 간단하게 유일신만을 신봉하게 되는 것이다. 살아가기도 힘든데 다양한 신들을 만들고 대접하는 일들은 그런 여유도 없었을 것이고 또한 상당히 부담스러운 일이었을 것이다.

이스라엘을 예로 들면, 신에 대한 절대복종과 타민족과 타민족들이 믿는 신들에 대한 전투의식은 알게 모르게 이스라엘 민족의 특성이 되어버렸고, 그들이 디아스포라Diaspora로 유럽이나 타지로 분산되어 갔을 때도 똑같은 그들 민족의 특징으로 남아버리고 말았다.

다시 원불교 이야기로 돌아오자. 필자는 개인적으로 원불교 중앙총부의 '총부' 즉 총본부라는 화약 냄새가 나는 말이 귀에 거슬린다. 그리고 총부가 여러 곳에 있는 것도 아닌데 구태여 중앙이라는 표현을 쓰면서까지 허장성세를 부려야 직성이 풀리는 것인지 고개가 갸우뚱해진다. 원불교 교단은 현재까지 해외총부나 어떤 구체적인 명칭을 가진 기관을 모색은 하였으나 아직 이렇다 할 실천은 없다. 원불교의 정서적 내지 정치적 분위기는 누가 뭐라 해도 현재 총부가 위치한 전라북도 익산이라는 지리적 위치에 영향을 받지 않을 수 없다. 어떻게 보면 결정적이라고 할 수도 있다.

그런 의미에서 해외총부가 필요불가결의 일이 되었다면 어느 곳에 뿌리를 내려야 하는가는 중요한 일이다. 가령 미국을 예로 들어보자.

기정사실화된 미국에서도 동부 서부 중부 남부 등 미합중국 자체가 대륙이니만큼 각 지역의 대체적인 특징이 자명하게 보인다. 인구가 조밀하고 그에 따른 자연경관이 지극히 제한됐으며 보수적인 성향이 강한 대서양 연안과 진보 자유의 진취적 기상이 있고 헐렁하여 숨통이 트일 것 같은 천연 환경을 가진 태평양 연인, 또 동쪽은 작은 주들이 올망졸망 모여 있어 주에 따른 특성이 별로 드러나지 않지만, 서쪽은 캘리포니아라는 부유한 나라가 있어 지금 당장 미연방에서 탈퇴한다 하더라도 세계에서 8번째의 강국이 되는, 그 주의 특성에 영향을 받지 않을 수 없다는 것이다.

구르지예프가 만일 독일이나 영국에 총부를 세웠더라면 어떤 모습을 남기었을까 추측하는 것은 물론 쉬운 일은 아니겠지만, 그의 영향력의 극대화의 문제에 있어서 어떤 아쉬움을 가진 한 사람으로서는 전혀 모른 척할 수도 없는 일이다. 상업용 비즈니스를 선택하는 데 있어서, 부동산 상식으로 첫째도 장소 둘째도 장소 셋째도 장소라고 손꼽듯이, 당간지주幢竿支柱를 어느 곳에 세우느냐에 따라 그 회상의 미래와 성격이 달라질 수도 있겠구나 하고 생각하여 보는 것도 재미있는 일이다.

4.
프랑스에서의 학교

어렸을 때 느꼈던 그런 진한 감동에 흠뻑 빠지겠느냐마는, 내가 생물학적인 나이 때문에 은퇴하게 되면, 인생을 그처럼 진지하게 응시한 분위기를 다시 한번 맛보기 위해 조용한 마음으로 재독해 보아야지 하고 벼르고 있는 책이 한 권 있는데,『카라마조프가의 형제들』이 바로 그것이다. 이탈로 칼비노는『왜 고전을 읽는가?』의 서두에서, "고전이란, 사람들이 보통 '나는『   』을 다시 읽고 있어'라고 말하지, '나는 지금『   』을 다시 읽고 있어'라고는 절대 이야기하지 않는 책이다."라고 정의를 지었다. 유명한 책을 아직도 안 읽었다는 부끄러움에 대한 궁색한 위선도 때로는 필요할 테니까 말이다.

작가 김연수는 그 소설을 두고 재미난 이야기를 했다. 길기는 하지만 분위기 파악 상 필요하다.
"저는 예전의 긴 소설, 지루한 소설들을 아주 좋아한다기보다 자주 읽어요. 아주 지루해서 읽어요. 그게 경험의 문제인데요. 대부분의 사람은『카라마조프가의 형제들』을 안 읽고 죽을 확률이 높겠죠. 그런데 저는『카라마조프가의 형제들』을 읽는 경험은 북극에 가서 오로라를 보는 것과 비슷한 거로 생각해요. … 긴 시간 동안 하나의 텍스트를 죽

읽는다? 이건 단순히 만화책을 읽는 것과 약간 다른 점이 있어요. 뭐랄까, 한 세계가 이렇게 탄생했다가 기승전결에 의해서 끝이 나는데 아주 긴 시간이 지나거든요. 시간을 경험하는 문제인데, 지금은 그 정도 길게 경험할 수 있는 작품이 별로 많지 않은 거죠. … 장편소설은 지루해요. … 이 지루함을 견디는 게 인생에서 소중한 시간이라고 생각해요. … 긴 소설을 읽으면 압축적으로 그 지루함을 경험하면서 마지막에 통찰까지도 경험하게 되는 거니까 여러 번 살 수 있는 거죠. …『카라마조프가의 형제들』을 취직하고 읽는다는 건 거의 있을 수 없는 일이고요. 직장에서 잘리면 몰라도요. 마흔 살 넘어가면 전혀 읽을 시간도 없고, 그 뒤에는 인생 자체가『카라마조프가의 형제들』과 거의 비슷해지기 때문에 굳이 안 읽어도 요지는 알 것입니다." (김용규,『철학카페에서 작가를 말하다』)

나는『카라마조프가의 형제들』이 단순히 고전이나 장편소설이라고 다시 기웃거리자는 것은 아니다. 그는 오래전에 나의 병을 대신 앓아준 사람이다. 도스토옙스키가 집요하게 추구하는 문제는 이성적 인간이 어떻게 악마가 되며, 그런 악마의 탈을 쓴 인간의 구원은 가능한 것인가를 다룬다. 그것은 소설의 내용이 그 당시 이야기로 끝나는 것이 아니라, 지금 내 주위에서도 양의 가죽을 쓴 이리들을 보고 있기 때문이다. 그는 그런 인간들을 '악령demons'이라고 불렀고 그런 악령들의 출몰을 고발하고 있다. 그는 20년에 걸쳐『죄와 벌』『미성년』『백치』『악령』그리고『카라마조프가의 형제들』등 다섯 편의 장편소설을 썼다. 그의 주제와 그에 대한 작품의 깊이는 러시아 출신의 니콜라이 베르자예프(N.Berdyaev, 1874~1948)의 표현대로, "그를 낳은 것만으로도 러시아 민족의 존재는 충분히 정당화될 수 있다." 토마스 칼라일이 셰익스피어를 두고 인도와 바꾸지 않겠다는 말이 생각난다.

러시아어는 까막눈이니 원문으로 보기는 매우 곤란한 일이고, 영어 번역으로 몇 권을 구해 놓고 벼르고 있는데, 물론 원문 보다 더 잘됐다는 콘스탄스 가넷Constans Clara Garnett의 번역도 있다. '백수가 과로사한다' 던가, 뒷방으로 물러났는데도 더 바쁜 것 같다고 둘러대는 것은 물론 핑계일 뿐이다. 그런데 또 한편으로는, 문학작품에 사상성이 있어야 하고 도덕적 메시지가 깔려있어야 한다고 생각하는 고지식한 사람도 있는데, 세파에 시달리고 또 나름의 달관을 하게 되면 무슨 경전으로 포장된 인쇄물보다는 가벼우면서도 핵심을 찌르는 만화나 세상일을 뜨끈뜨끈하게 다루는 시사 잡지들이 더 소중하게 느껴지는 것 또한 사실이다. J. 크리슈나무르티의 임종 책상머리에는 종교 서적은커녕 만화책과 주간 타임Time지만 있었다고 하지 않는가. 필자는 그 경지는 아니더라도 그 분위기는 충분히 납득이 간다. 왜냐하면 지금이 뭐 꿈속에서 몽정하면 목사에게 달려가 용서를 구해야만 구원을 받을 수 있다는 『주홍글씨』와 같은 미국 초기 식민지 시절은 아니니까 말이다. 멍청한 사람들 손에 들어가면 성경이나 꾸란이나 바가바드 기타Gita도 추악한 것이 되어버린다는 것은 종교의 역사가 증명하는 사실이다.

20여 년을 J. 크리슈나무르티 법석에 참석하던 사람이 우연히도 뉴델리에서 뭄바이로 가는 비행기에 크리슈나무르티와 동승하게 되었다. 그리고 그가 탐정소설을 읽고 있는 것을 보고 놀라 잠이 안 오고, 20년간 법문이랍시고 듣느라고 따라다니며 시간 낭비한 것을 후회한다며 라즈니쉬의 조언을 구했다.

"J. 크리슈나무르티의 손에 한 권의 탐정소설이 들렸다면 그 소설은 한 권의 꾸란이 되고, 당신의 손에 꾸란이 들렸다면 그것은 그냥 한 권의 탐정소설일 뿐이다."

(In the hands of J. Krishnamurti a detective novel becomes a Koran. And in your hands, a Koran becomes just a detective novel.)[6]

'누가' '어떻게' 읽느냐에 따라 경전이 되기도 하고 삼류 소설이 되기도 한다. 내 손에 든 책이 한갓 '탐정소설'로 끝나지 않기를 바랄 뿐이다. 아멘!

밀교의 주요 경전인 이취경理趣經에서는 힌두교의 이야기를 원용하여, 천지창조를 맡은 브라흐만, 그 세계를 유지하는 비슈누, 또 그 세계를 파괴시키는 시바라고 하는 세 명의 신을 삼 형제라고 익살스레 부르고 있는데, 카라마조프가의 삼 형제인 드미트리, 이반, 알료샤는 인간의 마음, 감정 그리고 육체를 각각 상징한다.

도스토옙스키의 격렬한 문장을 읽어낸다는 것은 아무래도 좀 가혹한 작업이다. 게다가 일류샤Ilyusha와 알료샤Alyosha들은 어찌 그렇게도 많은지. 이름표를 따로 적고 읽어도 그 이름이 그 이름 같아 너무 혼란스러워 책장 넘기기가 어렵다. 어쨌든 그 우울하고 비극적인 소설에서 가장 유명한 대목인 '종교재판소장의 전설The Legend of the Grand Inquisitor'을 보아도, 도스토옙스키는 해탈의 도道로서 기독교가 가진 여러 문제를 이야기하고 있다. 우리가 다른 신념 체계나 그 해석학적 이론에 대하여 왈가왈부할 것은 없고, 그저 다만 러시아 정교나 희랍 정교회는 주요한 부분에 있어서 로마 가톨릭과는 서로 다른 의견을 갖고 있다는 것이다.

---

6   Rajneesh 『The Secret of Secrets II』 Rajneesh Foundation International, 1983, p. 457.

하기야 고대 기독교에서도 성서를 해석하는 방식으로, 플라톤주의의 영향을 받은 알렉산드리아 학파, 아리스토텔레스의 입장에 선 안디옥 파, 또 터툴리안의 방법론을 주장한 라틴 파가 서로 잘났다고 주장을 한 일이 있었으니 뭐 새삼스러운 일은 아니다.

구르지예프가 청년 시대에 습작으로 쓰다가 휴지통으로 들어간 몇 개의 작품 가운데 '삼 형제The Three Brothers'가 있다. 이것은 『카라마조프가의 형제들』에서 영향을 받아 영화 각본으로 써진 것 같은데, 이 삼 형제 역시 그의 이론의 하나인 인간의 세 가지 센터를 의미한다.

훗날 다시 정리된 그의 아이디어를 대강 살펴보면, 우리의 육신은 심리적으로 3층 집으로 되어 있는데, 1층은 활동하는 센터와 본능적인 센터와 섹스 센터가 있고, 2층에는 이지적인 센터와 감정적인 센터가 있으며, 3층에는 2층보다 더 순화된 두 개의 센터가 있다는 것이다.

소태산의 여성 제자 중에 화류계 출신의 이청춘이란 사람이 있었다. 전주의 퇴기退妓 출신으로 인물이 출중하고 유식하며 성격이 화통 대담했다. 처음에는 증산교를 믿다가 돼지 자웅의 노는 것을 보고 깨친 바가 있어, 세간의 향락을 청산하고 원불교로 입문하였다. 입교 기념으로 논 70마지기를 희사하여 당시 원불교의 빈궁한 살림을 돕고, 후에는 전주에 있던 가산을 정리하며 1,000여만 원을 정리 희사하여 전주교당을 세웠다. (『대종경』 실시품 26장) 그야말로 그네는 '1층'에서 놀다가 2층 또 힘들게 3층으로 올라간 것이다.

사람은 1층에서만 살 것이 아니라, 이왕 온 김에 심기일전하여 '경치'도 멀리 내다볼 수 있는 2층, 3층에 무엇이 있는지 좀 보고 가자는 것이다. 그런데 꼭 3층만이 좋다는 것은 아니다. 각 층에는 나름의 의미가 있는데도 불구하고, 일방적으로 어떤 센터를 희생시켜 다른 센터만 개발한다면, 그 인간은 더 진급할 수가 없고, 균형이 잡힌 인격 즉 조화된 인물이 될 수 없다는 것이다.

인간은 육신이라는 택시를 빌려 타고, 마음이라는 운전사가 술 취한 손님인 탐욕이 시키는 대로 방향도 모르고 그저 앞으로만 달릴 뿐이다. 그것도 고속으로. 어디에다 두어도 방향감각을 잃지 않고 어디에다 두어도 쓸모 있는 인간인, "들에 나가면 농부 같고 집에 들어오면 노복 같고 산에 가면 목동 같고 길에 나서면 고로古老 같이"의 소태산의 '천하농판'이라는 가사의 주인공이 되자는 것이다. 그것이 선각자들이 인간에 대한 바람, 즉 이상적인 인간상 천지 농사꾼이다.

구르지예프는 1922년 7월경 영국에 정착하려던 계획이 좌절된 후, 몇 개월간의 탐색과 협상 끝에 파리에서 동남쪽으로 60km 정도 떨어진 폰텐블러Fontainebleau 부근의 푸리우레이Prieuré 성城을 얻고, 그동안 독일에 잔류하고 있던 제자들을 불러들였다. 그는 그 기간을 "내 생애에 있어서 정신 나간 시절 중의 한때"였었다고, 당시 궁지에 빠져 어쩔 줄 모르던 상황을 그렇게 표현하였다.

구르지예프가 법륜을 굴리던 캅카스 지방의 티플리스(현재의 트빌리시)에서는, 그루지야 정부의 후원을 받아 활약하던, 리듬 교육법의 창시자 달크로즈의 시범회가 종종 있었는데, 그때 구르지예프는 그저 그 무대의 엑스트라로 출연하고 있었다.

1919년 11월, 모두가 지식 상류층 출신인 다섯 명의 남녀 제자들이 일광욕을 즐기고 있는 베란다에서, 그는 공부의 내용 및 장래의 포부와 계획을 개진하고 나서, 그렇다면 그런 학교에 어떤 이름을 붙였으면 좋겠냐고 제자들의 의견을 물었다. 그들은 이리저리 궁리하다가 여러 가지의 이름들을 제시하였으나 그의 마음에는 차지 않았다. 당시 제자들의 표현대로 "우리들은 머리를 마치 치약의 튜브처럼 짜듯하다가" 모두 이구동성으로 'Harmonious'가 나왔다. 그래서 구르지예프의 아이디어를 공부하는 학교 이름은 조화로운 인간을 개발하는 학교, 온전한 인간을 만드는 학교인, The Institute for the Harmonious Development of Man이라는 이름을 얻게 되었다. 그 일이 있은 10일 후 그 이름으로 구르지예프가 창립자 겸 교장으로 된 서류를 꾸며 교육부 장관에게 제출하였다.

그런데 그 학교의 이름이 된 조화로운 인간에 대한 개념은, 그가 제자들의 아이디어를 묻기 훨씬 이전에 따로 생각하고 있었다는 것을 후일 제자들도 알게 되었다.
마치 소태산이나 그의 상수 제자 정산이 어떤 일에 대해서 훌륭한 복안을 갖고 있었음에도 불구하고, 식당 공양이나 일반 육체노동에 전념하는 말단 제자들에게도 의견을 물어 공부시키는 가락과 비슷하다.

학교 이름치고 그렇게 멋진 이름을 가진 곳이 있을까? 이것은 결국 인생의 요도인 사은사요와 공부의 요도인 삼학팔조 공부로서, 조화로운 인간 불보살이 된 사람들이 모여 "결함 없는 세계"(『대종경』 교의품 35장)를 건설하자는 취지와 맞물린다.

서양에서의 하모니(和)에 대한 생각은 바빌로니아에 머물면서 조로아스터교와 음악을 공부하고, 그 음악의 비밀에서 우주의 섭리를 찾으며 음정학音程學을 연구한 그리스의 피타고라스로부터 시작하였다고 보아야 한다. 그들은 눈으로 보는 아름다움을 '심메트리다'라 하고 귀로 듣는 아름다움을 '하모니아'라고 구분 지었다.

고대 중국에서 조화라는 생각은 원시적인 제의祭儀 문화에서 발생하였고, 음악에서 시작하여 인간과 자연과 화해 그리고 사회 정치적인 화해, 궁극적으로는 인간과 우주와의 화해를 지향하였다. 즉 온전함과 전체성을 회복하는 것이다. 실제로 종교란 지·정·의知情意를 모두 포함한 '전 인간(Total being)'을 향한 발걸음이다. 참다운 균형은 자연적인 움직임 속에서 평형을 찾는 것이다. 억지로 평형을 이룬다면 그것은 그저 오래가지 못한다. 자연은 장마나 가뭄, 지진이나 태풍 등으로 조화와 균형을 찾으려 한다. 인간 쪽에서 볼 때는 재난이지만 저쪽에서는 나름의 균형을 유지하려고 노력하는 것이다.

소태산이 1935년, 선을 나는 대중에게 정치와 종교를 서북풍과 동남풍에 빗대어 내린 해제식 법문이 있다.

"나는 선중禪中 삼 개월 동안에 바람 불리는 법을 그대들에게 가르쳤나니, 그대들은 바람의 뜻을 아는가? 무릇, 천지에는 동남과 서북의 바람이 있고 세상에는 도덕과 법률의 바람이 있나니, 도덕은 곧 동남풍이요 법률은 곧 서북풍이라, 이 두 바람이 한 가지 세상을 다스리는 강령이 되는바, 서북풍은 상벌을 주재하는 법률가에서 담당하였거니와 동남풍은 교화를 주재하는 도가에서 직접 담당하였나니 그대들은 마땅히 동남풍 불리는 법을 잘 배워서 천지의 상생상화相生相和하는 도를 널리 실행하여야 할 것이니라. … 이러한 동남풍의 감화는 한갓 설교 언설만으로 주어지는 것이 아니요, 먼저 그대들의 마음 가운데에 깊이 이 동남풍이 마련되어서 심화 기화心和氣化하며 실천궁행하는 데에 이루어

지나니 …"(『대종경』 교의품 37장)라고 하였다.

또 그의 제자 정산 송규는 "자기의 기운을 화하게 한 후에 사람을 널리 교화하는 것이 공부인의 심법이요 지도자의 덕이니, 지도자들은 은악양선을 주로 하여 저 사람이 폭력으로써 대하면 인仁으로 용서하고, 저 사람이 교사巧詐로써 대하면 진眞으로 바루며, 저 사람이 권세와 이해로써 대하면 공의公義와 정의情誼로 응하여, 능히 천하 창생을 심화心和 기화氣和로써 두루 교화하여야 하나니라."(『정산종사법어』 공도편 57장) 하였고 또 한 제자가 이 세상에서 어떤 재주가 제일 큽니까? 라고 묻는 대답에서는 사람과 잘 화하는 재주가 큰 재주라고 하였다.(『정산종사법어』 응기편 13장)

온전한 사람이란, 인간의 지향할 바를 제시한 것이기는 하지만 조화로운 인간으로 노예도덕의 척결을 외친 니체의 초인과는 다르다. 초인은 우주의 성주괴공成住壞空과 만물의 생로병사生老病死로 돌아가는 것을 원환으로 본다. 그리고 그 갈등과 고통에 대해 일단 대립각을 세우고 그런 영원회귀의 세계를 흔쾌히 받아들이면서 인생을 기쁜 마음으로 긍정하고 사랑하려는 사람이다. 초인은 변전하는 세계에 휩쓸리지 않고 오히려 그런 무상함의 에너지를 자기의 힘으로 만드는 강인한 정신력 즉 힘(권력)에 의지하려는 인간이다. 비유하면 험한 산을 오르면서 자기의 힘을 즐기고 마침내는 정복한 산 위에서 흐뭇한 심정으로 하계를 내려다보는 사람이다. 초인이 파도를 거슬러 가는 무쇠 같은 사람이라면, 조화로운 인간·온전한 인간은 빛나는 미소로 파도타기를 즐기는 사람이다.

"봄이 왔다 해도 어찌 단단한 바위 위에 정원을 만들 수 있겠는가?

흙이 되어라! 그래서 백화 난만한 정원을 만들어라. 너는 지금까지 울부짖는 바위였으니, 이제는 흙이 되는 실험을 해보아라."(J.Rumi) 바위와 흙은 둘이 아니다. 바위(ego)가 부서져야 부드러운 흙이 되고 꽃을 피울 수 있다.

마하트마 간디가 『바가바드 기다』 깅의를 들으러 온 청년들에게 한 말이다.

"내 가슴에 불이 있어도 이 불을 바윗덩어리에 옮겨 붙일 수는 없다."

조화로운 인간, 온전한 인간은 은혜를 알고 그것에 보은하면서 마음을 운용하는 데는 다음과 같은 인간일 것 같다.

"마치 빈 배로 물결을 타고 가는데 높으면 높은 데로 낮으면 낮은 데로 순리대로 따른다. 또 강물이 산을 끼고 도는데 굽은 곳을 만나면 굽은 데로 가고 곧은 곳을 만나면 곧은 곳으로 가는 것과 같아서, 마음 마음이 분별이 없어, 오늘도 헌거롭게 운전하고 내일에도 착 없는 마음으로 운전하여 모든 인연을 따라 순응하되 막히고 걸림이 없으며 선행을 하는데 내가 선행을 하고 있다는 상이 없고 나쁜 일을 하지 않아도 그런 상이 없어 순박하고 곧아서 거짓됨이 없고 보고 듣는 것 모두가 심상한지라 한 티끌도 상대되는 것이 없는"(수심결 28) 사람이다.

온전한 사람이란 상식적으로 좋고 착한 사람이다. 정치인 정청래가 이런 이야기를 한 일이 있다.

"제가 강연을 많이 다니는데요, 성공의 비결에 대해서도 많이 이야기합니다. 손흥민 선수 이야기를 자주 하는데요. 한 번은 축구 감독에게 물었습니다. 손흥민이 그렇게 골을 잘 넣냐, 축구를 잘하냐고요. 감독은 유럽 프로 리그에 손흥민 같은 체력과 기술이 있는 사람이 많다고 했습니다. 그런데 손흥민이 유독 돋보이고 성공할 수 있었던 것은, 그가 좋은 사람이기 때문이라고 했어요. 그 이야기가 저한테는 감동이었습니다. 손흥민 선수는 먼저 남을 배려하고, 먼저 도와주고, 소속팀 선수들과 잘 지낸대요. 손흥민 선수가 어시스트를 많이 하는 선수라고 합니다. 먼저 도움을 받았던 선수들이 결정적인 찬스에 손흥민에게 공을 많이 준다는 것입니다. 그러다 보니까 골 찬스가 많은 거죠. 남을 도와주어야 나한테도 기회가 오는 거잖아요. 좋은 사람이기 때문에 성공을 한다는 거죠."(『인물과 사상』 2018년 8월, 46쪽)

'좋은 사람' '온전한 인간'이란 한국인이 말하는 이상적인 인간상인 '홍익인간'을 꿈꾸는 것이다. 과거 서원書院 교육의 목적은 사람다운 사람일 수도 있다. 퇴계 이황의 인품 중에 으뜸인 것은 그의 겸양이었다. 공자의 제자 자공이 공자를 평하기를 '온량공검양'溫良恭儉讓이라 했으니 따뜻하고, 어질고, 공손하고, 검소하고, 겸양하는 사람이란 뜻인데 도산서원의 주인 퇴계가 그런 사람이었다고 한다.

생명체에서 가장 기조가 되는 말은 역시 균형이나 조화다. 정신적인 면은 차치하고라도 육체적인 면에서도, 사람의 노화를 적극적으로 방지한다는 운동도 휴식에 의해 균형이 잘 잡혀야지, 운동만이 능사라고 무리하게 되면 근육의 파괴를 불러올 따름이다. 적당한이라는 말이 너무 융통성이 많기는 하지만, 『중용』의 말씀대로 기쁜 일, 성질나는 일, 애간장을 녹이는 일, 즐거운 일이 일어나도 중中이라고 하는 심신의 사령탑에 의해 절도 있게 조정되는 것을 중화中和 즉 화합이나 조화라고 하는 것이다.

조화라는 말이 들어간 그 학교의 목적은, 명실공히 프랑스에서 다시 개교할 때 그가 명쾌하게 이야기한 대로, "이 학교의 프로그램, 학교의 권한, 학교의 목적, 학교의 가능성에 관해서는 몇 개의 단어로 압축시킬 수가 있다. 우리 학교는 인간을 한 사람의 크리스천으로[7] 만들 수 있다. 간단하지! 그게 다야! 그런데 그것은 학생이 그것을 원할 때만 가능하지. 그리고 학생이 동정 간(動靜間)에 끊임없이 그런 소원을 가질 수 있다는 마음의 상태가 되어야만 그런 시원을 가질 수 있지. 그러나 그런 가능성이 있기 전에 학생은 먼저 그렇게 할 수 있다는 서원을 세워야만 하는 거야."

"그러니까 세 가지 단계가 있는데 먼저 서원하고, 그것이 가능성을 갖게 되고 그리고서야 뭐가 되는 거지." 보고 듣는 대로 자기가 원하는 것에 대해 끊임없는 대조와 불철주야의 연마 없이는 불가능하다는 이야기다.

원불교 교전 솔성요론 16조에도 "어떠한 원을 발하여 그 원을 이루고자 하거든 보고 듣는 대로 원하는 데에 대조하여 연마할 것이니라." 라고 하였다.

"이 학교는 그 도구야. 학생이 여기 들어오기 전에 먼저 마음을 굳히는 서원을 꼭 해야 해. 학교 안에서는 그럴 가능성과 그런 존재가 되는 바탕을 만들어 가는 거야."

원불교 식으로 이야기하면, 삼학 공부로 뭐가 되는 것은 아니다. 아니, 될 수도 있겠지만, 그 전에 삼학 공부를 능히 할 수 있는 자격을 조성하고 있어야 된다는 말이다.

---

[7] 여기에서 크리스천은 일반적인 기독교 신자가 아니라, 니체가 말한 대로 '진정한 의미의 크리스천은 예수 혼자뿐이다'라고 했을 때 예수의 정신적 경지라고 보아야 한다.

어느 종교 단체에서나 있을 수 있는 일이겠지만, 소위 공부 전문인으로서 입문하여 3~40년을 수행하였다는 사람의 행동거지가 일반 상식인의 마음가짐보다도 훨씬 못한 경우를 가끔 보기 때문이다. 더군다나 더 불행한 것은 자기가 모범적 인간이라고 착각을 하는 경우다. 끔찍한 일이다.

세상이 문란한 것은 아무리 좋은 법과 제도가 있어도 그것을 운용하는 사람들의 의식과 양심이 법을 따르지 못하기 때문이다. 악용하려고 나서면 대책이 없는 것이다.

성인이 내어놓으신 가르침도 마찬가지다. 종교인이 유니폼 속에 숨겨졌든 나타나 있든, 중요한 것은 그 사람의 행동이다. '나는 이렇게 들었다'라는 여시아문如是我聞은 '나는 이렇게 수행하고 있습니다'라는 세상에 대한 선언에서 나와야만 한다.

불교에는 성직聖職이라는 우스꽝스러운 개념이 없다. 성직이라는 이상한 말은 기독교를 통하여 수입된 근대에 만들어진 단어다. 불교에선 재가이든 출가이든 모두가 수행자 즉 생활 속에서 공부하는 사람이다. '성직'이란 말 아래 어떤 권위를 꼭 유지하고 싶은 사람이 있다면, 이제 늦지 않으니 자기의 거취 문제를 다시 생각해 보는 것이 좋을 것 같다.

언젠가 콜로라도주의 로키산에서 있었던 틱낫한 스님의 법석에 참여한 적이 있다. 메시지나 진행에는 뭐 별다른 것이 없었지만, '저는 그저 부처님의 제자일 뿐입니다'라는, 한 사람의 수행자로서 시종일관하는 모습이 인상적이었다.

직업이 의사인 제자 한 사람에게 구르지예프가 물었다.
"자네는 크리스천인가? 사람이 그 이웃을 사랑해야 하나 미워해야 하나?(대답 : 사랑해야만 합니다.) 누가 크리스천 같이 사랑할 수 있나? 한 사람의 크리스천을 따르는 것은 거의 불가능하지. … 누가 자네한테 명령한다고 해서, 사랑하거나 미워하는 일을 남이 시키는 대로 할 수 있다고 생각하는가?"

"기독교에서는 그냥 모든 사람을 사랑하고 너를 미워하는 사람에게 조차 축복을 주라고 말하지. 그러나 그것은 불가능한 이야기야. 그렇지만 사랑해야만 한다는 것 또한 사실이지. 불행하게도 현대의 기독교는 그 가르침의 나머지 부분인 절반만을 채택하고 있는 거야. 그렇게 먼저 이웃을 사랑하려면 먼저 선결하여야만 하는 첫 번째 가르침에 대해 침묵하고 있어. 먼저 사랑을 할 수 있는 자격이 있는 사람이 되어야지. 그리고 나서야 누구를 사랑할 수 있지. 그러면 어떻게 그런 자격을 가질 수 있단 말인가? 바로 그렇게 될 방법을 잊어버린 거야."

구르지예프가 말하는 크리스천이란 우리가 통속적으로 이해하고 있는 그런 차원의 수준이 아니다. 그는 크리스천을 "계명Commandments을 마음으로나 혼魂으로 지킬 수 있는 사람"으로 정의하였는데, 이 계명이라는 말 또한 그의 가르침으로 비추어 보아서는 현존하는 구약의 십계명뿐 만이 아님은 두말할 필요가 없다.

"지금 사람들은 어릴 때의 부적절한 교육과 널리 퍼진 비정상적인 어떤 분위기들 때문에, 성년이 되어서 정신 활동이 전적으로 단절되었고, 그로 인하여 지적, 정서적 그리고 본능적인 운동신경의 활동이 서로 조화를 이룰 수가 없어."

"이 세 가지 센터가 서로 협동을 못 하고 제각기 놀아나는 것과 또 인간 정신이 개별적으로 교육된 이유로 현대인은 한 개인 안에 세 명의 다른 사람이 사는 결과가 되어버렸지. 말하자면 첫 번째 사람은 다른 두 사람과 완전히 차단되어 그런 사람들과 살고 있는지조차 모르고 있고, 두 번째 사람은 그냥 겨우 그런 사람들과 같이 살고 있나 하고 겨우 느낄 정도고, 세 번째 사람은 그의 유기적인 동작들의 필연적이거나 우연적인 반사작용에 따라 완전히 기계적으로만 행동하고 있는 사람이지."라는 그의 말대로, 안에 있는 사람들을 먼저 조화시키는 것, 그것은 '온전한 인간 개발학교'의 개교 동기는 물론이고, 또한 소태산이 원불교를 종교시장에 내놓은 '개교의 동기'도 된다.

5.
차량 정비소

인물을 그린 피카소의 그림을 보면, 얼굴의 어떤 특정 부분을 그리거나 포개거나 확대 전도시켜놓고 현대인을 묘사하고 있다. 조화는커녕 기괴한 모습이다.

원불교 교전의 일원상 법어와 같이 육근을 원만구족圓滿具足하고 지공무사至公無私하게 사용하지는 못하더라도, 비슷하게 흉내라도 낼 줄 아는 옹근 사람, 즉 전인적인 교육을 받은 인격자를 구현하는 것 역시 구르지예프 학교 The Institute for the Harmonious Development of Man의 목적이다. 그는 그 학교를 고장 난 자동차를 위한 수리공장이라고 표현한 적이 있다. 수만 개의 부품이 일률적으로 조화롭게 제 역할들을 못 하면, 움직일 수 없거나 부드러운 주행을 할 수 없듯이, 학교는 고장 난 인간 차車의 정비소라는 것이다.

맹자孟子의 구방심求放心 이야기가 있다. "학문 즉 배움의 도는 다른 것이 아니라 잃어버린 마음을 찾는 것學文之道 無也 求其放心而已矣" 즉 잃어버린 닭 한 마리는 찾으러 나서면서 그보다 중요한 마음이나 양심은 잃어버려도 찾을 줄 모르는 사람들을 꼬집은 것이다. 남들이 보지 않으면 사소한 일쯤은 속여도 괜찮다고 하거나, 남들보다 나만 이득을 보자고 하는 마음의 혼란은, 여간 수양을 하지 않는 한 쉬운 일이 아니다. 자동차를 가진 사람은 정기 점검은 물론, 아침마다 차고에서 꺼낸 차를 살펴보고 손질할 것이다. 몸도 미열이 있거나 기분이 안 좋으면 병원에도 가고 '몸 정비'를 한다. 그러나 더 중요한 마음은 그냥 팽개쳐 둔 채, 점검할 생각조차 하지 않는다.

소태산이 서울교당에서 친히 도량의 제초를 하고 말했다. "오늘 내가 도량의 제초를 한 데에는 두 가지 뜻이 있었나니, 하나는 교당 책임자들이 매양 도량의 정리에 유의해야 한다는 것을 본보이기 위함이요, 또 하나는 우리의 마음을 자주 살피지 아니하면 잡념 일어나는 것이, 마치 이 도량을 조금만 불고하면 어느 틈에 잡초가 무성하는 것과 같아서 마음공부와 제초 작업이 그 뜻이 서로 통함을 알리어, 제초하는 것으로 마음공부를 대조하게 하고 마음공부 하는 것으로 제초를 하게 하여, 도량과 심전을 다 같이 깨끗하게 하라는 것이라, 그대들은 이 두 가지 뜻을 항상 명심하여 나의 본의에 어긋남이 없기를 부탁한다."(『대종경』 실시품 15장)

원불교 교전, 교당 내왕 시 주의 사항 4조에, "매년 선기禪期에는 선비禪費를 미리 준비하여서 선원에 입선하여 전문 공부하기를 주의할 것이요"라 하였는데, 인간의 지적 능력을 상징하는 장난꾸러기 아저씨 손오공처럼 제멋대로 놀아나는 놈을, 교법敎法이라는 약재로 부처님의 의술로 교당이나 학교라고 불리는 병원에서 정기적으로 고쳐 보자는 것이다. 소태산이 제자들에게 말했다. "저 고욤나무를 싹 베어 이만한 장두감(대봉) 나무를 접붙이면 뿌리는 고욤나무이지만 장두감이 열리고 또 가시나무를 싹 베고 장미를 접붙이면 장미꽃이 되며, 탱자나무를 베고 밀감나무를 접붙이면 또 탱자나무에 밀감이 열리게 되니 이처럼 너희들이 마음 접붙이는 공부를 하여, 삼독 오욕심으로 일어나는 마음을 싹 베어내고 불보살 되는 접을 붙여 딴 바람이 들어가지 않도록 하면 얼마나 좋을까. 이는 마치 나비가 꽃향기를 맡는 것 같고, 굼벵이가 매미로 변해 밤이슬 마시며 노래 부르는 것과 같고, 똥 속에 구더기일 땐 아무것도 아닌데 파리가 되면 대통령하고 같이 먹고, 자고, 대통령 밥상 차려 오면 진짜 단가 맛을 봐, 또한 대통령이 누우면 뺨에 붙어 같이 자니, 이처럼 우리도 변화를 한번 일으켜 봐, 변하는 공부를 해야 해."

그 학교의 전체적인 분위기는 그의 모습을 반영한 듯, 정통 교단의 신학교와 같이 지도자의 카리스마적인 성격으로 좌지우지되었다. 그곳은 명예나 입신출세를 위해 도를 구하는 썩어빠진 어중이떠중이 같은 '물건'들을 제거하기 위하여, 그의 엄격한 심사를 거친 후에야 입학할 수 있었기 때문에, 저명한 사회 인사라 할지라도 구도의 동기가 없으면 숫자와 관계없이 탈락시켜 버렸다.

구루지에프는 조금 진지한 마음으로 입문하려는 올기바나Olgivana라는 여자에게 이런 질문을 한 일이 있다.
"무엇을 하고 싶습니까?"
"영생하는 공부를 하고 싶습니다."
"지금은 무슨 일을 하시나요?"
"집과 하인들을 관리하고 있습니다."
"요리나 아기를 돌보는 일을 하시나요?"
"아니요, 그런 것은 하인들이 다 해줍니다."
"아무 일도 안 하면서 영생을 바란다고요? 그런 것은 그냥 바란다고 해서 되는 것이 아니고 어떤 특별한 공부(Work)를 해야 합니다. 일을 꼭 하시고 영생을 위해 노력하세요. 자, 그럼 내가 어떻게 공부하는지 알려드리지요. 먼저 하인들을 다 내보내고 모든 일을 본인 스스로 하기 시작하세요."

유한계급의 마담과의 대화에서 구르지예프의 음성을 듣는다. 허리를 펴고 당신의 등뼈로 두 발로 단단히 서라! 전문적인 1인 기업을 경영하는 경영자처럼 처신해라. 지금 당신이 크거나 작거나 하는 일, 사는 일에 당신의 피가 흐르는가 보라!

그는 학생들의 공부 이해 정도를 따라서 다음과 같이 세 가지 그룹으로 분류하였다.

1) 초심자 Esoteric, outer group
  글자 그대로 처음 입문한 사람
2) 중급자 Mesoteric, middle group
  구도에 몸을 바치고 구르지예프를 비롯하여 현대의 정신적 고급문화에 대해 대강 설명을 들은 사람
3) 비전을 전수한 사람 Esoteric, inner group
  오랜 구도 생활로 이론과 실기에 막힘이 없고, 인류의 미래에 희망을 줄 수 있는 사람. 애당초 도道라는 것은 머리로 이해하여 '알겠다, 모르겠다' 하는 따위가 아니다. 그 골수를 체득하여야만 한다.

학교생활의 일과는 대단히 엄격하였다. 아침 5시에 일어나 2시간 노동을 하고 아침을 먹는다. 다시 일하는데 집을 짓거나 밭일을 하고, 무도복을 만들거나 나무를 자르거나, 가축을 돌보기도 하고 청소 또는 부엌에서 조리하는 등 자잘한 집안일들을 한다. 간단한 점심 후에는 짧은 휴식을 취한 후, 피아노에 맞추어 운동이나 음악 체조를 한두 시간하였다. 저녁에는 모두가 기진맥진할 때까지 3~5시간의 율동 체조나 종교

의식 무도 클래스가 있었다. 때때로 하루 이틀 단식을 하면서 공부를 하기도 하였는데, 어떤 때는 3일이나 7일까지도 모든 일과를 그대로 수행하면서 공복으로 용맹정진할 때도 있었다. 주말에는 러시아풍의 냉방 열방 증기탕 등, 찜질방을 누구도 아닌 학생 자신들이 집을 지어서 즐기기도 하였다.

땀을 흘리는 찜질방은 그냥 휴식으로 끝나는 공간이라기보다는 다음과 같은 의미가 있을 수도 있다. 북아메리카 원주민들이 성인이 되기 위해 행하는 통과의례를 '비전 퀘스트Vision Quest'라고 한다. 쑤Sioux 인디언 말로는 '헴블레체야'라고 하는데, '꿈을 요청하는 외침'이라는 뜻이라고 한다. 때가 되면 아이는 땀천막(일종의 한증막으로 인디언들은 '정화의 천막'이라고 부른다)안에서 사이먼 앤드 가펑클Simon & Garfunkel이 부르는 스카보로 페어Scarborough Fair의 가사 중 "파슬리 세이지 로즈메리 앤 타임Parsley, sage, rosemery and thyme"의 세이지sage 향으로 몸을 씻은 후 산 정상에 오른다. 그곳에서 돌을 모아 둥근 원을 만들고, 그 원 안에 앉아 금식하며 신의 계시를 기다린다. 자기가 누구인지를 진지하게 물어보고, 평생 자신을 보호하고 안내해 줄 곰이나 늑대, 독수리 등 수호 동물에 대한 계시를 받는다. 그리고 다시 땀천막으로 내려와서 정화의식을 치르고 세상 속으로 어른이 되어 들어간다. 이렇게 숲이라는 자연에 안기면 비관적이거나 부정적 감정들은 긍정적 감정으로 대체된다. 자연 속에서 시간을 보내게 되면 더 큰 삶의 질문들에 대해 숙고하게 되고, 지금 자신이 어디에 있는지 그리고 자신의 삶을 어느 방향으로 이끌어야 하는지 생각할 여유를 갖게 된다.

구르지예프의 가르침에는 대체로 세 가지 공부 길이 있는데, 전체적인 파악을 위해 요약해 보자.

1) 자기 자신에 관한 자신을 위한 공부(선동적인 본능에 대한 공부)

이것은 자기 자신을 내밀히 들여다보는 다른 사람이 눈치 못 차리는 속 깊은 공부다. 원불교 교전에는 교리의 강령을 9가지로 요약하였다는 일상 수행의 요법이 있는데, 자성의 정定을 세우자, 자성의 혜慧를 세우자, 자성의 계戒를 세우자의 3번의 세우자와 원망 생활을 감사 생활로 돌리자, 타력 생활을 자력 생활로 돌리자, 잘 가르치는 사람으로 돌리자, 공익심 있는 사람으로 돌리자의 5번의 돌리는 공부가 있다. 구르지예프의 공부는 그 이전 단계인 철저한 '주인공 관찰Self-Observation'이요, '주인공 상기Self-Rememberance'다. 이 두 가지 표현은 상당히 중요한 것임을 눈치 차려야 한다. 이것으로 기초가 안 되면 진정한 의미의 세우거나 돌린다는 작업은 모래 위에 성을 쌓는 것과 같다. 사실 나는 내 주위에서 몇십 년 된 성들이 무너져 내리는 것을 보아왔고 지금도 계속 보고 있다.

'지금, 여기'에 있는 나는 누구인가? '홍길동'이라는 창백한 이름을 쓰고 어정쩡하게 걸어 다니고 있는 물건은 누구인가? 자기를 철저히 객관화시켜 반성하는 공부는 원불교 3대 종법사였던 대산 김대거의 6가지 자문자훈自問自訓에 앞서는 질문들이다.
6가지 자문자훈은 6문問이라고도 한다.
1문, 네가 신심이 있는 것같이 생각하니 영겁다생에 불퇴전할 만한 신심을 가졌느냐?
2문, 네가 큰 공부를 하는 것같이 생각하니 마음을 허공과 같이 지키느냐?
3문, 네가 무엇을 얻은 것같이 생각하니 너의 자가自家 마니보주摩尼寶珠를 얻었느냐?

4문, 네가 무슨 능력이 있는 것같이 생각하니 생사거래生死去來를 자유
할 만한 능력이 있느냐?
5문, 네가 깨끗한 것같이 생각하니 시방국토+方國土를 맑힐만한 청정심
이 되었느냐?
6문, 네가 포부抱負를 가진 것같이 생각하니 시방일가+方一家의 살림을
벌릴만한 역량이 있느냐?

금강경 1장은 전체가 자기를 객관화시키는 공부를 구체적으로 진열한 그림인데, 구르지예프는 자신을 객관화시키는 방법으로 당신의 회상 초기, 러시아 제자들에게 각자의 인생을 처음부터 거리낌 없이 노골적으로 발표하라는 과제를 준 일이 있었다. 자기의 지난 세월을 타인의 입장에서 냉정하게 바라볼 수 있다는 것은, 구르지예프의 표현대로 "도문에 들어서서 첫 번째 테스트의 한 가지"라고 하였는데, 자기라는 배우가 세상이라는 극장의 무대에서 연기한 것들을 또 다른 관객들에게 다시 보여주는 것은 새롭게 자기를 관찰할 수 있는 좋은 기회가 된다. 지금도 원불교 총부 일요 법회에서 실시되고 있는 원불교학과 학생들의 눈 오는 야밤에 담을 뛰어넘고 이 회상을 찾아왔다는 등의 입문 감상담은, 격이야 조금 다르겠지만 대동소이한 공부법이라고 생각한다.
무엇보다도 만사만리萬事萬理의 근본이 되는 자신에 대한 기초적인 공부는, 그가 원불교 공부인에게는 물론 다른 종교에 입참한 사람들에게 주는 커다란 선물 중의 하나다.

2) 다른 사람과 함께하는 다른 사람을 위한 공부
(정서적인 면의 개발을 목적)

수피Sufi 공부법이 그렇듯이, 그도 수피 마스터의 한 사람인지라 그

의 공부는 그룹으로 하는 공부다. 우리 인생의 대부분을 지배하는 정서情緒라는 것은, 여럿이 어울릴 때 비로소 생기는 것이지 혼자 있는데 정서라는 말은 일종의 사치일 뿐이다.

단체 속에서 일어나는 희로애락의 마찰을 공부의 재료로 삼아 시비가 가려지고 협동심을 기른다. 실낙원失樂園에서야 외톨이 아니면 단둘이서도 살 수 있겠지만, 복復낙원에서야 어찌 홀로 살 수 있겠는가? 질 좋은 동포나 질 나쁜 동포가 으레 있기 마련이다. 결국 광대무량한 낙원 건설이라는 것도 혼자서 독불장군으로 만들 수 있는 것은 아니지 않은가?

사람이란 마음의 농간에 의하여 지나간 고생까지도 아름답게 느껴지게끔 되어있지만, 사실 개인의 지나간 세월의 이야기라는 것은 대부분 타인과의 관계에서 일어나는 부정적인 감정들의 연속된 기억이다. 그런데 구르지예프의 말대로, "다른 사람이 내게 보낸 감정의 표현들을 참는다는 것은 정말 큰 일이야. 그것을 소화한다는 것은 여간 어려운 일이 아니지. … 그러나 네가 서원을 세우면 해낼 수 있어. 서원 없이는 절대로 안 돼. 서원은 이 세상에서 가장 막강한 것이지. 오롯한 서원으로 만사형통이야(With conscious wish everything coms)."

이 공부는 인생이라는 강을 좀 더 쉬운 방법으로 건너가고자 하는 일종의 고급 처세술이라고 할 수 있겠다. 왜냐하면 성질이 다른 두 사람의 입맛을 만족스럽게 맞출 수는 없는 노릇이니까.

다음의 링컨 대통령과 같이 연기 잘하는 배우가 되어야 한다. 모자 공장 사장들로부터 정치자금의 지원을 받고 있던 링컨이, 어느 날 한 모자 회사 사장으로부터 모자를 기증받고 있던 자리에 경쟁하던 다른 모자 회사 사장이 또 모자 하나를 들고 오자, 양쪽을 똑같이 선전 해주어야 하는 처지에 놓여 있었던 그는, "이 모자는 저 모자보다 좋고, 저 모자는 이 모자보다도 좋습니다."라고 하였다 한다.

초보자들이야 구김살 없이 속에서 성질나는 대로 행동하겠지만, 공부심이 조금 있는 사람은 상황에 따라 중용의 도를 지켜 싫고 좋은 것을 간택할 때 온전한 생각으로 취사하기 때문이다. 예를 들어, '밀가루 공장(몸과 마음으로 사는 이 세상)'에서 일한다고 할 때 숙련된 일꾼은 흰 가루를 몸에 안 묻히고 능숙하게 일할 수도 있겠지만, 혹시 어떤 경우에 일부 분말을 뒤집어쓴다고 할지라도, 툭 툭 털어버리는 법도 익히 알고 있기 때문이다. 공장에서 일하다 집으로 돌아올 때 꼭 밀가루를 묻혀 티를 낼 것은 없다.

3) 공부로 공부를 하는 공부를 위한 공부

위의 공부들은 대인관계 또는 사회와의 관계로 일어나는 것에 대한 대증對症요법이고 지도자가 꼭 따라붙어야 하는 공부지만, 이것은 이 회상의 경륜과 포부를 실현하는 차원의 요구사항이기 때문에 무아봉공과 함지사지를 불고하는 희생정신이 필요하다. 원불교 법위등급에서 보면 성현의 위位에 속한다고 할 수 있겠다.

품삯을 바라고 하는 일이 아니고 일 그 자체와 동고동락하는 공부요, 만 생령의 아버지 즉 시아버지가 아닌 친정아버지와 같은 국량을 터득하는 공부다.

6.
구르지예프의 경구 The aphorisms

구르지예프는 터키의 콘스탄티노플(지금의 이스탄불)에 있던 학교에서부터 시작하여 프랑스 푸리우레이에 있던 학교에, 천정이나 벽에 격언을 써 붙여 놓고 제자들에게 자극을 주었다. 처음에는 몇 개 안 되던 것이 계속 추가되어 거의 40개가 조금 못 되었는데, 일부가 아르메니아 글로 쓰여서 그랬는지 제자마다 기록된 표현이 조금씩 차이가 나기는 하지만, 그것이야 어쨌든 촌철살인의 감동이 있다. 지금까지 그분의 법문 중 언급되지 않은 것만 추리고 약간의 이해가 필요한 대목에서만 사족을 달았다. 긴 해설이 필요한 것은 뒤에서 다루려고 한다.

1) 공부심 있는 믿음은 자유요, 인정에 끌려서 믿게 된 믿음은 노예요, 덮어놓고 믿는 믿음은 어리석다.
2) 자기 자신에 관한 공부에 서원을 세우는 데 있어 가장 좋은 방법의 하나는, 네가 지금 당장 죽을지도 모른다는 것을 자각하는 것이다. 그러나 너는 그것에 앞서, 동정 간에 어떻게 그런 마음을 유지할 수 있는가 하는 방법을 배워야만 한다.
3) 공부라는 것은 공부 자체를 위한 것이 아니고, 하나의 수단인 것임을 기억하라.

4) 먼저 동물들에 대해 의식적인 사랑conscious love을 연습하라, 동물들은 사람보다 더 이해가 빠르다.

5) 공부심을 가진 사랑은 같이 감응하고, 감정적인 사랑은 그 반대로 나타나고 육체적인 사랑은 그 형식과 음양의 극성極性에 따른다.

6) 공부심을 가진 고통conscious suffering민이 의미가 있다.

7) 다른 사람들의 이야기로 어떤 사람을 판단하지 말라.

8) 모든 종교를 존경하라.

9) 그가 착한 사람인 것을 확실하게 알려면, 그 부모를 사랑하느냐 안 하느냐를 보면 된다.

10) 무시無時로 무처無處로 주인공을 기억하라.

11) 학교에서는 경계를 만들어 주고 지도할 수 있을 뿐 도움은 줄 수 없다. 소태산은 『대종경』 변의품 30장에서 "나의 도덕을 보고 믿을지언정 어디에 의지하는 마음으로 믿지는 마라"고 하였다. 학교나 교단 같은 시스템은 진리에 접근하는 분위기를 만들어 줄 수 있을 뿐 결정적 순간에는 아무런 도움을 못 주고, 어떻게 보면 방해물이 될 수도 있다.

12) 네가 너 자신, 단지 네 자신과의 이전투구泥田鬪狗의 필요성을 느껴서 이 학교에 온 것임을 잊지 말라. 그러니 너에게 그런 기회를 준 동포들에게 감사하라.

13) 이 집은 자신의 허망함을 깨닫고 진급하는 길을 믿는 사람들에게만 유익한 곳임을 알라.

14) 역경의 고난도苦難度가 심하면 심할수록 공부의 가능성은 증대된다.

15) 사람은 정업을 받고 태어나지만, 그것을 경제적으로 효과 있게 사용함으로써 목숨을 연장할 수 있다.

16) '내일Tomorrow'이라는 이름의 병을 없애버린 사람은 무엇을 위해 여기 있는지를 알게 될 기회가 있다. 『바람과 함께 사라지다』의 대단

원을 내리는 마당에서, 허영과 이기심으로 가득 찬 여주인공 스칼렛Scarlett은 마지막 독백으로, "뭐라고 해도, 내일은 또 다른 날이잖아! After all, tomorrow is another day"라고 하였는데, 어제와 오늘을 살아 보았으면 내일이 별 날이겠는가 하는 정도는 눈치채어야 한다. 또 생각할 때가 좋은 것이지 막상 손에 쥐고 보면 별것이 아닌데, 공연히 인생을 낭비하고 때늦은 후회를 해서야 쓰겠는가?

17) 인간이 성취할 수 있는 최고의 경지는 무엇을 할 수(TO DO) 있는 것이다. 영국 왕실을 수호하는 포병대의 시범을 구경하고 있던 관광객들이 있었다. 여섯 명으로 한 조가 되어 기계처럼 움직이고 있었는데, 그중 다섯 병사만 일사불란하게 움직이고 있을 뿐 나머지 한 명은 몇십 미터 떨어진 곳에서 포성이 끝날 때까지 남의 일 보듯이 그저 부동자세로 서 있었다. 어떤 관광객이 궁금해서 담당 장교에게 그 병사의 역할이 도대체 무엇이냐고 물었다. "네, 그는 그냥 차렷 자세를 취하고 있는 것입니다." "아, 그거야 알죠, 그런데 왜 그냥 아무것도 안 하고 서 있기만 하느냐고요?" 그 이유는 혼자 서 있던 병사는 물론이고 나머지 병사 그리고 담당 장교도, 총 책임을 맡은 지휘관조차도 알 수 없었다. 그들은 부랴부랴 몇백 년 전부터 내려온 훈련 교본을 들춰보고 오랜 시간이 걸려서야 그 연유를 알게 되었다. 그 여섯째 병사의 역할은 대포 소리에 놀라 도망치려는 말들의 고삐를 잡고 있어야 하는 것이었는데, 말이 없어진 오늘날 자기의 역할도 모르고 그저 시키는 대로 천치같이 서 있었을 뿐이었다. 왕실 포병대의 여섯 번째 병사, 그것이 바로 우리들의 실상이다.

구르지예프의 눈으로 볼 때, 우리는 제 딴에 무슨 의미 있는 짓거리를 한다고 동서남북으로 '25'시간을 싸돌아다니지만, 우리는 그저 걸어 다니는 산송장이요, 아마 30세에 이미 죽었는데 다만 80세에 묻히는 것일 뿐이다. 잠자고 있는 사람은 몽유병자이지 무엇을 하는 것이 아니다. '잠잔다'는 것은 육신의 잠이 아니라 의식의 잠을 말한다. 여러 가지 내용의 잠으로부터 깨어나야 무엇을 할 수 있는지 없는지 알 수 있다. 우리는 자발적으로 죽어야만 깨어나서 성성한 의식을 가질 수 있고, 다시 태어난 사람이라야만 성장할 수 있다. 성장하면 알게 되고 알게 되면 할 수(Do) 있다. '무엇을 할 수 있는 사람'이 얼마나 멋진가. 진정한 의미로 무엇을 할 수 있는 사람, 즉 성성한 의식을 갖고 여의주를 얻은 용처럼 행동할 수 있는 사람, 임제 선사의 표현대로 그 자리 자리에서 주인이 되는 사람, 그런 사람이 되기 위해서 우리는 선각자들에게 오체투지로 다소곳이 조아리고 정기와 상시훈련을 받는 것이다.

    부처님께서도 "삼가 네 뜻(생각)을 믿지 마라. 네 생각은 가히 믿을 것이 못 된다. … 아라한[8]이 된 뒤라야 너의 생각을 믿어도 된다."[9]고 치솟는 욕망을 예로 들면서 충고를 하셨는데, 주관의 세계(我空)와 객관의 세계(法空)를 초월한 반야를 얻기 전의 생각들은 모두가 망상들이기 때문에 결코 무엇을 할 수 있다고 이야기할 수 없다는 것이다.

    앞에서 그리스도의 이웃 사랑에 대한 가르침에서도 이야기하였듯이, 아라한이 되지 못한 사람은 누구와도 참 사랑을 나눌 수가 없다. 우리가 주위에서 흔히 '당신을 사랑해'라는 말을 자주 듣는데,

---

8   남방불교에서의 깨달음을 얻은 분. 『목우십도송』 9장에서 노는 분, 혹은 원불교 교전 법위등급 출가위.

9   『42장경』 28장.

이것은 거의 다 잠꼬대 같은 소리일 뿐이다. 응용應用에 무념無念[10]하라는 말씀에서도, 응용조차 못 하는 '가죽 주머니'[11]들이 어떻게 무념까지 시도하여 보겠다는 것인가? 그러니 '응용' 즉 'TO DO'를 할 줄 알아야 한다.

18) 이 학교에는 영국인들도 아니고, 러시아인들도 아니고, 유대교도들도 없고 기독교인들도 없고, 오직 '무엇을 할 수 있는 사람'이 되어 보려고 온 사람들만 있다.
19) 게으름뱅이가 되지 않으려고 몸부림치는 사람만 도와주어라.
20) 나쁜 일인 줄 알면서도 계속한다면, 너는 용서받기 어려운 죄를 범하고 있는 것이다.
21) 네가 싫어하는 바로 그것을 좋아하라.
22) 다른 사람의 일들을 보살펴 줄 수 있는 사람만이 자기의 것을 가질 수 있다.
23) 그 사람의 처지에서 생각할 줄 아는 사람만이 정당할 수 있다.
24) 나는 일하는 것과 공부를 즐기는 사람을 좋아한다.
25) 속 깊은 공부로 인해 사용된 에너지는 곧 신선하게 보충되지만, 마지못하여 한 일은 영원히 회복될 수 없다.
26) 영혼을 가진 사람은 복이 있고, 영혼을 갖고 있지 않은 사람도 복이 있으나, 그것을 잉태만 하고 우물쭈물하고 있는 사람에게는 괴로움과 슬픔만 있을 것이다.

구르지예프의 견해로는, 누구나 모두 영혼을 가지고 태어나는 것이

---

10 원불교 교전, 천지보은의 조목.
11 보조,『수심결』40. 피낭(皮囊).

아니다. 사람은 영혼 없이 태어나고 대부분 사람들은 혼 없이도 살아가는데, 평범한 생활에서야 영혼 같은 것은 사치품일 수도 있다는 것이다. 그러면서 우리는 이왕 세상에 나온 김에 그것을 만들어야 하겠는데, 영혼은 공부심으로 달게 받는 고난을 통하여서만 얻을 수 있다. 이것은 그의 방편 설법의 한 가지일 수도 있겠지만, 깊은 생각을 필요로 하는 법문이다.

7.
위험한 공부

　매부리코에 서글서글한 눈매와 죠지 왕조 풍의 늘어진 콧수염을 기르고, 사람을 끌어당기는 카리스마적인 힘을 사랑으로 느끼게 하면서, 예언된 미륵불로 존경받았던 인도의 메허 바바(Meher Baba, 1894~1969)는, 서양세계를 일곱 번 방문하였고 페르시아 등 두세 번의 세계여행을 하였다.

　그는 임종할 때까지 44년간을 침묵으로 일관하였는데, 1952년 미국 오클라호마주의 플라그 근처에서, 또 1956년에 인도의 사타라 부근에서 두 번의 차 사고를 당하고 그 후유증으로 고생하였지만, 그것마저도 인류를 위한 고통으로 승화시켰다.

　미국 오리건주에서 '라즈니쉬뿌람'이라는 영성 공동체를 건설할 때의 바그완 슈리 라즈니쉬도, 로울즈Rolls를 몰다가 과속으로 몇 번의 교통 딱지를 받은 적이 있다. 내가 전적으로 동감하기도 하고 J. 크리슈나무르티도 어디에선가 언급한 대로, 차를 운전한다는 것은 아주 위험한 일이기는 하지만, 확실한 일심 공부요 어떤 선禪적인 분위기를 주는 것만은 사실이다. '선'이란 것은 그냥 선적禪的인 상태를 말하는 것이지, 아니 선이란 어떤 정지된 상태라고도 말할 수 없고 에너지가 움직이는 상태가 선인 것이지, 그것이 뭐 '위험하다'라거나 '안전하다'는 등의 심리적인 상황들하고는 전혀 무관한 것이기 때문에 설사 죽더라도 걱정할 것이 없다는 것이다.

그래서 나는 그들이 왜 그런 말을 써서 붙이고 다니는지는 모르겠지만, 내 방식대로 생각하여, 미국인들이 범퍼 스티커로 붙이고 다니는 'No Fear'에 나름의 박수를 보내는 것이다. 일원상이니 하나님이니 알라신이니 하는 것도 또 다른 형태의 'Fear'가 아니겠는가. 두려움 때문에 종교를 가져서는 안 된다. 안식일이 사람을 위해 있듯이, 종교가 나를 위해서 있는 것이지 내가 종교를 위해서 살아가는 것은 아니니까 말이다.

행복이라는 것도, 이를테면 개구즉착開口卽著이라[12] 말을 하자마자 행복이라고 할 수는 없겠지만, 결국은 마음에서부터 공포나 희망 또는 분별과 주착으로부터의 자유, 또 뭐 그런 '자유'라는 거추장스러운 생각들조차도 버리는 것이라 할진댄, 차를 모는 특히 고속으로 질주하는 그 순간 '행복'은 바로 거기에서 '나'를 기다리고 있었다. 그렇다고 이런 이야기는 내가 플로리다주의 데이토나Daytona 500에 참가하고 싶다는 이야기하고는 다르다.

어머니 품에서 젖을 물고 포만과 배설의 안락감을 느끼는 젖먹이같

---

12 언어의 숙명은 '이것'을 말하면 '이것 아닌 것'이 나오게 되어있다. 그래서 불교에서는 말을 아끼는 것을 미덕으로 삼고 말을 하지 않는 묵언 공부를 시킨다. 절의 일주문에서 볼 수 있는 '이 문 안에 들어오면 알음알이를 내지 말라入此門來 莫存知解'는 경고성 발언도 그런 분위기를 표현하는 것이다.

이, 그런 자기최면을 위하여서 또 공포로부터의 도피와 천당을 향한 탐욕으로 종교의 문을 두드렸다면, 그는 인생의 어느 문이나 열 수 있는 마스터키를 잃어버린 것이나 다름없다.

눈 밝은 이들이 이구동성으로 노래한 대로, 생사의 바다에는 안전지대가 없다는 것을 확실하게 알아버리고, 그런 상황을 철저히 수용하여 그 불안이나 공포와 하나가 되어버리는 그 마음자리가 바로 정토 안락국安樂國의 입구가 되는 것이다.

인생이란 역설적인 사건들의 현장이다. 원래 '진리'란 고정불변의 명사가 아니요 럭비공같이 불합리하게 튀는 공이다. 진리가 불합리하다니 그래서 역설적이라는 것이다. 그것은 원래 분초를 다투어 변하는 성주괴공과 생로병사와 생주이멸이라는 얼키설키 실타래 같은 변화의 불안에 깊은 뿌리를 박고 있다.

예를 들면, 나는 어떤 여자를 나의 소유로 만들고 싶지 않다. 왜냐하면 상대도 당연히 나를 자기의 소유로 만들려고 할 것이기 때문이다. 그러나 이런 일들이 어디 쉬운 일인가. 그래서 결혼이란 틀을 뒤집어쓴다. 결혼이란 체제 아래는 불꽃이 없다는 것도 사실이고, 또 혼인계약서 뒤에서는 내가 사랑하는 오늘의 여자가 내일 누구의 품으로 건너갈지 아무도 알 수 없는 것 아닌가. 이유는 간단하게 그네가 죽은 송장이 아니고 살아있기 때문이다. 확실하고 안전한 것은 그 여자나 그 남자가 죽었을 때다. 무덤이야말로 아무것도 일어날 수 없는 이 세상에서 가장 안전한 곳일 테니까.

개인적인 체험으로, 내가 의료보험에 가입하고 있었을 때는 그냥 매일 사는 것이 사는 것이요, 쓸데없는 과거사나 끄집어내서 기억하는 것이 고작이요, 걱정이랄 것도 없고 그냥 그랬지만, 형편이 안 좋아 치솟는 의료보험료를 감당하기 어려워 보험 없는 인생이 되었을 때는, 병원을 자주 가는 편인 나로서는 숨 쉬는 것도 긴장 아닌 긴장이 되고, 일초일초의 목숨을 깊이 있게 보는 계기가 되었다. 이런 맥락에서 보면 "우리를 지켜주시리"(원불교 성가 31장)라고 고함치지만, 공부를 더 잘하기 위해 정말 '안 지켜주셨으면 좋겠다.'라고 건방지게 생각한 적이 있었다.

공부인에게는 위에 계시든 아래 계시든 또는 옆에 계시든, '부처님'조차도 귀찮은 존재가 될 수도 있고, 또 "어디에 의지하는 마음"(『대종경』 변의품 30장)은 마약이 될 수도 있을 테니까 말이다.

그 모든 것에 대한 불안감이 우리를 공부시키는 요인이요, 원불교 종법사였던 대산 김대거 종사의 법문과 같이, 당하는 일마다 일심으로 기도하는 심정과 같이 온 힘을 다하는 '집사전일執事專一'의 불붙는 기회를 준다. 우리는 이 불타는 마음으로 취사를 하게 되고, 이 불타는 마음이야말로 바로 죽음이라도 아름답게 만드는 연금술사인 줄을 알게 되는 것이다.

그래서 그런가? 예술가나 사상가 중에서도 새로운 창조를 위해 자기부정과 자기파괴를 한 사람들이 많다. 1960년대의 미국의 싱어송라이터 짐 모리슨Jim Morrison, 미국 최고의 기타 연주자 중 한 명인 지미 헨드릭스Jimi Hendrix, 권총으로 자살한 니르바나(Nirvana : 涅槃) 그룹의 커트 코베인Kurt Cobain 등 부지기수다.

사상가로도 마르크스 사상에 구조주의적 해석을 제시하고 아내를 살해한 철학자 루이 알튀세르Louis Althusser, 『감시와 처벌』 『지식의 고고학』 등 진리를 역사적 구성물로 생각하다 자신이 선택한 동성연애를 실천한 대가로 에이즈AID의 고통에 시달리다 세상을 떠난 미셸 푸코

Michel Foucault.

산다는 것은 흐르는 물이지 고여 있는 웅덩이 물이 아니다. 흐르기 때문에 가다가 저항이 생기게 된다. 그 저항 속에서 춤과 노래가 나오는 것이요, 노예와 같이 순응과 복종으로 점철된 목숨에는 역동적인 삶의 모습을 찾을 수가 없다. 불안한 세상에서 불안과 깊은 포옹으로 진하게 키스해 버리는 것, 그것이 불안을 초극하는 허허실실虛虛實實의 병법이요, '위험한 것이 안전Insecurity is security'이라는 역설의 법칙이다.

필자가 한때 십수 년을 살았던 미국의 콜로라도주는, 원래 지세가 기괴하고 웅장해서 그렇기는 하지만 스포츠에 '미친' 고장이다. 그것도 지렁이같이 같은 자리에서 꼬물꼬물 꼼지락거리는 요가 스타일의 것이 아니고, 극단적으로 죽기 아니면 살기 식의 보험회사가 겁먹는 인디애나 존스Indiana Jones 스타일이 판을 친다. 산악 빙판 오르기, 절벽에서 뛰어내리는 베이스 점핑, 급경사로 내려가는 산악자전거 타기, 저수지 아랫물로 쏟아져 내려가는 카약 타기 등, 간 큰 사람들이 하는 별별 것들이 일 년 내내 성황을 이룬다. 목숨을 걸고 하는 이런 운동들은 결투나 전쟁, 도박 등과 같이 그에 상응하는 쾌감과 극적인 효과가 있기 때문이다. 위험하면 위험할수록 주는 황홀감 또한 크다. 이런 것들을 통해서 인간은 자기를 잊을 수 있는 선禪의 상태인 무심No Mind이 되어 버린다. 코앞에 닥친 급박한 상황으로 무엇을 생각할 겨를이 없고, 자연히 지금-여기에 몰두하니 꿈을 꿀 수가 없게 된다. 치근거리는 과거 미래를 보살필 여유가 없게 되니 오직 순간만 있게 되는 것이다.

고령에도 불구하고 구르지예프의 자동차 운전은 광포하여 항상 보는 사람의 가슴을 졸이게 하였다. 제자들의 표현대로는 "세계 최악의 운전자"였다. 항상 교통법규를 조롱하는 식이었으니 무리한 추월은 점잖은 편이었고, 이리저리 의도적으로 아슬아슬하게 차선을 바꾸는 것이라든지, 녹색 신호가 시작될 무렵 그의 차는 이미 교차로를 건너 저만치 가 있었다고 한다. 제자들은 그의 차를 타기를 꺼렸으나 그는 항상 몇 명의 제자들을 동승시키고 다녔다. 그러나 사고가 날 경우는 언제나 당신 혼자 운전을 하고 있었을 때였다.

그의 첫 번째 사고는 1924년 7월 8일 파리에서 프리우레이에 있는 학교로 돌아오던 숲속 길에서 발생하였다. 시속 90km 정도의 속력이었다 하는데, 당시 차의 성능과 도로 사정을 고려할 때 그는 여느 때처럼 상당히 무리한 운전을 하였던 것만큼은 분명하다. 이 '사고'의 후유증으로 그는 오랫동안 병석에 누워있게 되었고, 회복한 뒤로 그의 유명한 '변덕'은 좀 더 심하여졌다. 그는 학교의 문을 닫고 자신의 역할을 줄였으며, 글을 써 책을 통하여 제자들을 가르치고자 하는 방향으로 돌리고, 제자들에게, "나는 지금까지 다른 사람들을 위해 살아왔지만 지금은 당분간 나 자신을 위해 살아야겠다."라고 말하였다.

그는 프랑스에서 적어도 네 번의 자동차 사고를 '만들었다'. 사고들은 거의 다 치명적인 것들이었고 평범한 사람 같았으면 전부 현장에서 즉사로 막을 내리는 상황이었다. 사고를 당했다 안 하고 '만들었다'라고 표현하는 이유는 고의로 보이는 부분이 많기 때문이다. 그러나 여러 가지 해석들이 분분하지만 그 숨은 이유는 지금까지 수수께끼로 남아있다. 왜냐하면 그의 의식세계의 역량으로 보아서 그에게 그런 어처구니없는 일들이 도저히 일어날 수 없다고 생각되기 때문이다.

그가 후일 그의 제자 노트Nott에게 차의 창문을 통해 사과를 따다가 그랬다고 변명을 했지만, 평생을 위험 속에서 살던 분이라 그런 구차한 구실은 핑계로 밖에는 생각되지 않는다.

그는 사고 현장에서 중상을 입은 후, 다 망가진 몸으로 부서진 차에서 걸어 나와 완전한 의식으로 그 사고 현장 부근에 자리를 깔고 쿠션을 베고 누워있었고, 구급차에 실려 병원으로 후송된 후에도 수술을 위한 어떤 마취도 허락하지 않았다. 또 그는 의식불명의 상태로 닷새간 병상에 누워있으면서도 주먹을 꼭 쥘 수 있을 정도로 초인적인 모습을 보였다. 그의 회복은 기적적으로 빨랐는데, 그가 자신의 몸을 통제하는 불가사의한 힘을 보고 제자들은 그저 놀라움을 감출 수 없었다.

충남 서산시 고북면 장요1리 1번지. 솔숲길이 끝나면서 가파른 계단을 5분 정도 올라가면, '하늘이 감춰놓은 절'이라는 뜻의 연암산 천장암 天藏庵이 나온다. 수덕사 말사다. 말사지만 본사보다 더 의미 있는 절이다. 천장암 오른쪽 뒤에는 가로 2.3m, 세로 1.3m의 방이 하나 있다. 말이 방이지 9척(180cm)에 풍채가 우람하던 경허鏡虛가 누우면 좌우가 꽉 막히는 극히 좁은 방이다. 필자가 현재 거처하는 방은 그에 비하면 힐튼 호텔에서도 특실이다. 그 방에 지금도 방석 하나가 덩그러니 놓여있다. 작은 방 구경 하나만으로도 마음이 뭉클해지는 것은 어쩐 일일까?

법명을 동욱에서 성우로 바꾸고 경허는 법호다. 근대 한국 불교의 기라성들인 수월·혜월·만공·한암 등을 기르고 선종을 중흥시킨 장본인이라고 하는 것은 공식적인 서술일 뿐, 그 내적 세계는 아무도 헤아릴 능력이 없다.

경허는 1879년 계룡산 동학사에서 활연대오한 후 천장암으로 옮겨 보림을 하고 나서 "… 6월 연암산 아랫길에서, 들사람 일없이 태평가를 부르네 …"라고 오도송을 읊었다. 그 절의 인법당因法堂 왼쪽 벽에는 초동들이 작대기로 스님을 두들겨 패는 이상한 그림이 있다. 어느 날 경허는 초동들에게 돈을 줄 테니 자기를 패달라고 제안을 했단다. 초동들이 막대기로 수도 없이 때렸지만, 그는 한사코 '나는 맞지 않았다'라고 고집했단다. 아이들의 매타작 속에서도 자기의 마음이 흔들리는지 시험한 것이었다.

경허는 대로변에서 여염집에서 강제로 키스를 했다가 몰매를 자청하기도 하였고, 송광사 불사 점안식에 증명 법사로 초청받아 주장자 대신 술병과 돼지 뒷다리를 꺼내 들고 일갈을 했는가 하면, 해인사 조실로 있을 때는 길에 쓰러진 손발이 문드러진 한센병 환자 여인을 방에 불러들여 동숙하는 등, 타인의 시선에 신경을 쓰지 않고 자기실험을 계속하였다.

현대 서양철학사를 보면 경허와 분위기가 제법 비슷한 인물이 한 명 나온다. 버트런드 러셀의 철학적 경향과 근본적으로 대립한 『논리철학논고』의 저자 비트겐슈타인이다. 그는 케임브리지 대학 교수로서의 직업을 불편해했고, 러시아에 가서 육체노동자로 살고 싶어 했다. 그는 그저 시골 마을의 초등학교 선생으로 있고 싶어 했고, 2차 대전이 발발하자 독일군의 공습이 빗발치는 런던의 한 야전병원 약국의 배달 사무원으로 일하기도 하였다. 비트겐슈타인도 그렇지만, 경허 또한 죽을 때까지 사회적 시선을 아랑곳하지 않는 사람이었다.

바그완 라즈니쉬가 1986년 5월 21일 우루과이에 체류하고 있을 때, 구르지예프의 차 사고의 이유에 대해 언급한 법문이 있다.

"구르지예프의 모든 공부는 육체로부터 의식을 분리해서 육체가 의식을 끌고 다닐 수 없고, 육체가 주인이 아닌 하인 되는 그런 순수한 의

식을 만드는 데 있다.[13]

　… 그는 알면서 전속력을 내어 큰 나무를 들이받은 것이다. … 그것은 사고가 아니었다. … 그리고 그는 그의 전문용어인 '결정화(結晶化, crystalization)'에 성공한 것을 무한히 기뻐하였다. … 그것을 자동차 사고라 부르지 말라."

　결정화란 비유하면 소금이 물에 들어가면 녹으면서 분해되어 버리지만 어떤 포화 상태로 가면 녹지 않는 것과 같이, 사람도 속 깊은 공부를 통하여 양질의 깨끗한 기운을 축적하고 공부 정도에 따라 여러 가지 즉 Physical body, Astral body, Mental body, Causal body 등의 고급 육체를 획득할 수 있다는 것이다.
　즉 그는 백척간두에 진일보하는 의도적인 사고라는 죽음의 연습을 통하여 자기의식을 더 이상 잃어버리지 않는 확고한 '최고의식'을 얻었다는 것이다.

　한국사회의 일이지만, 2010년 5월 31일 문수 스님은 이명박 정부의 4대강 사업 폐지 등을 요구하며 스스로 몸을 불살랐다. 그는 분신하기 전 1,000일간 면벽面壁 수행을 하였다. 2017년 1월 7일 박근혜 대통령의 구속을 요구하고 분신한 정원 스님은 "하나의 꽃이 떨어져 수만의 열매를 맺는다면 떨어진 꽃은 하나가 아니리"라는 비장한 법어를 남겼다. 동국대 불교학과 어느 교수는 "그들의 소신공양은 각자가 도달한 생사일여의 경지를 확인하기 위한 자기 검증이었다."라고 그들을 옹호한 일이 있었다.

13　원불교 『대종경』 수행품 54장 참조.

8.
쿼바디스 도미네

폴란드 작가 센키비치의 소설 『쿼바디스』의 남주인공인 마커스 비니키우스와 그의 애인 리기아는, 네로의 학정과 기독교 탄압으로 인해 수많은 기독교도가 사자의 밥이 되기도 하고 화형을 당하기도 하면서 죽어가는 와중에도, 끝까지 살아남아 기독교도로서 평화롭게 살아간다.

한편 사도 베드로는 두려움과 공포를 극복하기는 했지만, 주인공들처럼 살지 못하고 십자가에 거꾸로 매달려 순교한다. 소설의 마지막 부분에서 베드로는 하늘을 향해 "쿼바디스 도미네?"(Quo Vadis Domine, 주여! 어디로 가시나이까?)라고 비통한 절규를 한다.

그러나 '타인'이 어디로 가든 말든, 중요한 것은 내가 어디로 가고 있느냐이다. 우리가 만난 스승은 그 실체의 내용이 어떠하든 한번 만난 사람이기 때문에 또한 떠나기 마련이다. '주여! 어디로 가시나이까?'가 중요한 것이 아니라, "너희는 나를 누구라 하느냐?"(마태복음 16:15)는 실존적인 질문처럼, 우리는 그들이 만들어 놓은 선별된 교리와 도그마를 통해 예수 또는 구르지예프 그리고 소태산을 보고 있지는 않은가 하고 점검해보는 것이 더 중요하다.

첫 번째 자동차 사고가 났던 해인 1924년 1월 4일, 뉴욕과 보스턴,

시카고, 필라델피아에서의 공연을 위해 구르지예프는 무용수인 제자들 35명 등, 전 인원 46명을 대동하고 파리를 떠나 미국을 첫 번째로 방문하였다. 그는 2차 대전이 발발하기 전까지 8번 미국을 방문하였고, 종전 후에 한 번 더 갔다. 그리고 1949년 임종 직전에도 미국 방문을 위해 배표를 미리 사두었으나, 건강의 악화로 실현을 보지 못하고 말았다. 그의 미국에 대한 열정은 이처럼 대단하였다. 당시 유럽 지식인층의 지배적인 견해로는, 유럽은 너무 늙었고 새로운 암흑시대로 들어가고 있는 꺼져가는 불인 데 비하여, 아메리카는 다소 문명 생활의 맥을 이어갈 수 있는 땅이면서, 또 새로운 틀의 종교를 구상하여 볼 수 있겠다는 생각들이 있었다.

구르지예프는 서양 세계의 주요한 나라마다, 그의 아이디어를 공부하는 작은 센터를 비롯하여 분교를 세우겠다는 이야기를 가끔 하였다. 그가 미국을 처녀 방문하기 1년 전, 그는 '뉴 에이지New Age' 잡지의 편집인이고 저명한 영국의 저널리스트이며 동시에 그의 제자의 한 사람인 오라지A.R.Orage를 뉴욕으로 보내어, 당신이 개발한 공부법에 대한 강연을 부탁하면서 자기의 미국 여행을 준비시켰다.

구르지예프와 그의 아이디어에 감명을 받고 프랑스 학교를 위해 지원을 굴뚝같이 약속하였던 연방 정부 상원의원이었던 커팅Bronson Cutting이, 구르지예프를 만나러 워싱턴D.C.로 오는 도중 비행기의 공중폭발사고로 탑승객 전원이 사망하였고, 그 소식을 들은 구르지예프 또한 충격을 받지 않을 수 없었다. 프랑스의 학교는 처음 영국인 제자들의 돈으로 시작하였고, 프랑스인들은 2차 대전이 일어날 때까지 그리 도움을 주지 못하였다. 그래서 그는 사람들에게 국민성을 근거로 하여 동물 이름을 붙여주었는데, 러시아인은 칠면조, 독일인은 재칼jackal, 영국인은 양 떼들, 프랑스인은 당나귀들이라고 불렀다.

그는 학교 건물이 다른 사람에게 넘어가는 위험을 감수하면서까지, 얼마 남지 않은 돈을 미국여행에 필요한 경비로 쏟아부었는데, 그 당시 자신의 경제적인 처지를 "지독히 유별나고 비극적이면서도, 웃기는 상황의 마지막 순간"이라고 표현하였다.

그는 미국 방문을 통하여, 미국이야말로 기존의 프랑스에 있는 학교의 유지는 물론, 미국에서의 학교 건립이라는 두 가지 문제를 해결할 수 있는 비옥한 땅이라는 것. 또 아메리카가 당신의 메시지를 받아들이기만 한다면 전 세계를 변화시키는 것은 그리 어려운 일이 아니리라는 것을 확신할 수 있었다.

미국을 방문하는 동안, 미국인들의 재정적인 지원으로 당분간 학교의 빚을 갚을 수 있었고, 여러 가지로 미국인들에 대하여 호감을 갖게 된 그는 소년 제자 프릿쯔Fritz Peters에게, "미국인은 속이 아직 안 닫혀서 그런지 개방적이고, 순진하고 바보스럽지만 진짜들 같다"라고 이야기한 적이 있다.

미국에서의 첫 공연은 2월 2일 뉴욕에서 있었는데 대단한 성황을 이루었다. 그 와중에서 스승 구르지예프에 대한 제자 오라지의 역할을 누구는 바울St.Paul에 비유하기도 하였고 어부이었던 베드로에 비교도 하였다. 후일담이기는 하지만 오라지는 스승과 사이가 멀어진 가운데 임종을 맞는다.

뉴욕에서 첫 얼굴을 보인 구르지예프를, 후일 제자가 된 소설가 진 투머Jean Toomer의 표현을 빌리면, 구르지예프는 "턱시도를 입은 중a monk in a tuxedo"이었다. 투머는 구르지예프의 신체와 행동거지에 대단한 감명을 받고 그 일단을 다음과 같이 표현하였다. "나는 그의 걷는 모습에 아주 반했다. 그의 발이 바닥에 닿을 때는 전혀 무게가 없는 듯이 보였다. 마치 미끄러지는 것 같기도 하면서 성큼성큼 걷는데, 무게를 느끼지 않는 걸음걸이였다." 마이클 잭슨의 단골 메뉴인 문워크moon walk를 연상하면 되겠다.

구르지예프는 여러 번 미국을 방문하면서 프랑스의 학교를 살리려고 노력하였으나, 운명의 신은 그를 외면하였는지 일이 순조롭게 진행되지만은 않았다. 한번은 루한 부인(Mrs. Mabel Dodge Luhan)이 미국 뉴멕시코주에 있는 소도시 타오스Taos에 소재한 자기 목장을 구르지예프 학교로 기증하려고 했으나 그것도 무산되었다. 재미있는 것은 루한 부인의 친구이며 『채털리 부인의 사랑』을 쓴 로렌스D.H.Lawrence가 그때 애인과 함께 도피하여 타오스시에 있었는데, 당시 로렌스는 애인과 열애하느라 바빴는지 구르지예프 공부에는 별 관심이 없었던 모양이었다. 소설가들은 대개 그런 기질이 있는 것인지, 소태산이 경성을 내왕하던 때다. 여성 재가 제자이며 후에 한국 고아의 어머니라 불렸던 황정신행(본명은 溫順)은 종로 번화가에 순천상회라는 포목점을 운영하고 있었다. 사업이 번창하여 기자들과 문인들의 교류가 많았다. 그들이 찾아오면 반겨주고 점심도 사주고 돈 쓸 일이 있으면 보태주기도 하였다. 그래서 몇몇 신문 기자들을 불법연구회에 입회시키기도 하였다. 특히 춘원 이광수와 잘 알고 지냈는데 그들 내외를 데리고 여러 차례 돈암동 교당(서울교당)에서 이완철 교무의 설교를 듣기도 하였다. 정신행은 그 정도로 성이 차지 않던 중 소태산이 상경하자, 춘원 내외를 한번 만나 줄 것을 간청하였다.

"대종사님, 이광수 내외를 우리 불법연구회 법을 듣게 하는 것이 어떻겠습니까?"

"듣간디?"

"아닙니다. 들을 것 같습니다. 퍽 좋게 생각하는 것 같던데요."

소태산은 더 대꾸가 없었다. 소태산이 또 다음에 상경하였을 때 정신행은 다시 청을 하였다.

"안 들을 것이요."

"왜 안 듣겠어요. 좋아하던데요."

"에…, 정신행이 말을 하니까 좋아하는 체하지 귀에 안 들어갑니다."

"그러면 제가 연원이 되어 입회시킬랍니다. 이광수의 법명을 주십시오."

"안 받을 것이요." 하며 소태산은 춘원의 부인 허영숙에게 '제만濟晩'이란 법명을 주었다. 소태산이 정신행에게 말했다.

"만나러 가지 마시오."

"그래도 제가 말하면 회관에 잘 오고, 저도 제만 씨 심부름 잘하고, 제만 씨도 제 심부름하고 그러는데요."

여러 차례 춘원을 만나 줄 것을 간청하자 소태산은 더럭 언성을 높였다.

"다시는 거기 가지 마시오! 오더라도 내가 안 받을 것이여. 정신행이 다 좋아 보인 게로 정신행의 말은 듣고 와도, 그 사람 아만이 잔뜩 차서 무슨 말을 해도 들어가지도 않을 것이오."

이후로 정신행은 다시 춘원의 이야기를 하지 못하였다.

이광수는 친일 반민족 행위로 오점을 남겼다. 원효는 중국 최고의 당나라 학승이었던 현장玄奘의 오류를 지적한 '결정상위비량決定相違比量'을 썼다. 이 책을 보고 중국 승려들은 원효를 해동보살·해동종주海東宗主라 부르며 신라 쪽을 향하여 절을 하였다 한다. 그런 원효를 이광수는 조선 총독부 기관지에 연재한 장편소설 『원효대사』에서, 중세 동아시아의 최고 사상가인 그를 과부였던 요석 공주와의 한갓 스캔들로 부각했기 때문이다. 그것이 삼국유사의 이야기를 각색한 것이기는 하지만, 이광수 쪽에서 보면 시대를 잘못 읽은 면도 없지 않다.

2차 대전 발발 직전 적수공권이 된 구르지예프는 다시 러시아로 학교를 옮기려고 비자를 신청하였으나, 인간 내면세계를 혁명시키려는 구르지예프의 아이디어가 러시아 공산당의 구미에 맞을 리 없어 그것 또한 수포가 되고 말았다. 구르지예프의 자동차 사고가 나고, 2년밖에 안 된 1925년 6월 그의 모친이 사망하고, 1926년 6월 26일에는 부인 율리아나가 암으로 영면하였다. 그리고 그는 자기 학교(Institute)의 문을 닫게 된다.

언젠가 구르지예프가 말했다. "태어나기 위하여 사람은 먼저 죽어야 하지만 깨어있는 상태로 태어나려면, 반드시 그 깨어있는 채로 죽어야만 한다."

그렇다. 한 생각을 놓지 않고 성성하게 입멸하는 사람은 결코 죽는다는 표현이 어울리지 않는다. 그래서 소태산도 "모든 불조들이 최후 일념을 청정하게 가지라고 경계하셨나니, 이생에서 그 마음은 악하나 부귀를 누리는 사람은 전생에 초년에는 선행을 하여 복을 지었으나 말년에는 선 지을 것이 없다고 타락하여 악한 일념으로 명을 마친 사람이며, 이생에 마음은 선하나 일생에 비참한 생활을 하는 사람은 전생에 초년에는 부지중 악을 지었으나 말년에는 참회 개과하여 회향回向을 잘 한 사람이니, 이처럼 이생의 최후 일념은 내생의 최초 일념이 되나니라."고 하였다.(『대종경』 천도품 35장)

원기 28년(1943) 3월 불법연구회 총회 때, 정광훈은 총부 결산문서를 가지고 소태산께 감정을 받으러 이건춘과 함께 조실로 들어갔다. 소태산이 문서 하나하나를 감정하고, "참 잘했다. 애를 많이 썼구나. 오늘은 상으로 내가 과자를 좀 주어야겠다." 소태산은 웃으면서 생과자 상자를 내어주고 다시 말했다.

"세상이 참 어수선하구나. 일제의 압정이 막바지에 도달했다. 우리 회상이 이 어려움을 견디기 힘들 것이다. 그러나 크게 걱정할 것은 없다. 검은 구름이 아무리 태양을 가리려 해도 결국 찬란한 태양이 빛날 것이다. 그런데 내가 회상을 창립하느라 심신 간에 많이 피로하구나. 이제는 금강산 같은 데로 멀리 떠나가서 수양을 좀 해야 할 것 같다. 설사 내가 떠나고 없더라도 너희들이 자력을 세워 잘할 수 있겠지. 이 교단은 너희들의 것이니까 너희들이 주인이 되어야 한다."고 말했다.

소태산 열반을 앞두고 "내가 다녀와서 이 회상 일을 계속할 터이니 너희들은 잘 지키고 있으라."고 부촉하였다.

문득, 60세에 도산 서원을 짓고 70세에 병이 깊어지자, 눈 내리는 저녁 아끼던 매화나무에 물을 주라고 마지막 말을 남기며 세상을 떠난 퇴계 선생이 생각난다. 그는 평소 온종일 벽에 기대는 일 없이 단정히 앉았고, 반찬은 세 가지 이상은 사양하면서, 제자들과 이야기할 때는 귀한 손님을 대하듯 존경하고 자상했다. 아들을 불러 장례를 검소하게 치를 것을 당부하고, 남에게서 빌려온 책들을 돌려보냈다. 임종의 주변을 다스린 후, 제자들에게 몸을 일으켜달라고 부탁한 후, 평생을 일관한 정좌로 세상을 하직하였다.

구르지예프는 당신의 부인인 마담 오스트로스카가 암으로 치료 불가능의 판명이 나자, 소년 제자 프리츠에게 "그녀를 위하여 기도하여 주어라. 오래 살기를 빌지 말고 적당한 때 올바른 죽음을 갖도록 말이야."라고 말한 적이 있다.

건강이 악화하자 구르지예프는 임종 2주일 전 학생들에게 마지막 무용법을 가르치고, 이틀 후 그 교실에서 졸도하였다. 며칠 후 급기야 앰블런스가 왔으나 복도를 나가기까지 그는 들것에 타라는 권유를 거절하였다. 현관에서 들것에 옮겨졌으나, 이집트의 파라오 같이 똑바로 앉은 후 태연히 담배에 불을 붙여 입에 물었다. 구급차에 들어가서 뒷문을 열어놓고, 걱정되어 따라 나온 제자들과 가족에게 손을 흔들면서, "모두 안녕!Au revoir, tout le mond!"이라고 작별인사를 하였다.

그는 1947년 10월 27일 후계자인 진 드 쌀쯔만Jean de Salzmann 여사에게 마지막 지시를 하고, 29일인 토요일 오전 10시 30분에 영면하였으니, 오호라! 그의 나이 82세(?), 인류 역사상 최악질의 시절에 최악질의 현장들만 골라서 가로질러간 "걸어 다닌 신" "진짜 슈퍼맨" "전륜성왕(轉輪聖王, cakravarti-raja)" 구르지예프의 무여열반의 시간이다. 구르지예프는 평소 전문의들의 조언을 무시하거나 거절하는 등 의사들을 몹시 싫어하였다. 입원하여야만 된다는 의사의 말에도, "병원이 나를 낫게 해준다고 생각하오? 내가 나를 구하지 못하는데 누가 나를 구할 수 있단 말이오?"라고 말하였다. 최후로 특별히 임명된 의사는 미국인 웰치William Welch였는데, 그는 부랴부랴 뉴욕에서 비행기로 파리에 도착하였다. 그는 구르지예프의 임종에 관하여 1972년 『그런 중에 무슨 일이 일어났나』라는 책에서, 그때의 이야기를 쓰고 있다. 그는 구르지예프의 열반을 보면서, 그의 얼굴에는 병색의 흔적이라고는 전혀 찾아볼 수 없었고 평온하게 돌아가셨는데, "나는 수많은 사람이 죽는 것을 보아왔지만, 그는 왕과 같이 돌아가셨다."라고 이야기하고 있다.

언젠가 구르지예프가 제자들과 만찬의 자리에서 이야기하였듯이, "모두 서원을 세워야 해. 서원이 없으면 인간이 아니지. 내가 아주 간단한 서원을 하나 만들어주지. 그것은 품위 있게 죽는 거야. 모두 철학적인 이야기는 못하더라도 그런 것은 할 수 있잖아 … 개처럼 죽어버리면 안 돼." 그리고 그 말에 대한 보설을 부탁하니까, "살아있을 때 공부한 사람만이 명예스럽게 죽을 수가 있지. 살아있을 때 스스로 공부를 안한 사람은 빨리 건 늦게 건 개같이 사라져 버리는 거야."

그렇다! 착하고 굳은 서원이 있어 그것이 동력이 되고 원력으로 이어지는 것이다.

그가 명을 달리하기 몇 시간 전에는 수면 상태에 있는 것 같아 의사가 눈까풀을 열었더니 의사를 되 쳐다보는 듯한 의식이 있었고, 임종 후 몇 시간 동안 이마와 목이 따뜻하여 의사를 당황하게 만들기도 하였다. 부검 결과 몸속의 장기들이 크게 파손된 상태였기에, 그런 상태라면 벌써 수년 전에 돌아가셨어야 당연한데 어떻게 그렇게 오래 살 수 있었는지 의사들은 이해할 수가 없었다. 그는 단지 의지력과 생명력 같은 것으로 살아왔을 것이라고 결론짓고 말았다.

시신은 나흘간 병원 영안실에 평화롭게 누워있었고, 유럽 전 지역과 미국에서 제자들의 조문이 줄을 이었다. 장례식 전날 시신은 러시아 정교회로 운구되었다.

그가 생전에 동생인 드미트리가 죽었을 때, "장례식은 중요하지 않아, 자, 우리 피크닉이나 가자!"라고 조크 아닌 조크를 한 일이 있었다.

성경의 말씀대로, 죽은 자가 죽은 자를 장사지내게 하는 것이지, 장례 그 자체는 중요한 것이 아닐지도 모른다. 어쨌든 장례는 러시아 정교회 특유의 단순하면서도 웅장하고 아름답게 감동적으로 치러졌다. 그의 영구는 아봉에 있는 가족 묘지에서 모친과 부인 사이에 안장되었다.

그날 밤, 진 드 쌀쯔만은 50여 명의 선임 제자들이 참석한 회의에서 다음과 같은 말로 끝을 맺었다.

"구르지예프와 같은 스승님이 가셨을 때, 누구도 그 자리를 채울 수는 없습니다."

9.
주연과 조연 그리고 엑스트라

숨었다 보였다 숨바꼭질하는 모든 것을 천체 쇼cosmic show라 한다면, 그 큰 장관 안에는 또한 작은 구경거리가 있기 마련이다. 위에서 구름이 애꿎은 달을 희롱하여 슬쩍 가렸다, 짐짓 비켰다 혹은 먹장구름으로 애먹이는 것도 구경거리요, 아래에서 부처가 중생을 귀여워하다 부대끼고, 중생이 부처를 구주救主로 모시다 칠통漆桶에 빠지는 것 또한 이를테면 쇼다.

쇼는 쇼요 그 이상도 그 이하도 아닐진대, 막이 내릴라치면 저마다 갈대로 가야 할 것이거늘, 할 일 없이 허공에 말뚝을 박으려고(임제 선사) 우물쭈물 무리를 지어 작당하고 울타리를 겹겹이 친 후, 의미를 붙였다 떼었다 하기도 하고, 시대가 이러니저러니 새로운 해석에 연지 곤지를 발라야 한다는 등, 또는 초판初版이 좋다 하여 신발을 거꾸로 신고 뱃머리를 돌려 고리타분한 옛날로 돌아가야 한다는 등, 문화를 넘어 토착화가 어쨌다는 등, 이러쿵저러쿵 입방아 찧느라 긴 밤을 지새운다.

쇼에는 무대와 배경이며, 크고 작은 도구며, 주연과 조연배우 그리고 못난 엑스트라 또는 그 마당극 언저리에서 때는 이때라 실속을 챙기는 엿장수 또는 헐린 울바자 사이로 뭔가 궁금증에 출랑거리다 부리나케 빠져나온 멍첨지와 멍순이가 꼭 있기 마련인데, 몰라라 이 글에 눈빛을 부딪치고 있는 자기는 역사와 환경을 응시하며 어느 배역을 맡았는지? 유일무이한 그 배역이 무엇인지를 아는지 모르는지?

골똘히 생각하여 보아도, 진토를 다녀가신 성인 중 무대며 배경이며 기획력 연출력 편집력 그리고 일류 주연에 일류 조연 그리고 엑스트라 등의 연기와 관객의 수준으로 볼 때, 최우수 작품은 단연, 그래도 '불교'요, 주연상 트로피는 고타마 붓다가 아니면 임자가 따로 없다. 단역 배우며 '엿장수' '멍첨지' 모두 그만하면 화려한 연기였다.

• **부처님**은 비록 카필라바스투를 수도로 삼은 작은 부족국가의 왕자로 태어났지만, 그 당시 그 지역은 6~7천 년 전의 모헨조다로Mohenjo Daro나 하라빠Harappa 등 하수도 시설과 수해 등의 사고 예방에도 신경 쓴 흔적이 남아있는 도시 유적을 남긴 인더스 문명의 영향을 받아서 그랬는지 어쨌는지, 18세기까지도 프랑스 평민들이 촛불을 밝히고 옷을 뒤집어가며 이 잡는 것이 어두운 밤의 유일한 소일거리였다는 것을 고려하여 본다면, 북부 인도는 세계적으로 보아서도 수준 이상의 문화를 누릴 때였다.

정확한 연대는 알 수 없지만, 붓다의 활동 시기를 안전하게 기원전 6~4세기로 생각한다면, 당시 인도 사회는 철기가 사용됨으로써 농업 생산량이 증가하고 따라서 잉여 생산이 가능해진 시기였다. 또 그 생산물을 교환하기 위해 시장을 중심으로 도시문화가 형성되었고, 자연히 경제적 전환점에서 사람들의 종교적인 인식 또한 당연한 변화를 하고 있었다. 당시 북인도 사회의 경제적인 풍요로움은 파탈리푸트라(Pâtaliputra,

현재의 파뜨나)를 다녀간 그리스 사신의 여행기록에서도 볼 수 있다.

붓다는 인도 사성 계급의 두 번째인, 크샤트리아라는 사람을 죽이는 것이 직업인 무사 계급 출신이니만큼, 람보 정도의 남성미 만점인 근육질 청년이었을 터이고, 우리 식으로 이야기하면 십팔반 무예에도 통달하였을 것이다. 그것뿐이겠는가. 그는 당시 첨단 학문이며, 신흥도시 재벌들의 정치 경제적 후원을 입고 베에다의 권위를 부인하며 브라만교에 반항하였던 자유 사상가들인 소위 육사외도六師外道의 학문 내용을 정확하게 꿰뚫고 있었을 것이 아닌가. 그러니 머리로나 몸으로나 천하에 부러울 것이 없는 청년이었다. 말할라치면 '공중'에서도 만점 '지상'에서도 만점이니, 콜로라도 스프링스에 있는 미 공군사관학교 생도로도 적격이겠다.

"자본資本에 살어리랏다!"라고 외치는 CEO보다 더 때깔 좋은 왕자의 미래가 예약된 청년이, 산해진미의 밥상이며, 미스 인디아 정도의 쭉쭉빵빵의 몸매와 경국지색의 미모, 애교 섞인 말투, 앙증맞은 몸짓, 달콤한 체취를 가졌을 부인 야쇼다라 등을 헌신짝 버리듯 하고, 애마 칸다카를 타고 궁성을 야반도주로 빠져나가, '자발적' 깡통을 찬 고상한 '거지' 내지 고전적 '히피'로 신분을 급강하시켰으니, 장면 전환의 극적 효과로 보아서도 이만저만 히트 칠 소재가 아닐 수 없다.

정각을 이루신 후, 조연배우가 되는 기라성 같은 열 명의 엘리트 제자들을 비용도 안 들고 한 호흡으로 거두었으니 그 복福 또한 만만치 않다. 청법 비구 숫자를 1,250인으로 표현한 『금강경』의 사실 여부는 접어두고서라도, 그런 숫자는 '멍첨지'의 숫자가 아니요 '들을 줄 아는 귀'들로, 속말로 '귀명창'들이라고나 할까 오랜 수행을 한 제자들로 그 수준이나 분위기를 확실하게 파악할 줄 알아야 한다.

　1,250인이라는 숫자가 그럴듯하게 들리는 것은, 수보리가 나름의 제자들을 거느리고 있다가 부처님께 귀의하여 버렸으니 졸병들도 그대로 부처님 앞에 엎어졌을 것이고, 또 기괴한 힘을 가진 마하 목갈라아나(大目連) 또한 200명 정도 끌고 왔을 것이고, 이런 식으로 10대 제자가 전부 동원되었으니 그리 무리한 수라고만은 볼 수 없다.

　• **노자**는 설법의 깊이로는 타의 추종을 불허하나, 조명 받으면서 몸치장하며 상 받는 것에 대해 선천적 기피증이 있는 체질인지라 뭐라 말할 수도 없고, 본인도 부담스러워할 것 같다.

　• **예수**는 극적인 일생에, 잃어버린 13세 이후의 청소년 시절이 대단히 궁금하기도 하고, 당신이 밟은 무대 또한 로마 제국만큼 넓어서, 복음이라는 메시지는 언급하지 않더라도 다큐멘터리식으로 엮었어도 훌륭하였을 것이다. 로마에 깔린 식민지 생활 등 대단한 잠재력이 있었으나, 조연들의 수준에서는 섭섭한 마음을 감출 수 없다.
　종교가 뭐 꼭 제자들의 지적 수준을 놓고 뭐라고 할 성질의 것은 아니지만, 가롯 유다를 빼고서는 좀 아쉬운 면이 없지 않다. 또 12사도라 불리는 개인들 또한, 거의 딴생각을 갖고 자기 살림에 바빠서 보수만을 생각하였는지, 연기에 성의를 보여주지 않았다. '오, 주여!' 하고 '저 높은 곳을 향하여' 맹목적으로 따르는 순종파에는 어필할지 몰라도 상큼한 맛을 즐기는 사람에게는 '거시기'하지 않을까?

　• **소태산**은 주연급으로서도 잠재력 등 손색이 없었을 것 같고, 무대장치는 충분한 가능성이 전혀 없는 것은 아니었다. 요행한 일들을 취하

지 않아서 그랬는지(『대종경』 실시품 42장) 대사도 감동 내지 감격을 줄 재미난 소재가 많았으나, 극적인 요소와 상황의 긴박성을 고조시키는 장면이 없고, 관객 동원에 필요한 배우 기질이 없었다. 원숙한 나이도 그 원인의 하나로 작용할 수도 있었겠으나, 그런 쇼맨십이 있어 혹시 관람객이 있었다 하더라도 그 수준이 문제였다.

그때의 청법 대중의 수준이란, 공회당에서 제자들이 모여 소태산의 법문을 받드는 시간에도, 당시 인근의 목천포에 있는 비행장에서 출발하여 하늘 위로 일본군 비행기들이 윙 소리를 내고 지나가면, 대중들은 공부하다가 말고 우르르 밖으로 몰려나갔다가 다시 들어와 앉았다고 한다. 물론 비행기가 귀한 때라 신기하기도 했겠지만, 소태산으로서는 참으로 기가 찰 노릇이었을 것이다. "너희들이 언제나 철이 들겠느냐? 비행기 보는 것이 중요한 게 아닌데, 내가 밤에 비단옷을 입고 밤길을 가는 것 같다." 제자들은 소태산의 나무람이 야속하면서도 일편 보기 드문 비행기를 본 즐거움에 흐뭇하여, '비단옷을 입고 밤길을 간다.'는 것이 도무지 무슨 말인지 모르고 지나쳤다. 소태산의 이야기처럼 "사실 그대들이 이 회상을 못 만났으면 한 가정의 아버지나 어머니밖에 되지 못했을 것이다. 좀 우습게 말하면 남자들은 배추씨 장수밖에 못 되었을 것이요, 여자들은 한 남편의 시종이나 식모밖에 못 되었을 것이다." 상황이 이런 정도였으니, 영성훈련을 위한 새로운 테크닉의 개발은 차치하고, 촬영 중 '전깃불'이 나가는 비극으로 끝나지 않은 것만으로도 천만다행으로 생각하여야 할 것이다.

익산에 있었던 '불법연구회' 인근에 살던 동네 사람들도, 저것들이 무슨 재미로 저렇게 모여서 사나? 했다는데, 만나기 힘든 부처님을 가장 가까이에서 만났음에도 그 좋은 기회를 놓쳤으니, 그야말로 돼지 앞의 진주 격으로 '쪼다'들이다. 붓다의 사촌 동생이며 비서실장이었던 아난의 형이 되는 제바달다를 축약해서 조달調達이라고 하는데, 이설이 있긴 하지만, 이 '조달'이라는 말에서 '병신 쪼다'의 '쪼다'가 나왔다는 설도 있다. 보물섬에 들어가서 불평만 하다가 실리는 못 챙기고 빈손으로 나왔기 때문일 것이다.

알다시피 항공기는 1903년 미국의 라이트 형제로부터 시작했다. 그 후 10년 뒤인 1913년에 일본군은 경성(서울)의 용산 즉 지금의 용산공원 자리인 용산 연병장에서 한반도 최초로 일본인 나라하라 산지가 만든 비행기를 선보인다. 그때는 나라하라 산지가 타고 동승한 제자 시라토가 조종간을 잡았다. 글라이더 형식을 갓 벗어난 형태인데도 제법 잘 날았다 한다. 그때가 일본 강점기 초반이었는데, 일본인들은 한국인들의 기를 꺾어놓으려고 자주 이런 비행 행사를 벌렸다. 당시 이 첫 번 행사를 보기 위해 운집한 인파가 6만 명 정도였다고 하니, 좀 과장이 되었다 하더라도 그 열기를 짐작할 수 있겠다. 몇 년간 비행 시범 쇼가 반복되어 반응이 시들해질 즈음, 1917년 여의도 비행장에서, 미국 항공업계의 선구자 글렌 커티스Glenn Curtiss가 와서 곡예비행을 보여주었다. 관객들 머리 위를 바짝 나르며 지나가는 초저공비행이나 급반전 등은 물론, 연기로 공중에다 글씨를 쓰거나 심지어는 비행기 날개에 사람을 세워놓고 날랐다. 당시 그의 비행 쇼가 얼마나 인기 있었는지, 경성 인구의 1/4이 관람했다고 한다.

소태산은 젊은 제자 박창기와 비행기를 탄 일이 있다. 1942년 5월 16일 법문을 보자.
　지난번 서울에서 창기가 비행기를 타자고 권하기에 응낙하고 모든 행장을 차린 후 비행기를 타게 되었다. 처음 비행기에 들어가 앉으니 종이에 솜을 넣어서 귀를 막게 하고 할 말이 있거든 필담으로 하라고 연필과 공책을 달아 놓았는데, 창기를 마주 보고 옆에는 일본군이 세 명이 앉아 있었다.

프로펠러가 돌면서 요란한 소리를 내고 하늘로, 하늘로 올라가는데 밑을 내려다본즉, 마치 대소쿠리 속에 앉은 것 같았다. 그래서 창기에게도 안심 입정하라고 말하고 나는 정의의 굳은 신념으로써 사은 전에 심고를 드리고 무사통과할 것을 자신한 후 고요히 눈을 감고 선정에 들어 버렸다. 그리고 도중에 어떠한 고장이 생겨서 설사 떨어져 죽는 한이 있더라도 절대 거기에는 흔들리지 않으리라는 각오로 단단히 하고 있었더니 그만 마음이 착 가라앉았다. 얼마 동안을 가다가 창기가 나를 흔들기에 눈을 뜬즉 '부여 통과'라고 쓴 것을 보여준다. 창기의 얼굴은 아주 창백한데 또 '익산 통과'라는 소리가 아득히 들리며(나는 귀를 막지 않았다) 조금 지나서 목천포 비행장에 내려서 자동차로 보화당까지 무사히 오게 되었다.

무슨 일이나 처음 시작할 때, 즉 결정하기 전에는 정신이 복잡하고 따라서 '어찌할 것인가'하고 걱정과 근심도 되지마는, 정의의 굳은 신념을 가지고 한번 하기로 작정한 이상에는 근심할 것도 없고 두려워할 것도 없다. 설사 어떠한 불행이 있다 하더라도 그러한 사람 앞에는 슬픔과 고통도 없는 것이다. 그와 같이 그대들도 매일매일 온갖 경계를 접촉할 때 경거망동하지 말고 항상 정의의 굳은 신념을 가져서 안심안정할 줄을 안다면 자연 고통과 공포가 없어질 뿐만 아니라, 죽을 고비를 당한다고 할지라도 그 마음이 초연할 수가 있다. 정의의 신념이 어찌 위대하다 아니할 것인가.

좀 비슷한 이야기가 있다. 만델라의 자서전 『자유를 향한 머나먼 길 Long Walk to Freedom』을 작업한 타임지의 편집자였던 릭 스텐겔Rick Stengel이 들려줬단다.

만델라가 자신의 경호원인 마이크와 함께 작은 헬리콥터에 타고 있을 때, 만델라는 조간신문을 보다가 우연히 밖을 쳐다보았는데 프로펠러 하나가 작동하지 않는다는 걸 발견했다. 만델라는 몸을 기울여 마이크에게 조용히 말했고, 경호원 마이크는 이를 조종사에게 알렸다. 조종사는 상황을 파악한 후 긴급 착륙을 시도하겠다고 했단다. 이 상황을 마이크가 만델라에게 설명하자, 그는 차분하게 고개를 끄덕이고 다시 신문을 보기 시작했다. 그러나 조종사는 한순간 하늘에서 추락할 수도 있다는 사실에 개의치 않는 만델라의 의연한 모습 덕분에 침착해졌다고 한다. 무사히 착륙한 후 공항에서 그들을 기다리고 있던 방탄 BMW에 탔을 때, 타임지의 스텐겔은 비행이 어땠느냐고 물었다고 한다. 그러자 만델라는 눈을 크게 뜨면서 이렇게 말했다고 한다. "세상에, 정말 너무 무서웠어요."[14]

소태산의 관객은 그렇다 치고, 주연은 물론 조연들의 출신지도 대부분 '산중빈촌'이요 '견문이 적어'(원불교 교서) 따라서 자금 조달에 필요한 마당발이 없었고, 후일 원불교 총부도 콩깻묵으로 죽을 쒀먹을 만큼 가난하였으니, 경비 부족으로 이동 촬영의 흔적이 별로 없고 단조로워 국제 경제력 확보의 과제를 남기고, 보는 이로 하여금 약간의 지루함을 느끼게 하였다. 하기야 나 같이 감각이 무딘 사람도 좀이 쑤셔서 외국산 '오락물'을 보려고 '삿갓'을 쓰고 비행기를 탔으니까 말이다. 흥행물로서는 전면 개작을 하지 않으면 성공하기가 어려울 것 같아, 최근 홍보부에서는 판촉을 위해서 애쓰고 있다는 이야기를 듣고 있기는 하나 글쎄다. 너무도 급하게 돌아가는 세상인지라 조직에 있어서 지도자가 무능·무식·

---

14 데스몬드 투투 외 2인 『기쁨의 발견』 이민영 역, 위즈덤하우스, 2017, 116쪽.

무치하거나 게으름이 심하면 구제 불능이란 것은 명약관화한 일이다.

　소태산은 조연 배우들에게는 인정이 많으셨는지 점수를 후하게 주셔서, 조선 총독하고도 안 바꾼다고 격려했다. 또 양잠실 누에 방에 가서 학인들에게 "너희가 단잠을 자지 못하고 새벽 2시에 나와서 누에 키운다고 애를 쓰는구나. 이놈들에게 뽕을 줄 때 염불을 많이 하며 뽕을 주라. 그리하면 이놈들이 앞으로 보은하러 꾸역꾸역 들어올 것이다. 지금은 전무출신이 귀하기 때문에 누구든지 전무출신 한다고 오면 한 눈이 애꾸눈이고 한 다리를 절어도 예쁘다고 다 받아들이겠다."라고 하며, 단역 배우에게도 "한쪽 눈 팩 꼴고 한쪽 볼때기 쏙 들어가도 이대 총장인 김활란하고 안 바꾼다."고 대자대비의 아량을 베풀기도 하였지만, 장외한인場外閑人의 안목으로 볼 때는, 주연의 잠재력을 충분히 발휘 못시킨 식민지라는 역사적인 분위기와 조연들의 '무능'(돌고 돌아 지극하면 유능일 수도 있겠지만)이 자다가 깨어서 생각해보아도 여간 아쉬운 일이 아니다.

　• 지난 세기 서양 무대에서 스포트라이트를 받은 부처 가운데, J. 크리슈나무르티는 신지학회가 서양 지식인들에게는 깊은 뿌리를 내리고 있어서, 인력으로나 재력으로 볼 때 '짠짜짜-짠' 하고 팡파르가 울려 퍼지는 가운데 입장하기는 하였으나, 그 사람됨이 중국 문인들이 미인을 두고 좋아하는 표현대로, 봄 산과 같은 눈썹과 가을 호수같이 맑고 깊은 눈을 가진 예쁘고 건강한 규중처자에게 버림을 받을 정도로 박력이 없었으니, 쯧쯧!
　하기야 '이것이냐 저것이냐'의 아저씨 키르케고르도 작업취사의 공부가 부족하여 "정의는 용맹 있게 취하지"(작업취사의 결과) 못하였기 때문에, 꽃처럼 아름다운 미소를 지닌 여성을 눈앞에서 놓치고 만 일이 있기는 하다. 그러니 크리슈나무르티도 평생을 할 일 없이 쿠션도 없는 딱딱한 나무 의자에서 척량골(脊梁骨, 척추뼈)을 세우고 앉아 시종일관할 수밖에 없었다. 그나마 항상 의자를 그늘 밑에 놓을 수 있었다는 것은 천만다행 그의 행운이 아닐 수 없다. 어쨌든 무대는 가능성이 좀 있었고 대사도 가슴을 시원하게 열어주며, 우리들이 '생각하는 사나이'로 폼을 잡아주는 대목이 많으나, 조연을 무시한 주연 일변도의 연기에 등급을 준다는 것에는 여간 미안한 마음을 감추지 않을 수 없다.

• 바그완 슈리 라즈니쉬는 흥행 면에서는 공전의 대성황을 이루었으나, 주연이 필요 이상으로 튀는 바람에 조연 배우들의 연기 부족이 상대적으로 눈에 띄었다.

특히 현대판 가룟 유다라는 악역으로 분장하여 극의 피날레를 망쳐버린, 대외용 공식 비서였던 인도 여자 셸라Shella의 연기가 수준 미달이었다. 누구처럼 목이라도 매달았으면 몰랐을까, 서양 남편하고 손잡고 또 양손에 캐시Cash까지 쥐고 산천경개 월등한 스위스로 줄행랑을 처버렸으니 말이다.

셸라가 거머쥐고 도망친 돈은 최소 4천만 달러 이상이었고 돈은 스위스 은행으로 입금되었다. 셸라가 도망친 후 라즈니쉬는 오랜 정적을 깨고 다시 대중과 대화를 재개하였는데, 제자들과는 하루에 3번 기자들과도 시간을 가졌다. 한 기자가 라즈니쉬가 깨달음을 얻은 사람이라면 어떻게 이런 지경까지 도달할 줄 몰랐느냐고 질문하였을 때, 라즈니쉬는 "깨달음이란 나 자신을 안다는 의미다. 깨달음은 내 방이 도청되고 있다는 것까지 안다는 것이 아니다."라고 답했다. 셸라가 미국에서 대외용 공식 비서가 될 때도, 라즈니쉬는 '그 일을 하기에는 셸라가 적격이다'(그녀는 인도인이었지만, 첫 번째 결혼을 통해 미국인이 되었고, 미국에서 많은 시간을 보냈다)라는 투의 언급은 없었다. 라즈니쉬는 의사에게 생명을 맡기듯 자기의 일을 하는 사람 누구에게도 전적인 신뢰를 보였다. 그냥 오는 인연은 거절하지 않고 가는 인연 또한 막지 않았을 뿐이다. 셸라는 미국 오리건주의 '라즈니쉬 뿌람'이라는 공동체를 결성하는데 많은 공헌을 했지만, 돈을 빼돌려 도망친 후 그 사건은 그 공동체의 몰락을 부채질하는 결정적인 계기가 되었다. 물론 돈 만이 문제는 아니었다.

그래도 주연인 라즈니쉬가 막간에 짬짬이 조연들에게 이야기한 대로, 그것은 셸라 개인의 결정이요 자유이기 때문에 결코 그 자유를 비난해서는 안 된다는, 그리스도 같은 말씀으로 약간 감격할 틈을 주신 것만은 천만다행이 아닐 수 없다. 왜냐하면 그 비난으로 생기는 미묘한 아상ego이 더 무섭다는 것이다.

누구도 "남을 원망하지 말고 자기를 살피라"(원불교 정전, 솔성요론 9)는 소태산께서 말씀하셨다. 즉 우리는 한 개인의 자유를 비난하여서는 안 된다는 이야기다. 가슴에 품을 좋은 말씀이고 영생을 놓고 볼 때 귀담아 들을 말씀 같지만, 에이! 머리가 아파서 잘 모르겠다 하면서도 자위가 되는 것은, 정말 모르는 사람은 모르는 줄조차 알지 못 할 테니 이렇게 푸념이라도 하는 나 같은 사람은 언젠가는 알 날이 있지 않겠는가.
왜 잘 모르겠다는 말을 하는가 하면, 라즈니쉬는 어떤 때는 당시의 대통령 레이건이나 오리건 주지사 또 로마 교황 등 기득권자들에게 불호령을 내리다가도, 이런 때는 김수영식으로 '풀이 눕는다'며 풀 한 포기에 불과한 구제 받을 수 없는 중생을 끝까지 품에 안아주시니 말이다.

자 그러면 고대의 지혜를 우리 시대에 다리 놓아 준 주인공 '전륜성왕' 구르지예프가 공연한 유라시아 무대에서, 주연과 조연의 분장 및 연기력들은 과연 어떠하였을까?

10.
모이 쪼는 새들

누구를 모시고 '구차스럽게' 제자가 되어 그 심법을 한번 배워 보겠다는 것은, 결국 자유인의 고전적 표현인 '불기'(논어 위정편의 '君子不器', 즉 크다 작다 할 것도 없는 큰 그릇)가 되겠다는 것인데, 그것이 어디 생각처럼 그리 쉬운 일 일까보냐. 특히 인류 정신 문화사상 처음으로 부처의 심상心狀 즉 중생 심리학인 일반 심리학이 아니라, 부처 심리학을 과학적으로 규명하고, 그것에 접근하는 방법을 구체적으로 시도하려고 노력하였던 구르지예프의 '실험용' 문하생으로서야 더할 나위 없겠다.

2차 대전 중 독일군에 점령당한 파리의 아파트에서, 구르지예프는 찾아오는 사람들을 계속 접견하였다. 그중에는 늙고 빈궁한 사람들도 많았는데, 그들이 그림을 가지고 오면 그것들을 사주고, 아니면 먹여주고 선물이나 돈을 주고는 하였다. 구르지예프의 학교였던 푸리우레이에서 5년간 소년 시절을 보내며, 그의 사동使童 역할을 충실하게 하였던 프리츠 피터스Fritz Peters가 있다. 어린 프리츠는 성년이 되어서는 양성애자bisexual였는데 그가 2차 대전이 끝난 후 구르지예프에게 인사를 하러 왔을 때, 구르지예프가 "내 아들!My son!" 하며 그를 반갑게 맞이할 정도로 가까운 사이였다. 프리츠가 전쟁 중에 파리의 아파트를 방문하였을 때는 방안이 엉터리 삼류 그림으로 발 디딜 곳이 없었다. 의아해하는 프리츠에게 그는 커피를 마시면서 다음과 같은 이야기를 하였다.

"내 운명의 일부분으로, 나는 살면서 많은 역할을 하고 있지. 너는 나를 스승으로 생각하고 있겠지만, 사실 나는 네 아버지야. 이해가 잘 안 되겠지만 여러 방면에서 너의 아버지지. 나는 또 댄스 선생이고 많은 사업체를 갖고 있지. 넌 모르겠지만 나는 가짜 속눈썹을 만드는 회사가 있고 양탄자를 취급하는 잘나가는 회사도 있어. 그것으로 나는 나 자신과 가족들을 위해 돈을 버는 거야. 너도 보다시피 내 가족은 대가족이지. 왜냐하면 이렇게 매일 내 집을 찾아오는 이 나이 많은 사람들이 다 내 가족이거든." "꼭 그렇게 안 하셔도 되잖아요" 하고 다시 질문하는 피터스에게, 그는 미소를 띠며 다음과 같이 말을 계속하였다. "프리츠, 넌 아직도 멍청하구나. 나와 내 제자들을 위해 할 수 있는 일이라면 다른 사람들에게도 해 줄 수 있는 것 아니냐. 몇 푼밖에 없는 할머니가 공원에서 매일 새들에게 먹이를 주는데 왜 주느냐고 한번 물어봐. 이 모든 사람이 내 가족 말하자면 나의 새들이지. 그 할머니는 사실을 말하지는 않겠지만 새를 사랑하니까 그렇게 하겠지."

피터스가 질문에 대하여 사과를 하자 그럴 것까지는 없다고 하면서, 그는 그들이 곧 죽을 텐데 자기는 그들이 바른 최후를 맞을 수 있도록 도와주는 것이라고 하면서, 너는 젊어서 이해가 안 가겠지만, 이 일은 대단히 중요한 일이라고 설명하여 주었다.

구르지예프의 경우와 마찬가지로, 소태산도 영산에 있을 때, 창부 몇 사람이 입교하여 내왕할 때, 여러 사람이 "이 청정한 법석에 저런 사람들이 내왕하면 다른 사람들의 치소가 있을 뿐 아니라 발전에도 장애가 될 것이니, 오지 못하게 하는 것이 좋겠습니다." 하는 말을 듣고 웃으며 다음과 같이 말하였다.

"그대들은 어찌 그리 녹록한 말을 하는가. 대개 불법의 대의는 항상 대자대비의 정신으로 일체 중생을 두루 제도하는 데 있거니, 어찌 그들만은 그 범위에서 제거하리오. 제도의 문은 도리어 그러한 죄고 중생을 위하여 열리었나니, 그러한 중생일수록 더 반가이 맞아들여, 그 악을 느껴 스스로 깨치게 하고, 그 업을 부끄러워 스스로 놓게 하는 것이 교화의 본분이라, 어찌 다른 사람의 치소를 꺼리어 우리의 본분을 저버리겠는가. 또한 세상에는 사람의 고하가 있고 직업의 귀천이 있으나, 불성에는 차별이 없나니, 이 원리를 알지 못하고 다만 그러한 사람이 내왕한다 하여 함께 배우기를 꺼린다면, 도리어 그 사람이 제도하기 어려운 사람이니라."(『대종경』 실시품 7장)

성인들이 뿌려 준 모이를 부지런히 주워 먹기는 하였으되, 자기의 피와 살로 만들지 못하고서는 도리어 법을 받지 못하였다고 한탄하는 (『대종경』 부촉품 4장) '새'들, 또는 바람피우느라 알을 낳지 못한 새들이(구르지예프는 학교는 "알을 까는 둥지"라고 표현한 일이 있다.) 어디에나 또한 있기 마련이다. 물론 중요한 몇 사람의 제자들이 스승과 등을 돌리고 제 갈 길을 갔지만, 구르지예프의 남녀 제자들은 하나같이 서양사회의 각 분야에서 저마다 두각을 나타내고 있던 최첨단의 엘리트들이었다. 제자들의 수준으로 볼 때는 서가모니 부처님도 어느 면으로는 질투를 좀 느끼시리라 생각될 정도로 종교 역사상 전무후무한 일이었다.

부처님이야 45년간의 전도 범위가 갠지스강 중류 유역으로 그 당시 2대 강국이었던 갠지스강 남쪽의 마가다국(수도는 라자그리하, 한역으로는 王舍城)과 북서쪽에 위치한 코살라국(수도는 슈라바스티, 금강경의 무대인 사위성) 정도인데

비하여, 구르지예프는 유라시아 인재들을 품 안에 안고 있었다.

한 예로 제자였던 우스펜스키(P.D.Ouspensky, 1878~1947)를 보자.

그는 러시아의 수석 제자다. 구르지예프와 나이가 비슷한 그는, 차르Tsar 시대의 지명한 지식인으로 신지학회 러시아 지부의 지도인의 한 사람이었다. 그는 수학자요 철학자이며 저술가인 동시에 도꾼이었으며, 모스크바와 상트페테르부르크에서 천여 명의 대중을 두고 강연을 하는 처지였다.

그는 1915년 구르지예프를 만나기 전, 1909년에 이미 『사차원의 세계The Fourth Dimension』와 1912년에 『제3의 논리학Tertium Organum』이라는 책을 출판하였다.

부제가 '불가사의한 세계를 여는 열쇠, 사고의 세 번째 정전正典'이라 이름 붙은 『제3의 논리학』이란 저술은, 아리스토텔레스의 『논리학Organon』에 대한 새로운 논리학인 베이컨의 『노붐 오르가눔』에 대하여, 또다시 도전하는 인간의 새로운 사고방식의 가능성에 관한, 한 천재의 대담한 기획이었다.

『제3의 논리학』은 부처님 자신이 썼다고 하여도 곧이들을 만큼 거의 완벽한 책으로, 어떻게 부처의 마음을 얻지 못한 사람이 이런 글을 쓸 수 있겠냐고 의아해할 정도의 내용을 담고 있다는 평이 나 있다. 이 책을 본 구르지예프도 그에게, "만약 당신이, 자신이 쓴 책, 무엇이라고 하는 책이던가?(제목이 생각나지 않아서 머뭇거림) 아! 『Tertium Organum』의 모든 것을 '이해'하고 있다면, 나는 당신을 꼭 찾아와서 절을 하고 나에게도 좀 가르쳐 주기를 부탁할 것이요."라고 말을 하였을 정도다. 여기서 안다는knowing 것과 이해 또는 깨달음understanding의 차이를 구분하여야 한다. 이 단어들은 구르지예프 자신뿐만 아니라 그 뒤를 잇는 서양

세계의 선각자들에게서도 같은 내용으로 구분되고 있다. 가령, 이 공부 이 사업의 필요성을 그냥 그런 거니 하고 머리로 아는 것과 대장부 할 일이 이것밖에 없다는 것을 머리와 가슴으로 절감하는 것과는 큰 차이가 있다.

안다는 것은 지知·정情·의意 중 한 부분으로 아는 것이고, 이해라는 것은 지성과 감정과 의지의 세 가지 방면으로 총체적으로 깨쳐서 아는 것이다.

구르지예프에 의하면 부처님의 눈으로 볼 때 우리는 원숭이들이 노는 것과 똑같다고 한다. 한쪽 뇌만 개발되어 그것만 가지고 놀기 때문이라는 것이다. 세 가지 종류의 뇌를 가졌다고 하는 인간에 대하여 그가 만든 격언이 있다.

"한 개의 뇌로 알면 환상hallucination이요, 두 개의 뇌로 알면 반반半 환상이요, 세 개의 뇌로 알면 참 이해real understanding다." 다른 말로 하면, 우리는 환각 환청 환시 속에서 놀고 있다. 그가 제자들에게 너희는 항상 생각, 생각, 생각만 하고 있다고 꾸짖었지만, 앎이란 생각을 하여서 아는 것인데 생각이라는 것은 깨닫지 못하여서 생기는 현상일 뿐이다. 생각이라는 것은 장님이 길을 더듬는 것과 같다고 할 수 있다.

눈이 있으면 그냥 보이는 것을 보는 것이지 더듬을 필요가 없다. 이해라는 것은 눈을 가지고 있는 그대로를 보는 것이다. 모르니까 자꾸 생각에 생각을 더하게 되는 것이다. 그 생각을 끊어버리면 밝은 지혜가 저절로 생길 수도 있는데, 그 생각하는 자체를 귀중하다고 '생각'하므로 일이 복잡하다. 앎은 인간 컴퓨터가 저장하여 놓은 과거의 지식을 연결하여 사용하는 것일 뿐이다.

이해는 저장되어 있거나 흐르지 않는 물 같이 썩은 것이 아니라, '지금-여기'를 직관하는 시선인 것이다. 그러므로 이해를 한 사람은 절대로 기계적인 반작용 즉 조건에 대한 반작용이 없이 언제나 신선한 행동을 한다. 개처럼 조건에 반사하면 안 된다. 제대로 안 된다고 생각되면 일단 멈추기라도 해야 한다. 한마디로 『금강경』에서 말한, '응무소주 이생기심應無所住而生其心', 즉 머무른 바 없이 마음을 내자는 것이다.

구르지예프가 우스펜스키의 책에 대한 찬사가 있고 난 뒤, 곧 우스펜스키는 모든 것을 철학적으로 생각하고 입만 열면 수사학적인 장황스런 이야기를 하였기 때문에, '방하착(放下着, Wrap Up the Thought)'이라는 별명을 얻었다.

구르지예프는 종종, 영지주의 문학, 신플라톤주의, 인도의 경전들, 수피문학, 성경, 중국철학, 에크하르트Eckhart, 뵈메Boehme, 스웨덴보르그Swedenborg, 블레익Blake 등으로 머리에 쓰레기가 가득 차 있는 제자들에게 독서 금지령을 내리고는, "너희들은 매일 생각, 생각, 생각만 하는데, 나는 그냥 보기만 한다. You always think, think, think. I look." 부처님의 안목으로 볼 때 우리는 '생각'조차도 못하고 있는 것이겠지만, 사실 사리연구의 결과인 "걸림 없이 아는 지혜의 힘"이라고 하는, 연구력(『정전』 삼학 중 사리연구)이라는 것도 그저 '생각' 또 '생각' 만을 하여 얻어지는 것만은 아닐 것이다.

그래서 소태산도, "사자나 범을 잡으러 나선 포수는 꿩이나 토끼를 보아도 함부로 총을 쏘지 아니하나니, 이는 작은 짐승을 잡으려 하다가 큰 짐승을 놓칠까 저어함이라. 큰 공부에 발심한 사람도 또한 이와 같아서 큰 발심을 이루는 데에 방해가 될까 하여 작은 욕심을 내지 않는다."(『대종경』 수행품 6장)고 하였다.

또 "도를 구하기 위하여 출가한 사람이 중간에 혹 본의를 잊어버리고 외학外學과 외지外知를 구하는 데에 정신을 쓰는 수도 더러 있으나, 이러한 사람은 박식博識은 될지언정 정신 기운은 도리어 약해져서 참 지혜를 얻기가 어려울 것이니, 참 도를 구하는 사람은 발심한 본의를 반성하여 여러 방면으로 흐트러지는 마음을 바로잡아 삼대력(정신수양 사리연구 작업취사로 얻은 힘) 쌓는 데에 공을 들이면 자연히 외학과 외지의 역량도 갖추어지느니라."(『대종경』 수행품 45장) 하였으며, 그 목적으로 그랬는지는 몰라도, 원기4년(1919) 8월 영산에서 수제자 정산 송규를 부안 변산 월명암에 보낼 때, "불경佛經은 보지 말라"고 단호히 명령했는지도 모른다.

11.
구르지예프의 제자들

'제자가 준비만 되면 스승은 저절로 나타난다.'라는 옛말이 있다. 제자가 스승을 발견하기는 불가능한 일이다. 스승만 제자를 볼 줄 안다. 그것은 자기가 자기를 잘 알아야 상대를 알 수 있기 때문이다. 제자가 준비만 되면 온 우주가 나서서 도와준다. 제자가 스승을 찾아 나선다는 것은 틀린 말이다.

스승이 제자들을 근기와 성격과 자질별로 분류하여 지도하는 경우는 다음과 같다.

스승은 한 사람밖에 없고 제자의 숫자가 많을 때, 또는 스승만이 길을 알고 그 스타일이 독재자 같이 고압적인 기질이 있는 사람이며, 제자들은 어떻게 하여야 할지 모를 때, 또 스승과 제자의 관계가 상호 존경의 신뢰감과 사랑의 관계가 아닌 훈련의 관계로 있을 때, 또 선종禪宗에서와 같이 일대일로 해결을 보는 것이 아니고 수피sufi의 공부법같이 동양적인 깨침의 내용을 서양 사회에 맞도록 이질적인 용어를 사용하면서 토착화시키려는 '모험'을 할 때다. (성공이냐? 실패냐?로만 따진다면 구르지예프는 이 모험에서 쓴잔을 마셨다고 할 수 있다.)

구르지예프는 스승에게는 아래와 같이 세 가지 종류의 제자들이 있다고 하였다.

(1) 스스로 문제를 해결하는 사람.
(2) 스스로 문제를 해결할 수 있으면서 또한 스승에게 도움이 되는 사람.
(3) 그룹(단체나 교단)에 도움이 되는 사람.

구르지예프는 고타마 붓다도 질투할 만큼 각양각색의 수많은 남녀 제자들을 가졌지만, 그의 귀중한 가르침을 현대에 전달하면서 빛내준 제자들로는, 오라지A.R.Orage, 우스펜스키P.D.Ouspensky, 5권 1질의 『구르지예프와 우스펜스키 가르침의 심리학적 주해서Psychological Commentaries on the Teaching of Gurdjieff & Ouspensky』를 쓴 모리스 니콜Maurice Nicoll, 한때 터키 주재 영국 정보장교로 일했던 베넷John G. Bennett, 그리고 노트C.S. Nott 등이 있다.

항목을 달리할 것까지는 없고, 흥미 있는 여성 제자의 하나는 올기바나 힌젠베르크Olgivana Hinzenberg다. 그녀는 1919년부터 1924년까지 구르지예프의 아이디어에 충성을 다하였다. 그녀는 파리에서 공연한 구르지예프의 댄스 그룹 멤버 45명 중 한 명의 무용수였다. 재미있는 것은, 그녀는 러시아 태생으로 1928년 8월 25일에 라이트(Frank Lloyd Wright, 뒤로는 FLW로 표기)의 3번째 결혼상대자였다. 그리고 구르지예프의 공부법을 남편의 사업에도 응용하도록 하는 데 있어 결정적인 역할을 하였다.

FLW는 미국의 유명한 건축가로, '장식이 적은 것이 아름다운 것Less is more'이라는 기능주의 시카고 건축학파를 주도한 인물로, 그의 이론의 통합체로 모더니즘 작품인 유명한 뉴욕의 구겐하임 미술관이 있다. 이

미술관은 관람객의 동선체계를 디자인의 콘셉트로 정리하여 기능주의 디자인 이데올로기를 표현한 사례로, 미술관 환경디자인의 새로운 지평을 열었다. 콜로라도주 로키국립공원 입구의 안내소도 그의 조그만 작품의 하나다. 1922년 건설된 동경의 제국호텔Imperial Hotel은 동경지진에도 상처가 없을 정도의 플로팅floating이라는 지진공법을 사용한, 그의 천재성을 유감없이 발휘한 작품이다.

구르지예프는 1934년 위스콘신주의 스프링 그린Spring Green에 있는 1,000에이커나 되는 그의 집을 방문한 적이 있는데, 그때 구르지예프는 68세이었고 FLW는 65세였다. 그의 아름다운 부인은 물론 딸(Iovanna)도 열성적인 제자였다. 부인은 그곳에서 FLW와 함께 구르지예프의 학교를 하나 세우고 싶어 했었고, 위스콘신주에 Taliesin Fellowship을 결성한 적도 있었다. 구르지예프의 열반 후 FLW의 말을 들어보자. "… 이처럼 훌륭한 분의 공부에서 … 우리는 정말 처음으로 여느 부류의 사람과는 다른 특출한 철학가를 가졌다. 당신의 인생을 희생해가면서 동양의 고대 지혜를 서양에 알기 쉽게 전해 주셨을 뿐만 아니라, 공부(Work)라는 이름으로 누구나 접근할 수 있게끔 길을 열어주셨다."

1) 오라지(Alfred Richard Orage, 1873~1934)

오라지는 우스펜스키보다 5살 연상이고 신장은 그보다 컸다. 오라지는 1873년 요크셔Yorkshire에서 출생하여 리즈Leeds 시립대학에서 수학하였고, 1893년 런던으로 내려와 단시일 내에 유명한 편집자가 되고, 1893년 시드니 웹Sidney Webb과 독설가로 유명한 버나드 쇼G.B.

Shaw[15] 등이 창립한, 영국의 점진적 사회주의 사상단체인 페이비언 협회Fabien Society의 지도자가 되었다. 그리고 신지학회 영국지부와도 관계를 맺었다. 오라지는 또 힌두교 고전인『마하바라타Mahabharata』를 가장 좋아하였고 하타Hatha 요가와 핫Hot 요가의 첫 동작으로 쓰며 호흡을 통해 온몸의 체온을 올려주는 선 호흡법인 프라나야마Pranayana에도 익숙하였다.

그는 1907년 영국의 출판문화를 주름잡은 『뉴 에이지New Age』를 창간하고, 당시 대표적인 영국 지성인들이었던 버나드 쇼와, 멋진 수필가 체스터튼G.K. Chesterton, 힐레어 벨록Hilaire Belloc, 역사가 H.G. 웰즈Wells, 아놀드 버넷Arnold Bennett 등의 글을 실었다. 그리고 소설가이며 후에 구르지예프의 제자가 됐던 뉴질랜드의 캐더린 맨스필드Katherine Mansfields의 처녀작을 영국에서 처음으로 출판하였다. 오라지는 당시 영어권에서는 널리 명망 높은 인격자로 존경받았고, 시인들인 에즈라 파운드Ezra Pound와 엘리엇T.S. Eliot으로부터는, "당대의 가장 멋진 비평가요 출판인"으로 칭송받았다.

구르지예프의 유럽에서의 성공은, 그 자신이나 그때 제자였고 가까이하기 어려운 지식인이었던 우스펜스키의 영향이라기보다는, 오히려 오라지라는, 사람을 끄는 카리스마의 매력 있는 인격자의 활동이 더 컸다고 할 수 있다. 후에 오라지는 부인(Jean Walker)과 이혼하고 자신의 여비서였던 제시Jesse Dwight와 결혼하기 위해 영국으로 가면서, 이혼 수속

---

15 쇼의 뒤를 이어, 움베르토 에코의『세상의 바보들에게 웃으며 화내는 방법』은 세계 최고 수준의 '독설'이다.

이 끝나면 다시 프랑스의 학교로 돌아오겠다고 스승인 구르지예프와 약속을 했다. 그러나 새 부부는 뉴욕으로 건너가면서 구르지예프에게 전보를 쳤는데, 그 내용은 스승에 대한 배신이었다. 두 사람에 대한 객관적인 자초지종의 이야기는 누가 옳았는지 알려진 바 없다.

오리지기 제씨와의 새 결혼을 구상했을 때, 구르지예프는 달갑지 않은 생각으로 세 가지 종류의 사랑에 관해서 이야기한 일이 있다. 본능적인 사랑, 정서적인 사랑, 의식 있는 사랑이 그것이다. 구르지예프의 제자들은 한결같이 그 시대의 첨단을 걸었던 지식인들이었던 만큼, 우스펜스키나 오라지나 베넷 모두 자의식들이 유난히도 별났는데, 그런 이유가 결국 스승에 대해 반기를 들게 하였던 것인지도 모른다. 그래서 도가에서는 스승에 대한 신성을 강조하는가 보다.

오라지는 1922년 영국을 떠나 뉴욕에서 8년간 지내다가 새 부인인 제시와 어린 아들을 데리고 영국으로 돌아왔는데, 그 기간을 구르지예프의 오른팔로서 미국 방문을 위한 복음 전도자 또는 중개인으로 활약했다. 그는 1932년 영국에서 새 주간잡지 『신 영국주간The New English Weekly』을 창간하였다. 그 후 멀어진 구르지예프와 다시 소통하려 하였으나, 1931년 BBC 방송을 마친 후 갑자기 심장마비로 사망하였다.

오라지와 같이 일하던 동료들이, 오라지가 구르지예프를 만나기 전 썼던 글 중에 구르지예프의 아이디어와 비슷한 것이 있다는 이야기를 하자, 오라지는 "그래, 나도 진즉 그런 아이디어를 알아냈지만, 그런 것들이 그저 하나의 진주 구슬로만 남아 있었는데, 구르지예프를 만나기 전엔 그 구슬들을 꿸 실이 없었어. 그런데 구르지예프가 내게 그 구슬들을 꿸 수 있는 끈을 준 거야."라고 말한 일이 있다.

오라지나 우스펜스키 등 지적인 제자들은, 스승인 구르지예프가 그냥 전통적인 의미의 구루guru로서 머무르지는 않으리라는 것을 눈치챘었다. 그들은 구르지예프가 그런 시대에 처해 있는 제자들에게 핵심을 찌르는 능력이 있다는 것을 알았고, 구르지예프가 제자들로서는 상대하기가 만만치 않은 인물이었고 또 자기들은 스승의 도움 없이는 이해하기 어려운 인간행동의 이론에 대해서, 그런 것들을 가르쳐 줄 수 있는 스승으로서의 충분한 자격이 있는 줄 또한 알았다. 그래서 그랬는지 구르지예프는 지적인 제자들에게는, 특히 가혹한 노동이나 아침에 구덩이를 팠다가 저녁에는 다시 애쓰고 판 그 구덩이를 메꾸게 하는 무의미한 일들을 골라가며 시켰다. 소위 구르지예프의 가르침 중에서 중요한 비중을 차지하는 '의식 있는 노동과 자발적인 고통-conscious labor and intentional suffering'이다. 진짜 공부가 무엇인지 아는 사람의 눈에는 이런 것이 스승의 무량한 자비인 줄 알겠지만, 그런 세계를 모르고 분초를 아끼기만 하며 사는, '공부' 의식 없는 사람들에게는 그런 땅파기 작업이 거의 연옥煉獄의 수준이었을 것이 틀림없다.

인간을 움직이는 원초적인 힘을 프로이트는 '쾌락에의 의지'라 하였고, F.니체는 '권력에의 의지'라고 했다. 그런가 하면, 아우슈비츠에서 생사를 헤맸던 빅토르 프랑클Viktor emil frankl은 '의미에의 의지'야 말로 극한 상황 속에서도 인간을 살게 하는 힘이라고 했다. '의미 없음'이 제일 고통스럽다는 것이다. 자기의 경험을 통해 도스토옙스키도 『죽음의 집의 기록』에서 강제 노동의 어려움이란, '고달픔과 끝이 없다는 것이 아니라 의무적으로 노동을 해야만 한다는 점'이라고 말했다. '의식 있는 노동과 자발적인 고통'이야말로 공부의 '알파'다.

왜 수수께끼 같은 이야기에 대해서 자세한 설명을 해주지 않느냐는 질문에 대해, 수피 마스터가 "만일 네가 오렌지를 달라고 했는데 내가 쥐어짜 말라버린 오렌지를 네게 준다면 어떻게 생각하겠느냐? 오렌지는 네가 스스로 짜 먹어야 영양 가치가 있는 거야." 제자로서는 그 이해의 속도가 얼마나 걸릴지 모르지만 어쨌든 스스로 어려운 길을 걸어야 빛이 보이는 것이다.

수피들 세계에서 유명한 물라 나스레딘Mullah Nassr Eddin 이야기 하나.

소총을 가진 소년이 있었다. 광장의 모퉁이에 있는 벽에 총을 쏘았는데 총을 쏜 것을 보니 모두 명중인 듯 탄흔의 주위에 동그라미 페인트가 칠해져 있었다. 지나가던 사람이 의아해서 어떻게 그렇게 명중시킬 수 있었느냐고 물었다. "그거요, 아무것도 아니죠. 먼저 쏘고 나서 쏜 자리에 동그라미를 치면 되니까요."

문제를 해결하는 방법도 여러 가지가 있을 수 있다. 먼저 답을 설정하고 질문을 만드는 것이다.

프랑스 프리우레이 학교 때 있었던 이야기다. 그 당시에 뉴질랜드의 여류소설가 캐서린 맨스필드가 구르지예프의 지도를 받으며 학교에서 요양하고 있었다. 당시 프리쯔 피터스Fritz Peters는 11살 정도의 소년으로 모든 일과에서 해방되어, 그냥 구르지예프의 시동 역할만 하고 있었다. 프리쯔의 이야기를 거칠게 요약해 보자.[16]

그 당시 스승 구르지예프를 방문하는 사람 중에는 저명한 인사가 있었다. 그는 학교에 사는 우리들 모두에게 익숙한 얼굴이었고, 구르지예

---

16 Fritz Peters, 『Boyhood with Gurdjieff』, (E. P. Dutton, 1964), pp30~31.

프의 이론을 가르치는데 공인된 사람이라는 것도 잘 알고 있었다. 그날 점심을 마치고 스승과 오라지는 스승의 방으로 들어갔다. 나는 늘 하는 대로 커피를 가져오라는 호출을 받았다. 오라지의 인격의 고매함에 경도된 우리들은 그를 굉장히 존경했다. 그리고 그는 따뜻하고 자비스러운 성품의 소유자여서 나도 개인적으로 큰 매력을 느꼈다.

내가 커피와 브랜디 쟁반을 들고 스승의 방문 앞에 이르자, 방안에서 구르지예프 스승의 흥분한 듯 격노한 외침이 있었기 때문에, 몸이 오싹해져서 어떻게 할까 주저하였다. 문을 두드렸는데 안에서 대답이 없었다. 나는 그냥 방문을 열고 들어갔다. 스승은 내가 보기에 완전히 주체할 수 없을 정도의 노여움을 띠고 침대 옆에 서 계셨다. 스승은 오라지에게 욕설을 퍼붓고 있었는데, 오라지는 감정이 없는 듯 파랗게 질려서 창문 옆에 꼼짝달싹 못 하고 있었다.

어린 나는 두 사람 사이를 가로질러 테이블에 그 쟁반을 놓았다. 나는 스승의 성난 목소리에 매질을 당하는 느낌으로, 얼른 어디로 숨고 싶어서 방문 쪽으로 물러났지만, 또한 두 사람의 모양을 꼭 보고 싶은 충동이 일어났다. 오라지는 키가 컸는데 풀이 죽어 넋이 빠져있었고, 스승은 큰 키는 아니었지만 우람스럽게 보였는데 분노의 화신처럼 보였다. 스승은 영어로 욕을 하는 것 같았다. 그 분노가 너무 강렬했기 때문에 나는 무슨 말인가를 도무지 알아들을 수가 없었다.

그런데 갑작스럽게 스승의 목소리가 끝나더니 스승의 태도가 급변하였다. 스승은 내게 밝은 미소를 지었는데, 믿어지지 않을 정도로 평화롭고 내적으로 평온한 웃음을 띠고 내게 나가라고 손짓을 하였다. 그리고 나선 순식간에 또다시 오라지를 꾸짖었다.

모든 일이 순식간에 일어난 것이라 나는 오라지가 리듬이 깨지는 그런 순간이 있었는지를 알아차렸는지조차 알 수 없었다. 커피를 들고 들어오기 전 나는 문밖에서 격노한 스승의 목소리로 황당했었는데, 지금방을 떠나면서 나의 기분이 완전히 180도로 돌아왔다.

그런데 지금 생각해보니 그것은 스승이 감정을 잃고 화를 낸 것이 아니라 오히려 반대로 완전한 감정통제를 하고 계셨던 것 같았다. 그 일을 생각하면 나는 지금도 오라지에게 미안한 생각이 든다.

일제 식민지 시대 소태산은 총독부의 요시찰 인물 속에 들었다. 도산 안창호는 1932년 4월 29일 윤봉길의 상하이 폭탄 사건 이후 체포되었다가 신병치료차 가석방으로 출옥하여 고생하는 중에, 호남 일대의 농촌 상황을 살펴보고자 1936년 이리(현재의 익산)에 도착했다가, 동아일보 기자의 안내를 받아 소태산의 '불법연구회'를 방문하였다. (『대종경』 실시품 45장)

조선총독부는 일본이 태평양 전쟁의 음모를 꾸미고 있는 중이라, 조선인들의 단체는 무조건 해산시키려고 했다. 안창호가 불법연구회를 다녀가자, 그동안 별로 일본에 대한 저항이 없었던 불법연구회도 감시를 받기 시작하였다. 소태산을 제2의 간디로 생각하고, 불법연구회 본부 안에 '북일주재소'를 설치하고 조선인 순사 황가봉을 주재시켜, 소태산의 일거일동과 불법연구회를 감시하였다.

하루는 황가봉 순사가 일본인 이리 경찰서장의 긴급 명령을 받고 소태산을 만나기 위해 불법연구회로 갔다. 정문을 들어서 조실로 향하고 있는데 소태산의 화난 음성이 들려왔다. 황가봉은 이런 상황에 소태산을 만나야 할지 말지를 망설였다. 그가 만나려 하는 일이 소태산 편에서는 썩 기분이 좋은 일이 아닌데, 저렇게 노기를 띤 음성의 소태산을 만난다고 해도 일이 잘될 것 같지가 않아서였다. 대개 사람들은 아주 기쁜 일이 있거나 괴로움 또는 슬픈 일이 있으면 그 감정에 치우치기 마련이다. 화가 머리끝까지 난 사람에게 말이라도 잘못 걸었다가 모든 불똥을 뒤집어쓰기 마련인 것이다.

황가봉은 일단 자전거를 돌려 돌아가기로 생각했다. 또 가다가 생각해보니 아무래도 돌아가서 서장에게 문책당할 일이 더욱 걱정되었다. 그래서 이왕에 온 길 어쨌든 소태산을 일단 만나는 것이 좋겠다 싶어 용기를 내서 조실에 들어섰다. 소태산의 노기 띤 음성은 계속되었다. 황 순사가 들어오는 것도 모르고 한 제자를 꾸중하다가, 문득 황 순사를 보고는 언제 노기를 띠고 꾸중을 했나 싶게 환하게 웃으며 평온한 모습으로 그를 반겼다. "아니, 가봉이 아침부터 웬일이야?" 언제나처럼 부드럽고 따뜻한 음성이었다. 무슨 트집이든 잡아내려고 혈안이 되어 있는 황 순사의 눈에 소태산이 훌륭한 성인으로 비쳤다. 그로부터 황가봉 순사는 소태산의 문하에 들어가 제자가 되고, 황이천黃二天이란 법명을 받고, 그 후에 자기 딸도 원불교 교무를 권했다.

필자도 학창 시절 본인에게 그 이야기를 직접 들었는데, 황이천은 그 후도 의심이 생겨 소태산이 제자를 꾸짖을 때마다 기회가 있으면 현장에 뛰어들었으나 여전히 같은 분위기였다고 한다. 또 조실 동쪽 문에서 여자 학생들에게 추상같이 꾸지람을 하다가, 남쪽 문으로 와서 남학생이나 사무원들에게 말할 때는, 그 노하던 기색이 전혀 없이 춘풍화기로 대하였다 한다. 황이천 자기도 평생 불천노不遷怒의 수행에 노력하였으나 그처럼 어려운 것이 없다고 술회하는 것을 들은 적이 있다.

어린 제자 김삼룡의 이야기로는 자기가 대각전에 있었는데, 조실에서 "이 죽일 놈! …" 하는 소리가 들렸다고 한다. 그때는 물론 지금과 같이 집이 없어서 잘 들렸겠지만, 궁금해서 내려가 보니 전구일이 그보다 선배인 일산一山 이재철에게 달려들었다고 꾸짖는 것이었는데 일산이 누군데 감히 달려드냐는 내용이었다. 그런데 자기 같았으면 아마 도망 갔을 것이라고 하였다.

『대종경』 실시품 24장에도 비슷한 상황이 벌어진다. "하루는 한 제자를 크게 꾸짖으시더니 조금 후에 그 제자가 다시 오매 바로 자비하신 성안으로 대하시는지라, 옆에 있던 다른 제자가 그 연유를 묻자오매, 대종사 말씀하시기를 '아까는 그가 끓이고 있는 사심邪心을 부수기 위하여 그러하였고, 이제는 그가 돌이킨 정심正心을 북돋기 위하여 이러 하노라." 소태산은 제자들을 꾸중하고도 다른 제자들이 그 제자를 미워할까 걱정스러워 "죄는 미워해도 사람은 미워하지 마라"하며 한 제자도 버리지 않았다.

갑에게 성낸 것을 을에게 옮기지 않는다는 『논어』 옹야편의 '불천노'는 다른 사람에게 화풀이하지 말라는 정도의 배우들 연기하는 수준이 아니라, "동하여도 분별에 착이 없고, 정하여도 분별이 절도에 맞는 사람의 위位"(정전, 법위등급, 대각여래위)가 되어야 한다.

불가佛家에서는 성내는 것을 사람 망치는 세 가지 독(三毒)의 하나로 본다. 예수가 성전에서 장사 아치들을 몰아낼 때, 성내지 않고 성내는, 이른바 '거룩한 분노'라 할 수 있는데 아무한테나 쓰는 말은 아니다. 그런데 필자도 자식을 길러보면서 느꼈는데, 어릴 때 성실하고 우직한 성격의 아이가 화를 낼 때는 '아름답게' 보일 때도 있었다. 화를 낸다고 다 나쁜 것은 아닌 것 같고, 그것도 요령이 있는가보다고 생각한 일이 있다.

아랫사람의 잘못이라거나 실패 등에는 실수miss와 잘못error의 두 가지가 있다. 실수는 하고자 하는 의욕이 없다거나 경험의 미숙으로 일어나게 되고, 잘못은 도전이나 모험을 하려다 생기는 것이다. 실수는 왜 실수했는지를 잘 분석시키고 왜 실수가 났는지 반성하는 계기를 만들어 주면 되고, 잘못은 본인이 알고 있으므로 그런 때는 꾸짖지 않는 편이 낫다. 오히려 위로를 해주면 반드시 기회가 있어 커갈 수 있다. 어느 쪽이 되었든 꾸지람을 듣는다는 것은 그다지 기분 좋은 일이 아니므로, 장시간보다는 단시간에 꾸짖는 것이 좋다. 장시간 꾸지람을 듣게 되면 오히려 반발심이 생겨 역효과를 가져올 수도 있으므로, 그야말로 타이밍이 잘 맞아야 한다.

앞에서 보았듯이, 무슨 이유인지는 밝혀지지 않았지만, 구르지예프가 스승으로서 제자인 A.R. 오라지를 호되게 꾸짖었다는 것은 어린 제자 프리쯔 피터스의 기록으로 남아있다. 그러나 비평가들은 한결같이 구르지예프가 서양세계 특히 미국에 알려지는 데는 그 누구보다도 오라지의 인격이 가진 흡인력이 주효했다고 평한다. 소크라테스가 알려진 것은 전적으로 제자인 플라톤의 역할이었듯이, 구르지예프와 오라지의 관계도 그와 비슷하다. 오라지가 구르지예프를 필요로 한 것만큼 구르지예프 또한 오라지의 도움이 필요하였다. 구르지예프는 고도의 '지성'을 갖춘 인물이었고 오라지는 고도의 조직력을 갖춘 인물이어서 서로 궁합이 맞았다.

도대체 지금도 수수께끼 같은 구르지예프라는 인물은 과연 누구일까? 저마다 백인백색으로 표현을 하기는 하지만, 젊었을 때부터 나름대로 사숙한 필자조차도 참으로 알 수 없는 분인 것 같다. 그러나 서양을 그것도 인류 역사의 가장 험한 시대에 출현하여 생고생하면서, 중생을 위해 독특한 가르침을 폈다는 사실만은 부정할 수가 없다.

2) 우스펜스키(Peter Demianovich Ouspensky, 1878~1947)

우스펜스키는 구르지예프의 러시아 수석제자다. 우스펜스키가 구르지예프를 만나기 전, 구르지예프는 무명인이었으나 그는 유럽 사회에 널리 알려진 인물이었다. 구르지예프와 나이가 비슷한 그는 짜르Tsar 시대의 저명한 지식인으로 신지학회 러시아 지부 지도인의 한 사람이었다. 그는 수학자요 철학자이며 저술가인 동시에 도꾼이었다. 모스크바와 세인트피터즈버그에서 천여 명의 대중을 두고 강연을 하고 있었다. 1909년에 이미 『4차원의 세계The Fourth Dimension』와 1912년에 '사고의 제3의 정전正典'the third canon of thought'이라고 불리는, 『제3의 논리학Terbium Organum』 같은 도전적인 책을 냈다. 아무도 감히 그런 시도를 하기 어려운 글이었다.

무엇이 제3이냐? 첫 번째는 아리스토텔레스의 『논리학Organon』, 두 번째는 F. 베이컨Bacon의 『노붐 오르가눔Novum Organum』 그리고 자기가 쓴 『Terbium Organum』이라는 것인데, 그의 말로는 "첫 번째와 두 번째는 세 번째에 비하면 아무것도 아니다. 세 번째는 첫 번째보다 먼저 있었다."라고 그 책에 대한 자긍심을 나타냈다.

그의 『제3의 논리학』은 부처님 자신이 썼다고 하여도 곧이들을 만큼 거의 완벽한 책으로, 어떻게 부처의 마음을 얻지 못한 사람이 이런 글을 쓸 수 있을까 의아해할 정도의 내용을 담고 있다는 평이 나 있다. 이 책을 본 구르지예프도 그에게 "만일 당신이, 자신이 쓴 책, 무엇이라고 하던가?(구르지예프가 책의 이름이 생각나지 않아서 머뭇거림) 아! 『Terbium Organum』

의 모든 것을 이해[17]하고 있다면, 나는 당신을 꼭 찾아와서 절을 하고 나에게도 좀 가르쳐 주기를 부탁할 것이오."라고 말을 하였을 정도다.

구르지예프에 의하면 부처님의 눈으로 볼 때 우리는 원숭이들이 노는 것과 똑같다고 한다. 한쪽 뇌만 개발되어 그것만 가지고 놀기 때문이라는 것이다. 세 가지 종류의 뇌를 가졌다고 하는 인간에 대하여 구르지예프가 만든 격언이 있다. "한 개의 뇌로 알면 환상hallucination이요, 두 개의 뇌로 알면 반半 환상이요, 세 개의 뇌로 알면 참 이해real understanding다." 다른 말로 우리는 환각 환청 환시 속에서 놀고 있다는 것이다. 그가 제자들에게 너희는 항상 생각, 생각, 생각만 하고 있다고 꾸짖었다. 그냥 생각만 한다는 것은 장님이 길을 더듬는 것과 같다. 지정의를 총동원하여 일시에 사용하는 '생각'을 해야 한다.

눈이 있으면 그냥 보이는 것을 보는 것이지 더듬을 필요가 없다. 이해라는 것은 눈을 가지고 있는 그대로를 보는 것이다. 모르니까 자꾸 생각에 생각을 더하게 되는 것이다. 그 생각을 끊으면 밝은 지혜가 저절로 생길 수도 있는 것인데, 그 생각한다는 자체를 귀중하다고 '생각'하므로 일이 복잡하게 되는 것이다. 앎이라는 것은 인간 컴퓨터가 저장하여 놓은 과거의 지식을 연결하여 사용하는 것이다. 이해라는 것은

---

17 여기서 안다는 것knowing과 이해 또는 깨달음understanding의 차이를 구분하여야 한다. 이 단어들은 구르지예프뿐만이 아니고 그 뒤를 잇는 서양세계의 선각자들에게서도 같은 내용으로 구분되고 있다. 가령, 이 공부 이 사업의 필요성을 그냥 그렇거니 하고 머리로 아는 것과 대장부가 이 세상에서 할 일은 이것밖에 없다 하고 가슴으로 뼈저리게 느끼는 것은 아주 큰 차이가 있다. 안다는 것은 지정의知情意 중 한 부분으로만 아는 것이고, 이해라는 것은 지정의 삼 방면으로 총체적으로 깨쳐서 아는 것이다.

저장되어 있거나 흐르지 않는 물같이 썩은 것이 아니라 '지금 여기here & now'를 직관하는 시선인 것이다. 그러므로 이해를 한 사람은 절대로 기계적인 반작용 즉 조건에 대한 반작용이 없이 언제나 신선한 행동을 한다. 한마디로『금강경』의 응무소주 이생기심應無所住而生其心, 즉 꼭 주한 바 없이 마음을 내야 한다.

마조 도일馬祖道—의 법제자 남전南泉 선사의 일화에, 남전이 평소 세상의 이치와 본성에 대한 관심이 깊고 구마라습 4철哲의 한 명인 승조僧肇의『조론』으로 무장한 육긍대부陸亘大夫가 "조법사(승조)는 '천지가 나와 한 뿌리이며 만물은 나와 한 몸이라' 하였는데 참 놀라운 말인 듯합니다." 하니까, 남전은 마당 구석에 핀 꽃을 가리키며 "대부, 요즘 사람들은 이 한 포기 꽃을 마치 꿈결 속에서 보듯 합니다."고 말했다. '천지 속의 만물이 나와 하나'라는 거창한 '이데올로기'로 인해 우리는 그 나름대로 온 정성을 다해 열심히 피어있는 꽃이 있는 그대로 볼 수 없다고 "꿈결 속에서 보듯 한다."고 즉 보편성에 앞서 개체성의 이해 understanding를 못 한다고 피력하였다.

훈련을 받을 때도 우스펜스키는 모든 것을 철학적으로 생각하고, 입만 열면 수사학적인 장황스러운 이야기로 인하여 "방하착!(放下著 : Wrap up the Thought)"이라는 별명을 얻게 된다. 구르지예프는 종종 영지주의 문학, 신플라톤주의, 인도의 경전들, 수피문학, 중국철학, 에크하르트 Eckhart, 뵈메Boehme, 스웨덴보르그Swedenborg, 블레익Blake 등으로 머리에 '쓰레기'가 가득 차 있는 제자들에게 독서 금지령을 내리고는, "너희들은 매일 생각, 생각, 생각만 하는데, 나는 그냥 보기만 한다.(You always think, think, think, I look)"고 하였다.

소태산도 "도를 구하기 위하여 출가한 사람이 중간에 혹 본의를 잊어버리고 외학外學과 외지外知 구하는 데에 정신을 쓰는 수도 더러 있으나, 이러한 사람은 박식博識은 될지언정 정신 기운은 도리어 약해져서 참 지혜를 얻기가 어려울 것이니, 참 도를 구하는 사람은 발심한 본의를 반성하여 여러 방면으로 흐트러지는 마음을 바로잡아 삼대력 쌓는 데에 공을 들이면 자연히 외학과 외지의 역량도 갖추어지느니라."(『대종경』 수행품 45장) 하였고, 원기4년 8월 수제자 정산 송규를 부안 변산 월명암에 보내며, "불경은 보지 말라" 하였더니 정산은 스승의 말을 받들어 경상經床까지 보지 않았다는 일화도 있다. (『정산종사법어』 기연편 4장)

구르지예프가 우스펜스키를 처음 만났을 때, 구르지예프는 그의 지적인 면 즉 그가 쓸데없이 너무 많은 것을 알고 있다는 것을 간파하였다. 그래서 구르지예프는 백지 한 장을 우스펜스키에게 주고, 옆방에 가서 한 면은 당신이 알고 있는 것을 쓰고, 또 다른 면은 모르는 것을 써오라고 시켰다. 그러면서 당신이 알고 있는 것은 이야기할 필요가 없을 것이고 모르고 있는 것에서부터 시작하자고 하였다. 우스펜스키는 그 종이를 들고 가서 자기가 지금까지 신God이나 세계 마음 등을 생각해왔지만, 그것은 하나의 지식이었을 뿐 자기가 경험한 것이 아닌 줄을 알게 되었다.

우스펜스키는 추운 모스크바의 밤인데도 현기증이 나며 식은땀이 났다. 그는 펜을 잡고 있는 여태까지 똑똑하다고 생각했던, 그래도 다른 사람도 아니고 『제3의 논리학』의 저자이기도 한데, 그런 자기 자신조차도 알 수 없는 것 같았다. 한참 시간이 흘렀고 구르지예프가 방문을 두드렸다. 구르지예프는 변화된 그를 감지할 수 있었다. 그는 구르지예프에게 그냥 그대로의 백지장을 건네면서, "저는 정말 아무것도 모르겠습니다. 정말 모르겠어요. 저를 제자로 받아주십시오." 구르지예프는 "그러면 당신은 배울 준비가 됐다. 아무것도 모른다는 것을 아는 것이야말로 지혜의 세계로 들어가는 첫걸음이다."라고 말했다.

몸으로 확인한 것이 아닌 다음에야 어떻게 안다고 이야기를 할 수 있을까? 가령 '사랑'이 무엇인지 이론으로는 알지만, 사랑과 이별의 그 기쁨과 눈물을 체험하지 않고서는 사랑을 안다고는 할 수 없다. 그런 사랑과 기다림과 실연의 눈물 나는 시간을 가져본 사람만이, 삼류 유행가 가사까지도 '법문'으로 가슴 속에 파고드는 것이다. 그래서 같은 인생을 살아도 어떤 사람은 다른 사람의 2배 3배나 더 많은 것을 경험하게 된다. 참지식은 그냥 머리에 쌓아 놓은 것이 아니라 자기를 변화시키는 것이라야 한다.

흑해 근처에 있는 티플리스Tiflies시에서 구르지예프의 지도하에 3개월간의 혹독한 훈련을 받은 뒤, 그는 예수가 제자에게 말한 '깨어 있으라!'는 말을 이해하기 시작하였다. 그는 자신의 일기장에 "도시 전체가 잠든 것 같았다. 사람들은 몽유병자 같이 걷고 있었다. 상점 주인들은 잠을 자며 물건을 팔고 있었고 구매자들은 잠을 자면서 물건을 사고 있는 것 같았다. 그런데 구르지예프만 혼자 깨어있는 것 같았다."라고 쓰고 있다.

가룟 유다가 예수를 배반한 이유는 간단하다. 유다는 그 자신이 열두 제자 가운데 세금을 걷는 세리로서, 가장 교육을 많이 받은 사람이었듯이 자기중심적이고 또 너무나 지적이고 자존심이 강했다. 예수의 힘으로는 자기가 찾고 싶은 세계가 열릴 것 같은 기미가 전혀 보이지 않았다. 그래서 예수를 배반한 것이다. 구르지예프와 우스펜스키의 경우도 비슷한 면이 있다. 우스펜스키는 자기의 생각을 명료하게 표현할 줄 아는 사람이었고, 또 그의 그런 능력 때문에 구르지예프가 우스펜스키의 신세를 졌다. 그가 구르지예프에게 등을 돌린 결정적인 이야기는 다음의 일화가 이야기해 준다.[18]

「구르지예프가 티플리스Tiflies에 있을 때 우스펜스키는 런던에 있었다. 구르지예프가 그에게 메시지를 보냈는데, 내용은 이 연락을 받은 즉시 네가 가지고 있는 모든 재산을 처분하고 그 돈을 가지고 지체 없이 티플리스로 오라는 것이었다. 그런데 그때 유럽의 상황은 간단하지가 않았다. 1차 대전 중이었고 러시아에는 볼셰비키Bolsheviks와 공산주의자들이 권력을 쥐고 있어서, 전 러시아가 한 치도 앞을 내다볼 수 없는 혼란의 소용돌이 속에 있었다. 정부는 물론 사회의 질서조차 없었다. 그래도 그는 스승의 지시대로 집 등 전 재산을 팔고, 기차로 때로는 말 등에 올라타고 경찰과 군인들의 협박을 무릅쓰며 석 달 만에 간신히 티플리스에 도착하였다. 그야말로 생명을 건 도박 같은 여행이었다. 우스펜스키는 구르지예프로부터 칭찬을 받을 줄 알았다. 그러나 구르지예프의 말은 청천벽력과 같이 어처구니가 없었다. 마치 백척간두에 진일보하라는 식으로, "네가 가진 돈을 여기에 다 놓고 즉시 런던으로 돌아가라!" 하는 것이 아닌가. 그는 화가 머리끝까지 났고 도무지 구르지예프를 이해할 수 없었다. 구르지예프가 제정신이 아닌 것 같았다. 우스펜스키는 수학 교수요, 논리학자 그 당시 지성인 중의 지성인이었는 데, 그런 난센스를 도저히 이해할 수 없었다.」

---

18 이 이야기의 출처는 Rajneesh, 『The Book of the Books』, volume8, Rajneesh Foundation International, 1979인데, 필자는 구르지예프에 관한 자료들은 거의 훑었으나, 다른 곳에서는 이런 상황의 자초지종을 언급한 것을 볼 수 없었다.

그 일이 있고 난 뒤 우스펜스키는 구르지예프를 성함으로 부르지 않고 단지 XYZ 식으로 'G'라고 부르며 자기 제자들에게 구르지예프를 만나지 못하게 하였음은 물론 구르지예프의 책도 보지 못하게 하였다. 그 뒤 영국에서 우스펜스키가 사망한 뒤, 그의 제자들은 처음으로 구르지예프를 만나고 나서야, 우스펜스키는 선생이고 구르지예프는 스승인 것을 알았고 지나간 세월을 아쉬워했다고 한다.

우스펜스키가 구르지예프에게 매력을 느낀 것은, 그 자신이 인도를 비롯하여 세계 각처를 돌아다니며 자신이 갖고 있는 의문에 대한 해답을 구하였음에도 불구하고, 석연하지 못한 부분들을 구르지예프가 통쾌한 어조로 일목요연하게 설명을 하여주었고, 또 구르지예프가 가진 지혜의 출처가 도대체 어디인지를 굉장히 알고 싶었기 때문이었다. 그러나 불행하게도 구르지예프는 평생 어느 제자에게도 그런 것에 대해 언급한 적이 없다. 그 이유는 구르지예프는 바이살리 근처에서 최후의 안거를 지내며 스승의 열반 후에 무엇에 의지하며 살 것인지를 걱정하는 아난다에게, 나는 안팎의 구별 없이 모든 법을 설하였으며, 나의 가르침에는 무엇인가 제자들에게 감추는 듯한 "스승의 악권(握拳 : 꼭 쥔 주먹)"이 없다고 말한 석존이나, "신성 있고 공심 있는 사람이라면 누구나 다 받아 가도록 전한"(『대종경』 부촉품 4장) 소태산과는 기질적으로 차이가 있었기 때문이다.

그러나 말이라는 '흉기'로는 들어갈 수 없는 '비무장지대'인, "언어도단의 입정처"(『정전』 일원상 서원문)라는 추상같은 단서가 붙은 무대에서의 공연은, 주먹을 열었는지 쥐었는지는 관객의 시력視力으로만 파악되는 것이기 때문에 그리 중요한 사안이 안 될 수도 있다.

한편 구르지예프 쪽에서 우스펜스키에 대하여 관심을 끌게 된 이유는 다음과 같다.

1914년 우스펜스키는 러시아 신문사들에 기사를 제공하는 대가로 인도 여행을 하였다. 그는 교교하게 흐르는 달빛 아래 대리석으로 빛나는 신령스러운 타지마할도 보았고, 요기 철학자 아우로빈도Aurobindo를 방문하였으며, 당시의 신지학회 회장이었던 프랑스 여성 아니 베쌍Annie Besant도 만났다.

우스펜스키의 저술들에 대하여 이미 알고 있었고, 신문에 난 여행기를 본 구르지예프는 그에 대하여 호감을 느끼기 시작하였다. 구르지예프가 우스펜스키의 '머리'를 원한 것은 비록 자신이 자득의 경지를 얻었음에도 불구하고, 그 아이디어를 대중에게 다가설 수 있게 하는 의사소통이라는 언어 감각의 능력과 또 요령 있는 현대어로 표현할 수 있는 자질이 부족하였기 때문이었다. 설교라는 것도, 법문의 내용이 아무리 심원하다 할지라도 그것을 담는 언어가 고리타분하고 시대를 따르지 못하면 소기의 효과를 얻을 수 없는 것이다.

물론 우스펜스키가 스승을 끝내 배반하고 구르지예프를 폄척하여, 그냥 알파벳 대문자인 'G'라고만 호칭하고, 자신의 회상을 만들어 한때는 구르지예프의 것보다 더 번창하기는 하였지만, 구르지예프의 사상을 논리적이며 정확하고 유려한 표현으로 후세에 남길 수 있었던 것은, 전적으로 그의 천재적인 자질에 있었다고 할 수밖에 없다. 비록 그것이 우스펜스키의 머리를 통한, 즉 그 자신의 좋아하는 색깔로 칠하여지기는 하였지만, 어쨌든 우스펜스키가 없었더라면 구르지예프의 명쾌하고 도전적인 공부법은 결코 지금처럼 세상에 알려지지 못했을 것이다.

우스펜스키는 문장력이 있었는데, 라즈니쉬는 1986년 4월 26일 저녁 법설(『Beyond Psycology』)에서 자기가 만난 문필가 중 최고 중의 한 사람이라고 칭찬을 아끼지 않았다. 대 논리가며, 세계적으로 유명한 수학자요, 대 문장력을 가진 사람이라고 하였다.

"우스펜스키의 책들은 유려한 필치로 아름답게 쓰여 있는데 너무나 시적이라서 그 누구와도 견줄 수 없을 정도로. 카릴 지브란Kahlil Gibran이 잘 쓰고, 미하일 나이미Mikhail Naimy도 잘 쓰지만 우스펜스키와는 어림도 없다."

그러면서 라즈니쉬는 다른 법석에서, 우스펜스키는 구르지예프를 세계적으로 유명하게 만들기는 하였지만, 구르지예프 가르침의 핵심에 도달하지 못하고 겉만 핥고 지나갔다. 그런데 진리란 단편적으로는 이해할 수 없는 것이라고 하였다.

스승을 등지고 가는 일은 어제오늘의 일이 아니니 그리 꾸짖을 것도 없다. 자이나교의 마하비라도 상좌 격인 가까운 친척에게 배반을 당했고, 부처님 역시 사촌 동생으로 전하여지는 데바닷다와 불협화음이 있었고, 예수는 유다에게, 레닌은 트로츠키에게, 프로이트는 융에게서 다 그렇고 그런 쓰라린 경험들을 겪었다. 위와는 대조적으로, 악어와 악어새, 또는 숲속에서 불을 만난 장님과 눈뜬 절름발이 이야기에서 볼 수 있는 상호부조의 관계는 소크라테스와 플라톤, 근대에서는 칼카타의 라마크리슈나와 그의 제자 비베카난다가 있다.

이런 두 가지 능력 즉 일류 피아니스트이면서도 일류 피아노 선생이 될 수 있는, 깨쳤으면서고 그것을 능히 요령 있게 전달할 수 있는 두 가지 역량을 공유한 선각자들은 그리 흔하지 않았는데, 자라투스트라와 마하비라 그리고 석존, 예수 등의 경우이고 수제자 정산이 없는 소태산도 생각하여 볼 수 있겠다.

보통 서양문화에 익숙한 사람들이 그렇듯이, 스승은 꼭 무슨 영국 신사와 같이 행동하여야만 되는 줄로 안다. 그러나 구르지예프의 출생지가 스탈린Josef Stalin과 동향인 캅카스이고, 또 나라를 잃은 아르메니아인이 아닌가. 그 두 사람은 안면을 갖고 같은 수도원에서 같은 분위기로 교육받은 사람들이다. 함경도 '아바이' 같은 캅카스인의 기질, 스탈린이란 이름도 본명이 아니고 그 이름의 글자 자체가 '강철 같은 사람'이라고 하지 않는가. 구르지예프를 턱시도를 입는 중이라고 하였듯이, 그는 현대의 달마로, 다음 장면의 그림을 그려볼 수 있는 사람이 결코 아니다.

지적 일변도로 머리로만 달리며, 제정 러시아 상류사회에 물들었던 우스펜스키와 야인 기질로 자수성가하여 지정의知情意 세 가지 방면을 조화시키는 것을 구원의 이상으로 삼고, 인간의 몸에서부터 철저히 출발하였던 구르지예프하고는 같은 점보다는 다른 점이 너무 많다. 애초부터 그 두 사람은 안 만났더라면 좋았을, 그러나 만나지 않을 수 없는 숙명이었나 보다.

앞에서 언급한 대로 소태산도 외학과 외지를 경계하며 먼저 주종을 세울 것을 강조하였듯이, 몸으로 공부하는 인간은 고기 육肉 자로부터 출발하여 고기 육 자로 돌아와 그러면서도 다시 한번 그 '고기'를 깊이 들여다보아야 한다. 한가하고 쓸데없이 에너지를 낭비할 시간이 없는 것이다. 꿈속에서 삼학을 일원화하고(『대종경』 교의품 1장) 병진 내지 병행을 하여 보겠다고 외치는, 그 '고기'에 대한 급선무는 인간 체질의 '병진'의 본질적인 가능성 유무를 의논하기에 앞서, 먼저 그 '고기'의 꿈을 깨어 놓는 일일 것이다.

3) 토마스 드 하르트만(Thomas de Hartmann : 1885~1956)

제정 러시아의 근위대 장교로 궁중 음악가였고, 구르지예프의 초기 러시아 제자였다. 그는 프랑스까지 최장기간 스승과 동행하였으며 구르지예프의 명상 음악을 완성했다. 사제지간에 있었던 두 가지 일화가 있다.

러시아에서 구르지예프와 만난 지 얼마 안 된 그가 육군 장교로서 키에프Kiev 전선으로 떠날 때, 전쟁 중 군 복무에 대하여 스승에게 조언을 부탁하였더니, "당신은 군 장교이니 전선으로 가는 것은 당연하지요. 그러나 절대로 전쟁이라는 정신병에 휘말리지는 마세요. 주인공을 기억하세요. … 주인공 기억하는 공부를 한시도 놓지 마세요. 전쟁은 언젠가 끝날 것이고 모든 것이 정리될 테니 그때 나 있는 곳으로 찾아오세요."

'주인공 상기Self-remembering'는 구르지예프 공부의 핵심적인 것 중의 하나다.

2017년은 러시아혁명 100주년이었다. 지금으로부터 100년 전, 그러니까 1917년은 러시아에서 로마노프 왕조가 붕괴하고 레닌이 이끄는 볼셰비키가 드디어 세계 최초로 사회주의 정부를 세운다. 이때 한국에선 이광수가 최초의 근대 장편소설인 『무정』을 출간한다. 그리고 세계

음악계의 거장으로 인정받는 윤이상과 가장 천재적이었으나 가장 불행했고 자타공인의 최고 민족음악가 김순남金順男도 태어나고, 권력 중독자 박근혜의 아버지 박정희도 태어났다. 재미있는 것은 같은 해에 미국 남부 항구도시인 뉴올리언스에서 재즈라는 이름으로 불리는 오리지널 딕시랜드 재즈 밴드Original Dixieland Jazz Band라는 연주자들의 첫 번째 음반이 나왔다.

볼셰비키 혁명의 와중, 카스피해 근처 에센투키에서 제자들을 훈련할 때 일이다. 어느 날 구르지예프는 여러 칸막이가 된 큰 상자 하나를 가지고 와서는 "자, 토마Thoma, 내일 키스로포스크에 가서 이 비단들을 좀 팔고 와라."고 주문을 하자, 그는 그 도시에는 자기가 살았던 상트페테르부르크에서 온 아는 사람들이 득실거린다고 거기는 갈 수 없다고 대답하였다. 구르지예프는 옳다 됐다 하고 "그러면 오히려 잘 됐지. 피난하여 온 아는 사람이 그렇게 많다면야 더 빨리 비단을 팔 수 있을 것 아닌가." 그래서 그는 할 수 없이 기차를 타고 마지못해 그 도시로 떠났다. 저녁 무렵에 도착한 그는 안면이 있는 친구한테는 가지 않았다. 왜냐하면 그들이 이 전쟁 중에 비단이나 비단실 같은 것을 필요로 하지 않는다는 것은 뻔한 일이고, 또 자기가 그런 것을 팔러 다닌다는 것은 창피한 일이라 그들에게 알리고 싶지 않았기 때문이었다.

밤중에 작은 가게들 앞에서 우물쭈물하다가 용기를 내어 좀 큰 가게로 들어갔다. 알고 보니 그 상점은 토마스 등 공부인들이 세 들어 사는 집 주인의 점포였고, 놀랍게도 바로 거기에 구르지예프가 서 있는 것이 아닌가. 그 집 주인은 비단을 거의 다 사주었고, 구르지예프는 "자, 그럼 이만 집으로 가자"고 하는 바람에 그는 큰 한숨을 쉬게 되었다.

러시아 상류사회의 분위기에 젖어있던 하르트만으로서는 장돌뱅이 같은 짓에 수치심을 느꼈으나, 그는 전쟁 중의 신분이 뒤죽박죽된 판에, 그런 것을 호구지책의 차원을 넘어 하나의 공부 자료로 삼아, 자기의 약점에 칼을 대어 주었던 스승의 동기부여에 대해서 평생을 두고 감사하였다. 그 훗날 이야기지만, 구르지예프는 일류 음악가인 하르트만에게 학교 식당의 부엌일을 시킨 일도 있었다. 그 기간이 그리 길지는 않았지만, 본인은 물론 주위 사람들을 놀라게 하였다.

그리고 구르지예프는 귀족 출신의 제자들에게, 당시 천한 근로 노동자들이나 하는 짓거리인, 호주머니에 해바라기 씨를 가득 집어넣은 후, 그것을 까먹고 걸어가면서 길바닥에 씨를 퉤! 퉤! 소리를 내며 뱉어버리는 짓을 일부러 시켰다.

도스토옙스키는 시베리아 유형지에서 보냈던 경험을 바탕으로 『죽음의 집의 기록』을 쓰면서, 인간에게 내릴 수 있는 가장 참혹한 형벌은 "전혀 쓸모없고 무의미한 성격의 노동을 시키는 것"이라고 했다. 아우슈비츠 수용소에 갇혔던 빅토르 프랑클도 인간에게 삶의 의욕을 주는 것은 '의미에의 의지'라고 했다. 구르지예프는 지성이 넘치는 제자들에게 새벽부터 땅을 팠다가 저녁에는 다시 메우는 일을 시켰는데, 참으로 훈련치고는 가혹한 일이었다. 스승에 대한 신심이 없으면 있을 수 없는 일이다. 문득 '스승'이고 뭣이고 믿을 것이 없다는 이야기가 생각난다.

> 터키어를 사용하는 지방의 유명한 민속적인 인물인 나스레딘Mulla Nassr Eddin이 자신의 어린 아들에게 인생 교육을 할 때다. 아들에게 사닥다리를 보여주고는,
> "꼭대기까지 올라가 봐! 빨리!"
> 아들이 물었다.
> "왜요? 그럴 필요가 없잖아요."

"대꾸하지 말고 시키는 대로 해!"

어린 아들은 투덜거리며 올라갔다. 아들이 꼭대기에 올라갔을 때 물라는 자신의 손을 뻗치며 "자! 뛰어내려! 믿으라고, 난 네 아버지잖아. 자 아버지 손이 보이지? 뛰어내려!" 아들이 뛰어내렸을 때 물라는 한 발짝 물러서 버렸고 그 아들은 털썩하는 소리와 함께 떨어지면서 다리가 부러졌고, 악을 쓰며 울기 시작했다. 나스레딘이 말했다.

"이것이 네 인생에 있어 첫 번째 가르침이다. 누구도, 네 애비마저도 믿지 마라. 만일 네가 인생에서 성공하고 싶거든 누구도 믿어서는 안 된다. 누구를 믿는 순간 넌 실패자가 될 뿐이다. 알았냐?" 아들은 계속 징징 울기만 했다.

드 하르트만은 40년 이상 구르지예프 곁에 머문 제자다. 가장 최장수를 기록했다. 그는 구르지예프가 고안한 특별한 음악들을 만들었다. 구르지예프는 특이한 마스터다. 그 자신이 음악가는 아니었지만 어떤 바이브레이션vibration이 사람을 어떤 상태로 유도하는지를 잘 알고 있었다. 구르지예프는 자신의 프로그램을 드 하르트만에게 설명했고 그는 그것을 잘 소화해냈다. 그렇지만 스승과 제자라는 관계에서 드 하르트만은 엄밀한 의미의 제자는 아니었다. 그가 구르지예프의 제자가 되기 위해 입문은 하였지만, 음악에 대한 천재적인 소질을 가졌던 그에게 자신은 몰랐지만, 그리 간단한 일이 아니었다. 제자라기보다는 한 사람의 협력자에 불과했다. 그는 구르지예프의 댄스 음악을 작곡하기는 했으나, 자기가 왜 거기에 서 있는지 목적의식이 희미해져 갔다. 구르지예프는 그에게 여러 번 경고를 하였다.

"드 하르트만! 자네는 음악에 관해서는 완전한 마스터이지만, 자네가 여기 온 이유는 곡을 연주하러 온 것이 아니야. 자네는 아상으로 꽉 차 있기 때문에 제자의 자리에 앉아 있으려고 하지를 않아. 분명히 이야기하지만, 자네는 음악을 하러 여기에 온 것이 아니야."

어느 날 구르지예프는 단호하게 이야기를 하였다.

"자네는 오늘부터 음악하고는 완전히 인연을 끊게! 자네의 음악은 다른 사람들의 공부에 대해서는 대단한 역할을 하기는 하지만, 자네에게 음악은 오히려 장애물이야. 완전히 음악에서 손을 놓게! 너의 악기들을 다 태워버려!"

드 하르트만에게 이것은 청천벽력이었다. 그는 일개 평범한 음악인이 아니었다. 그는 음악을 떠나는 대신 구르지예프의 곁을 떠났다.

그 후 드 하르트만은 뉴욕으로 가서 자신의 학교를 세우고, 학생들에게 "내게 너희들은 구르지예프보다 더 소중하다"는 표현을 했다고 한다. 그로서는 대단히 어려운 일이었겠으나 수치스러운 표현을 했다. 예수를 배반한 가롯 유다의[19] 범주에 들어갈 만한 작태다. 뭐가 된장인지 뭐가 똥인지 분간을 못 한 것이다.

유다는 최후의 만찬 전에, 스승 예수를 은 30냥으로 유대 산헤드린 지도자들에게 팔았다고 기록되었다. 그것으로 불쌍한 유다는 그리스도교 역사상 가장 저주받은 인간이자 배신자의 상징이 됐었다. 그러나 1978년에 발견된 '차코스 사본The Codex of Tchacos'에서 26쪽으로 된 유다복음The Gospel of Judah이 발견된 후, 유다는 악의 화신도 아니고, 단테가 이해한 최악의 배신자도 아니었다. 그는 예수의 지상 임무를 완벽하게 이해한 유일한 제자로 재평가되었다. 그러나 구르지예프에 대한 드 하

---

[19] 유다는 고대 이스라엘에서는 흔한 이름 중 하나라, 사람들은 그의 고향 '카리옷'이라는 명칭을 붙여 가롯 유다라 불렀다.

르트만은 그 뒤로 잠잠하기만 하다. 구르지예프라는 스승의 배경이 없는 그의 음악은 아무런 의미가 없는 것으로 되어버렸다.

소태산은 회상의 초기, 지금의 원불교 총부 자리인 익산 신룡벌에서 조그만 회관 건물을 지었다. 비록 간판은 걸었으나 전무출신 공동체의 생활 방도는 막연하였다. 그래서 유지대책의 하나로 엿을 고아 파는 제이업製飴業을 시작하였다.

김광선은 주무가 되어 엿을 고았고, 서무부 서기 송도성은 공양주를 맡아 본관 살림을 보고 나머지는 행상을 나섰다. 소태산은 엿판을 맨 제자들에게, "너희들이 지금 이러고 있는 것은 한 개인을 위하고 한 가정을 위하는 일이 아니다. 세계사업을 하는 것이다."라고 격려하였다. 최도화의 외동아들 조갑종도 전무출신하여 이동안과 함께 엿을 팔았다. 조갑종은 주로 이리역에서 엿가위를 두드리며 팔았는데, 한번은 고향 친구를 만났는데, 그 친구가 "너 엿장수 하려고 이곳에 왔냐?" 하면서 쯧쯧 혀를 차고 지나갔다.

이동안은 그곳이 타향 객지였다. 아는 사람이 없어 엿 목판을 짊어지고 일단 거리에 나서기까지는 하였으나 평생 한 번도 경험해 보지 못한 행상인지라 도무지 '엿 사시오!'라는 소리가 나오지 않았다. 그래서 군침을 흘리고 줄줄 따라다니는 아이들에게 엿을 조금 떼어주고 대신 소리를 외치게 하였다. 철모르는 아이들은 달짝지근한 엿 맛에 재미를 붙여 소리소리 외쳐대는 바람에 첫날 엿장수는 무난히 해냈다. 저녁 공사시간에 각자 그날 보고를 할 때 그런 이야기를 하자, 대중은 박장대소를 하였다 한다.

스승들이 제자들을 공부시키기 위해 여러 가지 방편을 사용하지만, 그중에서도 가장 심한 경우는 고타마 붓다와 그 제자들이다.

고타마 붓다에 의해 정하여진 '옷 세 가지와 바리 하나三衣一鉢'와 '나무 밑돌 위에서의 생활樹下石上'은 사람으로서 결코 쉬운 일이 아니다. 더구나 젊은 새내기 비구들은 대개 양갓집 출신의 자제들이었다. 집에 있었으면 무엇 하나 부족한 것 없는 사람들이었다. 그런 그들이 갑자기 출가지의 생활을 하지니 얼마나 어려웠겠는가? 왜냐하면 그 생활은 이 세상의 생활 중 가장 낮은 것이기 때문이다. 부처님은 그것을 잘 알고 있었으며 또한 그들의 마음을 헤아리고 있었다.

더구나 탁발, 발우를 들고 집마다 들러 빌어먹고 살아가는 일이란, 혈기 넘치는 청년들에게는 참을 수 없는 일이다. 필자가 불교대학 시절에 승려 출신의 교수들이 하는 이야기로는, 탁발 생활을 해보지 못한 사람은 불교의 진면목을 이해할 수 없을 것이라고들 하였다.

고타마 붓다는 엄격한 생활에 스트레스를 받아, 자칫 꺾이기 쉬운 마음 약한 신참 비구들에게 거듭 격려의 말을 했다고 경전에서는 말한다.(『상응부 경전』 22의 80 「걸식」, 한역 『잡아함경』 10의 17 「제상」)

붓다는 새로 들어온 젊은 비구들이 걱정되었다.

"만약 어린 송아지가 어미 소를 잃어버리면 어떤 일이 일어날지도 모른다. 또 밭에 뿌린 씨앗이 물을 만나지 못하면 어떤 변이 생길지도 모른다. … 비구들이여, 그대들 출가자는 머리를 깎고, 발우를 들고 집마다 빌어서 살아간다. 걸식은 세상의 여러 가지 생활 방법 중에서 가장 하급이다. 그러나 비구들이여, 훌륭하고 뛰어난 여러 사람이 그런 생활을 하는 까닭은 거룩한 목적이 있기 때문이다."

고타마 붓다가 제자들이나 외도들을 맞아 문답할 때는 늘 조용하고 논리가 정연하였을 것이다. 더구나 막 문하에 귀의한 젊은 제자들을 가르칠 때는 더욱 고요하며 간절하고, 말소리는 조용하지만 부드럽게 이야기하는 가운데 힘이 있었을 것이다. 필자는 항상 부처님을 생각하면 먼저 그분이 크샤트리아라는 사람을 죽이는 무사 계급 출신이라는 것을 잊지 않으려고 노력한다. 그 무인의 끓는 피가 양파의 매운맛이 열을 받아 단맛으로 변하듯, 에너지의 승화를 이루었기 때문이다.

언제 어디서나 하기 싫은 일도 '즐겁게' 하는 것이 공부다.

4) 레즈비언Lesbian 그룹

구르지예프는 동성연애에 관한 글에서는 과거 전통적인 종교와 같은 보수적인 이야기를 하였으나, 그의 프랑스 학교에는 레즈비언 제자들도 같이 살고 있었다. 1920~30년대의 파리는 영국 아일랜드 미국인 등 문필가들이 선망하던 곳이었다. 그래서 모더니스트, 민요, 신화, 오컬트occult 또 프로이트와 융의 심리학에 흥미를 느끼는 사람들이 많이 모였고, 이들 중 일부는 구르지예프의 공부에 흥미를 느꼈다.

구르지예프는 여러 가지 타입의 사람들에게 자기의 가르침을 실험하였는데, 레즈비언 그룹을 결성하고는 어떤 남자 제자도 그 그룹과 교제를 할 수 없도록 금지했다. 1935년 10월 21일 만들어진 레즈비언 그룹은 처음에는 4명의 여자로 시작하였으나 7명으로 늘어났다.

다음 일화를 보자.
나는 어느 날 파리에 있는 구르지예프의 아파트에서 점심을 먹기 위해 기다리고 있는데, 전에 보지 못했던 몇 사람의 여자들이 있었다. 물론 모두 미국인이었다. 시간이 좀 지난 뒤 우리는 안으로 들어가서 구르지예프가 들어오기를 기다렸다. 나 혼자만 남자였다. 아무도 입을 벌리지 않았고 모두 좀 불편한 모습이었다. 약간 긴장감이 도는데 구르지예프가 들어왔다. 말도 하지 않고 서먹서먹하게 앉아있었다는 것을 눈치챈 것 같았다. 그가 "어라! 벙어리들이야? 묘지에 있는 것 같네. 지정석에 앉아서 꿀을 먹은 것 같은데." 그의 말에 모두 웃었고 긴장 또한 풀렸다. 모두 보기에 지적이고 비즈니스 유형의 여자들이라 왠지 놀라도 나는 속으로 약간의 적개심 비슷한 것이 끓었다. 그들은 미혼들로 구르지예프가 이끄는 작은 규모의 그룹이었다. 그런데 나는 구르지예프가 그들에게 아주 재미있는 공부를 시키고 있다는 것을 감지했다. 그래서 하루는 구르지예프에게, "저도 이 그룹에 끼면 안 될까요?" 하고 물었다. "안 돼!"라고 하기에 "왜요?" 하고 물었다. 너뿐만이 아니라 남자는 안 돼. 이 모임은 좀 특별한 유형이야."(?, 『Talks with Gurdjieff』, p.74)

그네들은 1930년부터 모임을 시작했는데, 멤버들의 이름은 솔리타Solita Solano, 제닛Janet Flanner, 엘리자베스Elizabeth Gordon, 또 유명한 프랑스 연극배우이며 한 때 1911년 노벨 문학상을 받은 시인 모리스 메테르링크Maurice Maeterlinck의 애인이었던 조르젯 르블랑Georgette Leblanc, 마가렛 앤더슨Margaret Anderson, 그리고 솔리타Solita가 인도한 캐서린 휴즈Kathryn Humes와 앨리스 로러Alice Rohrer 등이다.

1935년에 구르지예프는 이 레즈비언 그룹의 지도인으로 제인 힙Jane Heap을 지명하였고 그 그룹의 이름을 '더 로프The Rope'라고 불렀다. 이름의 뜻은 스승의 지도로 높은 산에 올라가는데 안전을 위하여 밧줄로 서로를 묶어야 하고 서로가 상대방을 생각해 주어야 한다는 것이다. 마치 손을 씻을 때 한 손으로는 씻을 수 없다는 것과 같다. 구르지예프는 "만일 두 사람이 같은 목적을 가지고 살 때, 두 도반은 좋아하거나 싫어하거나 서로 동지애를 갖게 되는데 가정에서도 이런 끈끈한 관계를 맺기는 어렵다."고 말했다. 그래서 구르지예프가 그 이름을 제의하였고 멤버들이 찬성하여 '더 로프'라는 이름을 갖게 되었다. 그리고 구르지예프는 자기는 동양 사람이라며 자기 앞에서 여자들이 담배를 피우거나 화장하는 것을 금하고, 그런 것은 창녀들이나 뉴욕 또는 극장 주변에서만 볼 수 있는 일이라며 화장실에서 하라고 역정을 내기도 하였다.

구르지예프는 2차 대전이 발발하기 전까지 그 그룹을 지도하였다. 여자 멤버들은 모두가 다 하나같이 활동적이고 사회적으로도 유명한 여자들이었다. 그중 가장 잘 알려진 사람 둘을 들자면,『수녀의 이야기The Nun's Story』와『미발견된 나라Undiscoverered Country』를 쓴 캐서린 흄Kathryn Hulme인데,『수녀의 이야기』는 실화에 근거를 둔 아프리카에서 일한 한 수녀의 이야기로, 1959년 오드리 헵번Audry Hepburn 주연으로 영화화되었고 최고 감독, 여주인공 등 몇 개 부문의 오스카상을 싹쓸이 하였다. 마가렛 앤더슨Margaret Anderson은 아방가르드avant-garde 문학잡지인『리틀 리뷰Little Review』를 창립하고, 보는 안목이 있어 제임스 조이스James Joyce의『율리시스Ulysses』를 처음으로 출판하였다. 문필가요 편집인이었던 솔리타 솔라노Solita Solano는 제네Genêt라는 필명으로 잡지 뉴욕커New Yorker에 글을 쓴 제인 플래너Jane Flanner의 동료다. 그네는 여러 해 동안 구르지예프의 개인비서로도 일했다.

레즈비언 그룹인 '더 로프'의 멤버들은 구르지예프 생전에도 그랬지만, 그의 사후에도 가장 구르지예프에 대한 헌신적인 제자들이었고, 또 정신적으로도 수승한 경지들을 갖고 있었다. 구르지예프는 이 고고하기 짝이 없고 지적 우월감과 성공한 비즈니스 여성들이었던 그 멤버들을 다정다감하고 인간미 넘치고 이해심 많은 여자로 변화시키는 '기적'을 이루었다.

5) 제자들의 전등록傳燈錄

고타마 붓다가 영산회상에서 꽃을 들어 대중에게 보였는데, 대중이 꿀 먹은 벙어리처럼 묵연하였지만, 오직 가섭만이 얼굴에 미소를 띠거늘, 세존이 말하기를 "내게 있는 정법안장正法眼藏을 마하가섭에게 전한다."라고 하였다. 후대 제자들이 짜 맞춘 작품인 것 같은 냄새가 나, 어디까지가 진실인지 알 수 없다. 인도 사회는 중국과 달리 시시콜콜한 역사에 신경을 쓰지도 않았을뿐더러 체제나 계통에 그리 신경을 쓰는 사회가 아니었다. 춘추필법春秋筆法이란 말과 같이 대의명분을 밝히고 세우는 것을 생명으로 아는 중국 문화는 족보를 따지는 것을 좋아하여, 송나라 도원道源은 『경덕전등록』景德傳燈錄 30권을 지어 과거 7불佛로부터 역대의 선종 조사들, 5가家 52세世에 이르기까지 전등한 법계法系의 차례를 기록하여 남겼다.

깨달음의 계보학인 전등록은 중국 북송의 경덕 제위 시기에 만들어졌기 때문에(서기1004년) 『경덕전등록』이라 불린다. 그러니까 전등록의 편찬은 황제에게 진상하는 국가 차원의 불사였다. 인간이란 의미를 추구하는 존재이기도 하고 또 본인이 그런 취미가 있어 기록으로 남겼으니 뭐라고 시비를 걸 것은 없지만, 병명을 알 수 없는 환자 같은 측은한 생각도 든다. 하기야 그 책으로 인해 밥을 먹을 수 있게 된 후대의 학자들도 생기게 되었고, 또 나치의 죽음의 수용소에서 풀려난 뒤 로고테라피를 창시한 빅토르 프랑클의 말대로, 인간은 의미를 필요로 하며 과거가 자신의 삶에 갖는 의미에 관심을 두고 있기 때문에, 그 책의 존재에 고맙게 생각은 할지언정 군소리는 필요 없을 것 같기도 하다.

왜 이런 생각을 하게 되느냐 하면, 만약 필자가 불지佛地에 올라 회상을 열었다면, 앞에 차려진 밥상에만 신경을 쓰거나, 아니면 육조 혜능을 친견하고 구경의 증오證悟를 인가받은 영가 현각永嘉玄覺의『증도가』證道歌에서처럼 "항상 홀로 행하고 항상 홀로 걷네"(常獨行 常獨步)하고 휘파람을 불지, 이 아까운 법을 누구에게 전해줄까 하는 구질구질한 생각은 나지 않을 것 같아서 하는 소리다. 소태산은 일제 식민지라는 환경 때문에 어쩔 수 없었는가는 몰라도, 교단이라는 시스템 유지에 대해서 필자가 생각하는 것보다 훨씬 신경을 많이 썼다. 그러나 소태산도 전법傳法의 형식에서는 내심으로는 정산 송규를 염두에 두었으나, 공식적으로는 다음과 같은 순서를 밟았다.

1941년 1월에 게송偈頌을 내리며, "옛 도인들은 대개 임종 당시에 바쁘게 전법 게송을 전하였으나 나는 미리 그대들에게 이를 전하여 주며, 또는 몇 사람에게만 비밀히 전하였으나 나는 이처럼 여러 사람에게 고루 전하여 주노라. 그러나 법을 오롯이 받고 못 받는 것은 그대들 각자의 공부에 있나니 각기 정진하여 후일에 유감이 없게 하라."(『대종경』 부촉품 2장)며 개인에게 법등을 전한 단전單傳이 아닌 공전公傳을 선택하였다.

J. 크리슈나무르티는 자신에게 주어진 일체의 권위와 영광도 거부하고, 신지학회 주도로 설립된 '동방의 별의 교단東方星團'을 1929년 8월 2일 네델란드 옴멘 캠프에서 해산시켜 버렸다. "나는 추종자를 원하지 않으며 인간을 모든 새장·공포·종교로부터 자유롭게 만들고 싶다."고 선언한 사람이, 구차스럽게 어느 특정 개인에게 법을 전할 리도 만무했을 것이다. 라즈니쉬 또한 그런 면에서 고고한 모습을 보였다. 그의 열반 직후 본부가 있는 뿌나의 경영은 '이너 써클inner circle'이 구성되어 운영되었다.

구르지예프도 전등에 관해 언급한 일이 없었고 특정 개인을 별도로 훈련한 일 또한 없었다. 제자들 나름대로 기량껏 소규모 집회를 가졌는데 대강 8명의 1세대 제자들로 나뉘었다. 규모가 큰 그룹부터 살펴보자.[20]

(1) 구르지예프 재단(The Gurdjieff Foundations)

리더는 진-드-쌀츠만Jean de Salzmann. 진-드-쌀츠만과 그네의 남편 알렉산더는 티플리스와 콘스탄티노플 때부터 구르지예프의 제자들이다. 그때부터 진-드-쌀츠만은 유럽과 미국을 통괄하는 네트워크의 수장으로 일했다. 이 그룹은 보통 일주일에 한 번씩 만나서 질문과 대답하는 형식으로 모임을 진행하였다. 초보자의 경우 석 달의 토론이 지나면 실제로 '댄스(the movements)' 등의 실습으로 들어갔다. 이 단체는 그 후 가장 많은 수의 멤버들을 거느리고 구르지예프 공부법에 대해 영향력을 발휘하였다.

(2) 셔본과 클레이몽(Sherborn and Claymont)

리더는 존. 베넷John Bennett. 베넷은 1921년 터키의 콘스탄티노플에서 영국 육군의 정보장교로 근무할 때 구르지예프를 만났다. 베넷은 구르지예프와 구르지예프의 모국어라 할 수 있는 터키어로 이야기를 나눌 수 있는 몇 안 되는 제자 중 한 명이었다. 베넷은 구르지예프의 임종까지 계속 서로 연락을 주고받으며 지냈다. 베넷에 의하면 구르지예프는 자신에게 세계 교화를 위해 부탁을 하였다고 한다. 베넷은 20여 년에 걸친 다른 영적 지도자들과의 교류 뒤에, 영국 옥스퍼드 근처 셔본

---

20 Kathleen Riordan Speeth, 『The Gurdjieff Work』, AND/OR Press(Berkeley, California), 1976, pp. 95~105.

Sherborne에 국제평생 교육학원(The International Academy for Continuous Education at Sherborne House)을 설립했다. 그리고 후에는 미국 웨스트버지니아West Virginia의 셰난도 밸리Shenandoah Valley에 훈련원을 세웠다. 베넷은 온전한 인간 만들기에 폭넓은 지식을 소유하였고 또 제자 중 가장 많은 저서를 남겼다.

(3) 탤리에신(Taliesin)

미국 위스콘신Wisconsin주의 스프링 그린Spring Green에 있는 탤리에신 펠로우십The Talliesin Fellowship은 미국의 저명한 건축가 라이트Frank Lloyd Wright와 그의 러시아 출생의 부인 올기바나Olgivanna에 의해 만들어졌다. 올기바나는 프랑스 프리우레이 학교 때부터 구르지예프의 제자였고, 1924년 구르지예프가 25명의 학생을 대동하고 뉴욕에서 공부법을 소개하였을 때 동행하였다. 그다음 해 올기바나는 '시카고 오페라'에서 라이트를 만난 후 4년 뒤에 그와 결혼하였다. 라이트는 구르지예프의 공부법에 감명을 받고 자기 집이 있는 곳에 구르지예프의 학교를 만들고 싶어 했다. (올기바나와 그의 딸 그리고 라이트에 관해서는, 이 책 Ⅱ '제생의세'의 11장 앞에서 간단히 언급하였다.)

(4) 지구 교회(The Church of the Earth)

구르지예프의 영국계 그룹(British group)이었던 우스펜스키 내외의 제자였던 드-롭Robert S. de Ropp이 미국 캘리포니아 북쪽 농업지대인 소노마 카운티Sonoma County에 자급자족의 깃발 아래 공동체를 만들었는데, 지금은 쇠퇴하였다.

(5) 동구릉 농장(East Hill Farm)

여성 예술가 마취Louise March에 의해 세워진 동구릉 농장은 뉴욕주의

미들섹스Middlesex에 있는 자급 자족형 공동체였다.

(6) A. I. C. E. (American Institute for Continuing Education)
구르지예프의 오래된 제자이며 오라지(A.R. Orage) 계통인 앤더슨Paul & Naomi Anderson에 의해 결성되었다. 보통 '앤더슨 그룹' 또는 '콘웨이 구르지예프 그룹The Conway Gurdjieff group'으로 불린다. 마지막 미국 방문 때 (1948~49) 구르지예프는 폴 앤더슨을 '미국 비서Ameican Secretary'라 불렀고 앤더슨은 대외 공식비서 역할을 수행하였다.

(7) 종교적 진급을 위한 학원(Institute for Religious Development)
네덜란드 화학자이며 동시에 음악가인 나일랜드Willem Nyland는 1975년경에 동쪽으로는 뉴욕의 워윅Warwik과 서쪽으로는 캘리포니아 세바스토폴Sebastopol에 모임을 결성하였다.

(8) 하르트만 부인 그룹(Mme. DE HARTMANN Group)
러시아 궁정 음악가 출신이며 구르지예프의 1세대 제자인 하르트만의 부인으로 구르지예프의 음악에 이바지하였다.

이 밖에도 구르지예프의 이름을 빌린 군소 모임들이 많다.

12.
구르지예프의 부모 사랑

앞에서 언급한 구르지예프의 경구 중 9번째인, "그가 착한 사람인 것을 확실하게 알려면 그 부모를 사랑하느냐 안 하느냐를 보면 된다."라는 것이 있다. 그는 평생 그의 아버지를 존경하고 사랑하였다. 그는 선각자 중 보기 드물게 부모 사랑을 강조하였다. 소태산은 핵심 교리의 하나로 '부모은父母恩'을 거론하였을 뿐, 자신의 구체적인 육신을 낳아준 부모에 대해서는 이렇다 할 언급이 없다.

세상 어디에서든 자식들에게 '부모에게 복종하라'고 가르친다. 십계명 중 다섯 번째 계명도 마치 공자의 입에서 나왔을 법한 "네 부모를 공경하라"다. 효도가 공자 철학의 핵심이라고 해도 과언은 아니다. 세상의 모든 문화는 좋은 가족관계를 소중하게 생각하고 다세대 간의 연대를 권장한다. 효도는 유학자들이 한 인간의 도덕성을 가늠하는 기본적인 잣대가 되어버렸다. 유학자들은 효도야말로 모든 덕목의 기준이며 올바른 사회생활의 기초라고 믿었다. 부모를 공경하는 자식은 또한 충실한 국민이 되고 헌신적인 배우자라고 생각했다.

구르지예프는 아버지에 대해, 그는 인생의 목적에 대해서 간단명료한 견해를 가졌다. 사람은 내적인 자유를 꼭 만들어야 하고, 노년의 생활이 행복할 수 있도록 미리 준비해야 한다는 것이라면서, 청소년 시절에 부친으로부터 그런 이야기를 여러 번 들었다고 했다.

"나의 아버지는 자신의 첫 번째 자식인 나를 굉장히 사랑했다. 나와 아버지의 개인적 관계는 아버지와 자식의 관계라기보다는 큰형과 같은 것이었다. 아버지는 나와 끊임없이 대화의 시간을 가졌고, 나에게 시적인 그림 같은 또는 차원 높은 상상을 할 수 있도록 굉장한 이야기들을 많이 해주었다."

구르지예프의 아버지는, 사람은 어린이로부터 18세가 될 때까지 아래의 4가지 계문을 지켜야 한다고 했다.

첫째, 자신의 부모를 사랑할 것.
둘째, 순결을 지킬 것.
셋째, 밖으로는, 부자이건 가난하건, 친구건 적이건, 권력자건 노예이건, 어떤 종교를 갖고 있건 말건, 구분 없이 공손하게 대하여야 하고, 안으로는 자유로운 마음을 유지하고, 누구에게나 또 어떤 것이 되었든 너무 믿지 말 것.
넷째, 일하기를 즐겨야 하는데, 소득의 유무 없이 일하는 것 자체를 즐길 것.[21]

그리고 그의 아버지는 다음과 같은 내용의 이야기를 자주 했다고 하

---

21 G.I. Gurdjieff 『Meetings with Remarkable Men』 E.P.Dutton paper back, 1974, p.39.

는데 재미있는 부분만 골라본다.
- 소금 없이는 설탕도 없다.
- 불이 타야 재가 나온다.
- 법복法服은 멍청이를 감춘다.
- 지구의 불행은 잘난 척하는 여자들에게서 나온다.
- 불은 물을 데우지만, 물은 불을 끈다.
- 칭기즈칸은 위대하지만 우리들의 경찰은 더 위대하다.
- 부자가 되고 싶거든 경찰을 사귀어라.
- 유명해지고 싶거든 기자들을 사귀어라.
- 신앙심을 잃어버리고 싶거든 종교인들을 사귀어라. (위의책, 46~47쪽)

상수 제자의 한 사람인 오라지Orage가 그의 아버지에 관해서 물었을 때, 구르지예프는 다음과 같이 이야기하였다. 그는 아마추어 음유시인(Ashokh)이나 이야기꾼이었다. 문맹인이었지만 놀랍게도 기억력이 비상했다. 깔스Kars 시에는 노래와 민요의 내용에 관해 경연대회가 있었는데, 아버지는 그냥 집에서 그런 노래들을 불렀다. 보통 그가 노래를 부를 때는 아라비안나이트의 어떤 이야기들로 다양하게 끝을 맺었다.

구르지예프의 아버지는 83세인 1917년 터키 군대가 알렉산드로폴Alexandropol을 공격하고, 악명 높은 아르메니안족 학살 때 자신의 재산을 지키려다 사살당했다. 구르지예프가 자신의 아버지를 마지막 본 것은 돌아가시기 1년 전이었는데 건강한 모습이었고 턱수염에 약간 회색빛이 있을 정도였다고 한다.

그 학살 때, 장티푸스로 많은 친척이 죽었고, 구르지예프는 그쪽에 있는 자기 친족들과 학생들을 자기가 있는 쪽으로 오라고 메시지를 전달했는데, 모인 숫자가 거의 200여 명이 되어 구르지예프는 그들의 의식주 문제 해결에 책임을 져야 했다. 그래서 카펫 비즈니스를 영국 육군 소령이며 정보장교로 바쿠-바툼Baku-Batum 사이의 송유관 경비 책임자였던 핀더Pinder의 협조를 얻어 시작하였다. 당시 콘스탄티노플(현재의 이스탄불)의 영국·프랑스·이탈리아 그리고 미국 장교들이 오리엔탈 카펫을 마구잡이로 사들이는 바람에 구르지예프는 3주 만에 짭짤한 수입을 갖게 되고 슬하의 많은 식구를 거느리는 데 지장이 없었을 뿐만 아니라, 여분의 자금도 비축할 수 있었고 사업 또한 날로 번창일로에 있었다. 그러면서 구르지예프는 대 사업가로 명망을 떨쳤고 조지아 정부로부터도 신망을 얻을 수 있었다. 그래서 그런저런 이유로 그는 그곳에 학교를 세우기로 일이 있다.

구르지예프는 영화로 제작되기도 했지만, 자신이 쓴 『경탄할 만한 사람들과의 해후Meetings with Romarkable Men』의 '나의 아버지'라는 장章에서, 자신의 아버지가 어디에 묻혀있는지는 모르지만, 다음과 같은 묘비명을 해드리고 싶다고 했다.

나는 당신(부모) I AM THOU

당신은 나, THOU ART I,

그는 우리를, HE IS OURS.

우리는 모두 그의 것, WE BOTH ARE HIS,

모두 다 동포들을 위해. SO MAY ALL BE FOR OUR NEIGHBOR.

한번은 구르지예프가 청중의 한 사람에게 물었다.

"당신의 부모님은 살아계시나요?"

"네, 두 분 다 계십니다."

"좋습니다. 좋으시겠네요. 한 가지 과제를 드리겠습니다. 실행에 옮기세요. 나중에 자세한 것을 더 설명해 드리겠습니다. 먼저 부모님과 만날 수 있도록 자리를 만드세요."

"언제 부모님들 하고요?"

"부모님과 같이 계시든 안 계시든 상관없이 마음속으로 하세요. 예를 들면 이렇게요. 부모님이 눈앞에 계시면 그분들을 쳐다보시고, 안 계시면 당신이 부모님이라고 가정하시고 '나는 당신, 당신은 나' 당신은 당신 부모님의 은혜로 나왔습니다. 같은 피를 나누었지요. ……."

구르지예프의 부모 존경 이유는, 부모를 존경한다는 것은 결국 신神을 존경한다는 것이다. 신이란 결국 궁극적인 부모이기 때문이다. 부모를 존경하지 않으면 신 또한 너를 별 볼 일 없게 생각한다. 신은 아버지요 우리는 잃어버린 아버지를 찾는 어린이라는 것이다. 교회에 가는 것, 기도하는 것 등은 모두 유치한 어린애들의 놀이라는 것이다.

나의 핏속에 흐르는 아버지와 어머니의 피는 어떤 것일까? 그 두 분이 지금의 내 나이였을 때, 그분들이 바라던 것은 무엇이었을까? 중국 사람들은 부모님을 섬기게 되면 결국에 가서는 하나님까지 섬기게 된다고 한다.(효경孝經) 즉 부모님을 통해서 진리를 찾아 들어가는 것이다. 그런 부모에 대한 일련의 효도 이야기는 왕양명의『전습록』에서도 "아침에 문안드리고, 저녁에 자리 펴 드리고, 따뜻하게 또는 서늘하게 만들어드리는데 무슨 애를 쓸 일이 있겠는가? 그러나 정성을 다해 모신다는 것은 쉽지 않다. 이 정성을 다한다는 것이 공부다. 이것을 깨닫기 위해서 공부하는 것이다. 다른 조건들이야 내가 하지 않아도 남을 시켜서 할 수 있겠지만, 자기의 정성을 다하는 것은 깨닫지 않고서는 힘든 것이다."라고 이야기하고 있다.

동학東學의 인내천人乃天 사상도 먼저 '사람이 한울님을 모신다.' 곧 '시천주侍天主'로부터 시작한다. 부모를 모시듯 하늘을 모시는 즉 모신다는 글자인 '시侍' 한 자 속에 포함되어 있나고 해도 과언이 아니다.

작열하는 사막의 종교 이슬람에서도 부모에 대한 효도를 알라의 지고한 명령으로 받아들이면서 인간 행위의 규범 중에서 의무 사항으로 못 박고 있다. 『꾸란』에는 "너희 주님은 명하셨느니라. 나 외에 아무도 경배하지 말고 부모에게 선행을 베풀고, 부모 중의 한 분이나 두 분 모두가 늙으시면 절대로 싫다거나 비난하는 말을 하지 말고 좋은 말만 할지어다."(17:23) 라고 부모에 대한 효도를 명하고 있다. 부모 중에서도 어머니에 대해 특별한 편인데, 창시자인 무하마드의 언행록인『하디스』에서는 "천국은 어머니의 발밑에 있다."는 유명한 말까지 남겨 여성을 우대한 것 같은데, 지금 그쪽 동네의 여성의 권위는 꼭 그렇지마는 아닌 것 같다.

소태산도 예외 없이, "자기 가정에서 부모에게 효도하고 형제간에 우애하는 사람으로 남에게 악할 사람이 적고, 부모에게 불효하고 형제간에 불목 하는 사람으로 남에게 선할 사람이 적나니, 그러므로 유가에서 '효孝는 백행百行의 근본이라' 하였고, '충신忠臣을 효자의 문에서 구한다.' 하였나니, 다 사실에 당연한 말씀이니라."(『대종경』 인도품 11장) 하였다.

제3장
무량법문

1.
전쟁과 인간

1) 전쟁의 외적인 원인

 인간은 항상 적敵이라는 얼굴을 만들지 않고서는 못사는 동물인가? 그렇지 않다면 왜들 이리도 싸우는지 모르겠다. 투쟁보다는 경쟁, 경쟁보다는 논쟁 정도로 끝내면 안 될까? 무력 경쟁 대신 팔씨름으로 승부를 결정한다든가, 서로의 갈등을 바둑판의 승부로 결정하면 안 될까? 아리스토텔레스도 『정치학』에서 이렇게 이야기하였다.
 "인간은 완전할 때는 최고의 동물이지만, 법과 정의와 분리될 때는 모든 것 중에서 최악이다. 인간이 덕을 갖추지 못한다면, 인간은 가장 불경하고 가장 야만적인 동물이며 가장 색욕과 탐욕으로 가득 찬 존재이다."

 동물행동학animal ethology의 시조로 1973년 노벨 생리학·의학상을 받은 콘래드 로렌츠K.Lorenz는 1963년에 『공격성에 대하여』라는 책을 썼다. 그에 의하면 동물의 싸움이나 인간들의 범죄, 전쟁 등 모든 종류의 파괴적 공격성은 타고난 천성에 기인한다는 것이다. 즉 "짜여 들어가 자리하고 있는" 천성적 본능이 배출구를 찾고 기다리는 중에, 적당한 기회가 오면 자신의 해방을 위해 폭발하는 것이 모든 동물의 공격성이라는 것이다. 그래서 그런지 인류의 역사는 거의 전쟁사라고 할 만큼 전쟁으로 점철되어 있다. 전쟁은 추상명사가 아니다. 전쟁은 무고한 아이들의 머리 위로 떨어지는 포탄이며 구덩이에 파묻히는 시쳇더미로 이어진다. 전쟁은 인간을 극한까지 몰아넣고 안 그럴 것 같은 행동을 유발한다. 참으로 바보짓이다. 분쟁의 해결책 가운데 전쟁보다 더 큰 비용을 치르는 것은 없다.

아담과 이브는 고대 히브리인들이 창조해낸 인류의 조상으로 문학적인 창작 인물들이다. "성서 저자들 특히 『창세기』를 저술한 저자들은 '기원론적 관심'에서 책을 썼다. 그들은 당시 최고의 이야기꾼들로, 오늘날로 치면 역사가이며 과학자였고 동시에 영적인 사람들이었다. 현재 우리가 알고 있는 역사적이며 과학적인 지식을 기준으로 수천 년 전 경전의 내용을 해석하려 하거나 성서 내용을 자기가 가진 사소한 과학적인 지식으로 공격하는 행위는 매우 시대착오적이다."[1]

성서에 의하면 인류의 역사는 피가 보이는 살인으로 시작한다.[2] 아담과 이브가 에덴동산에서 쫓겨난 후 가인과 아벨을 낳았다. 신은 농사를 짓는 가인의 제사는 거절하고 목동이던 아벨이 바치는 동물 제사를 좋아했다. 질투로 찬 가인은 아벨을 죽여 버린다.

---

1 배현철, 『신의 위대한 질문』, 21세기북스, 2017, p.68.

2 전쟁을 역사학·정치학·인류고고학·사회학·철학 등 모든 도구를 총동원하고 참고자료까지 1,000페이지가 넘는 책이 있다. 전쟁 연구로는 가히 결정판이라 할 수 있는 텔아비브대학교 역사학자 아자 가트(Azar Gat)의 명저 『문명과 전쟁』War in Human Civilization이다. 2017년에 한국어로도 번역됐다.

맨스필드는 『전쟁의 형상』에서 사랑과 파괴의 양면성을 지닌 인간을 이야기한다. 그는 신석기시대 이전에는 전쟁이 없었다 하고, 여섯 단계의 인류 전쟁 발달사를 말한다. 신석기, 부족사회 시대는 전쟁이 일종의 제례祭禮였고 청동기 군웅할거君雄割據 사회에서 전쟁은 개인의 명예와 영광을 위한 행위였다. 농업사회가 되어서 전쟁은 정치 지도층의 욕심과 죄의식을 매우기 위한 영토 확장, 부의 축적의 수단으로 탈바꿈한다. 중세 기독교 시대에 오면 전쟁은 인류를 구원하는 정전正戰과 성전聖戰으로 둔갑한다. 기술 산업 시대가 되면 전쟁은 편집병적偏執病的인 광태나, 무기력에서 오는 공포와 불안감에서 기인하는 기계전機械戰이 된다. 미래의 핵전쟁은 인류의 자멸을 부르게 되는데 인공지능의 발달은 그것에 부채질할 것 같다.

아무튼 인간은 싸움 자체를 버리지 못하고, 싸움 '터'와 싸움하는 '틀'만을 자주 바꾸고 있다. 땅에서 물로, 물 위에서 물속으로, 공중에서 먼 하늘로, 돌멩이에서 화살로, 창에서 탱크로, 비행기에서 ICBM으로. 그러다가 영화관에서 영화가 끝날 때처럼, 'The End'로 막을 내리면 어쩌나 하지만 걱정할 것도 없다. 우리는 항상 중간에 있으니 시작된 것도 없고 끝 또한 없다. 우파니샤드Upanishads 현자들은 이 세상은 처음 있는 세상도 아니고 처음으로 창조된 세상도 아니라 한다. 이것은 시작도 없고 끝도 없는 생멸하는 존재들의 한순간에 불과하다는 것이다. 우파니샤드에는 아담과 이브같이 첫 남자 첫 여자라는 개념이 없다. 드러난 것과 드러나지 않은 두 국면이 있을 뿐이다. 소태산의 게송偈頌처럼

> 유有는 무無로 무는 유로
> 돌고 돌아 지극至極하면
> 유와 무가 구공俱空이나

구공 역시 구족具足이라.

우리는 항상 중간에 있다. (We are always in the middle)
만트라치고는 제법 치유의 효과가 있는 주문이다. 많이 외우자.

서로 먹고 먹히는 것이 사는 것이라든가, 지구는 하나의 거대한 밥상이라 한다면 할 말은 별로 없다. 그런데 서로의 생명을 유지하기 위해 다른 생명을 불가피하게 먹을 때는, 좀 고맙고 안쓰러운 마음으로 먹어야 할 것 같다. 동학에서 말하는 '하늘이 하늘을 먹는다(以天食天)'라는 말처럼, 내 입에 들어오는 타자에게 마음으로나마 큰절을 하고 먹어야 한다.

전쟁은 인류의 가장 처참한 연출 장면이기는 하지만, 한편으로는 전쟁에서 이기려는 그 마음이 인간의 문화적인 면을 발달시킨 촉진제가 된 것 또한 사실이다.

미국의 경우, 경제공황으로 신음하던 1933년 전체 노동인구의 1/4이 실업자였는데, 프랭클린 루스벨트 대통령의 뉴딜정책이 경제를 올바른 방향으로 몰고 가긴 하였지만, 미국 경제가 서서히 회복되기 시작한 것은 1941년 2차 대전 참전을 선언하고 나서부터였다. 신발부터 철강, 잠수함에 이르기까지 모든 물품의 수요는 늘어나고 끝이 없을 것 같이 보이던 공황도 서서히 막을 내리기 시작하였다.

오늘날 우리가 아무런 생각 없이 사용하는 현대기술 대부분은 막대한 군사비를 쏟아부어 태어난 연구의 결과물이다. 그중에서도 돈을 움켜쥘 수 있는 기술은 더 발 빠르게 상용화되었다. 국립연구소와 기업이 서로 피드백을 주고받으면서 기술을 발전시키고, 그 기술은 결국 시장에 나오게 된다. 그 기술이란 것의 발단은 전쟁에서 이기기 위한 것이었으니, 기술의 이중성을 잘 보여준다.

과학의 진보는 전쟁을 더욱더 비참하게 만든 원인의 하나이기도 하다. 과학자들은 핵무기를 만들기는 하지만 그 사용은 막지를 못했다. 과학은 갈수록 거대화하고 블랙박스화하여 과학자들 자신도 그 이용과정의 전모를 제대로 파악 못 하고 소외되었다. 일반 시민들뿐만이 아니라 과학자들조차도 거대해진 과학의 가운데에서 연구가 분업화되고 세분되어 있기 때문에, 자신이 몰두하고 있는 연구가 도대체 어떤 목적으로 사용될 것인지 그 전모를 모른다. 그것은 그 이면에 거대한 자본이 움직이고 있기 때문이다.

의사가 되고 싶은 학생이 돈이 되는 기술만 전공하려 하듯이, 과학자들도 돈이 나올 것 같은 발명이나 특허기술에 마음이 쏠리기 마련이다. 프로야구 선수를 스카우트하듯, 민간회사나 대학에서 진행하는 연구를 조사해 군사 목적으로 이용할만한 프로젝트가 있으면 자금을 제공하겠다고 줄을 서게 된다. 과학자 개인들에게는 하고 싶은 일도 하게 되고 돈맛도 보게 되니 매우 매력적인 일이다.

전쟁은 군수업자나 다른 기득권을 가진 자들에게는 돈벌이가 되는 장사다. 그들은 전쟁을 부추긴다. 자본주의 사회에서 권력은 금력金力에서 나온다. 영국의 역사는 전쟁의 역사다. 그래서 영국의 책방에는 전쟁에 관련된 책들이 많다. 전쟁은 영국만 한 것은 아니지만 영국은 군자금을 조달하는데 능이 난 나라다. 미국과의 독립전쟁에서만 패배하였을 뿐 거의 모든 싸움에서 이겼다. 미국이 독립전쟁에서 이긴 중요한 원인의 하나도 영국과 적대관계에 있었던 프랑스의 전폭적 군자금의 후원이 있어서였다. 1차, 2차 대전도 독일이 아니라 영국 등의 돈 가진 자들이 유도한 것이라는 설도 있다. 돈을 가진 자들은 돈으로 전쟁을 벌이고 또 그것으로 돈을 번다. 돈 놓고 돈 따먹기다.

수십 년 전 일본의 콘크리트 밀림에서, TV 전파가 건물에 반사되어 화면이 흔들리는 고스트 현상이 발생했다. 그때 어떤 페인트 회사에서 일하던 한 과학자가 '페라이트ferrite'라는 산화철을 주성분으로 하는 세라믹이 들어간 도료를 개발하였다. 페라이트는 강력한 자력이 있기 때문에, 그 도료를 빌딩 벽면에 바르면 전파를 흡수해서 그 고스트 현상을 방지할 수가 있다. 당시로는 획기적인 개발품이었다. 그러나 10년 뒤 그 도료가 적의 레이더에 잡히지 않는 놀랄만한 무기 재료로 변신하여 미군 스텔스 전투기에 사용될 줄은 아무도 몰랐다.

과학이란 양날을 가진 기술이다. 노벨상을 받은 연구는 즉시 살인 무기에도 사용된다. '물질이 개벽 되니 정신을 개벽하자'라는 원불교 개교표어대로, 과학의 발달은 인류에 복리를 가져오든지 아니면 해를 입힐지 인간의 손에 달려있다. 다이너마이트를 발명한 알프레트 노벨 A,B. Nobel도 그 역설을 고민한 과학자였다. 다이너마이트의 엄청난 살상력을 보고 사람들은 그를 '죽음의 상인'이라고 불명예스러운 딱지를 붙였다. 그런데 유감스럽게도 과학자란 인류의 원대한 미래를 생각하는 인간이 아니라, 새로운 것을 발견하고자 하는 즉 자신의 연구에만 몰두하는 유형의 인간들이다. 과학자는 온갖 귀찮은 것을 놔두고 자기의 연구를 할 때가 가장 보람되고 즐겁다고 하기 때문이다.

그러니, "그가 열방 사이에 판단하시며 많은 백성을 단결하시리니 무리가 그들의 칼을 쳐서 보습을 만들고 그들의 창을 쳐서 낫을 만들 것이며, 이 나라와 저 나라가 다시는 칼을 들고 서로 치지 아니하며 다시는 전쟁을 연습하지 아니하리라."(구약, 이사야, 2:4)는 이야기는 하나의 꿈이요 또 영원한 꿈일 것이고 그 '연습'은 끝이 없을 것 같기도 하다. 그 이유는 간단하다. 돈과 직결되어있기 때문이다.

1950년 후반에 문을 연 미국 국방성 소속 연구기관의 하나인, '방위고등연구 계획국'(DARPA : Defence Advanced Research Projects Agency)에서는 인터넷, 휴대전화, 기상위성, 연료전지, 인간을 달에 보낸 로켓, 로봇 등 주요한 기술을 계속해서 개발하였다.
그리고 소위 '내비게이션'이라 불리는 GPS(global positioning system, 위성항법장치)도 그렇다. GPS는 워낙 광범위하게 활용돼 보통명사처럼 쓰이고 있지만, 미국 GNSS(범지구 위성항법 시스템)의 고유 이름이다.

1983년 9월 1일, 뉴욕의 존 F. 케네디 공항을 떠나 김포공항으로 향하던 대한항공 007편이 소련 상공에서 소련 공군기의 공격을 받아 탑승자 269명 전원이 사망했다. 당시 항공기들은 INS(관성항법장치 : 가속도를 측정하여 항공기의 속도와 위치를 추정하는 장치)에 의존하여 운항을 하였다. 즉 당시 조종사들은 INS에 의존하면서도 지도와 바다 그리고 육지를 번갈아 보아가면서 운전했다. KAL의 소련 영공 침범 원인이 이 INS의 고장으로 규명되자, 당시 미국 대통령이었던 로널드 레이건은 1973년에 군용으로 개발하여 군에서만 사용하고 있었던 GPS를 군軍과 상의도 하지 않고 민간에 개방하겠다고 발표하였다. 군이 거세게 반발하자 레이건 행정부는 GPS의 2개 신호 가운데 1개만 민간에 개방하되 위치 정확도를 낮추는 고의의 잡음을 넣기로 타협안을 내놓았다. 처음에는 링컨 콘티넨털 같은 고급 승용차에서만 구경할 수 있었으나 지금은 평범한 시민들도 자유롭게 사용한다.

전쟁이 가져다준 것이 어디 이것뿐인가? 모든 가정이 애용하고 있는 전자레인지는 독일군의 공습에 대비해 영국이 구상한 방어체제의 핵심 무기였던 공동자전관과 레이더 기술로 만들어졌다. 세계에서 가장 많이 팔리는 프라이팬이며, 또 일부 여성들이 잔소리하는 남편을 공격하는데 쓰는 테팔 프라이팬은, 원자폭탄을 만들었던 맨해튼 프로젝트의 부산물인 테프트론을 알루미늄 프라이팬에 입힌 것이다.

딱딱한 것 말고 말랑말랑한 음식도 전쟁을 빌미로 생긴 것들이 많다. 먹고 사는 문제를 오늘날처럼 편리하게 만들어준 기술들이 인간을 죽이려는 노력의 결과에서 나왔다는 것은 참으로 아이러니한 이야기다. 지금은 보편적인 식품으로 어디서나 손쉽게 구할 수 있고, 부대찌개라는 하이브리드 식품으로 재탄생한 고기 색깔이 까맣게 변하지 않도록 아질산나트륨을 첨가한 양념 된 햄(spiced ham)이라는 뜻의 스팸 SPAM도 호멜푸즈Hormel Foods가 개발하여 2차 대전 때 운반하기 쉽고 보관하기 용이한 군용식품으로 군인들의 입을 즐겁게 한 전투식량이었다. 네슬레의 초코우유 분말, 맥스웰하우스의 인스턴트커피 등 모두가 전쟁 중 군납용 식품으로 개발된 것들이다. 심지어는 맥도날드 매장의 주방을 표준화하는 데는 잠수함 주방 설계 기술이 사용되었다. 전쟁 중 조리와 보관이라는 딜레마를 해결하기 위한 기술이 최종적으로 도달한 결과는 길거리에 널려있는 패스트푸드 가게가 된 것이다.

로렌스 리버모어 국립연구소(LLNL : Lawrence Livermore National Laboratory)는 샌프란시스코에서 서쪽으로 80km 떨어진 준 사막지대인 리버모어 시에 있다. 미국의 3대 핵무기 연구소의 하나인데, 1952년에 방위 관련 연구 수행의 목적으로 세워졌다. 연구 활동의 대부분은 핵무기에 관한 일이다. 이곳에서 일하는 사람들은 엄격한 보안 아래 운영되리라 생각하기 쉽겠다. 하지만, 필자가 샌프란시스코에 살 때 일찍 작고한 신명교 교무의 형인 신철길 박사가 그 연구소에서 일하고 있어 이야기를 좀 들었는데, 자기들끼리도 무기에 관한 연구가 우리들 일상생활에 어떤 파급효과를 내는지 즐겁게 이야기한다고 했다. 1960년대에는 리버모어의 과학자들은 원자력을 평화적으로 사용하는 방법을 모색하고 방사선이 인체에 미치는 영향을 연구했다. 그리고 1970년대에는 레이저 연구 범위를 넓혀, 지금은 세계에서 내로라하는 레이저 연구실로 꼽힌다. 이 연구소의 이니셜인 LLNL이 '레이저, 레이저, 앤드 레이저'를 줄인 말이라고 우스갯소리를 할 정도다.

구르지예프의 전 생애는 항상 전쟁 학살 혁명 등 피비린내가 나는 분위기였다. 어떻게 보면 우연인지 필연인지는 몰라도, 그는 꼭 그런 곳을 운명적으로 자청하여 찾아다닌 결과가 되어 버렸다.

출생과 소년 시대를 보낸 캅카스 지역의 러시아와 터키가 갈등한 국경 도시들, 중·장년기에 맞이한 세계 1차 대전과 볼셰비키 혁명 중의 러시아, 또 말년에 프랑스에서 조우한 2차 세계대전, 그 모두가 그가 인간의 내면세계와 그들이 생존하는 지구라는 별의 천체학적인 상황과 그것들로 인하여 야기되는 전쟁에 관한 문제에 대하여 숙고하게 했다. 그의 말대로, "나는 혁명들에 대해 익숙하여져 있지. 내게 그런 것들은 평생 그런 속에서 살았기 때문에 그저 간단한 사건이야." 아무리 전쟁이 무서운 상황이긴 하겠지만, 구르지예프같이 그렇게 대수롭지 않게 생각할 수도 있을 것 같다. 2013년 4월 6일 자 뉴욕타임스는 한국 사회의 전쟁 불감증에 대해 보도하였다. 김정은 체제의 리더십 연습과 쏘아대는 미사일에도 불구하고, 공포와 위기를 느끼지 못하는 것 같은 한국인들이 자기들 눈에는 좀 이상하게 보였는가 보다.

그러나 또 한편으로는 이처럼 손바닥만 한 좁은 땅덩어리에 레이저나 자외선으로 목표물을 감지해서 타격하는 유도미사일이나 핵이 날아다니는 첨단 무기 전쟁 또 총알이 사람의 체온을 쫓아오는 이런 시대에 피란을 하러 가면 어디로 가겠는가. 구르지예프는 수도 없는 전쟁 상태를 겪어서 그런 표현을 하였겠지만, 남한에서의 전쟁 불감증의 원인을 무엇보다도 매일매일 겪고 있는 이전투구의 '먹고 사는 게 전쟁'이기 때문일 것이다. 실업·질병·입시·자살률 최고·이혼율 최고·외로움 등 지금 여기가 바로 피만 안 보이는 전쟁터니, 내일 올지 말지 하는 전쟁은 어떻게 보면 한갓 '사치?'로 밖에 보일지도 모른다. 모든 전쟁은 다 나쁜 것이고 모든 평화는 다 좋은 것만은 아니다. 어떠한 쪽에 치우쳐 있다면 그것은 건강한 것이 아니다. 이 세계는 그렇게 조잡스럽게 운행되지 않는다. 바다의 물도 어떤 때는 맑을 때도 있고 더러울 때도 있다. 역사는 남성 지향의 사회를 만들었고 그렇기 때문에 전쟁이란 것이 있게 된다. 세계사는 곧 전쟁의 역사라 해도 과언이 아니다. 우리가 생각하는 평화란 두 전쟁 사이의 틈새일 뿐이다. 1차 대전과 2차 대전 사이에는 공백 기간이 분명 있었지만, 그것은 또 다른 전쟁을 준비하기 위한 시간이었을 뿐이다. '로마인은 폐허를 만들고 그것을 평화라 부른다.'라는 2천 년 전의 명언이 있다.

어떻게 보면 과거의 전쟁은 그런 상황을 운명이라 생각하고, 그 나름의 미학美學이라면 미학이 있었다. 어떤 매력이 전쟁에 있을 수 있을까? 그것은 전장에서 죽을 때 일생에 한 번 정신을 바짝 차릴 수 있는 순간을 가질 수 있기 때문이다. 목숨이 경각에 달렸을 때, 사람들의 얼굴은 살아있다는 것이 무엇인지 확실하게 감을 잡는다. 매일 천편일률적인 무모한 습관적인 삶은 사라지고, 한 동작 한 동작이 펄펄 살아있게 된다. 과거의 무사武士는 죽음과 직면하여 의연한 태도를 보일 수 있었다. 존재에 대해 목숨으로 맞설 수 있는 절정의 순간을 가질 수 있었다. 그러나 지금의 전쟁은 누가 어떤 모양으로 어떻게 죽는지조차 모른다. 1945년 8월 6일 히로시마에 원폭을 투하한 사람을 '무사'라고 부를 수 있을까? 현대전은 2003년의 전자전으로 불리는 이라크 전쟁 때와 같이 모니터를 보며 단추만 누르면 상황이 종료되는 컴퓨터 게임 같다.

당시 서구인들의 희망 사항대로, "모든 전쟁을 끝내는 전쟁The war to end all wars"이라고 불렸던 1차 대전의 여파가 아직도 남아있던 1920년 초에 구르지예프는 1차 대전보다 더 큰 규모의 전쟁이 있을 것으로 예견하면서, 다가오는 그 전쟁을 "주기적인 상호 파멸periodic reciprocal destruction"이라고 불렀다. 인간의 의식이 깨어있지 못하고 외부의 어떤 힘에 쉬면 걸리기 쉬운 상태로 남아있는 한, 그 전쟁은 피할 수 없을 것으로 본 것이다. 그리고 2차 대전이 끝난 후 패전한 독일에서 러시아와 미국이 패권 다툼을 하였을 때, 또 하나의 다른 전쟁이 일어나는 것을 걱정하는 한 제자에게 미국과 러시아 사이에 전쟁은 없을 것이나, 있다면 북쪽과 남쪽이 서로 충돌할 수 있는 정도일 것이라고 이야기하였다. 그러나 이것이 극동에서의 한국동란을 의미한 것인지는 알 길이 없었다.

구르지예프는 "전쟁은 정치적 행위임과 동시에 정치적 도구이며, 다른 형태의 정치적 행동의 연장이며, 다른 수단에 의해서 정치적 협상을 수행하는 행위일 뿐이다. … 정치적 의도가 항상 목적이 되며, 전쟁은 그 목적을 달성하기 위한 수단에 불과하다."(『전쟁론』 1-1)라고 말한 프로이센의 군인 클라우제비츠(Carl von Clausewitz, 1780~1831)와는 견해를 달리한다.

종교도 그 목적을 달성하기 위해서는 전쟁도 불사한다. 구약성경의 여호수아기 6:16~21에는 이스라엘 건국 공신쯤 되는 창녀 라합과 그 여자와 함께 있는 사람은 살려주고 그 성읍에 있는 남자와 여자, 어른과 아이, 소와 양, 나귀 할 것 없이 모든 것을 칼로 쳐서 봉헌물로 바쳤다고 한다. 팔레스타인의 도시들을 정복해나가면서 살육을 거듭하고 주민들을 노예로 삼은 것을 자랑스러운 듯 기술하고 있다. 이교도들을 모조리 능지처참하여 주님께 봉헌한다는 '성절(聖絶, 헤렘)'이라는 단어는 포로나 노예로도 인정하지 않고 모두 다 칼로 죽이는 것을 말한다.

이슬람교에서도 이교도와의 전쟁을 '성전(聖戰, 지하드)'이라고 하며, 카바 성지 순례와 더불어 하나의 의무로 부과하고 있다. 어찌 오른쪽 뺨을 맞거든 왼쪽 뺨까지도 내어주고, 검으로 흥한 자는 검으로 망하리라고 한 예수님의 비폭력 말씀은 어디다 팔아먹었는지 로마제국의 가혹한 탄압을 거치면서 이교도와의 전쟁, 또 기독교 내부의 파벌 항쟁으로 이단과의 전쟁을 정당화하였고, 그런 무력행사를 정전(正戰, Just War)이라 이름 붙여 미화시켰다.

모더니즘 시인이며, 1922년에 출간된 434줄의 시『황무지』의 저자 T.S. 엘리엇은 1914년부터 4년간 지속한 1차 대전을 목격하고, 인간의 기술혁명이 만들어낸 가공할 파괴력을 가진 무기들의 사용으로 3,500만 명의 목숨을 앗아간 세상을 보고는 이 지구는 더 생명의 싹이 틀 수 없는 평원이 아닌 황무지라고 일갈하였다.

1차 대전이 아직도 끝나지 않은 1916년 러시아에서 있었던 구르지예프의 말을 경청하여 보자. "전쟁들은 멈출 수가 없다. 전쟁은 인간들이 노예 상태로 살고 있다는 것의 결과다. 엄격하게 표현한다면 전쟁 발생에 대한 인간의 책임은 없다. 전쟁은 우주의 물리적인 힘과 행성의 세력 때문에 생긴다. 그런데 인간들은 노예이기 때문에 그런 영향들에 대하여 저항할 힘이 없고, 또 도저히 저항할 수도 없다. 만일 인간들이 노예 상태를 초극하여 진정한 의미에서 무엇을 할 수 있다면[3] 그런 영향들에 대해 저항할 수도 있고 서로를 죽이는 것으로부터 자제할 수도 있을 것이다. … 전쟁들은 감소하지 않고 증가하며, 전쟁은 보통수단으로서는 멈출 수가 없다. 세계 평화니, 평화 회의니 하는 등등의 탁상공론은 진부하기 짝이 없는 태만이며 위선적인 모습일 뿐이다.

인간들은 자기 자신에 대해서 생각하고 자신들에 대해 마음공부(The Work) 하기를 원하지 않고, 어떻게 하면 다른 사람들을 마음대로 부려볼까만 생각한다. 만일, 정말 전쟁을 억제하고 싶은 충분한 숫자의 사람이 있다고 하더라도, 결국은 자기네 의견을 거부하는 상대편하고 전쟁을 일으키고야 만다. 보통 사람과 좀 다른 것이 있다면 그 싸우는 방법에 차이가 있을 뿐이다. 그래서 결국 싸움질을 하는 것이다. 인간들의 수준이란 어쩔 수 없고 달라질 수가 없는 것이다.

전쟁의 원인은 우리가 모르는 많은 이유가 있다. 어떤 이유는 인간들 자신에게 있고, 어떤 것은 외부로부터 오는 것도 있다. 우리는 그 원인이 우리 자신에게 있다는 것으로부터 출발하여야 한다. 인간들이 그

---

3 구르지예프의 수준에서 보면, 온전한 의식을 가지고 취사할 수 있는 사람은 흔하지 않다. 그의 공부는 최면상태에 있는 사람이 '무엇을 할 수 있는 사람, 즉 원불교 교전 상시 응용 주의 사항의 온전한 생각으로 취사할 수 있는 사람을 만드는 방법이다. 그가 말하는 '무엇을 할 수 있는 사람'이란, 교전 법위등급에서 원문 그대로 항마위 이상의 법위를 가진 사람이다.

를 둘러싼 외부 환경의 노예 상태로 있는데 어떻게 엄청난 우주의 힘들로부터 초연하여질 수가 있겠는가 말이다. 인간은 외부 환경에 의해 조종되고 있다. 만일, 인간이 모든 것으로부터 해탈할 수만 있다면 행성의 세계에서 벗어날 수 있을지도 모른다."

전쟁은 인간의 불가항력적 한계성을 극명하게 보여주는 파괴적인 행위다. 구르지예프는 위와 같이 전쟁의 원인을 인간 외적과 내적인 두 개의 요인으로 설명하였다. 먼저 인간 외적인 요인을 살펴보자. 그는 이것을 '행성의 영향planetary influences'으로부터 발생하는 긴장상태로 이야기하였는데, 그는 이런 상황을 'Solioonensius'라고 불렀다.

시끄러운 커피숍에 앉아 제자와의 대화로 이루어진 다른 곡조의 육성을 다시 들어보자. 그는 제자들의 집중력을 훈련하기 위하여 일부러 이런 왁자하게 소란한 장소를 즐겨 찾아다녔다.

"전쟁이란 무엇인가? 그것은 행성의 결과지. 우주에는 두 개 내지 세 개의 행성이 가까이 지나가는 경우가 있는데, 그 거리가 너무 가까우면 그에 따른 긴장이 생기는 거지. 자네는 좁은 골목길을 지나갈 때 어떤 사람이 자네를 부딪칠 듯 말 듯 스쳐 가면 긴장이 생기는 것을 느낀 일이 있는가? 그와 같은 종류의 긴장이 행성들 사이에서도 생기는 거야. 좁은 골목길을 지나가는 사람들의 경우에야 그것이 기껏해야 일초나 이초 정도로 끝나겠지만, 별들이 가깝게 지나가는 경우 이 지구에 있는 사람들은 그 긴장으로 인하여 서로 도륙하기 시작하고, 그 도살이 수년간 계속되는 수도 있지.

처음에는 사람들이 서로 적의를 갖고 어떤 그럴듯한 구실을 붙여서 서로 살육을 하는 거지. 그들은 자기네들이 서양 장기의 졸卒 같이 그저 꼭두각시놀음하고 있다고는 전혀 생각을 못 하는 거야. 그들은 자기네들이 무엇엔가 의미부여를 하고 좋아하는 대로 한다고 생각하고 또 자기네들이 이것을 할 것인가 저것을 할 것인가에 대하여 결정을 내린다고 생각하겠지만, 실제로는 그들의 태도나 행동은 다 행성의 영향들에서 오는 결과일 뿐이지. 참 허깨비 놀음이야. 그런데 여기에는 달이 지구에 영향을 끼치는 아주 큰 역할을 하고 있는데, 우린 그저 달을 멍하니 힘없이 떠 있는 물건으로만 생각하고 있을 뿐이지.

전쟁의 원인은 빌헬름 황제나 장군들이나 각료들이나 국회가 아니야. 그 주요 원인은 인간 외적인 일이고, 그 행성들이 주는 부수적인 배합들이거나 일반적인 우주 법칙들에 의하여 지배되고 있는 것이지."

전쟁의 원인을 지구 가까이 지나가는 행성에 떠맡기는 해석은 구르지예프가 점성술이 극도로 발달하였던 바빌로니아 문명에서 차용하였을 것이라는 설이 있다. 뭐 그런 현상은 과학적으로야 증명되지는 않겠지만, 어쨌든 그는 길게 인용한 위의 글에서도 엿볼 수 있었던 것과 같이, 1차 대전 중에도 "모든 일은 꼭 올 것이 오고야 마는 것처럼 일어날 뿐이야."라고 단호하게 말하였다.

607년, 760년, 837년 … 1910년, 1986년은 핼리 혜성Halley' Comet이 지구에 가장 가깝게 접근하여 사람의 육안으로도 관측이 가능한 해였다. 핼리 혜성은 76.03년을 주기로 찾아오는 자연적인 현상이라고 요즈음은 그렇게 알고 있으나, 이 불안 심리를 악용하여 돈을 모으려는 사람도 있다. 이런 것은 일종의 천인감응설天人感應說인데 서용교의 『핼리 혜성과 신라의 왕위 쟁탈전』을 봐도 재미있다. 그렇게 보면 2차 대전의 근본적인 원인도, 신경증 환자요 잔인하고 감상주의자인 히틀러나 타인에 대해 병적으로 무관심하고 무자비한 스탈린이나, 속이 텅 빈 거만한 언동의 무솔리니나, 체임벌린이나 도조 히데키에 있는 것이 아니고,

구르지예프에 의하면 그들은 모두 꼭두각시였을 뿐이라는 것이다. 그러면 왜 하필 인간만이 그 긴장의 영향을 받느냐 하면, 그들은 지구상에서 가장 민감한 집단이기 때문이라는 것이다.

2) 전쟁의 내적 원인

조물주가 프로그램한 섭리 일부분을 해킹한 노자의 말에 이런 것이 있다. "천지는 불인하여天地不仁 만물을 제사 때 쓰다 버린 풀로 엮은 강아지를 보듯이 무심하게 바라볼 뿐이다."

여기서 우리는 소태산이 말한 천지은天地恩 속에서, 천지 8도天地八道 즉 천지의 여덟 가지 도 가운데 하나인, 응용에 무념應用無念함을 읽는다. 노자가 말한 인仁은 공자의 그것과는 전혀 뜻이 다르다. 노자는 천지가 성질이 모질고 고약해서 인간들에게 전쟁의 불같은 것을 뒤집어씌우는 것이 아니라는 것이다. 인자한 것도 아니고 아닌 것도 아니고, 사랑을 베푸는 것 같으면서도 그런 것만은 아니라는 것이다.

인간의 내면에는 자신의 생활에 활기를 주기 위해 자기보다 약한 대상에게 폭력을 가하고 살해함으로써 새로운 힘을 얻는 호모 네칸스 Homo Necans, 즉 '살해하는 인간'의 본성이 있다.

다윗이 아름다운 밧세바의 목욕하는 장면을 보고 딴생각을 품은 후, 그녀의 남편이요 수하의 장군인 우리아를 전쟁터로 보내고 밧세바를 범하여 신이 진노하였으나, 그 일을 회개한 후 신으로부터 용서를 받아 소위 지혜의 왕이라고 불리는 솔로몬을 낳았다는 것 등에 대하여서도 알고 보면 하늘은 그런 시시콜콜한 스캔들에 대하여 우리가 생각하고 있는 것보다는 별로 관심이 없다는 것이다.

천지가 그렇게 응용에 무념하니 참회문에서도 "취할 것도 없고 버릴 것도 없고 미워할 것도 없고 사랑할 것도 없다."라고 하지 않으셨는가. 뒤에 가서 구르지예프의 우주론에 관한 구체적인 이야기를 할 것 같지만, 우선 그의 생각은 조물주의 의지가 이 지구에 직접 미치는 것은 아니고, 지구에 얹혀사는 인간은 우선 48가지의 법칙들로 통제를 받고 있다는 것이다.

언젠가 구르지예프는 제자들에게 마술사와 양이라는 조금은 우울하면서도 몸이 오싹해지는 의미심장한 비유담을 이야기한 일이 있다.

한 마술사가 살았는데, 자기 양 떼들을 몰고 초지를 찾아 이곳저곳 돌아다니다가 기진맥진하였다. 그가 가만히 앉아서 생각해보니 결국 자기 양들은 언젠가는 도살되어 고기는 고기대로 팔리고 껍질은 벗겨지고 털은 털대로 팔리게 되리라는 것을 새삼스럽게 알게 되어, 양 떼들에 대해서 좀 측은한 생각이 들었다.

그래서 그 양들에게 최면을 걸고, 너희들의 앞길에는 고난도 없을 것이고 죽지도 않을 것이라고 말하면서, 나는 너희들을 아주 사랑하는 훌륭한 주인이라고 이야기하였다. 그리고 끝에 가서는 "너희들은 전부 양들이 아니라고, 너희들 일부는 사자들이고, 또 일부는 사람들이고 또 다른 너희들은 마술사란 말이지."
이런 허물없는 이야기를 들은 양들은 의기양양하여 기분 좋게 주인의 말을 잘 듣고, 자기네들이 도살되는 운명인 줄도 모르고 얌전히 집에 있게 되었단다. 이것은 그야말로 인간 실존의 상황을 표현하면서 정곡을 찌른 우화일지도 모른다.

1차 대전 당시의 영국 기차역을 회상한 버트런드 러셀Bertrand Russell은 "기차역은 군인들로 붐볐다. 대부분이 술에 취해있었고, 절반 정도는 술 취한 창녀와 나머지 절반 정도는 아내나 애인과 함께 있었는데, 모두가 절망하고 무모하고 미친 것으로 보였다." 이 경험은 러셀이 그때까지 인간 본성에 대해 가졌던 견해를 수정하는 계기가 되었다. "나는 대부분 사람이 돈을 가장 좋아한다고 생각했는데, 인제 보니 돈보다 파괴를 더 좋아한다는 것을 알게 되었다." 러셀은 전에는 합리주의적인 사고를 하면서 진리의 추구나 사랑 같은 더 지고한 세계를 향하는 것이 인간인 줄 알았지만 절망한 군인들의 모습을 보고는 인간에게 행복이란 그런 형이상학적인 것에 있는 것이 아니라 현실을 잊게 하여 주는 전쟁놀이에 있다는 사실을 깨달았다는 것이다. 본래 러셀의 자서전은 95세이던 1967년에 1부가 1968년에 2부가 나왔다. 만약 그가 2차 대전 당시 프랑스 북부 덩케르크에서 영국군과 프랑스군의 처절한 생존의 시간이며 1주일간의 철수 작전을 그린 할리우드 명장 크리스토퍼 놀런Christopher Nolan 감독의 2017년 영화 '덩케르크Dunkirk'를 봤으면 뭐라고 했을까 궁금하다.

야로슬라프 하셰크Jaroslav Hasek의 소설로 체코 문학을 세계에 알리는 데 공헌한 『착한 병사 슈베이크Good Soldier Svejk』에는 세계문학 사상 종교의식을 가장 냉소적으로 묘사한 장면들이 있다. 역에서 술 취한 군인이나 창녀들을 본 러셀과는 모양이 좀 더 심각하다. 그래서 그랬는가? 바츨라프 체르니Vaclav Cerny는 착한 병사 슈베이크가 돈키호테 없는 산초 판사와 같다고 말했다. 얼마나 냉소적이었느냐 하면 만취한 군종 신부의 강론도 있다. 산초 판사의 눈으로 본 미사와 교회다. 1차 세계대전 동안 오스트리아 군대에 술 취한 군종 신부가 있었다기보다는, 그 전쟁 중에는 유럽인 전체가 술에 취해 인사불성이었다. 또 같은 시기 전장의 반대편에서는 예수회 수도사 출신의 프랑스 고생물 학자요 지질학자인 데이야르 샤르댕Pierre Teilhard de Chardin이 전쟁이라는 현상을 '우주적 미사'로 풀이하고 있는 글을 쓰고 있었다.

예로부터 그리스에서는 경쟁적인 스포츠나 치명적인 전투가 전부 게임game에 포함되었고, 호머의 『일리아드』도 신들의 즐거움을 위해 인간끼리 벌인 전쟁이라는 게임에 대한 이야기에 불과할 뿐이다. 현대 스포츠의 뿌리는 원시시대의 사냥이었고 스포츠는 시간이 흐름에 따라 아마추어리즘의 정신을 잃어갔다. 승리가 가져다주는 명예와 상금이 중시되면서 선수들은 돈과 사치품을 제공하는 도시로 고용되어 나갔다.

인간은 전쟁(공격)하러 태어난 종種은 아니다. 우리 조상들은 부족한 자원 때문에 서로 의지하면서 살다가 한곳에 정착하여 농업으로 부를 축적하면서부터 갈등이 생겨나고, 권력과 이익을 위해 전쟁을 일으켰을 수도 있다. 전쟁은 수많은 집단의 계급구조 때문에 존재한다. 모든 집단이 공격성에 의해 전쟁을 하는 것은 아니고 권력을 쥔 상층부의 명령으로 진행된다. 나폴레옹의 군인들은 공격적인 감정 때문에 추운 러시아로 간 것이 아니고 미국 군인들 또한 누군가를 죽이고 싶어서 이라크로 간 것도 아니다. 집단 본능의 명령에 의해 일시적으로 '전쟁 기계'가 되었을 뿐이다.

심리학에 의하면 통계적으로 남성이 여성보다 화(분노)를 많이 내고 또한 공격성이 높다 한다. 남성 호르몬 분비가 최고조에 이르는 청소년기에는 사소한 자극에도 곧장 성질을 낸다고. 그래서 10대 후반에서 20대 초반의 남성의 폭력 사건이 많고, 이 시기를 '테스토스테론

testosterone 치매기'라고 부른다는 것이다.

전쟁은 인간의 역사에서 낯선 장면이 아니다. 소위 말하는 문화나 문명은 전부 전쟁에 기인한 살인 기술의 발달이나 파괴 기술의 진보에 원인 한 부산물에 지나지 않는다. 우리들의 에너지 70% 이상이 전쟁에 관련된 것으로 소모된다고 한다. 그러면 무엇이 사람으로 하여금 전쟁에 몰두하게 하는가? 거기에 재미있는 마력이라도 붙어있단 말인가? 전장에서 일어나는 일은 스포츠 게임의 필드에서 일어나는 것과 비슷하다. 운동선수로 뛰든 관객으로 앉아있든 모두 다 긴장하고 불안한 마음을 감출 수가 없다. 천편일률적인 일상에서의 탈출이 핑계다. '평화! 평화!' 하고 떠들어대지만, 심층 심리적으로는 긴장을 원한다. 스포츠는 전쟁의 축소판이면서 현대 미국 사회처럼 스포츠가 국민종교 역할을 하고 있다는 느낌이다. 전통적인 종교의식과 비슷한 분위기로 이끌어간다. 마치 신을 찬양하는 즐거움에서 하나가 되듯이 스포츠 경기를 보면서 일체감을 느낀다.

스포츠는 사회가 경쟁을 관리하는 방법을 잘 보여준다. 경기 자체는 승자나 패자에게 물질적 교환으로 이끌어가지는 않지만, 승자에게 패자의 보이지 않는 몫을 할당하여 준다. 스포츠는 파괴적인 사회 구성원 간의 경쟁을 생산적으로 관리하는 지혜가 있다. 어떻게 보면 타인의 고통을 구경거리로 소비하는 대표적인 곳이다. 경기는 인상적인 감동의 순간도 있고, 아름다운 우정이 건너가는 이야기도 있고 또 인간 승리의 기록도 있지만, 애국심이라는 핑계로 전쟁에 관한 압도적인 지지를 끌어낸다.

버지니아 울프는 『3기니』에서 1차 대전 참전 군인들의 기록을 분석하면서 "전쟁은 직업이요 행복과 흥분의 근원이며 또한 남자다운 특질을 쏟아내는 출구라는 것이죠. 이 출구가 없다면 남자들이 망가질 것이다."라고 하였다.

　전쟁은 인간의 공격욕과 파괴욕을 마음껏 발산하게 해주는 장소다. 전쟁이 일어나면 그동안 금지되었던 모든 살인의 충동이 합법적인 것으로 되어버리고 누구도 그 죄를 묻지 않는다. 버지니아 울프가 본 대로 전쟁은 참혹한 육체적 정신적 파괴를 수반하지만, 또 다른 면으로는 공동체 의식과 일체감 또 남자다움의 발현과 피를 통한 동료의식을 가질 수 있는 장소로도 된다. 전쟁은 많은 정신장애를 일으키기도 하지만 전시에 자살률이 낮아지는 것은 자살과 살인이 연관성이 있다는 근거도 될 수 있다. 타인을 죽일 수 있는데 왜 자신을 죽이겠는가? 『마라시력설摩羅詩力說』에서 루쉰은 "평화란 인간 세상에는 보이지 않는다. 평화란 전쟁이 끝났을 때나 아직 전쟁이 시작되지 않았을 때 지나지 않는다. 겉보기에는 평안한 것 같지만 암류暗流가 잠복하고 있다가 때가 되면 움직이기 시작한다."고 하였다.

　개인 스포츠인 수영도, 25m 라인을 제멋대로 물살을 즐기는 자유형보다는 접영 등 규칙을 두고 하는 것이 인기다. 팀으로 하는 스포츠에서는 승리를 위해서 절대적으로 역할 분담과 협동이 필요하다. 팀원은 일사불란하게 진행자의 말을 따라야 하므로 코치의 말에 맹종하게 된다. 모양새가 스포츠란 미명 아래에 있지만, 전쟁의 일종이다.

　나이키의 창립자 필 나이트Phil Knight는 1993년에 1억 켤레나 되는 신발을 팔았다. 그는 올림픽을 결코 '평화의 축제'라고 부르지 않는다. 그는 올림픽을 '결투의 예술'이라고 부르며, 그 속에서 물결을 거슬러 오르는 승리자들을 찍어내어 자신의 비즈니스와 연결해 이익을 취한다.

　세계적으로 이른바 '신자유주의'의 광풍이 몰아치는 가운데 인간보다 이윤을 더 중요하게 생각하는 자유 지상주의 체제로 변화되었다. 아이들은 서로 경쟁 기계가 되고 1%로만 승리자로 되고, 나머지 99%의 사람들은 패배자로 몰아친다. 자기 특질을 구현 못 시키고 취업에 적절한 취업 기계로만 만들어진다. 문교부는 글자 그대로 문교부의 역할을 제대로 못 하고 '사육부飼育部'로 진락해 버렸다.

"2등은 아무도 기억하지 않는다."라는 상업 광고가 있지만, 세월이 지나면 2등이 더 빛나는 경우도 있다. 기원전 430년경에 소포클레스는 『오이디푸스 왕』을 쓰고 비극 경연대회에 출전하지만 2등을 했다. 그러나 지금에 와서 1등은 누군지도 모르고 2등만 전승되고 있다. 3등이 있어야 2등도 1등도 있다. 보기에 따라 그런 순서는 유치할 수도 있다. 인간만 올림픽 경기를 하는 것은 아니다. 인간은 모든 것을 경쟁의 상태로 몰아간다. 심지어는 죄 없는 쥐까지 경쟁시킨다. 링컨시에 있는 네브래스카 웨슬리안 대학교Nebraska Wesleyan University in Lincoln에서 매년 열리는 쥐 올림픽Rat Olympics이 그것이다. 처음에는 그저 동물의 심리적 행동의 연구로 시작했으나 이제는 하나의 큰 행사가 되어버렸다.

동물을 경쟁시키는 것은 그래도 애교가 있는 편이다. 인간은 수천 년 동안 낙타·개·당나귀·코끼리·말·황소와 같은 동물을 노예로 부리는 것을 당연한 '권리'라 여기고, 동물을 이용해 전장으로 군수품을 날랐다. 1차 대전 때 군인들은 반딧불의 빛을 이용해 신호를 보내거나 참호 안에서 지도를 읽었다. 전쟁터에서 말은 소모품이었다. 동물이 얼마나 학대를 받으면서 희생되었는지는 말도 못 한다.[4]

---

4 앤서니 J 등 엮음,『동물은 전쟁에 어떻게 사용되나?』곽성혜 역, 책공장더불어,

"우리는 동물에 대한 지배권을 인간에게 부여하는 종교를 받아들이고, 동물의 신성함에 대해 말하는 설교는 거의 듣지 못한다."⁵

원불교 『대종경』 서품 5장에 보이는 "사람은 만물의 주인이요 만물은 사람의 사용할 바이며" 같은 문구는 그 시대에는 제자들의 격려 차원에서 옳았을지 모르지만 100년이 지난 지금은 교정하여야 할 메시지다.

'스포츠 게임'을 좋아하는 한 평화는 요원한 일이다. 올림픽 경기장에서 1등, 2등으로 경쟁을 시키는 한 전쟁의 기미機微는 없을 수가 없다. 올림픽 경기를 하되 상은 진 사람에게 수여하고, 제일 늦은 걸음걸이로 들어온 사람에게 상을 주는 식으로 경기를 진행한다면 '전쟁하는 마음'은 없어질 것 같기도 하다. '그것이 가능이나 한 이야기입니까?' 라고 반문한다면, 바로 당신의 그 마음이 전쟁하고 싶어 못 견디는 마음의 실마리라는 것이다. 그러니 평소에도 상대와 극한적인 경쟁 상태에 있다 할지라도 자기 감각이나 감정을 조심해서 잘 컨트롤해야 한다. 언젠가 어느 케이블 TV 채널에서 '눈치왕'이란 제목의 예능 프로그램을 방영한 일이 있었다. 여러 가지의 게임을 통하여 우승자를 가리는 방식이었는데, 1등도 아니고 꼴찌도 아닌 오직 중간에 든 사람만 살아나도록 하는 방식이 흥미로웠다. 무한 경쟁 사회에서는 톡 튀지 않아야 생존한다는 세태를 반영하는 '쓸쓸한' 진행이었다.

2017, 참조.
5   같은 책, 13쪽.

올림픽도 이제는 장사가 잘 안된다. 보통 중계권료 등 막대한 돈을 IOC에 지불하며 개최지 선정을 감사해하던 때는 지났다. 올림픽 특수가 없어진 것이다. 올림픽을 치른 국가는 예외 없이 올림픽 이후 경제성장률이 하락했다. 올림픽 개최를 원하는 도시의 수가 줄어들자 대륙별로 돌아가면서 개최국을 선정했던 모습은 더 이상 찾아볼 수가 없게 되었다. 경제적 능력과 개최에 대한 강한 의지만 나타내면 개최권을 가질 수 있다. 약 40년 전 1976년과 1984년 개최지 선정에서 한 국가도 지원하지 않자 올림픽조직위원회(IOC)는 미국에 SOS를 보내 L.A를 선정했던 트라우마가 있었다. 흑자를 본 곳은 대회를 두 번째 개최했던 1984년의 로스앤젤레스 올림픽뿐이다. 처음으로 탑(TOP) 프로그램을 개발해 상업화에 성공하고 약 2,500억 원의 수익을 보았다.

우리는 88올림픽이 흑자라고 알고 있지만, 한양대학교 스포츠산업마케팅 센터 보고서에 의하면 88올림픽은 수십만에 달하는 군인, 학생들의 동원 등 간접비용을 포함하지 않고도 9,000억 원 적자였다. 2024년 개최 도시가 파리고, 2028년에 L.A로 합의가 됐지만, 1924년 올림픽을 유치했던 파리는 100주년 기념이라는 명분을 챙겼고, L.A는 IOC로부터 지원금을 받는 실리를 챙겼다. 평창 동계올림픽도 준비하는데 7~8조 원 정도가 들어갈 것이라는 예상과 달리 총 14조 1,000억 원이 들었다. 선수와 관람객은 떠났고 이제는 주인 없는 텅 빈 시설들만 남았다. 운영 주체를 찾지 못하고 있는 미래가 불확실한 경기장도 3개나 된다고 한다. 우리가 하지 않는 스포츠를 위한 국제대회는 사치다. 국가주의 시대의 엘리트 체육은 벗어나야 한다.

고타마 붓다가 이런 경우를 위해서 '방편方便, upaya, Be skillful'이라는 단어를 사용하였다. 어떤 분위기의 말이냐 하면, 한 걸음 한 걸음을 내디

딜 때마다 조심스럽게 행동하는 것이다. 마치 줄타기를 하는 곡예사처럼 100% 정신을 차려서 행동하는 것이다. 소태산도 이렇게 조심스럽게 사는 이야기를 다음과 같이 하였다.

"… 우리는 항상 공경하고 두려워하자 함이니, 우리가 무엇이나 공경하고 두려워하는 마음을 가지고 의義로서 살아간다면 위로 창창한 하늘을 우러러보나, 아래로 광막한 대지를 굽어보나, 온 우주에 건설된 모든 물건은 다 나의 이용물이요, 이 세상에 시행되는 모든 법은 다 나의 보호 기관이지마는, 만일 공경과 두려움을 놓아버리고 함부로 동한다면 우주 안의 모든 물건은 도리어 나를 상해하려는 도구요, 이 세상 모든 법은 도리어 나를 구속하려는 포승이니, 어찌 두렵지 아니하리오. 그러므로 그대들로서 마음을 잘 지키고 몸을 잘 두호하려거든 마땅히 이 표어를 마음에 깊이 새겨 두고 매사를 그대로 진행하라."(『대종경』 인도품 33장)

『금강경』 1장에서
"… 가사를 입고 발우를 가지시고 사위성城에 들어가 걸식하실 때 차례로 밥을 빌기를 마치시고 본처로 돌아와 공양을 마치고 의발을 거두고 발 씻기를 마친 후 자리를 펴고 앉으셨다." 하는 그림도 의연하면서도 조심스러운 동작인 것이다.

클린턴이 대통령 시절, 재무부 장관을 역임한 로버트 루빈Robert E. Rubin이 대학을 가려고 하버드와 프린스턴 대학에 지원하였는데, 하버드에서는 합격통지서가 오고 프린스턴은 떨어졌다. 대학을 졸업한 루빈은 프린스턴의 입학처장에게 편지를 보냈다.
"귀 대학이 퇴짜를 놓은 학생 중의 한 명이 그 후 어떻게 되었는지 궁금해하실지 모르겠습니다만, 나는 하버드를 최우등(summa cum laude)과[6] 파이베타카파(Phi Beta Kappa)회원으로 졸업했습니다." 이에 대해 입학처장이 답을 보내왔다.

"매년 우리 프린스턴대학은 하버드대학도 그런 훌륭한 학생이 다닐 수 있도록, 성적이 우수한 학생 중 일정 수를 불합격시키는 것이 우리의 의무라고 생각하고 있습니다." 참으로 콧대 높은 궤변으로 둔갑한 답신이다.

그런데 재미있는 것은 필자의 큰 딸애도 비슷한 경우를 당하였다. 그 당시 필자는 풍광이 명미明媚한 콜로라도주의 보울더Boulder에 살고 있었다. 보울더는 교육도시로 미국에서 살기 좋은 소도시다. 안전성·의료서비스·교육자원 인프라·환경 등에 관한 30개 지표를 고려한 순위로도, 위스콘신주의 주도인 매디슨Madison과 매년 서로 1·2등을 다툰다. 큰애는 대학 입학을 생각하고 서쪽의 스탠퍼드대학과 동쪽의 몇 개 대학에 원서를 내놓고 있었다. 입학 여부의 연락이 오는 때인데, 우편물 배달부가 올 때쯤 되면 큰애는 안절부절못하고 기다렸다가는 얼른 나가서 우체통을 열고 우편물들을 가져오곤 하였다. 다른 대학에서는 다 두툼한 봉투의 합격이라는 뜻의 우편물들이 왔었다. 며칠이 지나서 맨 끝으로 얇은 봉투의 편지가 하나 왔는데 프린스턴의 불합격 통지서였다. 큰애는 전에 내게 프린스턴이 가끔 이런 식으로 황당한 경우를 만든다는 이야기를 한 적이 있기는 하였지만, 나는 그 대학을 이상하게 생각하면서, 약자의 심리가 발동해서인가는 몰라도 인종차별을 하는

---

6   라틴어의 성적 구분은 Bene(베네, 잘했음), Cum laude(쿰 라우데, 우등), Magna cum laude(마냐 쿰 라우데, 우수), Summa cum laude(숨마 쿰 라우데, 최우등)로 긍정적인 표현을 한다.

것 같은 인상을 받았다. 하버드 졸업 때 큰애도 '숨마 쿰 라우데'(최우등)라는 종이 한 장을 받고 또 거기다가 우수 논문에 대한 상금을 두둑이 받으면서, 그 돈으로 빚진 학자금을 갚기도 하고[7] 또 룰루랄라 휘파람을 불며 자기 여동생을 데리고 유럽 여행을 다시 했다. 그리고 프린스턴에 루빈과 비슷한 내용의 이메일을 보내겠다고 이야기를 들은 적은 있지만, 그것을 실행했는지는 모르겠다.

요지는, 미국에선 졸업식 때 석차를 매겨 1등 2등식으로 상대평가를 하여 구분하는 것이 아니라 '상위 몇 %는 무슨 상, 그다음은 무슨 상' 하는 식으로 진행하면서 학위증을 준다는 것이다. 그러니 석차를 매기는 상대평가와는 달리 최우등 졸업생이 수십 명이 나올 수도 있고 우등 졸업생이 수백 명이 나올 수도 있는 것이다. 학교의 성격상 상호 간 경쟁을 안 시키려야 안 시킬 수는 없겠지만 조금 폭넓게 시키는 것이 모양새가 좋게 보였다. 누구도 그런 것으로 열등감이나 우월감을 느끼지는 않을 테니까 말이다.

원불교 1대 종법사였던 정산 송규가 예비교역자인 원광대학 교학과 학생들에게 말했다. "나 혼자 공부 잘해서 100점 맞으려 하지 말고 동지와 함께 잘해서 두루 80점을 맞을 수 있도록 노력하라."[8]

고등학교 때까지 경쟁의식으로 휘감겨 시험지옥을 거친 어린 학생

---

7 미국 일반 가정에서 자녀 한 명을 4년제 대학에 보내려면, 학비만 해도 싼 주립대학이라도 1만5천 달러가 들고, 사립대학은 기숙사비, 용돈, 책값을 제외하고 수업료만 1년에 거의 소나타 한 대 가격인 3만 달러를 부담해야 한다.
8 박정훈, 『한울안 한이치에』 1편 8장, 22.

들은 이런 이야기에 어리둥절하기 마련이다. 그러나 평생을 같이할 동지 상호 간에 경쟁심을 유발해서 살벌한 공동체를 만들 것이 아니라, 서로 화목하면서 돕고 사는 심법과 생활 자세를 갖지 않고서는 어떤 단체도 건강한 발전을 기약할 수가 없다. 어느 단체나 구성원들 간의 우열 장단이 없을 수는 없지만, 아무리 두루 80점을 맞노록 노력해도 결과는 또 우열이 생기기 마련이다. 중요한 것은 결과보다는 같이 협동하고 노력하는 과정이 더 중요한 것이다. 동지의 아픔이 나의 아픔이 되고 그의 즐거움이 나의 즐거움이 되어야만 그 단체는 일어날 수 있다. 정산의 위의 법문은 그때도 그랬지만, 지금도 필자의 심금을 울리고 숙연한 마음을 금할 수가 없다. 평생 보감으로 삼을 인류의 좋은 화두 가운데 하나다.

어떤 것과 충돌한다는 것은 에고ego에게는 훌륭한 요기 거리다. 모두가 흥분되고 바쁘며 아무도 예측할 수 없는 새로운 상황이 벌어지는 것이다. 그래서 우리는 돈을 주고 프로선수와 그들의 가족을 먹이고 한참 흐뭇해한다. 우리는 매일 다른 이름을 가진 다른 모습의 전쟁들을 즐거워하면서 깃발을 흔들고 술잔을 부딪치며 브라보를 외친다.

축구의 시원이 고대 전쟁을 모방하지는 않았을까? 우리나라에서는 삼국시대부터 격구라는 공놀이가 있었다. 『무예도보통지武藝圖譜通志』라는 조선 정조 때 간행된 군사훈련 교범에도 격구에 관하여 언급한 것이 있는 것을 보면, 축구나 럭비, 완전히 땅 뺏어 먹기인 미식축구는 다 전쟁 그리고 전투하는 방식을 모방하였다. 그런 공포와 증오의 전쟁을 예술로까지 승화시킨 인물이 있으니 그가 손자孫子다. 그는 춘추전국시대에 쌀밥에 물고기가 있는 밥상이라는 당시 서민의 천국으로 생각되었던, '쌀과 물고기의 고향魚米之鄕'이라 불리는 쑤저우蘇州에서『손자병법孫

子兵法』이라는 책을 썼다. 거기서 그는 인간의 쟁투하는 마음 자락을 그 지방의 먹거리처럼 다채롭게 색칠하여 놓았다.

전쟁은 인간이 운명적으로 받아들여야 하는 실존적 조건이다. 인간의 역사는 전쟁과 그리고 전쟁을 준비하는 두 가지 시간을 기록하고 있을 뿐이다. 언제 우리가 평화라는 '시조'를 읊을 수가 있었던가. 전쟁과 전쟁의 사이를 과연 평화라고 부를 수가 있을까? 누군가의 말대로 전쟁은 끝났지만, 평화는 오지 않았다.

종교마다 사랑과 정의를 구실로 전쟁을 만든다. 극단적인 예로 기독교의 역사를 '죄악사Criminal History'라고 표현하는 사람도 있다. 인간은 논리적인 동물인척해서 그런지, 자기가 하는 일과 하고 싶은 일에 대해 항상 명분이라는 이유를 갖다 붙인다. '그래도 옛날은 좋았다'고 하듯이, 칼을 들고 전투를 하던 때의 무사는 그런대로 '미학美學'이 있었다. 존재의 극한상황에서 맛볼 수 있는 의연한 자세나, 생사를 목전에 둔 건곤일척乾坤一擲의 긴장 같은 것 말이다. 그러나 현대전은 어미 품에서 철모르고 젖을 물고 있는 아기까지 살상하여버린다. 2003년 이라크 전쟁에서도 보았지만, 상대방의 얼굴은 보지도 않고 기계 앞에 앉아, 껌을 씹으며 단추를 눌러 상황을 끝내버린다.

꿀벌이나 개미와 같이 인간은 자연계에서 대규모의 전쟁을 일으키는 집단인데, 그 모두 고도로 발달한 조직사회를 형성하고 있다. 그 조직에서 어쩔 수 없이 살아야만 하는 인간의 마음속에 자리 잡고 있는 공격성은 미디어를 통한 폭력문화를 만들고, 첨단기술 전자 살인 게임 등은 어린이들을 중독시켜 세상 경멸 신드롬을 낳는다.

J. 크리슈나무르티의 사상이 고스란히 담겨있는 책이 『처음이자 마지막 자유The First and Last Freedom』이다. 가히 그의 대표작이라고 할 수 있다. 그 후의 법설이나 저술은 그 책의 주석서라 해도 과언이 아닐 것이다. 그는 그 책의 질문과 답의 10장인 '전쟁에 관해서On War'에서 "임박한 전쟁에 대해 그것을 막으려면 개인으로서 할 수 있는 일이 어떤 것이 있겠습니까?"라는 질문의 답변으로 이렇게 말한다.

"전쟁은 참 볼만한 구경거리고 우리들의 일상생활을 비추어주는 피비린내 나는 장면이지요. 안 그래요? 전쟁은 그저 우리들의 마음 상태를 밖으로 표현한 것이고, 우리들 일상의 행동들을 확대해 놓은 것입니다. 좀 규모가 크고, 더 피투성이고 좀 더 파괴적이지만 우리들 개인적인 행동들의 집합적인 결과랍니다. 그래서 전쟁은 당신과 나의 책임인데 어떻게 전쟁을 막아 보겠습니까?"

War is the spectacular and bloody projection of our everyday life, is it not? War is merely an outward expression of our inward state, an enlargement of our daily action. It is more destructive, but it is the collective result our individual activities. Therefore, you and I are responsible for war and what can we do to stop it? …

지구촌의 분쟁은 인종이나 종교의 마스크를 쓴 에너지 확보를 위한 전쟁이라고는 하나, 결국 석유나 수자원을 협조적 방식으로 분배사용 못 하는 여유 없는 인간의 마음에 기인한다. 그런 놀부 심보는 승패의 결과가 명확하게 나타나는 국가 사이의 전쟁뿐만 아니라, 무역 전쟁이나 입시전쟁 등에서도 적나라하게 드러난다.

구르지예프는 전쟁의 인간 내적인 원인을, 개인 차원에서 각각 진급해야만 하는 우주적 의무의 태만에 있고, 또 문제 해결의 실마리는 각 개인에서부터 찾아야 한다고 하였다. 그는 심지어 인간은 행성의 영향 같은 우주의 물리적 조건에 대해, 오히려 그런 기회를 역이용하여 자기의식을 순수하게 발전시킬 좋은 기회로 삼을 수 있다고까지 말하였다. 인간이 여러 큰 전쟁을 거치면서 인간 상태의 본질적인 문제를 풀어 보려고는 하지 않고, 그저 상식적으로 경제문제나 과학, 교육이나 더 좋은 세계정부 등의 본질을 놓친 피상적인 방법으로 접근을 하여 문제를 풀려 한다면, 허황한 문명의 범람으로 또 다른 노아의 방주를 만들어야 할 운명이 될지도 모른다.

건강한 인류의 미래를 위하여 우리는 스스로 자기 자신부터 변화시켜야 한다. 역사를 통하여 각 개인의 변화가 없는 '혁명'은 얼마나 허망한 일이었던가를 잘 알고 있기 때문이다. 모든 혁명은 무엇보다도 생각의 혁명이다. 알베르트 아인슈타인의 말대로 "우리가 만든 세상은 우리 생각의 과정이다. 우리가 생각을 바꾸지 않으면 세상은 바뀌지 않는다." 역사적으로 프랑스 혁명이나 볼셰비키 공산당 혁명이나 결과적으로 다 실패하였고 앞으로도 개인인 자기가 혁명 되지 않고서는 어떤 혁명도 성공할 수가 없다. 혁명은 오직 자기 '혁명' 밖에는 없다.

"자기의 도덕을 지킨 사람이 우리의 도덕을 비로소 지킬 수 있다. 자기의 정의를 지키는 사람만이 비로소 우리의 정의를 지킬 수 있다."(함석헌)

혁명을 꿈꾸며 도덕과 정의로 무장하여 거리로 나왔던 학생들이 사회인이 되었을 때 여전히 정의롭고 도덕적인 인간이 될 수 있을까? 자기의 주체력이 없으면 한낱 정치인으로 끝날 뿐이고 냄새나는 역사는 또 구태의연하게 그렇게 다시 굴러갈 뿐이다. 그래서 소태산과 구르지예프는 사회개혁 이전의 자신 변화를 강조한다.

언제인가 미국 정신과 의사협회에서 발표한 통계를 본 일이 있다. 뉴욕시의 인구 중 정신적으로 정상이라고 말할 수 있는 사람은 18% 정도밖에 안 된다는 것이다. 나머지 82%는 사실상 정신분열이거나 아니면 분열 직전에 있다는 것이다. 이런 이야기를 부정할 수 없는 것은 나 스스로 자신의 마음속을 가만히 들여다보면 얼마나 많은 분노와 광기가 숨어있는지를 알고 놀라지 않을 수 없다. 그 울분과 미친 기색을 어떻게 드러나지 않게 감추고 억압하고 통제하는가는 다른 이야기다. 이런 사실은 뉴욕시에만 국한된 것이 아니라, 앞으로 언젠가는 세계가 하나의 큰 정신병동이 될 수도 있다는 것이다.

필자가 부산 광안리 근처에 있는 남천교당에 근무할 때 일이다. 교도들과 미국에서 일어나는 총기 사건에 대해 이런저런 이야기를 하는 중에 물었다. 만약 한국에서 미국처럼 개인이 총을 자유롭게 휴대할 수 있다면 부산에서는 하루에 사고가 얼마나 일어날까요? "한 1,000명은 죽을 겁니다." 물론 험한 공사판에서 건설업을 하시던 분의 말씀이기는 했지만, 좌중의 사람들이 거의 동감을 하는 것을 보고 속으로 놀란 일이 있고, 지금까지도 놀라고 있다. 구르지예프 부친의 유언대로 오늘 죽이고 싶어도 24시간 생각해 보고 내일 행동에 들어가면 어떨까?

소태산은 수양을 두 가지로 이야기한다.
"수양을 얻어 나가는 데 두 길이 있나니, 하나는 기질氣質의 수양이요 둘은 심성心性의 수양이라, 예를 들면 군인이 실지 전쟁에서 마음을 단련하여 부동심不動心이 되는 것은 밖으로 기질을 단련한 수양이요, 수도인이 오욕의 경계 중에서 마군魔軍을 항복받아 순역 경계에 부동심이 되는 것은 안으로 심성을 단련한 수양이라, 군인이 비록 밖으로 기질의 수양력을 얻었다 할지라도 안으로 심성의 수양력을 얻지 못하면 완전한 수양력이 되지 못하고, 수도인이 또한 안으로 심성의 수양력은 얻었으나 실지의 경계에 단련하여 기질의 수양력을 얻지 못하면 또한 완전한 수양력이 되지 못 하나니라." (『대종경』 수행품 16장)

우리가 심성과 기질의 변화에 게을리한다면, 우리는 구르지예프의 말대로 쥐나 늑대 등 일반 동물처럼 한갓 제물이 되어 '달의 먹이feeding the moon'[9]로 바쳐질 수밖에 없다.

3) 사랑이 해답

왜 인간은 차별·전쟁·학살을 멈출 수 없을까? 어떻게 타자에 대해 그렇게까지 혹독하고 잔인하고 또 무관심해질 수 있을까?

이탈리아의 화학자요 작가인 프리모 레비Primo Levi는 모두 14편의 문학작품을 발표했는데, 마지막 작품은 에세이로『가라앉은 자와 구조된 자』다. (1968년 출간) 레비는 그다음 해 자살했다. 자살의 원인은 알 수 없으나 아우슈비츠의 강제 수용소 생활의 트라우마나 그로 인한 우울증 상태라고 하지만, 일설에는 그 자신의 간곡한 증언을 경시하고 어리석은 행동을 반복하는 현재의 인간사회에 대한 분노의 의사 표시가 아니었을까 하는 의견도 있다.

전쟁에 대한 분노의 표현은 문학작품에서도 보인다.

---

9 구르지예프의 우주론은 우리에게는 생경生硬하기도 하고 복잡하다. 간단히 말하면, 우주에는 손실되는 에너지가 없이 순환하는데, 지구상에 사는 모든 생물은 달의 먹이가 된다고 한다.

"우리 시대는 본질적으로 비극적이다. 그래서 우리는 이 시대를 비극으로 받아들이려고 하지 않는다. 큰 격변이 일어났고 우리는 폐허 가운데 서 있다. … 이것이 콘스턴스 채털리가 놓인 대략적인 처지였다. 전쟁으로 인해서 그녀는 머리 위로 천장이 무너져 내리는 듯한 경험을 했다. 그리고 사람이랑 살면서 쉽고 알아가야 한다는 것을 깨달았다."

데이비드 허버트 로런스의 대표작인 『채털리 부인의 연인』은 위와 같이 시작한다. 잠시 휴가 나왔던 클리퍼드와 결혼하고 한 달 동안 신혼생활을 했을 뿐인데, 남편은 1차 대전에 참여하다 성불구가 되어 돌아온다. 젊은 나이에 불구가 된 남편과 평생을 같이 살아야 할 형편이니 한국의 조선 시대도 아니고, 한 여자에게 이보다 더 비극적인 일이 있을까? "남자가 따뜻한 가슴으로 섹스를 하고 여자가 따뜻한 가슴으로 그걸 받아들인다면 세상의 모든 것이 다 잘되리라고 나는 믿소."라고 건전한 성애性愛로 인간성을 회복하려는 로런스였다.

"현대문화는 자동화를 요구하고 있지. 그리고 사람들은 쟁취한 독립심을 잃어가면서 기계의 부품으로 자동 조작되고 있는 거야. 이런 일들이 어디서 끝나고 그 출구가 어디인지 아니면 정말 끝날 수 있는 것인지 그리고 출구란 과연 있는 것인지는 뭐라고 얘기할 수 없어. 한 가지 분명한 것은 인간의 노예화라는 것이 점점 기승을 부리고 있다는 것이지. 인간은 이제 사슬이 필요 없을 정도로 자진해서 노예가 되어가고 있어. 이젠 점점 그런 상태를 좋아하고 자랑스럽게 생각하고 있거든 이것은 인간에게 일어날 수 있는 일 중에서 가장 무서운 일이지."라고 구르지예프는 당시의 사람들을 진단하였다.

그는 계속해서 "그러나 만일 200명 정도의 도인들이 있고, 또 그들이 세상을 구하는 일의 필요성과 정당함을 느끼게 되면 지구상의 전 생령을 변화시킬 수도 있지. 그렇지만 숫자상으로 부족하거나 또 그럴 필요성을 느끼지 않거나, 아니면 시기상조라고 생각한다거나 또는 사람들이 너무 곤하게 자고 있다고 생각되면 그런 일이 안 일어날 수도 있지."라고 하였으니, 소태산의 법맥을 이은 정산鼎山 송규宋奎의 말이 생각난다.

"세상이 개벽 되는 시기에는 순수의 일꾼들과 역수의 일꾼들이 서로 대립하는 가운데 서로 발전하여 좋은 세상 건설을 촉진한다. '동란자動亂者도 성인이요 정란자靖亂者도 성인이라' 하셨나니, 때를 맞추어 일으키고 때에 맞게 진정시키는 이를 성인이라 하고 그렇지 못한 이를 배은자라 한다. 일에는 순서가 있나니, 사체事體의 순서를 알아 그에 맞는 방편을 베푸는 것이 곧 성인의 자비 방편이다."(『정산종사법어』 도운편 18장)

인류학자 마거릿 미드에 의하면 인간은 동물적 생존환경의 열악성으로 인하여 공격 본능을 갖게 된 것은 아니라면서, 히말라야의 렙차족이나 에스키모족에는 조직적으로 행동하는 식의 개념은 없다고 한다. 그랬으면 얼마나 좋으련만, 끝없는 평화 … 글쎄, 그런 것은 묘지의 정적처럼 좀 지루할지도 모르겠지만, 설사 종말이 온다고 하여도 그것은 끝이 아닌 또 다른 모양의 시작일 것이 아닌가. 돌고 도는 것이 회전목마만은 아닌 듯, 천지에도 성주괴공의 이치가 천만 가지 분야로 운행된다 하였으니, 우리는 끝도 시작도 없는 '사랑의 미로' 같은 '끝없는 중간'에서 영원을 노래 부르는 유정물들이 아닌가. 죽이는 자도 나요 죽는 자도 내가 아닌가. 우리는 모두 우주의 창조자이면서 동시에 상호 창조물이 된다. 그러나 노래가 은혜와 사랑의 노래가 되는 그리된 까닭의 뒤에는 우주에서 주어진 어떤 배역이 있을 것만 같다. 그런 곡조의 가

수가 되는 것이 우리의 역할이 아닐까. 구르지예프의 공부에서도 소태산의 정신수양·사리연구·작업취사의 삼학三學 공부의 목적과 같이 잘 익은 과일과 같은 온전한 인간의 모습을 추구하는 것이다.

앞에서 J. 크리슈나무르티의 전쟁에 관한 법문 이야기를 했지만, 전쟁이 문제가 아니라 먼저 인간이 문제다. 전쟁은 일상생활에서 일어나는 우리들 마음 세계의 외적 표현에 지나지 않을 뿐, 전쟁은 그런 개인 개인의 심리상태를 집단으로 표출한 것에 불과하다.

고타마 붓다와 같은 시대에 부처님보다는 연장자이면서 같은 지방을 순회하고 자이나교의 초석을 다진 사람은 바르다만Vardhaman이다. 그를 보통 '마하비라'라 부르는데 글자의 뜻은 '위대한 무사'다. 즉 정복자요 승리자라는 뜻이다. 불살생을 철저하게 고수한 자이나교 창시자로서 누구와 싸울 일도 없었을 텐데(하기야, 그도 부처님과 같이 왕자였으며, 무사 계급인 크샤트리아 출신이다) 그를 왜 승리자라고 하였는가? 그는 검투사로서의 승리자가 아니라 자기 자신과 싸워서 이긴 사람이다. 외적인 전쟁이 아닌 내적 전쟁의 승리자라는 것이다. 탐·진·치 삼독의 마음과 싸워 이긴 사람에게 바깥세상의 전쟁은 있을 수가 없다.

"사람들은 자기 자신에 관해 생각해보는 것을 원하지 않는다. … 사람들은 주위의 모든 것들로부터 조종되고 있지, 만일 우리가 그런 것들로부터 자유로울 수만 있으면 행성의 영향으로부터도 벗어날 수 있을는지도 모르지."라고 구르지예프는 말하면서, "자유, 평등 이것이 인간의 목표야 … 안으로 노예 상태인 한 바깥도 노예야 … 인간의 내적 노예 상태인 첫 번째 이유는 그의 무지에 있는데, 무엇보다도 자신에 대한 무지야."

"자기 자신에 대한 지식이나 자기라는 인간 기계가 어떻게 동작하고 작동되는지 알지 못하면 그는 자기를 추스를 수가 없고 노예 상태로 있게 되며, 결국 다른 것들의 노리갯감이 되고 말지."

"그래서 고대 현자들의 가르침을 보면, 해탈의 도로 걸어 나가는 첫 번째 관문으로 '너 자신을 알아라gnothi sauton : know thyself'고 하는 거야." 라고 말하면서, 이 말은 소크라테스 훨씬 이전에 많은 도꾼들의 학파에 있는 기본 교리였다는 것에 관해 설명한다. 하기야 고대 인도의 우파니샤드 철학에도 "자신을 알라atmanam viddhi : know the self"라는 격언이 있다. 자신을 알지 못하게 하는 시스템의 대표적인 것이 군대다. 군대의 거의 모든 장치는 스스로가 누군지를 모르게 하여 어떤 명령이라도 맹목적으로 따르게 하는, 아주 정교한 설계로 되어 있다. 그 대표적인 것이 유니폼인 군복이다. 군복에는 잘 보이지 않는 이름표와 계급장을 제외하고는 개인 식별의 정보가 없다. 제어하는 입장에서는 자기가 누군지 아는 것이 오히려 통제하는 데 방해가 될 뿐이다.

구르지예프의 생각은, 모든 인간은 그 기계의 동작하는 방법이 거의 같다는 것이다. 기계는 톱니바퀴와 같이 부속으로서 만은 작용할 수 없고 서로 긴밀한 상관관계를 갖고 작동된다. 바로 그 '기계'인 인간 자신을 올바로 아는 것이 구르지예프 공부의 기초가 된다.

우리는 일단 '기계'이면서 또 그 이상의 것이기도 하다. 우리는 사랑도 할 줄 아는 기계라는 것이다. 구르지예프는 기독교에 관한 제자의 질문에 대한 답으로, 친구도 사랑할 줄 모르면서 어떻게 원수를 사랑할 수 있느냐 하고, 진정한 크리스천이 되려면 먼저 자기를 사랑할 줄 알아야 하고 자기의 주인이 되어야 한다고 말했다.

부모의 이혼, 어머니가 경찰차에 치여 숨지는 비극적 가족사와 함께 우울증을 앓았지만, 음악 활동을 통해 극복해내고 전설적 뮤지션으로 우뚝 선 비틀즈의 일원이었던 레넌John Lennon이 1973년에 작사한 노래에 '마음 장난들Mind Games'이란 것이 있다.

"우린 같이 장애물을 밀고 씨를 심으며/ 그런 마음 장난들을 하지/ 마음 게릴라mind-guerrilla 장난을 하며/ '지구에 평화를' 주문을 외우지/ 우린 모두 그런 마음 장난을 하고 있어 영원히 ⋯ / 사랑은 그 답이야. Love is the answer 그건 확실해/ 사랑은 그 꽃이야 그냥 자라게 놔둬/ 예스가 해답이야Yes is the answer 그건 확실해/ 예스는 귀의歸依야 그냥 자라게 놔둬 ⋯"

삶의 세계는 정답이 없다 하나, 은혜나 사랑이라는 코드로 암호를 풀 수 있다는 것은 우주 의식을 소유한 자 만이 가능한 일이겠다. 레논이 심월心月을 보지 못하고 단지 지적 상상력을 통하여 달그림자를 곁눈질하였는지는 몰라도, 어쨌든 눈물 어린 사랑이나 자비가 답일 수밖에 없다.

'통째로 잡수세요!' 하고 사심 없이 바치는 귀의, 즉 예스가 유일한 답일 뿐이다. 사랑은 출구가 아닌 입구요, 예스는 항복이 아닌 귀의다. 그러나 사랑이나 자비도 끊임없이 연습해야 한다.

어떤 여자 교무가 '네 가지 은혜四恩'란 묘약에 관해 영어로 설교를 잘하고 단에서 내려왔다. 공감대가 형성된 대중들은 고개를 끄떡거렸다. 공양 시간이 되고 다과를 즐기는 중에 애완견인지 반려견인지 강아지 한 마리가 쪼르르 와서는 교무의 무릎에 앉아버렸다. '에구머니!!'라는 소리는 그때 그 교무 입에서 나온 말이다. 익숙하지 않은 상황으로 징그럽고 놀라워 한 소리였는지, 아니면 달걀 살 돈egg money을 이야기 한 것인지는 분간이 안 됐다. 아니면 병적인 자기중심 성향의 뜻을 가진 egomania라고 말한 것인가? 애완동물을 자기 부모보다도 지극히 모시는 미국 사람들의 사고로서는, 그 알 수 없는 교무의 표정으로 조금 전에 들었던 설교의 약효가 바닥으로 곤두박질쳤다는 일화가 있을 수 있다는 이야기다.

스님도 국민의 한 사람으로서 애완동물을 양육할 수는 있다. 그러나 그 집의 계율 상의 근거로 따지면 원칙적으로는 금지되어 있다. 예를 들면 조계종이 발간한 『승가청규僧伽淸規』를 주제로 2015년 9월 진행한 '불교신문' 좌담에서 패널들은 '스님들이 애완동물 키우는 문제도 차후에 어떤 식으로든 정리해야 한다'고 결론을 냈다.

대승불교의 율장인 『범망경梵網經』에서는 고양이·살쾡이·돼지·개 따위를 기르지 말라고 키우면 안 되는 동물들을 명시하였고, 초기 불전인 『법구경』에서는 "산 것을 죽이는 일, 때리고 자르고 묶는 일, 훔치고 거짓말하는 일, 사기와 속이는 일, 그릇된 것을 배우는 일, 이런 것이 비린내 나는 일이지 육식이 비린내 나는 일이 아니다."라고 유연한 설명을 하고 있다.

구르지예프는 제자들에게 늘 가까이 있는 동물부터 사랑하라고 가르쳤다. 구호에만 그치는 입에 발린 말은 효과가 없다는 것이다. '사랑'도 정기훈련의 한 과목으로 넣어야 하는 것이 아닌지 모르겠다. 왜냐하면 만사가 다 그렇듯이 자주 연습을 하면 무엇이든지 익숙해지는 것이기 때문이다. 사람은 상대편을 사랑하기에 앞서 자기를 먼저 사랑할 줄 알아야 한다. 어느 방향으로도 닫힌 문이 있으면 안 된다. 무엇보다도 먼저 몸을 열어야만 마음이 열린다는 것, 그것은 꿈에서도 잊어서는 안 될 공부인의 명제다.

　동물 또는 애완동물 사랑도 깊이 들여다보면 사정은 좀 복잡하다. 독신으로 사는 사람에게는 애완동물이 아프거나 도망가거나 죽으면 아이를 잃은 것 같은 슬픔에 잠긴다. 물론 사랑이 있기 때문이다. 그런데 그 사랑은 자기 일변도의 '사랑'일 뿐이다. 그런 사람이 애완동물을 소중히 여기는 것은 독립된 개체로서가 아니라 그 동물이 주인인 자기에게 종속되어 있기 때문이고, 또 그런 관계를 고집한다. 만약 동물의 행동이 주인인 자기 의사에 반하여 자행자지할 경우, 그것은 애완동물의 울타리를 벗어난다. 결국 개를 훈련하는 학교에 보내는 것은 주인의 마음에 들게 복종을 강요하는 바람이 있기 때문인 것이다. 동물 대신 아이를 낳아 양육시키는 경우도 무릎 위에서의 아이라고, 아이가 두 살이 넘어 말도 알아듣고 찡찡대며 자기 멋대로 세상을 향해 조금씩 나갈 때, 어머니로서의 사랑은 일단 중지된다. 엄마는 그 아이에게 점점 흥미를 잃고 또 다른 아기, 즉 다른 '애완동물'을 얻으려고 생각할지도 모른다. 애완동물을 사랑한다는 것은 그 사랑이 결국 인간 사랑으로 이어져야 하는데 그렇지 못한 경우가 비일비재다.

　2차 대전이나 한국전쟁이 끝나고, 미군들은 독일이나 프랑스 또는 일본 또는 한국의 '전쟁 신부'들과 동화 같은 결혼을 많이 하였다. 그런데 영어로 감정소통이 잘 안 되었을 경우는 그런대로 나마 결혼생활을 유지하였지만, 신부가 영어를 좀 알게 되고 감정의 표현에 자유를 느끼게 되면, 더 좋은 관계로 유지될 것 같지만 오히려 그때부터 결혼생활에 금이 가기 시작한다. 그것은 더 이상 일방적으로 자기 생각이나 느낌 등을 부인에게 투입해, 애완동물에게서 느끼는 것 같은 자기 일변도의 친밀감을 더 가질 수 없게 되었기 때문이다. 아내의 역할을 하던 사람이 자기를 하나의 인격체가 아닌 애완동물과 같이 취급하는 것에 대해 반기를 들었기 때문이다. 많은 사람이 애완동물을 '사랑'할 줄 알 뿐, 다른 인간을 사랑한다는 것이 어떻게 하는지를 모르기 때문이다.

희곡 '출구 없음 Huis Clos : No Exit'에서 장 폴 사르트르는 이네스라는 여자의 입을 빌려 기발한 경구 하나를 조립하였다.

"지옥은 상대편이다. L'enfer c'est les autres : Hell is the other"

그 희곡에서 극중의 인물들은 한 방에 영원히 갇혀있으면서 서로 헐뜯기만 한다. 어쩔 수 없이 다른 사람과의 관계 속에서 사는 인간들은 다른 사람이 자기를 어떻게 생각하고 있나 하는 것이 항상 걱정인지라, 인간은 자기 자신을 끝없이 학대하는 노예가 된다는 것이다. '상대편이 지옥'이요 '타인은 악마다'라고 해서, 자동으로 '나는 천사'가 되는 것은 아니다. 자신이 천사라는 말이 타인은 악마라는 뜻을 논리적으로 포함하지는 않지만, 정서적으로는 타인을 나보다 밑에 두는 것이다.

뭘 좀 안다고 권력을 독점하려 해서는 안 된다. 권위주의는 개인이 됐든 단체가 되었든 타자를 악마라고 주장하지만, 사실은 '내가 악마'인 것이다. 그러니 '지옥은 상대편'이 아니라 '지옥은 나 때문'인 것이다.

실존주의의 열기가 식었음에도 불구하고 우리가 사르트르에 계속 끌리는 이유는 그가 나와 타자의 관계에 대해 전례 없는 예리한 분석을 하였기 때문이다. 자유는 인간의 실존 조건이기는 하지만 그 자유란 것은 오직 누구도 아닌 내 옆에 있는 타인과의 관계를 통해 실현될 수 있다는 것이다.

성장하면서 사람들은 자기실현을 위하여 서로 인간관계를 맺지만, 또한 그 관계로 인하여 고통을 받는다. 태어나서는 자기가 알게 또는 모르게 지은 업으로 인해 관계를 맺지만, 성년이 되어서는 혈연이나 지연 학연처럼 '주어진 관계'로부터 벗어나 자기 스스로 결정하는 '자율적 관계'로 넘어간다. 관계란 것은 생존의 조건이 되어버린다. 그 관계망이 복잡하면 복잡해질수록 '지옥'의 면적은 커지는 것이다. 한국 사회가 어느 신문기자의 표현처럼 '관계'와 '권태기'를 합성한 신조어인 '관태기'에 빠졌다는 것도 자기 출세를 위해 인맥을 쌓는데 온갖 힘을 기울였지만, 이제는 오히려 그것으로 인해 더 피곤하여졌다는 것이다. 더구나 한국 사회 같이 능력 본위, 지자 본위의 사회가 아니라 사람을 사귀는 능력으로부터 처세가 시작되는 사회는 더욱더 그렇다.

인류의 희망은 행복만 있고 고통이 없는 삶을 사는 것이다. 그런데 고통이 없는 행복이 있을 수 있을까? 고통이 없는 삶을 건설하려는 것이 종교이고 이상주의자들이다. 소태산도 원불교를 만든 목적이 "파란고해의 일체 생령을 광대 무량한 낙원으로 인도하려 함"이라 했다. 그러나 글자 그대로의 그런 세계는 있을 수 없고 오지도 않으려니와 온다고 하더라도 공동묘지 같을 것이다. 번뇌를 거쳐야 열반이 오고, 고품를 인정하지 않으면 낙樂이 생기지 않는다. 구속을 통해 해방이 있고 허기를 느끼므로 포만이 생기는 것이다. 냄새나는 똥을 싸서 신진대사를 하지 않으면 맛있는 음식을 또 먹을 수가 없다. 제법이 무상諸法無常하기 때문에 창조적인 삶이 가능한 것이고, '나'라는 주체가 없기(無我) 때문에 인생이 자유로운 삶을 구가할 수 있는 '유희장遊戱場'(『대종경』 불지품 23장)이 될 수도 있는 것이다.

우리는 일상생활을 하다가 마음에 안 드는 일이 생기면, 전혀 회광

반조廻光返照가 안되어 '네 탓'이 되어버린다. 24시간 욕심과 화나는 일밖에 없는 사바세계이기는 하지만, 가령 소위 마음이라는 것과 무의식 사이의 불균형으로 인하여 화날 일이 있다고 하여도, 화를 내고 안 내고는 궁극적으로 나에게 결정권이 있으므로, 화는 나의 재량에 따라서 낼 수도 있고 안 낼 수도 있는데, 스스로 주체를 못 하고 화를 내고는 바로 너 때문이라고 책임회피를 하는 것이다. 지옥과 천당이 같은 방에 있다는 것은 생각할 여유도 없고, 자신의 그런 마음속이 지옥인 줄 모르고 너의 지옥 불 때문에 내가 뜨겁다는 것이다.

그러니 심지心地가 요란하게 된 것을 무심한 경계에다 핑계를 대고, 죄 없는 경계를 괴롭히게 되는 것이다. 즉 '지옥'을 쳐부수는 전쟁을 해야만 '천당'이 온다고 유치찬란한 생각을 한다. 영원히 같이 살아야 할 지구라는 '한 방房'에서 그것을 부숴버리면 다음에는 어떻게 하자는 것인지? 우리의 머리는 지나간 일에 대한 걱정, 미래에 발생하지도 않을 일에 대한 걱정, 타인의 시선에 대한 걱정 등 쓸데없는 걱정으로 꽉 차 있다. 그 걱정들 속에서 헤어나지 못하기 때문에 우리는 자기 자신을 존경하지 못하고 다른 사람의 눈치 속에 자기의 삶을 묻어버리고 만다. 그러니 세상을 보는 투철한 밝은 눈을 가질 수도 없고, 연지곤지 바른 꼭두각시로 '타자'에 의하여 좌지우지 당하고 마는 것이다. 자신에 대한 책임감 없이, 자기부터 사랑할 수 없는 사람이 어떻게 원탁 의자에 앉아 전쟁을 막아보자는 이야기를 할 수 있겠는가?

그러나 또한 전쟁이란 현상은 위에 언급한 원인만으로 일어나는 것도 아니고, 간단한 해답이 있어 그것으로 방지할 수 있는 것만도 아니다. 1960~75년 베트남전쟁 때 캘리포니아 버클리대학 주변의 히피들이 반전 구호를 외치면서 데모를 하였는데, 그 구호 중 이런 재미있는 것이 있다. "전쟁을 멈추고 섹스를 해라Stop War, Make Love." 그것은 얼른 들으면 외설스럽게 생각될 수도 있겠으나 인간 본질의 어떤 심층적인 부분을 건드린 것이라 볼 수 있다. 인간의 성性 에너지를 어떻게 승화시키고, 남성 에너지를 어떻게 여성적으로 순화시키느냐 하는 문제는 전쟁의 원인을 심도 있게 해결하는 관건이 될 수도 있다. 인간의 본능 욕구인 공격 욕구와 함께 리비도libido라 부르는 성적 욕구의 분출방법은, 우리가 전쟁이라 부르는 화두를 풀 수 있는 해답의 근거를 마련하여 줄 수도 있다는 것이다.

파괴를 통해 느끼는 쾌락은 단지 사랑에 대한 실망이나 사랑의 실패에 대한 반응에 불과할 뿐이다. 인간은 사랑이나 억압된 성性적인 만족을 얻기 위해 노력하다가 장벽에 부딪힐 때 증오심을 일으킨다. 위와 같은 빌헬름 라이히Wilhelm Reich의 주장에 동조하는 신경심리학자 제임스 프레스컷James Prescott은 400개의 다른 문화의 사례를 수집 조사한 결과 성적 자유와 폭력 사이에는 깊은 관계가 있다고 주장한다. 성행위가 자유스럽게 이루어질 수 있는 사회에서는 폭력 사건이 낮았던 것에 비해, 혼전 성관계를 엄벌하는 사회일수록 폭력의 빈도와 강도가 심하다는 것이다. 즉 사람들이 더 많이 접촉하고 이해하며 즐겁게 산다면, 다툼과 전쟁도 줄어들 수 있다는 것이다.

소설가이자 영화감독인 무라카미 류村上龍는 "좋은 섹스는 전쟁을 방지한다."라고 했는데, 그 또한 '좋은'이라는 수식어를 붙여 단서를 붙이기는 했지만, 많은 사람이 동조하는 표현이다. 건강한 섹스를 멋지게 한 후, "춤추는 밤 물결 같은" 여자의 머리칼을 어루만지며 전쟁을 하리라 마음먹는 남자는 없을 것이다. 심리학자들도 지적했듯이, 좋은 섹스는 공격 충동을 없어지게 한다니, 공격 충동으로 어쩔 줄 모르는 인간은 좋은 섹스를 하지 못하거나 또 하지 않는 자들이 많을 것이다.

여성은 항상 어떻게 하든지 무엇을 모으려고 생각을 하고, 남성은 깨버리고 분리 또는 구분이나 투쟁하려는 방식으로 생각한다. 그래서 서구의 남성 과학자들의 태도는 분석을 주로 하므로 공세적으로 되고, 싸우기를 좋아하기 때문에 자연을 한갓 '정복'의 대상으로만 삼는다. 그러나 어머니인 자연을 정복의 대상으로 삼는다는 자체가 어불성설이다.

파탄잘리의 『요가경』에 "요가 수행자가 성적인 금욕에 대해 확고한 성공을 거두게 되면 원기를 얻는다.(When the yogi is firmly established in sexual continence, vigor is gained.)"고 하였다. 그 원기란 권투선수가 되고 운동을 많이 해서 얻은 싸우는 에너지가 아니다. 그 에너지는 남성 에너지가 아닌 여성 에너지다. 정점에 도달한 요기 고수들은 여성스럽다. 그래서 『파우스트』는 "영원히 여성적인 것이 우리를 구원하리라"라는 문구를 넣었나? 깨달음을 얻고자 인간은 옛날부터 갖가지 수행을 거듭해 왔다. 사람들은 걸림돌이 되는 육신을 극복하기만 한다면 즉 육체에 극단적인 고통을 주기만 한다면 정신의 정화를 얻을 수 있다고 믿었다. 불살생이나 무소유라는 소극적인 수행 방법도 있지만, 고행은 적극적이고 능동적인 공부법이다.

고행을 표현하는 산스크리트어인 타파스Tapas는 본래 '열熱'을 뜻하는 말이다. 고행을 함으로써 신체에 열이 축적되고 그 열의 힘으로 목적하는 바가 성취된다고 생각한 고행자들을 '타파스빈'이라 하고 고행하는 장소는 '타포바나(고행림, 苦行林)'라 한다. 남인도의 시라바나 베르고라 언덕에 서 있는 자이나교의 개조 마하비라의 거대한 석상에는 다리에서 허리까지 뻗어 올라간 덩굴풀이 똑바로 서서 눕지 않는 고행을 입증해 주듯이 감겨 있다.

7세기경 인도를 여행한 현장도, 물속에 한 발만으로 서서 항상 얼굴을 태양의 방향으로 향하면서 고행하는 사람을 바라나시에 있는 갠지스강에서 목격했다고 646년의 작품인 『대낭서역기大唐西域記』에 기록하고 있다. 석존도 산림에 틀어박혀서 6년(또는 7년이라는 설도 있다)간 엄격한 고행 생활을 했다 한다.

그러나 인도인들은 크리슈나 또는 람Ram, 마하비라와 붓다를 형상으로 표현할 때 꼭 빠지지 않고 넣어야 할 것 같은 콧수염이나 턱수염, 구레나룻을 그리지 않는다. 그래야 더 남성미가 넘칠 것 같은데도 남성 호르몬이 부족한 것 같은 여성스러운 외모를 보여준다. 거의 기생오라비나 꽃미남 수준이다. 여자 같은 부드러운 외모에 둥그런 어깨 곡선하며 몸에는 희랍의 조각들처럼 근육이라고는 전혀 볼 수 없는 거의 여성에 준한 모습이다.

섹스 에너지 같은 혼란스러운 것들이 정리되면, 그 힘은 안으로 승화되어 싸울 상대를 잃어버린다. 약한 것들이 꼭 싸움질하여 자기의 힘을 과시하는 것이지, 정말 강한 사람들은 싸우지 않는다. 아니 싸움의 필요성을 느끼지 못한다. 이 세상에 싸울만한 대상과 일이 없어지는 것이다.

구르지예프가 바라는 인간상도 결국은 소태산과 같이 분별 주착이 없는 마음자리에서 인간의 일을 연구하였다가, 정의를 표준으로 용맹 있게 취사할 수 있는 삼대력三大力[10]을 갖춘 사람으로 완성하자는 것이

---

[10] 원불교 수행문(修行門)인 정신수양 사리연구 작업취사의 공부로 얻은 힘. (원불교

고, 또 그런 사람들만이 전쟁을 어느 정도 방지할 수 있다는 것이다.

속사정이야 어떤지 몰라도, 올바른 작업취사로 불구덩이에서 지구를 건져 낼 수 있었던 실화 두 가지를 소개한다.

2002년 10월 14일 영국의 「더 타임스」는 미국의 기밀 해제된 문서를 다음과 같은 내용으로 인용하였다. 1962년 쿠바 미사일 위기 당시, 미국 전함 빌이 쿠바 근해에서 임무 수행 중이던 소련의 B59 잠수함에 기뢰를 투하하였다. 그때 그 잠수함에는 핵무기가 탑재되어 있었는데, 당시 미국의 정보 능력으로는 소련의 군사력이 기동력 있는 잠수함에까지 핵을 장착하고 다닐 줄은 모르고 있었다. 잠수함 옆에서 기뢰가 터지자 전쟁 발발로 오인한 소련 잠수함은 핵탄두가 장착된 어뢰를 발사하려 하였으나, 승인이 필요한 3명의 장교 중 아르키포프라는 이름의 장교 한 명이 반대하여 실행되지 못하였다. 당시 미국 국방부 장관을 지낸 맥나마라에 의하면, "그때 만일 미국 함정에 핵 공격이 가해졌더라면, 미-소 양국 간의 전면전인 핵전쟁은 불가피했을 것"이라는 이야기다.

그런데 어찌 그일 뿐이겠는가? 우리가 몰라서 그렇지, 그제도 어제도 그런 일들이 있을 수 있었다는 것이다. 1998년 구 소련 공군 미사일 부대 사령관이었던 유리 보틴체프의 회고록이 출판된 후 알려진 사실이다. 1983년 9월 26일 0시 40분, 소련의 인공위성이 햇빛의 반사를 미국의 대륙간 탄도미사일(ICBM)로 잘못 알고 핵전쟁을 알리는 경보

정전, 총서편 4장, 3학)

를 전송해 왔다. 처음에는 미사일 한 기로 관측되었지만, 곧 5기라고 하였다. 당시 소련의 관제센터 결정권자는 스타니슬라프 페트로프(1939-2017) 소령이었다. 보고를 들은 군 당국은 핵 공격의 준비를 완료하였다. 그해 3월 8일에 로널드 레이건 미국 대통령은 "소련은 악의 제국"이라며 막말을 해댔고, 9월 1일에 소련은 대한항공 007편을 격추하는 만행을 저질렀다. 당시 양국의 전략은 '상호확증파괴' 즉 한쪽이 쏘면 다른 쪽도 응사, 전면 핵전쟁으로 다 같이 죽자는 전략이었다.

당시 미·소 양국이 보유한 핵무기는 지구에 사는 생명체들을 몰살시키고도 남을 양이었다. 그 절체절명의 순간에 페트로프 소령이 생각했다. '만약 미국이 핵무기로 선제공격을 했다면 다 쏠 것이지 왜 5기만 쏘았을까?'라고 생각하고, 즉시 "컴퓨터 오류인 듯합니다."라고 상부에 보고했다. 그는 이 일로 상을 받기는커녕 불이익을 당했다. 소련 정부는 페트로프가 보고를 제대로 하지 않았다고 문책. "어쩌라고, 한 손은 전화기, 한 손은 인터폰을 잡고 있었는데." 페트로프는 한직으로 밀려난 뒤 군을 떠났다.

그 한마디 '사리연구'로 인류는 그야말로 구원을 받았다. 그 후 2006년 1월 페트로프 소령이 미국을 방문했을 때, UN은 그에게 감사장을 수여하였고 그는 2017년 5월에 세상을 떠났다.

사랑의 절대적 가치와 중요성을 처음으로 확실하게 일깨워 준 사람은 그 누구도 아닌 예수였다. 예수가 전한 '사랑의 정신'은 기독교라는 종교로 구체화하였다. 물론 후대에서 그의 고귀한 가르침은 일부 사이비 제자들에 의해 엉뚱하게도 종교적 도그마로 변질하여 타 종교에 대한 적개심으로 변질하고 말긴 했지만, 예수는 인류 최고의 가치가 자기 생명을 내어주는 사랑이라고 깨달았다.

『토라』에 대한 다양한 해석에 정통하고, 유대인들의 최고의 사법 정치기구인 산헤드린의 존경받는 지도자인 아리마대 요셉은, '자기 자신에게 해가 되는 일은 다른 사람에게 하지 말라'라는 황금률을 인생의 제1과제로 삼고 있었다. 그는 유대인 중에서도 엄청난 갑부인 데다가 유력한 권력자였다. 어느 날 그는 예루살렘 수도권이 아닌 나사렛이라는 시골 출신의 예수에 관한 소문을 듣고 찾아가 "네 이웃을 네 몸과 같이 사랑하라!"는 이야기를 듣는 동시에 하나님의 나라는 그 '사랑'을 실천할 때 오고, 그 사랑을 받는 상대방이 바로 신神이 된다는 청천벽력의 메시지를 듣는다. 그 후 그는 예수의 가르침을 믿고 따르며, 예수의 십자가 처형을 보고, 여차하면 자신의 목숨까지도 뺏길 수 있는 정치범의 시신을 달라고 총독인 빌라도에게 요구하고 또한 허락을 받는다.

용서容恕는 타인의 잘못을 덮어주는 것이 아니라, 역지사지易地思之와 같이 상대방의 처지에서 생각하는 것이다. 용서는 일종의 자비慈悲이며, 용서는 사랑하는 데 익숙지 않은 사람들이 할 수 있는 사랑의 다른 이름이다. 평범한 우리 인간들이 어찌 '사랑'하기까지 하겠는가. 그저 죽을 일이 아니라면 참아주기라도 하자는 것이다.

"제발 우리 서로 사이좋게 지내자고요. 어차피 한동안은 이 땅에서 같이 살아야 하잖아요. 그러니 우리 서로 노력을 합시다."

그 당시 필자가 생선가게를 경영하던 L.A 동북쪽 '레익 뷰 테러스' 시市에서, 청각 장애인으로 살아야 할 정도로 백인 경찰들에게 무차별 구타를 당한 로드니 킹이 그 일이 원인이 되어 L.A폭동이 일어났을 때, 평화를 호소하면서 했던 말이다.

공자도 『논어』 위령공 15에서 수제자인 자공이 "제가 평생 실천해야 할 것을 단 한마디로 가르쳐 주십시오."라고 했을 때 지체 없이 "그것은 바로 용서容恕다"라고 말한다. 용서는 인간 수양의 최고 단계라는 것이다. 간디도 예수의 가르침을 받아 종교의 핵심은 원수와 친구 되기라고 말한다. 아무리 현실성이 없다 하더라도 사랑과 자비는 종교의 최고 가치다. 소태산도 이런 상황을 '무아봉공無我奉公'이나 '사무여한死無餘恨'이라는 딱딱하기 짝이 없는 표현을 하였지만, 그 속은 솜결같이 부드러운 것이다. 대승불교는 한없이 중생을 어여삐 여기는 마음을 자무량심慈無量心, 비무량심悲無量心, 희무량심喜無量心, 사무량심捨無量心이라는 사무량심四無量心으로 표현하였다.

"남의 아픔을 나의 아픔으로 여기는 마음과 행동을 영어로 '컴패션compassion'이라 하고, 셈족어로는 '라흐민rahmin'이라 한다. 라흐민은 어원적으로 '어머니의 자궁'에 해당하는 히브리어 '레헴rehem'에서 유래했다. 어머니와 아이의 원초적인 관계, 인간과 인간 사이의 관계 원형은 바로 '라흐민'이다. 아랍어로는 '라흐만rahman'으로 불린다. 특히 『꾸란』은 모든 장이 '비스밀라bismilah'라는 구절로 시작되는데, 이 구절을 해석하면 '자비가 넘치고(라흐마니) 언제나 자비로우신(라히미) 알라의 이름'이다.

이슬람에서는 알라신의 속성을 바로 '컴패션'이라 정의한다. 인간이 가진 컴패션이라는 속성은 아마도 인간의 이기적 유전자를 억제하고 이타적 인간성인 모성애를 배양시켰을 것이다. 인간 내면에 새겨진 이기적인 본능과 이타적인 모성애의 갈등은 고전이나 경전의 최고 주제이다."[11]

---

11 배현철, 『신의 위대한 질문』, 21세기북스, 2017, p.67.

사랑과 자비를 강조한 초대 그리스도교는 영적으로 유기적이고 생동감 넘치는 다이내믹한 조직이었다. 초기 그리스도교에서의 자기 삶의 원칙을 위해 목숨을 바치는 순교행위는 로마 황제 콘스탄티누스가 예수의 가르침을 자신의 종교로 채택한 이유의 하나였다고 한다. 점점 그리스도교는 정통 교리 논쟁에 휘말리고 재미없는 사상으로 탈바꿈하여 갔지만, 초기 그리스도교와 같이 심금을 울리는 감동적인 모델을 회복하지 못한다면, 어느 종교나 마찬가지겠지만, 그리스도교는 지구에서 하나의 에피소드를 남기고 사라질 것이다.

'다른 것은 틀린 것이다'라는 생각이 결국은 폭력을 불러온다. 서로 다른 것을 참아주고 견디어 주는 것, '그런데도 불구하고' 옆에서 미소로 견디어 주는 것, 기쁠 것이 없고 찝찝함에도 그 찝찝함을 참아주는 것, 그리고 옆에서 살게끔 놔두고 그냥 꼴을 봐주는 것, 그것이 윤회의 시작이자 사랑일 수가 있다. 사랑은 칠레 출신 인지생물학자 움베르트 마투라나H. Maturana의 말대로 '일상생활에서 내 옆에 있는 남을 받아들이는 일'이다. 그런데 여자들은 이런 것을 남자보다 잘하는 것 같다. 그나마 세상이 이 정도까지 온 것은 다 여자들 덕분인 것 같은 생각이 든다. 남자들이 무슨 지랄 염병을 떨어도 여자들은 묵묵히 지금까지 우리를 낳고 기르고 해왔다. 여성은 전쟁에 흥미가 없다. 노자의 말대로 여성의식이 남성을 능가하지 않는 한 전쟁은 끊일 날이 없을 것이다. 여성의 그런 심리는 생활의 여러 가지 모습에서도 나타난다. 대체로 여자는 키스나 사랑을 할 때 눈을 감는다. 그 이유는 상대방에 관심을 두기보다는 자신의 깊은 곳에서 일어나고 느끼는 것에 더 관심이 많기 때문이다. 그런데 남자는 안으로 침잠하기보다는 눈을 뜨고 상대를 관찰하기에 여념이 없다. 완전히 정치적인 모습이다. 섹스할 때도 여성의 의사에 반대하며 환하게 불 켜기를 좋아한다. 그래서 심리학자들은 모든 전쟁 무기의 뾰죽하고 둥그스름한 형태를 남성 생식기의 상징으로 해석하기도 한다.

제2차 대전 때도 한 나라가 다른 나라에 전쟁 선포를 하면 그 시민들은 조금도 의문을 품지 않고 군소리 없이 선상에 나섰다. 그러나 베트남 전쟁 이후 사람들의 생각이 바뀌었고, 특히 코소보와 이라크 전쟁을 지나면서 미국과 유럽에 이르기까지 많은 사람이 전쟁이라는 거대한 폭력에 반대하는 시위에 적극적으로 동참하였다. 그런 것을 보면 인류의 희망이 전혀 없는 것도 아니다.

지금도 미국의 많은 대학에서는 밥 딜런Bob Dylan 음악의 문학적 가치를 토론하는 강좌가 열리고 있다. 미국 포크계의 거장이자 노래하는 음유시인으로 불리는 그는 전쟁과 평화, 그리고 자유에 대한 노랫말에서는 타의 추종을 불허한다. 2016년 노벨 문학상을 받은 그가 1962년 발표한 베트남 반전 노래이며 자신의 첫 번째 히트곡인 '바람에 실려서' Blowing in the Wind'는 모두 평화가 오기를 갈구하긴 하지만 그때를 기약할 수 없는 안타까운 마음을 바람에 맡기었다. 이 노래는 반전운동을 넘어 자유와 평등, 전쟁과 평화 그리고 인간의 존재에 관한 질문을 노래라는 형식을 빌려 바람에 날린다. 수많은 평화주의자의 가슴을 뛰게 했던 명문장은 지금 들어도 귓가에 찰랑거리면서 가슴을 저미는 듯 아픔을 가져다준다.

'바람에 실려서'는 딜런의 순수 작품은 아니다. 딜런은 흑인영가 'No More Auction Block(더 이상 경매 금지)'의 멜로디와 형식을 빌렸다. 다시는 노예 경매대에 오르지 않겠다는 뜻의 이 곡은 19세기 중반에 캐나다로 도망친 노예 출신 흑인들에 의해 불리던 노래라 한다. 딜런 자신도 그런 흑인의 한恨을 계승한 노래라고 했다. "갓 스무 살을 넘긴 애송이 백인 청년이 어떻게 이처럼 사려 깊은 노래를 만들 수 있었을까? 그 오랜 역사 속에 담긴 흑인들의 절망과 간절한 소망을 어쩌면 이토록 강렬한 언어로 표현해낼 수 있었을까?" 여가수이며 흑인 민권운동가 메이비스 스테이플즈Mavis Staples의 딜런에 대한 말이다.

"얼마나 많은 길을 걸어야
당신은 그를 인간이라 부를까?

얼마나 많은 바다를 건너야 하얀 비둘기는
백사장에 잠들까?

얼마나 많은 포탄이 날아야
그것들은 영원히 금지될까?

친구야, 그건 바람만이 알아요
그건 바람만이 대답할 수 있어요.

얼마나 많은 세월이 흘러야
높은 산이 씻겨 바다로 흘러갈까?

얼마나 많은 세월이 흘러야
어떤 사람들이 자유롭게 될까?

사람들은 얼마나 많이 자주 고개 돌리고
아무것도 모르는 척해야 하는 걸까?

친구야, 그건 바람만이 알아요
그건 바람만이 대답할 수 있어요.

얼마나 많이 올려다봐야
진짜 하늘을 볼 수 있을까?

얼마나 많은 귀가 있어야 우리는
사람들의 울음소리를 들을 수 있을까?

얼마나 많은 죽음이 더 필요한가?
너무 많은 사람이 죽었다는 것을 알 때까지.

친구야, 그건 바람만이 알아요
그건 바람만이 대답할 수 있어요."

또 다른 목소리를 들어보자. 팔레스타인의 민족시인 마흐무드 다르위시(Mahmoud Darwish, 1941~2008)는 '다른 날은 올 것이다Another Day Will Come'에서 힘과 권력, 탱크와 자살테러가 아니라 모든 여성적인 것들이 우리를 구원하리라고 예언한다.

"또 다른 날은 올 것이다. 여성적인 그런 날이
율동 속에 노래하는 듯, 반기는 가운데 말 속에 보석이 있는 듯.
과거 밖에서는 모든 것이 여성적으로 될 것이다.
물은 바위의 가슴에서 흘러내릴 것이다,
먼지도 가뭄도 패배도 없이.
그리고 비둘기는 버려진 전쟁 탱크 위에서

오후 내내 낮잠을 잘 것이다.

마치 연인의 침실에서는 작은 둥지를 찾지 못한 듯이."[12]

---

[12] 박혜영, 『느낌의 0도』, 돌베개, 2018, p. 142.

2.
스탑Stop!

1) 충격요법Shock therapy

충격요법은 구르지예프의 가장 기본적 공부인 동시에 자기 상기Self-remembering를 하기 위한 초보적인 몸 연습의 하나다. 자기 상기란 누가 내 목에 총구를 겨누었을 때처럼 활짝 깨어있는 의식을 갖고자 하는 것이다. 자기 기억 또는 자기 상기란 정신을 차린 각성 상태를 유지하자는 것이고, 자기를 제어할 힘self control을 갖는 것이다.

구르지예프의 목적은 제자들의 마음을 평온 무사하게 하는 것이 아니라, 마치 의사가 때로는 환자의 몸에 심한 반응을 유발해 증세를 보는 것과 같이 오히려 불안 또는 불편하게 하는 데 있다. 충격요법은 만성적으로 무감각하게 된 사람이나 일상생활에 매몰되어 뭐가 뭔지 모르는 사람에게 전기 충격을 가하는 것과 비슷하다.

저명한 여성 저널리스트 나오미 클라인Naomi Klein의 『쇼크 독트린The Shock Doctrine』에는 재난 상황을 역이용해서 권력을 쥔 사람들이 자기가 하고 싶었던 일을 전격 추진하는 예들이 나열되어 있다. 권력자들은 대중의 반발이 예상되어 추진하지 못했던 중요한 일들을 대중의 공황 상태를 이용한다는 것이다. 미국의 경제학자 밀턴 프리드먼Milton Friedman은 이런 충격적 전환 기법을 '쇼크요법'이라고 불렀다. 간호사가 엉덩이에 주사를 놓을 때 손바닥으로 엉덩이를 찰싹 때리는 것과 비슷하다. 인간의 뇌는 두 가지 자극을 동시에 받으면 한 가지 통증만 느낀다. 이를 이용해 간호사들은 주사가 주는 통증을 상쇄시키기 위해 엉덩이를 때리는데, 그러면 환자는 엉덩이가 아픈 것이 간호사가 때려서인지 아니면 주사를 맞았기 때문인지 헷갈리게 된다. 마찬가지로 거대한 재난이 올 때, 권력자들은 자신들에게 유리한 법안이나 조약 등을 신속하게 처리하면 대중의 충격은 상쇄된다. 하지만 구르지예프의 충격요법은 순진한 의미의 '충격'이다.

선禪이라는 형식을 통해 불심佛心을 얻으려는 동네에서는 선문답에서 보듯이 상식적인 언어가 통하지 않는다. 죽을 둥 살 둥 어렵게 찾아온 구도자에게 '뜰 앞의 잣나무'라는 턱도 없는 답을 하는가 하면, '차나 한잔 마셔라'는 등, 해괴한 헛소리를 해댄다. 앞에서 이야기한 '호시우행'의 마조가 좌선을 하려고 폼을 잡자 회양이 묻는다.

"좌선은 뭣 때문에 하냐?"

"부처가 되려고요."

회양이 옆에 있는 기왓장 하나를 집어서 숫돌에 갈기 시작한다. 이상한 짓을 하는 스승에게 마조가 참다못하여 묻는다.

"그건 갈아서 뭐 하시려고요?"

"잘 갈면 거울이 되겠지."

"아니, 기왓장을 갈아 거울을 만든다고요?"

"그걸 아는 놈이 좌선해서 부처가 되겠다고 하느냐?"

구르지예프는 '백주에 잠자는 사람'[13] 특히 자기가 사용하는 언어에 자기도 모르게 농락당하며 종교적 맹신을 하고 있거나, 자기 신분이나 지위와는 모순적인 행동을 하는 사람들 또는 몽유병자들, 청맹과니 아니면 걸어 다니는 송장들을 깨우기 위해서는 인위적인 '멋진 충격a good shock'이 필요하며, 곤한 잠에 떨어진 사람에게는 한 번의 충격으로는 안 되고 오랜 기간 계속된 충격들이 필요하다고 하였다.

그러기 위해서는 그런 충격들을 가할 수 있는 사람이 꼭 있어야 하겠는데, 그런 사람을 찾는 것 자체가 그리 쉬운 일이 아닐뿐더러, 설사 있다고 하더라도 그 사람 또한 십상 그 잠에 전염되어 같이 잠들기 마련이라고 하였다. 그리고 그런 역할을 충분히 담당할 수 있는 적적성성寂寂惺惺[14]한 의식을 가진 사람은 그 자신 또한 자기의 할 일이 많이 있을 것이므로, 남을 깨우는 것 같이 시간을 많이 소비하게 되고 번거롭기 짝이 없는 일에 아마 흥미를 느끼지 못할 것이라고 하였다.

그는 잠을 깨우는 것에 대해 자명종을 비유로 들면서, 처음에는 그 소리에 놀라 깨기야 하겠지만 또 그 종소리에 익숙하여져서 별로 그런

---

13 소태산이 전주에서 제자들에게, "내가 오는 길에 우스운 일을 많이 보았노니, 아침에 어느 곳을 지나는데 날이 이미 밝아서 만물이 다 기동하여 사방이 시끄러우나 어떤 사람은 날이 밝은 줄을 모르고 깊이 잠자고 있으며, 어떤 사람은 찬바람과 얼음 속에 씨를 뿌리고 있으며, 어떤 사람은 여름옷을 그대로 입고 추위에 못 견디며 떨고 섰더라." 하니, 한 제자가 말씀의 뜻을 짐작하고 여쭙기를, "어느 때가 되어야 백주에 잠자는 사람이 잠을 깨어 세상에 나오며, 얼음 속에 씨를 뿌리는 사람과 겨울에 여름옷을 입은 사람이 때를 알아 사업을 하겠나이까?"라고 물은 적이 있다. (『대종경』 전망품 7장)

14 『대종경』 수행품 12장.

소리에 신경을 안 쓸 것이기 때문에 여러 개의 자명종이 필요하게 되고 다른 소리를 내는 자명종이 또한 필요하다고 하였다. 또 그 소리를 내기 위하여 태엽을 감아주는 사람이 있어야 할 것 아니냐고 말하면서, 그렇기 때문에 이런 일들은 혼자의 힘으로는 여간 어려운 일이 아니고, 여러 사람이 어울려서 공부하는 공동체 생활이 절대적으로 필요하다고 하였다. 요즈음 같은 세상이야 로봇 형태의 알람시계 로비Robo-clock Roby가 있어서, 레이저 건으로 정확한 부분을 쏘아야만 요동을 멈추는, 안 일어나고는 못 배기는 별스러운 것이 시판되고 있기는 하지만, 그것 또한 얼마나 효용 가치가 있을지 의심스럽다.

1453년 오스만 제국이 콘스탄티노플(현재의 이스탄불)을 점령한 후 각 지방에 산재하여 있던 수피 지도자들이 그 도시로 모이기 시작하였는데, 1840년대 오스만 제국 전역에는 30여 개의 수피 종파가 있었다고 한다. 이슬람의 진수인 수피도 여느 종교 현상들처럼 많은 지파가 있는데, 그 많은 분파 중에서도 할베티, 벡타시, 카니리, 바이라미, 그리고 회전무로 알려진 메블라나파가 있고 또 낙시반디파가 있다.

필자는 오래전부터 수피를 넘어다보고 매혹적인 나의 공간으로 가꾸면서 청나라 성군聖君 트리오의 하나인 건륭제의 생일 하례 차 열하熱河를 방문하고, 그곳에서 티베트의 판첸라마 등 낯선 세계와의 충돌에 놀란 연암 박지원이 가진 느낌보다야 그 강도가 못하겠지만, 우리가 수피라는 우물에서 퍼올 것이 꽤 많구나 하는 강렬한 느낌이 든 적이 있다. 한편으로는, 젊은 교무들이 다람쥐 쳇바퀴 돌 듯 유·불·도교에서만 맴돌지 말고, 시야를 넓혀 코발트색으로 뜨거운 모래에 도전하는 이슬람의 문을 두드려 보기를 은근히 기대하기 시작하였다.

특히, 낙시반디 종단Naqshibandi Order의 개조開祖의 이름은 바하우딘 Bahaudin인데 14세기 지금의 우즈베키스탄에 있는 부하라 출신이었다. 그는 인간의 자기계발을 위한 테크닉을 만들어 내는 종교적 천재였다. 구르지예프는 자신의 직접적인 표현은 없었지만 낙시반디에서 많은 것을 배워 그것들을 원용 내지 활용하였던 것 또한 사실이다.

'낙시반디'라는 말뜻은 '설계자a designer'이다. 낙시반디 파의 개조인 바하우딘은 제자에게 어떤 줄탁啐啄의 기회[15]를 만들어 주기 위해서 테크닉을 고안하여 내는 별다른 재주가 있었던 것 같다. 그도 또한 늘 사람들이 깊이 잠들어있기 때문에 아무리 이야기를 하여도 그냥 듣기만 할 뿐 경청하지 않는다고 하면서 그들에게는 충격적인 요법이 꼭 필요하다고 하였다.

필자는 낙시반디와 고리를 같이하는 지난 세기 세계 최대의 무슬림이 거주하는 인도네시아에서, 밀교의 성자 틸로빠Tilopa의 마하무드라Mahamudra와 비슷하게 몸과 마음을 이완시키며 사하즈Sahaj 요가yoga와 곡조를 같이하는, 라티한Latihan이라는 유명한 명상 테크닉을 개발한 빡수부Pak Subuh에 의해 주도된 수부드Subud 종교 운동을 소개할까 생각 중이다.

참고로, 사하즈 요가는 그 말뜻이 '나오는 대로 내버려 둔다'는 의미인데 항상 자연스럽고 편안하게 심신을 갖는 요가라 생각하면 된다. 인위적인 어떤 모양새를 갖추는 것이 아닌 생긴 대로 사는 것, 인간으로

---

15 『벽암록』제16칙. 새가 알을 깔 때 새끼가 알 속에서 외출하고 싶어서 쫓는 것을 줄, 어미 새가 텔레파시로 알아듣고 밖에서 쪼아주는 것은 탁. 어미는 스승에, 새끼는 학인에 비유하며 기機가 서로 맞음을 말함.

서 주어진 여러 조건을 두말 안 하고 유연한 태도로 수용하는 요가다. 그러나 얼른 듣기에는 세상에 이처럼 쉬운 일이 없을 것 같지만 그것처럼 어려운 일 또한 없다. 공부를 하다 보면 알게 되지만, 환희의 극치에서 얼굴을 찡그린다든지 울음과 웃음이 다르지 않다든지 하는 역설이라면 역설일 수 있는 상황들이 꽤 있는 것이다. 이 세상에서 가장 쉬운 일이 가장 어렵고 또 그와 반대로 가장 어려운 일 같이 보이는 일이 가장 쉬운 일이 될 수도 있다. 그런 의미에서 라티한이나 마하무드라 또는 사하즈 요가는 오염된 인간으로서는 가장 어려운 선법 중의 하나라고도 할 수 있다.

한때 부처님께서 어떤 마을을 지나다가 사람들이 떼 지어 있는 것을 보고 무슨 일이냐고 물었다. 한 브라만 계급의 사람이 신에게 소원을 빌었는데 그것이 성취되었기 때문에 감사의 보답으로 소를 잡는 것이라는 대답을 들은 부처님은, 군중을 헤치고 들어가 그 브라만에게 물었다. "도대체 이게 무슨 짓이오? 이 소가 뭐 잘못한 일이라도 있나요? 왜 이 불쌍한 동물에게 이런 폭력을 가하는 겁니까?" 경전이라면 해박한 지식을 가진 그 브라만은, "모르는 말씀, 내가 지금 소에게 폭력을 쓰는 것이 아니고 베다 경전의 종교의식 중에 신을 위한 공양으로 살해되는 동물은 곧장 천상에 태어난다고 하였소. 그러니까 이 소도 곧바로 천상에 태어날 것이오. 이것은 전혀 폭력이 아니란 말이오."라고 대꾸하였다. 부처님이 다시 물었다. "그렇다면 이런 좋은 기회를 놓치지 말고 당신의 부모를 죽이던가 아니면 당신 자신을 죽여서 천상에 태어날 것이지 왜 천상에 태어나고 싶지도 않을 듯싶은 소를 잡는단 말이오? 당신 자신을 제물로 바치는 것이 제일 좋을 듯하군요." 이런 것도 충격요법의 하나이다.

스승은 제자에게 하찮은 지식을 전달하기 위하여 존재하는 것이 아니다. 그 황색의 알량한 지식 나부랭이가 그 푸른 생명에게 무슨 힘이 되어 줄 수 있단 말인가.

장님에게 어떻게 빛을 설명하여 줄 수가 있을까? 어떻게 이 현실을 말로 설명하여 줄 수 있겠는가? 팔만사천대장경이 팔만하고도 사천 개가 더 있다 한들 불가능한 일이다. 심청이를 만나서 놀라 눈을 뜨게 된 심 봉사처럼 오직 충격요법으로 밖에는 개안을 시킬 수 없는 것이다. 위의 브라만도 결국은 부처님의 발아래로 들어오긴 하였지만, 그 '빛'이란 것은 지식을 전달하고 전수하는 상거래 하는 식의 가르침으로 알게 되는 것은 아니고 오직 본인의 긴장된 체험으로서만 얻어질 수 있는 것이다.

디자이너인 스승은 오직 그를 위해 막다른 골목으로 제자를 밀쳐서 어떤 불꽃이 일어나는 것을 기다리는 수밖에 없기 때문에, 그런 절체절명의 분위기를 만들고 그를 그 자리로 처박아 버리는 것이다. 번거롭기 짝이 없는 탄트라나 요가의 수행 장치들도 벗기고 보면 다 이런 분위기들을 조성하기 위한 여러 책략에 지나지 않는다. 구정 선사의 이야기도[16] 스승을 절대적으로 신뢰하며 갖고 있는 에너지로 총력을 기울이기만 한다면 그 자체가 바로 선이 된다는 이야기다. 그러니 구정이 그런 정성으로 여러 십 년을 공을 들였으니 어느 바보의 마음인들 홀연히 안 열리겠는가? 구정의 스승은 '낚시반디' 즉 훌륭한 디자이너였다.

충격요법에 이골이 난 구르지예프는 껍죽거리는 자존심 높은 제자

---

[16] 『대종경』 신성품 10장.

들을 공개석상에서 정면으로 공격하여 얼굴을 뜨겁게 하는 치명적인 타격을 주기도 하였고, 술을 전혀 입에 못 대는 사람을 일부러 과음시켰고, 곡차를 상습적으로 가까이해 온 제자에게는 몇 달간 금주 명령을 내리기도 하였으며, 채식주의자에게는 육식을 강요하기도 하여 새로운 상황을 그들이 어떻게 수용하는가를 유심히 관찰하였다.

이렇게 스승이 제자들에게 경계를 줌으로써 공부를 시키는 것에 비하여, 그 스승이라는 존재 자체가 바로 '충격'으로 남아있는 인물이 있다. 자이나교를 창시한 마하비라다. 화려한 패션쇼에 출연하여 한껏 몸치장한 배우같이 기름이 쪼르르 흐르는 기생오라비 같은 크리슈나, 또는 라마Rama의 전통에 묻혀 지내던 인도인들에게, 나체로 일관한 마하비라는 불교에 직접적인 영향을 준 불살생不殺生 법문 등의 내용은 둘째치고서라도, 하나의 충격요법의 완성자로서, 충격이라는 사이클론cyclone의 '눈'이 되어 오염된 인간의 생태에 자비의 미소를 건네며, 그 완전한 '충격'을 내심 즐기었는지도 모른다.

후대에 와서, 그 지방에서는 알라Allah신만큼이나 유명하고 성녀로 추앙받는 카슈미르Kashmir 출신 랄라Lalla도 옷을 벗었는데, 랄라의 신선한 누드라는 멋진 그림을 보는 것도 즐거운 일이었겠지만, 하나이기 때문에 '그쪽'과 '이쪽'을 구분 못 하는 천진무구에 한 걸음 더 다가가고 싶은 생각이 드는 것도 사실이다.

외경外經으로 불리고 영지주의 문서인 『도마 복음서』에도 "사제들이 묻기를, '언제 우리에게 나타나시겠습니까? 그리고 언제 우리가 당신을 볼 수 있겠습니까? 예수가 대답하기를, '너희가 부끄러움이 없이 옷을 벗을 때, 너희가 옷을 벗고 그 위에서 아이처럼 뛰어놀 때, 너희는 살아

있는 하나님의 아들을 볼 것이고, 어떤 두려움도 갖지 않으리라."고 하였다.

이제는 벌거벗는 것이 거의 유행처럼 되는 시절이다. 2005년 4월 8일에 베를린 신국립박물관에서 바네사 비크로프트의 누드 퍼포먼스가 열렸다. 긴 행렬의 관객들이 박물관 1층의 거대한 전시장에 들어섰는데 그 관객의 앞에는 100명의 벌거벗은(사실은 투명한 팬티스타킹을 입었다고 함) 여성들이 태연한 표정으로 늘어서며 서 있었다. 20세기 초 인간 본성과의 갈등을 해소하려는 몸부림으로 나체주의를 찬양하는 운동이 독일에서 유럽 전역으로 퍼졌고, 조르조 아감벤의 『벌거벗음』은 2009년 처음 이탈리아어로 출간되었다. 지금은 겨울이라 동장군이 무서워 어려울 것 같고, 이 몸도 오는 여름에는 이 무겁고도 많은 더러운 '옷'들을 한 번 벗어, '한여름'의 '주인공'이 되어볼까 한다.

2) 완충장치

"음양상승陰陽相勝의 도를 따라 선행자는 후일에 상생相生의 과보를 받고 악행자는 후일에 상극相克의 과보를 받는 것이 호리도 틀림이 없으되, 영원히 참회 개과하는 사람은 능히 상생상극의 업력을 벗어나서 죄복을 자유로 할 수 있나니, 그러므로 제불조사가 이구동음으로 참회문을 열어 놓으셨노라."

원불교 정전 '참회문'의 첫 문장이다. '면죄부'를 파는 것은 아니지만, 원래 좀 겁을 주어야 하는 제목이기 때문에 상생상극을 이분법적으로 풀었다. 극克이란 견제하고 적대시한다는 뜻이다. 우주가 돌아가는 모양을 보면 상생과 상극이 맞물려 돌아가면서 진행된다. 그러니 상생이 좋은 것만은 아니요, 상극 또한 나쁜 것만이 아니다. 천적은 때로 필요하다. 물고기를 운반할 때 포식자를 한두 마리 넣어야 물고기가 긴장하며 활발해지듯이 전체를 놓고 보면 이로운 존재인 것이다. 상생은 미소 지으며 너그러이 받아주는 것이라면 상극은 정신 나도록 한 번 멋진 쇼크Shock를 주는 것이다. 상극이 있어야 우주의 성주괴공이라는 순환이며 신진대사 즉 쓰레기 청소를 할 수가 있다.

『도덕경』에서도 "반자도지동反者道之動"(대립자가 있는 것이 도의 움직임이다)이라고 했다. 노자의 이런 '대립'의 철학이 『황제내경』에서는 '상극'의 개념으로 나타난 것이다. '스탑!'은 느슨해지려는 것에 대해 '상극의 정신'으로 '탁!' 쳐서 깨우치는 것이다. 우주의 시스템으로 봐서 이 세상에 나쁜 것은 없다. 다만 인간의 처지에서 볼 때 상생상극이 있을 뿐이다. 『구약』의 욥기에서도 욥의 절망처럼, '왜 내게 이런 일이 생길까?' '왜 나한테만 이런 처절한 일이 생길까?' 한탄만 한다면 공부를 못한 것이다. 결국 욥은 '상극의 매', 즉 '사랑의 매'에 오히려 감사하지 않았는가.

세월을 하늘에 걸어놓고 한 소식이 오기를 기약 없이 기다리기로만 하는 좌선에서도 사람의 체질에 따라 두 가지 방법이 있다. 왼쪽 손과 연결된 오른쪽 뇌가 발달한 사람은 그 생각이 추상적이고 종합적인 방식으로 작용하며 또 직관적 시적 정서적이라 묵조선默照禪에 친근감을 느끼게 되고, 오른쪽 손과 연결된 왼쪽 뇌가 발달한 사람은 논리적이고 분석적 사고에 치중하는 경향이 강하여 과학적 이지적인지라 화두선話頭禪에 흥미를 갖게 된다.

그리고 대체로 선 수행은 우뇌가 발달한 사람들이 선호하는 것이라면, 파탄잘 리Patañjali가 이끄는 요가(건강만을 위한 운동으로서의 요가가 아닌, 빛나는 의식 향상을 위한 선 수행으로서의 요가) 수행자는 좌뇌가 발달한 사람들이라 볼 수도 있다. 예수님의 천화遷化도 그 이상적인 말씀을 허무맹랑하게만 해석하여버린 좌뇌가 발달한 사람들 때문이라고도 할 수가 있다. 그러나 대부분 사람은 좌우 양쪽 반구의 기능을 골고루 가진 편이고, 또 사람의 의식이란 것은 뇌의 두 반구가 서로 협력하는 조화로운 통합이 필요하기 때문에, 두루 살려서 쓰는 것을 제일의로 삼는 원불교에서는 단전주선 丹田住禪도 하고 의두선疑頭禪도 하는 두 가지 취향을 공유하고 있다.

중국 선종禪宗의 선 사상적인 변천 과정은 당대唐代의 조사선組師禪과 송대宋代의 묵조선默照禪, 간화선看話禪으로 진행되었다. 묵조선을 주장한 대표적인 선승은 진헐청료眞歇淸了와 천동굉지天童宏智인데, 둘 다 단하산丹霞山의 자순子淳 선사의 제자들이니 묵조선은 단하 자순 선사로부터 시작된 선 사상이다.

이런 묵조선에 대하여 반발한 간화선은 송대宋代 오조 법연五組法演 선사에 의해 새롭게 전개되었는데, 묵조선의 선병禪病을 지적하고 그 폐해弊害를 비판하면서 간화선을 크게 일으킨 사람은 대혜 종고大慧宗杲, 1089~1163다. 그의 간화선은 화두를 글재주에나 써먹으려 드는 문자선文字禪, 본래가 부처니 수행할 필요가 없다고 생각하는 무사선無事禪과 좌선한다고 한적한 장소만 골라 찾아다니는 묵조선에 대한 자기반성이다. 그가 이런 기치를 내세운 것은 그의 처세하는 모습에서도 찾아볼 수 있다. 철학이란 자기 몸동작에 대한 이론적 근거이니까. 그는 몰락하는 남송南宋에서 살면서 금나라에 대한 레지스탕스 즉 주전파主戰派로서 저항했다. 주화파主和派에 밀려 멸빈을 당하고 유배된 귀양지에서 『정법안장正法眼藏』 6권을 저술하였다.

선종禪宗 동네의 기함旗艦이 되어버린 간화선의 화두란 것도, 역사가 길다 보니 자꾸 쓸데없이 흉내를 내게 되고, 그러다 보니 그 신선도가 없어져서 지금은 일종의 기교나 진부한 형식으로 추락하고 말았지만, 처음에는 엄청난 충격요법이었음이 틀림없다.

할(고함)이나 방(방망이)과 보조를 같이하여 화두를 든다는 것도 영화의 필름이 돌아가듯 연속된 생각을 못 하게끔 생각과 생각 사이에 빈 '백색白色'의 공간을 만드는 충격요법의 하나다. 그런데 충격요법이란 것을 까마득하게 잊어버린 사람들이 거기에다 필요 이상의 의미를 부여하고는 이리저리 말을 바꾸어가며 일어나지 않는 의심을 억지로 만들어내려고 하니 될 일이 없다. 꼭 그 화두에서 의미를 찾고자 한다면, 그 공안을 타파한다는 것도 전생에 굴려보던 것을 찾아 굴리고 또 굴려야 할 것이거늘, 이 반찬을 집적대고 저 반찬을 집적거리니 항상 그 소리가 그 소리인지라 도통은커녕 두통만 생기게 되는 것이다.

더군다나 수백 년 전 일차산업 사회의 단세포적인 사고 활동에 익숙하여진 단순한 머리들에 투여하였던 테크닉인 화두 같은 우스꽝스러운 질문에 어떤 대답을 한다는 것 자체가 난센스다. 그냥 알쏭달쏭하기만 하니 그대로 내버려 두면, 문제는 풀어지는 것이 아니라 스스로 없어질 것이거늘 세월을 붙잡고 씨름을 하니 한심한 일이 아닐 수 없다. "부처가 누구냐?"라는 질문에 운문雲門 선사는 "마른 똥 막대기"라 했는데, 마른 똥 막대기란 옛날에 뒷간에서 사용하던 새끼줄과 같은 것이니 요즘 말로는 '화장지'라 할 수 있다. 시대가 바뀌고 생활이 엄청나게 변했으니 간화선이란 것도 화장지처럼 변화의 대상이 될 수밖에 없고, 변신하지 않으면 이데올로기를 넘어 도그마로까지 추락할 수도 있다.

어떤 질문에 대해 겁먹은 인간의 마음이란, 본능적으로 계속 자기가 알고 있다고 착각하는 '빌려온 지식'으로 되지도 않는 대답을 계속 만들어 내기 마련이고, 그렇게 되면 또 다른 질문에 또 다른 대답이 끊임없이 계속될 것은 뻔한 일인데, 의두란 자기의 꼬리를 먹어버린 뱀처럼, 질문 자체가 대답이라고, 바로 대답인 그 꼬리를 먹어버려 흔적이 없는 '원형圓形의 전설'일 뿐이다.

즉 답이 너무 코앞에 있기 때문에 오히려 그 문제를 못 푸는 것이다. 그러니 어떻게 보면 그런 '유치한' 문답이란 것은 트랜스미션의 기어가 중립에 있을 때의 자동차 엔진처럼 공회전의 연속이라 앞으로도 못 가고 뒤로도 못 가는 그냥 휘발유만 소모하는 일인 것이다.

공허한 생각의 회전이 없어지면, 얼굴을 가리고 있던 가짜 웃음이라든가 '사회'라는 액자 속에 살면서 갖게 된 개성(우리는 이것을 필요 이상으로 숭상하는 버릇이 있지만 '생각'을 만들어내는 개성personality이라는 것은 공부인으로서는 철저히 경계할 대상이다) 등 쓰고 다니던 가면이 필요 없게 되고, 그냥 풀밭에서 뛰노는 한 마리의 자연스러운 동물이 되어 천진 면목을 되찾게 되는 것이다.

선지식으로 알려진 승호承皓 선사를 시험하기 위해 찾아간 소동파蘇東坡 선사는 고급관리인 소동파의 성함을 물어보았다. 그는 자기 성이 칭(秤:저울) 씨라고 대답하였다. 즉 자기는 잘났다는 스님들의 역량을 저울질하고 다니는 사람이란 말이다. 오만과 편견 덩어리 같은 소동파의 마음을 읽은 선사는 그 대답이 끝나자마자 그냥 할을 토해버렸다. 그리고서 그 소리의 무게는 그 잘난 저울로 몇 근이나 되느냐고 다그쳐 물었다. 이것도 반 논리反論理의 충격요법이다.

선사들은 좀 무례하다. 그러나 그것이 자비의 극치인 걸 어떻게 하랴. 이런 전기 충격이 아니고는 우리는 '나'를 벗어날 수가 없다. 쇼크 요법shock treatment이다. 이래야 생각이 끊어지고 몽유병에서 깨어날 수 있다. 생각지도 못했던 상황으로 꼬리를 물고 이어지는 우리의 생각이 끊어지는 것이다.

중국의 선종사禪宗史를 보아도, 달마 이후 6조 혜능 전후까지는 혜가慧可가 달마에게 안심安心시키는 방법을 물었을 때 행동하였던 것처럼, 순리의 논리가 그런대로 약발이 먹혔으나, 혜능 뒤로부터는 바이러스 면역항체가 생겨 순리적인 것이 힘을 잃고 약해져서, 새로운 강력한 약효를 가진 역설적인 반 논리反論理가 등장하게 된 것이다. 이 또한 병에 따라서 약을 처방한다는 응병여약應病與藥이다.

스승은 제자를 깨칠 수 있는 상황으로 인도하기 위해 자꾸만 그런 분위기를 만들어 간다. 그것은 생물학자 에드워드 윌슨의 말처럼, 사람들은 자신의 마음에 대해서 자기가 타고 다니는 자동차만큼도 알지 못하기 때문이다. 요가나 탄트라의 모든 테크닉들은 그런 일이 일어날 수 있도록 만드는 수단에 불과할 뿐이다. 그런 상황은 말로 제자들에게 가르쳐줄 수 없다. 그것은 시각장애인에게 빛이 어떤 것이라고 이야기하여줄 수 없는 것과 같다. 그 빛을 볼 수 있도록 눈들을 치료하여 주는 것이다. '빛'은 경험할 수 있을 뿐 가르쳐줄 수는 없다. 우리는 내적 정신세계에서는 장님과 같다.

그런 것은 또한 가짜 웃음을 웃고 있는 얼굴과도 같다. 마스크를 쓰고 있는 듯한 표정, 진실을 알 수 없는 미묘한 거짓 미소, 그런 얼굴을 깨트려버리는 데는 충격shock이 필요하다. 선禪의 '예술'은 그런 퍼스낼러티personality를 깨버리고 센터를 드러내는 작업이기도 하다. 마스크를 벗겨 민낯의 얼굴로 사는 것 그것이 선이다.

　구르지예프는 상식인으로 볼 때 좀 괴이한 일들을 많이 했다. 채식주의자 사람들이 오면 '고기를 먹어라!'라고 명령한다. 그러면 그의 몸은 그 고기의 냄새나 육질의 이질감을 이기지 못하고 굉장히 불편해하거나 식은땀이 나고 급기야는 토하고 만다. 그것이 바로 구르지예프가 예상하였다. 어떻게 그런 황당한 상황에 반응하느냐를 보는 것이다. 술을 못 마시는 사람에게는 멈추라고 말할 때까지 마시게 하고 술에 절어 있는 사람에게는 몇 달씩 금주령을 내린다.

　앞에서도 언급한 자이나교의 창시자 마하비르Mahavir는 금은 다이아몬드 등 장신구로 휘감은 기생오라비 같은 크리슈나Krishna나 라마Rama 같은 인물들에 비해 나체로 서 있다는 것도 충격이다.

　자, 그러면 우리가 목욕을 자주 하여 육신을 깨끗하게 가꾸어야 하듯이 오염된 마음을 청정도량으로 수호하기 위해서는 신선한 공기가 필요하고 새로운 충격들이 계속 필요하다. 그러나 아이러니하게도 우리는 그 불편한 충격들을 요리조리 피하고자, 안으로나 밖으로나 끊임없이 교묘한 평계를 만들어가며 완충장치buffer들을 만들어내고 있는 것이 아닌가.

　혜원 신윤복의 '단오풍정端午風情'이라는 그림이 있다. 그네 뛰고 목욕하는 여인네들의 단옷날 세태를 그려낸 풍속화이다. 그네 타면서 머리치장도 하는 여인들, 웃통을 벗고 머리 감고 목욕하는 여인들, 술 팔러 오는 들병이, 이런 광경을 훔쳐보는 두 명의 동자승, 이 그림에는 여자의 '비너스 언덕' 같이 움푹 파인 나뭇등걸, 무성한 음모 같은 잔솔가지, 거시기를 빗댄 것 같은 불끈 솟은 바위 형상 등 성적 메타포도 보인다.

문제는 이 요절할 광경을 바위틈에 숨어서 보는 두 동자승의 눈길이다. 회화의 속성상 두 어린 사미승도 그 그림을 보는 우리들의 대상으로 보일 뿐이지만, 실은 그 네 개의 눈이 주인이다. 화가는 두 동자승을 빌려 음란한 현장을 그리고 있는데 그 윤리적 책임을 상당히 벗어날 수 있다. 누가 책임을 묻는 것은 아니지만, 엿보는 두 동자승으로 인해 관람자나 화가나 윤리적 완화제 즉 심리적 완충장치를 갖게 된다. 마치 예수를 죽이라 하고 나서 나는 죄가 없다고 손을 씻는 빌라도 총독 같다.

 기계에서는 원활한 기능을 유지하고 수명이나 안락감을 느끼려고 그런 것은 필요불가결한 것이다. 기차의 차량과 차량 사이에도 그런 것이 있고 자동차에도 범퍼라는 것이 앞뒤로 있다. 또 차체가 노면으로부터 받는 충격을 완화하기 위하여 쇼크 압저버shock absorber라는 것이 네 바퀴 위에 얹혀있고, 고급 차일수록 유압보다는 공기로 작동되는 더 좋은 성능의 것을 갖고 있다.
 그러나 공부인으로서는 그렇게 아첨하는 손님들이 많으면 많을수록 주인 노릇 하기가 그리 쉬운 일이 아니다.(『대종경』 전망품 5장의 금강산을 우리의 몸으로 생각하여 보자)

 "사실 독어처럼 말장난하기 쉬운 언어는 없다. 아무렇게나 붙여도 다 말이 되기 때문이다. 일본인들이 한자의 조합으로 희한한 단어를 아무렇게나 만들어내는 것과 마찬가지다. 독일어에서 가장 긴 단어는 'Rindfleischetikettierungsüberwachungsaufgabenübertragungsgesetz'이다. '쇠고기와 가축 백신 및 라벨의 감시 의무의 양도에 대한 법률'이라는 뜻이다. 이 단어는 Rindfleisch(쇠고기), Etikettierung(라벨), Überwachung(감시), Aufgaben(의무), Übertragung(양도), Gesetz(법)라는 여섯 단어의 조합이다. 이런 식의 단어는 무궁무진하다. 독일 학자들은 이런 단어를 장난처럼 만든다. … 독일 철학이 어려운 이유는 이처럼 독일어 특유의 조합어 때문이다."[17]

참 길기는 길다. 프루스트의 문장도 그 길이에는 타의 추종을 불허하는데, 『잃어버린 시간을 찾아서』의 제5권에 있는 뱀처럼 긴 문장은 일반적인 크기의 활자로 일렬로 배열할 경우, 그 길이는 거의 4m에 이르고 웬만한 와인 병의 아랫부분을 17번 정도 감을 수 있을 정도로 길다. 그러니 그 소설을 제대로 읽은 사람은 드물 것이다. 팔다리에 깁스를 두른 채로 오래 침대 생활을 해야만 하는 경우에서도 아주 독한 마음을 먹지 않으면 그리 쉬운 일은 아닐 것이다.

구르지예프도 이질적인 문화권에 낯선 동양의 공부법을 소개하기 위하여 자신이 알고 있는 언어를 총동원하여 머리가 어지러울 정도로 많은 생경한 조어를 생산하였다. 그의 몇 권 안 되는 책들은 여러 지방의 말들을 이용하여 언어들의 합성合成 실험이 난무하는 텍스트로, 특수 언어의 경연장 같은 분위기를 느끼게 한다. 심지어는 수십 개의 알파벳으로 된 단어도 있을 정도다. 그의 난해한 '설교'는 그 단어들에 대한 기본 지식이 없으면 전혀 손톱도 들어가지 않는다.

한 예로, Kundabuffer라는 단어가 있다. 쿤다버퍼는 구르지예프의 규모가 크고 기이하기 짝이 없는 걸작품인 『손자에게 들려준 빌젤법의 이야기들』이라는 책에 나오는 신조어이며, 힌두 탄트라의 '쿤달리니 kundalini'와 완충장치라는 뜻의 버퍼buffer와의 합성어인데, 그 의미는 현

---

17 김정운, 『가끔은 격하게 외로워야 한다』, 21세기북스, 2016, pp. 49~50.

대 심리학에서 이야기하는 의식·인격의 분리라는 말인 'dissociation'에 가깝다고 할 수 있다. 쿤다는 사람 몸의 에너지 통로를 7가지 챠크라(센터)로 설명하는 쿤달리니Kundalini 요가에서 유래한 듯하다. 그는 '쿤다버퍼'라는 기관이 사람의 척추에 자리 잡고 있어서 현실을 거꾸로 보이게 하는 즉 전도몽상顚倒夢想(반야심경)하는 역할을 하고 있고, 그것으로 인하여 완전한 인간의 성취를 방해받고 있다고 하였다.

힌두교 탄트라의 쿤달리니란, 사람의 몸에 존재하고 있는 신성한 우주 에너지(śakti)에 대해 탄트라 문헌에서 부여한 이름이다. 쿤달리니의 개념은 옛 인도의 뱀 전설과 뱀 숭배 그리고 우주 창조의 묘사에 대한 전형적인 믿음과 관련이 있을 것이라고 학자들은 추측한다. 동양식으로 이야기하면 일종의 기氣하고 약간 비슷한 개념인데, 사람의 몸에는 척추에 있는 척수신경 외에도, 척수가 있고 그것은 대롱(관管)으로 되어 있다 한다. 그 대롱은 쿤달리니 에너지가 깨어났을 때 다니는 관이다. 그 에너지는 척추 끝에 감겨있는 무한한 힘을 가진 뱀과 같은 것인데, 이 잠자고 있는 에너지를 깨워, 차크라를 거쳐 머리끝까지 끌어올려야 영계靈界로 들어갈 수 있다고 한다. 즉, 쿤달리니는 정신적 육체적 훈련으로 자극을 받아 각성하면 사람의 중추신경축의 공동空洞으로 된 중앙 통로인 수슘나를 따라 올라가 맨 위에 위치한 미세한 중심(일반적으로 천개의 연꽃으로 상징) 사하스라라sahasrāra에 도달하면 그 사람은 영성으로 완성을 성취한 것이다.

쿤달리니 에너지는 감긴 시계의 태엽처럼 큰 힘을 갖고 있어서, 스승의 올바른 지도가 없으면 오히려 해를 입게 된다고 한다. 이 에너지는 코브라 같은 뱀으로 표현하는데, 이브가 뱀한테 유혹을 당했다는 이야기도 이런 에너지를 상징한다고 볼 수 있다. 샘 족의 종교에서는 뱀을 악마의 사자 즉 사탄satan이라고 불렀는데, 동남아시아에서는 농사에 없어서는 안 될 수호신으로 모셨다. 앙코르와트 사원의 입구에서 방문자를 맞이하고 있는 나가Naga는 일곱 개의 머리를 가진 코브라 형상을 하고 있고, 크메르인에게는 강과 비의 신으로 숭배의 대상이었다.

이집트에서도 뱀은 신으로 상징되었고, 마야 문명의 맥을 이은 테오티우아칸Teotihuacan 문명도 뱀 숭배 신앙이 있다. 서양에서는 기어 다니는 뱀은 나쁘게 보지만, 서 있는 뱀은 좋은 것으로 받아들인다. 뱀은 허물을 벗기에 새로운 의식으로 태어나는 것을 의미하기도 하고, 의사 협회 문장에서도 위를 향하고 있는 뱀이 있고, 이집트 왕의 왕관에도 뱀이 서 있다. 즉 인간의 몸, 특히 척추 아랫부분에 세 바퀴 반 정도 똬리를 틀고 머리를 세우고 있는 뱀은 신이 인간에게 준 우주적 에너지라는 것이다.

참고 : 타계한 후 그는 그 방면의 고수인 라즈니쉬로부터 다음과 같은 비난을 들었다. 즉, "구르지예프는 쿤달리니에 대해서 그 수행법을 오해하고 있었을뿐더러 체계적인 지식을 갖고 있지 않았다. 구르지예프의 정보의 출처는 대부분 수피의 메블레비파派 더비시dervishs에서 유래하였고, 그는 티베트 요가나 하타hatha 요가에 대해 이해가 깊지 못하였던 것 같다. 쿤다버퍼Kundabuffer란 말은 쿤달리니와 관계된 것처럼 보이는데, 매우 우치한 표현이다. 쿤달리니는 버퍼가 아니고 그 자체로서 하나의 큰 충격이다. 그리고 그런 것에 대해 체계적인 앎을 터득하려면 일생으로는 안 되고 몇십 생을 다녀가면서 공부하여야 한다."[18]

---

[18] Rajneesh, 『The Mystic Experience』, MOTILAL BANARSIDASS, 1977, pp. 203~4.

어쨌든 이 완충장치들은 교육을 통하여서 또는 다른 사람들을 모방하면서 계속 만들어지는 것인데, 어떻게 보면 파란 고해에서의 생존을 위한 필수 장치인 것 같기도 하고, 심약한 사람으로 또 만일 이런 장치가 없으면 우리는 금방 미치거나 인격분열을 일으키고 말지도 모른다.

신이 죽었으니 인간은 자유라고 말한 니체처럼, '신'이라는 완충장치가 없어진 인간이, 그 얻은 자유라는 것이 도대체 무엇을 위한 자유인가를 모를 때 갖게 되는, 그 큰 공허감을 어떻게 감당할 수 있단 말인가? 그러니 니체가 말년에 정신 이상이 되어 누이의 간호를 받게 된 것도 무리가 아닐 것이다.

그렇다면 불상이나 일원상도 벌거벗고 설 수 없는 사람들을 위해 만들어 놓은 하나의 완충장치에 불과한 것일까? 어떤 대답이 나오든 실상의 세계를 보려면 실상의 눈을 가져야 하는 것처럼 공부는 공부다. 추호도 계교사량이 있어서는 안 될 것이다.

천당에 가려면 어린이의 마음을 가져야 한다는 예수의 말씀(누가복음, 18)에 빗대고 이야기한 구르지예프의 말을 들어보자. "우리는 우리들의 충격 완화장치를 제거해야 한다. 어린이들은 그런 장치가 없으니 우리는 반드시 어린이가 되어야 한다."
자기를 비워 종횡무진 유희 삼아 뛰놀 수 있는 '어린이-되기'는 천진난만하여지기를 바란 소동파의 소원(天眞爛漫是吾師)과도 일맥상통하는 바가 있다.

자기 주위에 있는 충격 완화장치들을 형형한 눈으로 찾아내야 한다. 외적으로는 가정이나 직장 또는 단체 등의 소속감 등으로 우산이나 보호막 역할을 하는 척 존재하는 시스템들, 또 내적으로는 심리적인 완충장치로 어떤 것들이 숨어있는지를 현미경으로 살펴야만 한다.

초발심으로 정각을 이룬다는(初發心是便正覺) 의상대사의 법성게法性偈 속의 초발심의 기본적인 자세도, 거시적으로는 자기를 조감하고 미시적으로는 현미경을 사용하는 주도면밀한 연구자이요, 동시에 그런 완충장치나 방어기제들을 전광석화 같은 동작으로 베어버리는 늠름한 '무사warrior'의 자세이어야 할 것은 두말할 필요도 없다.

3) 멈추는 방법

몬순 기후가 시작된 어느 무더운 여름날 노구를 끌고 길을 가던 부처님께서 심한 피로와 갈증을 느끼시고, 수행 비서였던 아난에게 조금 전에 지나온 개울에 가서 물을 좀 떠다 달라고 부탁을 하였다. 아난이 길을 되돌아 가보니 마차가 지나갔었는지 물밑에 깔려있던 썩은 나뭇잎과 진흙이 일어나 도저히 마실 수가 없게 되어 그냥 빈손으로 돌아올 수밖에 없었다. 그는 부처님께 "조금만 참으세요. 더 가면 강이 있다고 하니 거기서 물을 떠다 드릴게요."라고 말했다.

부처님께서 "아난아 다시 돌아가서 바로 그 물을 떠 오너라."고 말씀하셨다. 아난으로서는 부처님이 노망든 것 같은 고집을 도무지 이해할 수 없었다. 그가 다시 물을 뜨러 가려 할 때 부처님께서 말씀하셨다. "아난아! 물이 더럽다고 다시 올 생각은 말아라. 더러우면 나뭇잎을 가라앉히려는 등 어떤 인위적인 행동을 하지 말고 그냥 물가에서 조용히 관찰하며 기다리기만 하여라. 조만간 물은 다시 깨끗하여질 것이니 그때 떠 오너라." 아난이 가보니 물은 거의 맑아져 가고 있었고, 조금만 더 기다린다면 먹을 수 있을 것 같아 정좌로 바위에 앉아, 천년을 기다리는 마음으로 세월을 잊었다.

마침내 물이 맑아졌고, 아난은 부처님께서 자기에게 왜 이 고생을 시켰는지 그 메시지를 이해하게 되었다. 다시 부처님 곁으로 돌아온 그는, 여래의 발에 손을 대고 절을 하며 감사를 드렸다. "아니, 내가 너에게 고맙다고 해야 하는데 어찌 나에게 고맙다고 한단 말이냐?"고 부처님께서 물으셨다. 아난이 말했다. "이제야 부처님의 참뜻을 이해하게 되었습니다. 저는 물을 떠 오라 하실 때 지나온 길을 다시 가라 하니 좀 화가 났었습니다. 그러나 가서 조용히 기다리니 문제가 해결되었듯이, 저의 마음도 그 시냇물 같아서 더러워진 물에 뛰어들어 물을 맑게 하려면 더욱더 더러워지겠지만, 물 밖에서 조금만 기다린다면 그 물이 맑아지듯, 요란해진 마음도 밖에서 기다리기만 하면 문제가 스스로 해결되는 것이라는 것을 알게 되었습니다."

그렇다, 원격 통신의 발달로 스마트 폰 하나에도 안절부절못하는 요즘 세대처럼 기다린다는 것에는 모두 익숙하지 않겠지만, 그래도 일단 멈추어서 그 잘난 마음과 거리를 두고 조용히 기다리는 것이 선禪이다. 손바닥 안에 있는 작은 기계 하나로 거의 모든 육신통을 다 부리는 시대다. 그렇지만 고통은 그대로요 오히려 늘어나고 있다. 그렇게 신통을 부리고 사는데도 시간에 쫓기고 어깨에 짊어진 삶의 무게는 더 무거워진다. 이럴 때 우리가 할 수 있는 것은 '스탑!' 밖에 없다. 텔레비전의 모니터를 꺼버리듯이 생각을 멈추고 호흡에 집중하여 나를 쉬게 만들어야 한다. 이런 일을 반복하다 보면 선정에 들 수도 있다.

하루가 되었든 천년이 되었든 '오지 않는 세월'에 그저 가만히 멈추어서 기다리는 것이다. 그 치솟는 욕망이 다 채워질 리 없고, 그 시끄러운 분노가 가라앉든 말든, 그 유치하고 어리석은 생각들이 청소되든 말든 나의 소관 사항이 아니니, '힘없는' - 그러니까 도리어 자유로워질 수도 있는 영광이 있다 - 나로서 할 일이란 그저 옆에서 지켜보는 수밖에 없다. 높은 산에 올라 산 아래로 지나가는 빗소리를 듣듯, 그저 남의 일 보듯이 그 소리를 듣는 것이다. 기다린다는 생각도 없이 기다리는 것, 그것이 선禪이라고 하는, 어떻게 생각하면 구차스럽고 냄새까지 나는 그 선이라는 명사名詞의 고향이다. 그러면 봄은 다시 올 것이고 풀잎은 다시 새 옷을 입겠지.

우리가 생각을 '하는' 것은, 내가 주체가 되어 '하는' 것이기 때문에 '내가 생각한다.' 할 수 있겠지만, '생각하여 낸 것' 즉 생각의 결과는 내 것이라고는 할 수 없다. 왜냐하면 조삼모사朝三暮四의 경우와 같이 내 생각이라는 것은 상황에 따라 수시로 달라지기 때문이고, 그 생각이라는 것은 하늘의 구름처럼 나를 통하여 잠깐 머무는 것일 뿐이지 언제든지 주인인 나를 떠날 수 있는 손님에 불과하기 때문이다. 그런 '손님'에 지나지 않는 것들을 우리는 굉장히 중요하다고 생각하고 있다.

머리에 떠오르는 생각이나 느낌은 또 다른 생각이나 느낌으로 이어진다. 각각의 생각이나 감각은 조금 전에 떠올랐거나 조금 후에 떠오를, 전혀 상관없는 생각과 감각을 일깨운다. 의식의 흐름을 따라 떠내려가는 것이라 한 번에 하나의 생각만을 의식할 수 있다.

그런 의미에서 소태산의 삼학三學 중 사리연구事理研究라는 것도, '나'와 '내 생각'은 절대 같지 않다는 거리감을 아는 사람들이 하는 일이지, 어중이떠중이들이 턱을 괴고 하는 일이 아니다. 왜냐하면 어떻게 '기계'의 구조를 모르는 사람이 '밝게 분석하고 빠르게 판단(사리연구의 목적)'할 수 있단 말인가.

한번 쉬거나 멈춘다는 것은 중요하다. 인생에서도 목적을 세우고 일사불란하게 매진하는 것도 살아가는 방법의 하나겠지만, 이리저리 두리번거리는 가운데 멈추어서 숨 한번 돌릴 수 있는, 쉼표의 시간을 갖고 사는 것 또한 깊은 의미가 있는 것이다.

너무도 빨리 달리는 생각이라는 열차에서, 그 일어난 마음을 위해 변명이나 변호를 하고 정당화 합리화시키는 것이 그 마음을 위해 '밥'을 주는 것이라면, 그 '밥'을 주는 것을 멈추는 것이 '스탑!'이요 그것이 바로 공부의 시작인 것이다.

원불교 2대 종법사였던 대산大山도 '온전한 생각으로의 취사'(상시응용 주의사항 1조)의 '온전'이란 말을 그치고 멈추는 공부로 설명하고, 그 멈추는 공부의 방법으로, 진행 중인 공부의 모퉁이를 돌 때마다 자주 멈추는 '평坪떼기' 식式 공부로 할 것을 권장하였다. 평떼기 공부란 가령 옛날에 모내기나 넓은 밭을 갈 때도 그렇지만, 대웅전을 지을 때 기왓장 한 장 두 장 등 여러 사람이 몫을 나누어 건설하면 쉽듯이, 공부도 한꺼번에 몰아서 하지 말고 순서에 따라 조금조금 즉 한 평 두 평 식으로 진행하라는 것이다. 보통사람도 공부를 평떼기 식으로 하면 대각여래위大覺如來位까지 진급할 수 있다는 것이다.

『대학』 허두에서도 "멎을 줄을 안 다음에야 정정할 수 있고, 정하고 난 뒤에야 고요히 할 수가 있고, 고요히 한 후에야 평안할 수 있고, 평안히 한 후에야 깊이 생각할 수 있고, 깊이 생각한 후에야 얻을 수 있느니라" 한 말들이 다 같은 맥락의 이야기들이다.

구르지예프의 유명한 '멈춤 공부Stop Exercise'는 그의 여러 수련 방식 중 하나의 명물로 남아있기도 하지만 구르지예프의 학교에서는 그 훈련을 신성시하였다. 이 훈련을 그가 러시아를 떠난 후 공식적인 정규 공부법의 하나로 사용하였는데, 제자들에게 첫선을 보인 것은 프랑스로 오기 전 1917년 캅카스 지방의 에센투키에서 12명의 제자를 6주 동안 맹훈련시킬 때였다. 그 당시 그는 일상생활 중에 무시 무처로 제자들에게 느닷없는 스탑!을 외쳤는데, 그때는 누구를 막론하고 그대로 육근六根 동작을 냉동冷凍시켜야만 하였다. 어떤 제자는 그 명령 때문에 끓고 있는 물 주전자를 갖고 있다가 손가락에 심한 화상을 입기도 하였다.

중앙아시아를 광범위하게 여행한 구르지예프로서 이 수련의 출처가 어디인지를 분명히 알 수는 없으나, 현재의 중국령인 신지앙新疆 성 소속 변경 도시로 키르기스스탄과 가까이 있는 까쉬가르(Kashgar, 필자도 이것과 관련하여 궁금한 것이 있어서 오래전에 이 도시를 방문한 적이 있다) 부근에서 활동하던 수피의 한 분파인 예세비Yesevi가 아닐까 하고 추측하는 설이 있다. 왜 그곳을 지목하는가 하면, 그의 공부법에서는 리듬과 음악 그리고 댄스 등 몸동작이 수련의 중요한 부분으로 되어있는데, 그 상당 부분을 예세비 등에서 배워왔기 때문이다.

20세기 초기에 중앙아시아와 티베트에 눈독 들인 영국이 그 작업을 위해서 영사관을 세운 일이 있는 까쉬가르는, 실크로드의 중간 기착지로 타슈켄트, 파미르고원, 카피리스탄에 접근할 수 있는 교통의 요지였다.

라즈니쉬가 고등학교에 들어갔을 때 한 선생이 좀 괴팍했단다. 그 선생이 학생을 부를 때 불린 학생은, 'Yes, Sir'하고 대답을 하면 안 되고 'Present, Sir'라 해야 한다고 고집을 피웠다. 그런데 라즈니쉬는 그것이 너무 재미있었단다. 왜냐하면 선禪을 할 수 있는 계기가 되었기 때문이다. 그래서 선생이 자기 이름을 부르면 'Present, Sir'라고 했다고 한다. 그런데 한번은 수업이 끝난 뒤 선생이 불러서 가봤더니, "넌 도대체 무엇을 하는 거였니? 네가 'Present, Sir' 하면 갑자기 네 얼굴이 변하고 눈도 변하고 네가 없어지는 것 같으면서 어떤 이상한 에너지가 내게로 오는 것 같은 느낌이 들거든. 그때 넌 뭘을 하는 거니? 마치 내가 무엇에 끌리는 것 같은 느낌이 들게 되어서 묻는 말이다. 그리고 어떤 때는 내가 집에 있을 때 내 안에서 네가 교실에서 하는 'Present, Sir'라는 소리가 들리기도 하는데 이상한 기운을 느낀단다. 도대체 넌 어떤 일을 하는 거냐?"라는 이야기를 들었다면서 자신이 지금-여기에 있을 때는 갑자기 에너지가 변하는 현상을 느낀다고 말했다. 이런 멈춤이 구르지예프의 스탑 공부다.

깊이와 의도는 다르지만, 군대에서도 훈련할 때 '동작 그만!'이라는 구령을 듣는다. 베네딕도 수도원에서는 성당 같은데 들어가기 전에 '스타치오!statio'라고 부르는 전통이 있다. 성전에 들어가기 전 잠시 멈춰서서 호흡을 가다듬고 자신을 성찰하는 행동을 말한다. Statio는 정거장station의 어원이다.

갑작스러운 '스탑!' 명령으로 인해 앞 동작과 뒤 동작의 연결고리가 끊어지게 되고, 무의식적이고 기계적인 반사 행위의 악순환을 깨버리게 되므로 본래 면목을 바라볼 수 있는 내적인 각성의 시간을 갖게 된다. 그런데 몸이 '스탑!'으로 목석과 같이 동결되었을 때, '눈을 좀 감아 볼까'라든지 '자세가 좀 불편한데 조금만 고쳐볼까' 등으로 몸과 타협을 해서는 절대로 소기의 목적을 달성할 수가 없다.

우선 이해를 돕기 위해 스탑 공부의 분위기를 엿보자. 구도의 시절 구르지예프는 중앙아시아의 어느 곳에서 겪었던 체험담을 이야기한 일이 있다.

일행이 큰 용수로 가에 텐트를 치고 있었고, 일행 중 구르지예프를 포함한 3명이 한쪽에서 물 건너 텐트가 있는 쪽으로 짐을 나르고 있었다. 수심은 허리 정도였다. 구르지예프와 또 한 사람은 막 물에서 나와 옷을 갈아입으려 했고 또 한 사람은 그때까지 물속에 있었다. 그런데 물속에 있던 사람이 도끼를 물에 빠트렸고 물속 어디쯤 도낏자루가 있는지를 알아냈다. 바로 이때 텐트에서 '스탑!'하는 소리가 들려 구르지예프와 한 사람은 둑에 서 있던 그대로 멈추었다. 그런데 물속에서 도끼를 주우려고 허리를 굽히고 있던 그 사람은, '스탑' 소리를 듣고는 1~2분 정도 냉동된 채로 있었는데, 때마침 상류에서 누가 물을 방류시켰는지 거대한 물이 매우 빠른 속도로 내려왔다. 물은 그 사람의 턱까지 찼고, 텐트 안에서 '스탑!'을 외친 사람은 갑자기 격류가 흐르는 것을 아는지 모르는지 도무지 알 수 없었다. 구르지예프와 동료는 텐트를 향해 이 위급한 상황을 알리려고 소리칠 수도 없었고, 물속에 있는 그 사람조차 이제는 보이질 않았다. 물이 머리 위까지 찬 것이다. 그런데 그 사람이 짚고 있었던 긴 막대기를 잡고 있는 한 손이 겨우 보였다. 구르지예프 생각으로는 상당한 시간이 지난 거로 느꼈는데 그때 겨우 '그만!'이라는 소리가 들렸다. 그때야 구르지예프와 동료는 황급히 물에 뛰어들어 그를 끄집어냈는데, 그는 거의 질식하기 직전이었다고 한다.

구르지예프가 말하는 '스탑!'의 필요성에 대해 들어보자.

보통 사람은 이 '스탑!'의 명령에 복종하려 하지 않는다. 왜냐하면 습관적인 생각이나 기분 또는 일상생활에서 자주 가졌던 익숙한 몸가짐이 그 사람의 의지보다 더 강하게 작용하고 있기 때문이다. 이럴 때 외부에서의 단호한 '스탑!' 명령은 강력한 의지가 그런 생각이나 감정 육체의 상태를 조복 받을 수 있기 때문이라는 것이다.

그리고 그 '스탑!'은 여우 같은 의심이나 머뭇거림이 없는 절대적인 복종을 요구하는 것이기 때문에 그에 대한 자격이 있는 지도자가 있어야만 한다고 하였다.

구르지예프의 '스탑!'은 몇 초 또는 5분이나 10분 또는 그 이상 계속될 때도 있었는데, 그 시간이야 어쨌든 그의 'Davay!(Continue!)'라는 소리가 날 때까지 기다려야만 되고 그 소리를 들은 후에라야만 어떤 일을 계속할 수 있었다. 그의 말대로 "인내는 의지의 어머니인데, 너희들이 어머니가 없었다면 어떻게 태어날 수 있었겠느냐?"고 인내를 주문하였다.

그는 일상생활 중에도 '스탑!' 수련을 시킨 것은 물론, 일반을 위해 뉴욕의 카네기 홀 등에서 신성무神聖舞 공연을 할 때도 그것을 단골 메뉴로 사용하였다. 그는 무대의 한구석으로 무용수들을 모아놓고, 어떤 물건을 공중으로 던져 그들이 그것을 잡으러 뛰어가는 중에 '스탑!'을 시키기도 하였다. 또는 무대 위에서 무용수들이 전속력으로 질주하는 춤을 추다가, 그들이 갑작스런 '스탑!' 소리에 달리던 몸들을 주체할 수가 없어 오케스트라 연주자들의 자리로 추풍낙엽처럼 어지럽게 떨어진 후 황홀경에 굳어져 있다가, 아무도 다친 사람 없이 다시 일어나 계속 공연을 하여 관중의 갈채를 받기도 하였다. 모르는 사람이 볼 때 그의 제자들인 댄서들은, 잘 훈련된 얼간이 같기도 하고 조련된 곡마단의 동물들 또는 명령에 살고 죽는 군인들 같이 보였지만, 스승에 대한 철석같은 믿음이 없었다면 어떻게 그런 일들이 일어날 수 있었겠는가.

공연이 끝난 후 "이번의 실연實演은 어떠하였습니까?"라고 묻는 기자에게, 그는 기자의 얼굴을 미소로 쳐다만 볼 뿐 아무 말도 하지 않았는데, 그것은 공부가 관중의 칭찬이나 비난과 관계없다는 것을 나타내는 것이었고, 그가 평생 자주 했던 말인, "절대로 결과는 생각하지 말고 그 저 하기만 하라Never think of result, just do"는 의미였을 것이다.

한 번은 무대공연이 거의 끝날 즈음 구르지예프가 '스탑!'을 시켰다. 시간이 상당히 지났는데도 무용수들은 굳은 자세를 지키고 있었다. 그가 무대의 커튼을 내리자 '스탑!'이 아직 끝나지 않았는데도 불구하고 한 사람의 댄서가 자세를 풀자, 그 여자를 다음과 같이 호되게 꾸짖었다.

"스탑!은 관중이나 커튼하고는 상관이 없어 … 공부란 말이야! 공부! 선생의 별도 지시가 없는 한 끝나지 않은 거야. 극장에 불이 났어도 그대로 있어야 해."

4) 왜 멈추어야 하나?(Stop! exercise)

식색食色이라 하였다. 들숨은 식이요 날숨은 색이다. 식욕과 색욕은 인간에게 짐 지워진 지상명령이다. 그것들은 미각과 성감의 상호 깊은 관계처럼 인간이 가질 수 있는 기쁨이면서 또한 슬픔의 원천이 되기도 한다. 인간의 요란스러운 문화란 것도 따지고 보면 이 두 개의 기둥을 치장하는 장식품에 불과할 뿐이다. 식욕은 개체의 생존을 위한 장치요, 성욕은 종족 번식을 위한 프로그램이다. 그리고 보면 식욕은 개체의 생존을 위한 '색욕'이요, 색욕은 종족 번식을 위한 '식욕'이 된다.

종교라는 것도 결국은 인간의 다섯 가지 욕망인 재물욕·성욕·음식욕·명예욕·수면욕 즉 '다섯 사람'을 둘러싸고 일어나는 에피소드에 불과할 뿐이다. 그러므로 식과 색이라는 두 뿌리에 대한 정확한 진단과 함께 그런 하급에너지들을 고급에너지로 승화시키는 비전을 제시할 수 없는 종교는 변죽을 때릴 뿐, 그 깊이를 의심받지 않을 수밖에 없다. 소태산은 "종교의 문에 성리性理를 밝힌 바가 없으면 이는 원만한 도가 아니니 성리는 모든 법의 조종이 되고 모든 이치의 바탕이 되는 까닭이다."(『대종경』 성리품 9장)라고 다른 종교를 깔아뭉개듯 어마어마하게 말했지만 성리가 뭐 별것이겠는가. 나타난 쪽으로 보면 인간의 본성을 알고 그것을 뛰어넘으려는 이상주의자들의 몸부림일 테니까 말이다.

종교 역사상 식욕과 색욕에 대해 도전장을 낸 종교들이 있는데, 식에 대해서는 자이나교요 색에 대해서는 탄트라다. 마하비라의 단식 수행은 그저 그런 욕망을 느끼는 자신을 깊게 관찰할 뿐 그 몸의 요구에 가타부타 협조하지 않는 것으로부터 시작한다. 탄트라는 들어갈 수도 없고 나갈 수도 없는 진퇴가 불가능한 절묘한 순간인, '공간의 전도顚倒'가 발생하는 '문지방' 위에서 출발한다. 즉 물은 파도를 여의지 못하고 파도는 물을 여의지 못한(水不離波, 波不離水) 곳, 바로 그 미묘한 시간과 공간을 영원으로 포착하여 승화시키고 있다.

구르지예프의 공부는 식색에 목말라하는 '인간기계'에 대한 사후 처방전이 아니라, 그 기계의 구조와 작동에 더 깊은 관심을 가진다. 그의 '스탑!' 수련은 목석과 같이 냉동된 육체와 타협을 하지 아니함으로써 전혀 다른 각도에서 자기를 보는 것이다.

'스탑!'에서는 눈동자를 명령과 함께 멈추어진 바로 그곳에 고정하고, 생각의 흐름은 물론 새로운 명상을 허용하지 않으면서, 익숙하지 않거나 부자유스러운 자세를 통하여 신체의 각 부분에서 일어나는 근육의 긴장과 에너지의 흐름을 새로운 빛으로 깊게 관찰한다.

1529년 로렌초 로토가 그린 '간음한 여인과 예수'라는 작은 그림이

루브르 박물관에 전시되어 있다. 그 그림 속에는 우왕좌왕하는 사람들이 웅성거리면서, 사냥감을 포획한 야생동물처럼 여성에게 간통죄를 물으며 죄인으로 몰아가려고 난리다. 간음하다 재수 없게 붙잡힌 여인의 입장을 헤아린다거나 도와주려는 생각은 전혀 없는 것 같고, 어떻게 하면 이 여자를 망가트리는 일에만 관심이 있는 것 같이 야단이다. 마치 우리가 누가 유죄 판결을 받았다고 하면, 그 사람과 그 자세한 상황을 잘 알지도 못하면서 무조건 나쁜 놈으로 몰고 손가락질하는 것과 같다. 그 그림에서 재미있는 것은 사람들의 손동작이다. 동양화에서는 손동작 같은 것은 무시하는데, 서양화는 손동작을 표정만큼이나 중요하게 생각하는 것 같다. 그림 속에선 붉은 옷을 입은 사람이 예수인 모양인데, 필자가 상상하는 얼굴이 아닌 좀 '쪼다' 같은 인상을 준다. 잡혀 온 여인도 예수와 같이 뭐 그리 답답한 일이 없는 듯한 표정이다. 재미있는 것은 예수의 오른손 모습이다. '자! 그만!'하는 '스탑!'의 메시지다. 여러분 잠깐 멈춰서 생각해 봅시다. 집단의 이해관계를 내세워 행동하지 말고 개인의 자율의식에 따라 판단하자고 하는 듯하다.

구르지예프의 단골 메뉴인 댄스는, 루미가 시작한 터키의 꼬냐에 있는 메블레비Mevlevi 파派의 데르비쉬Dervish에서 유래하였고, 음악과 리듬 그리고 '스탑 엑서사이즈stop exercise'는 수피의 한 파派인 예세비Yesevis에서 차용해 온 것 같다.

1923년 구르지예프가 파리에서 관중을 상대로 시연한 '사원의 춤Temple dances'은 중앙아시아의 현 러시아와 중국 국경에 있는 카슈가르Kashgaria(현재 중국 영토)에서 유래한 것이었다. 파리 공연에 앞서 러시아에서 제자들을 지도할 때 '신성무(神聖舞, sacred dances)'를 계획했었으나, 그때까지 그것은 아직 '운동(훈련과목, exercises)'으로 발전을 시키지 못했었다.

구르지예프의 유명한 '스탑! 엑서사이즈'는 앞에서 언급한 대로 1917년 흑해 연안의 에센투키Essentuki에서 훈련과목의 하나로 진행한 일이 있다. 그때 구르지예프는 밤이고 낮이고 아무 때나 '스탑!'을 외쳤는데, 어떤 사람은 끓는 찻잔을 들고 있다가 화상을 입는 일도 있었다. 이 '스탑!' 훈련은 그가 스승으로서 성공한 한 이유가 된다. '스탑!'의 소리를 들은 사람은 시선을 그 자리에 고정하는 것이 중요한데 그 또한 어려운 일이기도 하다. '스탑!'은 몇 초나 10분 또는 그 이상 실시되었다. 구르지예프의 '다바이!Davay' 또는 '콘티뉴!Continue'라는 동작 해제의 명령이 떨어지지 않는 한 그 얼어붙은 몸가짐을 고수해야만 한다.

앞에서 언급했지만, 9살 먹은 구르지예프에게 유언처럼 당부한 아버지의 '화가 나더라도 24시간을 기다려라, 그리고 네 마음속에 어떤 결정이 내려지면 그때 하고 싶은 대로 해라'하는 스탑 공부를 그는 평생의 보감으로 삼았다. 주어진 조건에 대해 즉각적인 반작용을 하지 말라는 것이다. 아무리 놓치기 어려운 성性적 충동이 일어난다고 해도 시간적 여유를 두라는 것이다.

보통사람들의 의식은 거의 자동화 기계 수준이다. '스탑!' 연습은 새로운 자세를 취하라는 것이 아니다. 우리는 무의식적으로 몸을 변형시키는데, '스탑!' 연습은 한 동작에서 다른 동작으로 연결되는 고리를 끊어버리기 때문에, 당황한 나머지 '틈gap'을 만든다. 이때 그 사람은 자신을 바라다볼 수 있는 공백을 갖고 새로운 빛을 얻는다. 이렇게 해서 그는 자동기계처럼 작동하다가 악순환의 고리에서 탈출하게 되는 것이다. 몸의 갑작스러운 멈춤은 그의 감정과 생각들까지 끊어버린다. 또 생각의 변화는 또 다른 정서적인 에너지를 자연스럽게 변환시킨다. 이 '스탑!' 연습은 '온전한 인간'을 만드는 가장 기본적인 수양이다. 모든 것은 이곳에서 출발한다. 니체의 표현대로 "현대는 인간의 단편 시대"이다. 온전한 사람은 없고 단편적인 인간만 있다는 이야기다. 피카소의 그림을 보면 눈만 있다든지 코만 있다든지 그렇게 얼굴의 한 부분만을 그려놓았다. 오관을 제대로 가진 옹근 사람이 없다는 것이다. 소태산은 『원불교 정전』 '일원상 법어'에서 육근(눈·귀·코·입·몸·마음)을 원만구족하고 지공무사하게 사용할 줄 아는 사람으로 정의했다.

우리 생각이라는 것은 원천적으로 허망하기 짝이 없는 것이다. 생각들이란 생각지도 않은 낯 설은 손님들이다. 이 생각에서 저 생각으로, 꼬리를 물고 나무를 건너뛰는 원숭이 같이 점프를 한다. 인간은 옛날 할아버지들의 회중시계에서 스프링의 긴장으로 작동하는 시계 같다. 그러니 자기를 객관적으로 바라볼 수 있는 틈gap이 없다. 생각과 생각 사이를 끊어야 하고, 궁극적으로는 생각이란 것이 없어야(no-mind) 한다. 그럼 어떻게 일상생활을 할 수 있을까 의구심을 갖게 되지만, 생각보다는 느껴야sensing 한다. 생각을 끊고 틈새를 갖는다는 것은 숨쉬기의 호呼와 흡吸 사이에서 잠깐이나마 멈추어 자기를 보는 것과도 같다.

'센싱sensing'이라는 말이 나온 김에 생각나는 것이 있다. 언젠가 한 제자가 "깨치면 뭐가 달라지나요?"라는 물음에, 구르지예프는 "나무 색色이 더 푸르게 보이지."라고 대답을 한 일이 있다. 나이가 들면 초록색·보라색·파란색 등 색을 구별하는 능력이 떨어진다. 그래서 화가들도 나이가 들수록 짙은 색을 덜 쓴다고 한다. 그리고 노인들은 젊은 사람들보다 약 3~6도까지 체온이 낮아 추위를 더 느끼게 되고 피부도 마른다고 한다. 그러니 깨치는 것은 정신적으로 젊어지는 것이라고 할 수도 있다. 구르지예프의 말대로 "Stop thinking, Sensing!"이다. 마음보다 몸이 더 총명하고 영리하다. 왜냐하면 몸의 나이는 지구 45억 년의 역사가 그대로 몸 안에 농축되어 있기 때문이다. 몸의 나이는 '남녀노소 유·무식 선악귀천'을 불문하고 45억 살인 것이니 몸으로 하는 '센싱'이야말로 지혜로운 일이다.

이 '틈gap'의 절정은 남자의 경우 섹스할 때 가질 수 있다. 분출하고 싶은 욕망으로 에너지가 쌓이고, 쌓이고 또 쌓이면서 일촉즉발의 순간이 있다. 도저히 다시는 돌아갈 수 없는 문지방에 서 있을 때다. 이때 남자의 몸은 망아忘我가 된다. 돌아갈 수도 없고 나갈 수도 없는 경지, 그것이 섹스의 아름다움이다. 그 절묘한 순간 틈gap을 갖는다. 탄트라는 이 '틈'을 선禪으로 승화시켰다. 참 놀라운 사람들이다. 하기야 선禪의 진미란 그런 맛을 알고 그것을 잊고 싶지 않은 사람들이 만들어낸 테크닉이라고 까지 한 이야기도 있다. 그런 의미에서 좌선한다고 쭈그리고 앉아있는 사람들은 '나쁜 어린이'들이다.

갑자기 사랑하던 사람이 죽었을 때도 그런 갭이 있다. 상대가 가버린 때는 영화의 화면에 죽은 그를 평계로 하여 더 자기 생각을 투사할 수가 없다. 투사의 대상이 없어졌기 때문이다. 생각이란 계속 돌아가는 영화의 필름 같다. 여러 개의 '사진'들을 영사기에 놓고 빨리 돌리면 움직이는 것 같은 착각을 주니까 말이다. 『대지』를 지은 펄 벅Pearl Buck의 자서전 제목이 참 멋지다. 『나의 여러 세계들My Several Worlds』. 우리는 짧은 인생이지만 누구나 여러 세상을 살면서 다양한 꿈을 꾸고 갖가지 투영(投影, projection)을 하면서 산다. 그러니 순경이 됐든 역경이 됐든 모두 공부할 수 있는 순간들뿐이다.

인도 동북, 벵갈 지방의 왕자로, 11세기에 대승불교를 티베트에 전해 준 아티샤(Atisha, 阿提沙)가 있다. 그의 '일곱 고개 마음수련seven point of mind training'에 "공부하는데 어떤 상황을 유도하기 위해서 빨리 맞부딪치고, 그 상황을 선禪으로 대하라."라는 말이 있다. 좋은 일이 됐든 나쁜 일이 됐든, 성공이건 실패건 일어난 일에 대해 즉각 정신을 차리고, 한 순간도 놓치지 말라는 것이다. 질질 끌지 말고 그 순간에 머무르면 놀랍게도 잘못된 것들이 스스로 물러간다는 것이고, 그러면 네가 하는 일은 다 옳은 취사가 된다는 것이다.

닥치는 어려운 일들을 맞이하는 데 있어 두 부류의 사람들이 있다. 맞부딪혀서 싸우거나 아니면 이 핑계 저 핑계 대가며 도망(회피)가는 사람이다. '투쟁-도피 반응fight or flight response'이라고 불리는 이 기제는 원시시대 때부터 내려온 인간의 자연스러운 반응이다. '무유정법無有定法'이라고 했듯이 어느 것만이 꼭 옳은 것은 아니다. 그렇지만 일단은 '스탑'을 잘해야 한다.

『대학』허두에 있는 격물치지 즉 사물을 깨달아 가는 길에 관해서 이야기했듯이 도를 얻는 데 정정定靜은 필수라는 것이다. 원불교 2대 종법사 김대거의 법문에도, "경계를 당하면 멈추고, 일을 당해서는 전일하고, 지낸 뒤에는 깨끗이 전부 잊자對境知止 執事專一 事後頓忘"라는 것도 있다.

'스탑!'에는 몸의 스탑!outer stop과 마음의 스탑!inner stop이 있다. 몸동작을 멈추는 것은 일단 마음 스탑!을 하기 위한 것이기는 하지만 엄밀하게는 차이가 있다. 몸의 스탑!이란 육근을 '동작 그만!'하여 냉동시켜 버리는 것이고 마음의 스탑!은 생각을 부추기는 그 마음 자체를 없애는 것이다. (no-mind)

왜냐하면 생각들이란 내가 그것을 '생각'들이라고 느낄 수 있는 생각들도 있기는 하지만, 깊게는 욕망하는 '기계'들의 집합인 내가 알아차릴 수 없는 가면을 쓰고 가려진 생각들도 많이 있기 때문이다. 그것은 우리가 흔히 '나'라고 생각하고 있는, 그 나의 주변에는 생각하지도 못하였던 여러 개의 모르는 '나'들이 포진하고 있고, 또 섞여서 자기 나름대로 놀고 있기 때문이다. 결국 삶이란 무의식(여러 가지 욕망이 떼 지어 사는 곳)이 제멋대로 뛰어노는 극장이다.

바나나밭에서 바쁘게 놀아나는 원숭이같이, 쉬지 않고 돌아가는 생각을 멈출 수 있는 의지의 힘은 그 속에 잠재된 새로운 힘을 개발시키는 촉매 역할도 한다. 필요 없는 생각을 멈추므로 쓸데없는 에너지를 낭비하지 않게 되고 더 큰 '나(우주의식)'의 소리를 듣는 여백을 만들 수 있다.

그런데 말이 쉬운지 생각과 생각의 사이, 동작과 동작의 사이인 그 "언어명상言語名相이 돈공頓空한 자리"(『원불교 교전』, 일원상의 진리)인 진공의 공간을 견딜 수 있다는 것은 결코 그리 쉬운 일이 아니다.

언젠가 카잔차키스의 소설 『최후의 유혹』을 영화로 만든 마틴 스코시즈가 "영화는 시퀀스sequence와 시퀀스와의 비밀"이라고 하였듯이, 영화를 만드는 사람은 컷과 컷 사이, 씬scene과 씬 사이에서 신경증적인 불안이나 공포를 느낀다고 한다.

글을 쓰는 사람도 예외는 아니어서 문장과 문장들 사이의 침묵에서 깊은 불안을 느끼게 된다. 컴퓨터가 작동되는 몇 초의 시간을 심리적인 영원으로 느끼고 안절부절못하는 젊은 세대나, 휴대 전화와 핸드헬드 PC 그리고 컴퓨터 세 가지를 연결시켜, 스쳐 지나가는 아이디어를 하나라도 놓치지 않고 자투리 시간을 활용하려고 '발악'을 하는 이 세대에 있어서, 어찌 '공적영지空寂靈知의 광명光明'이 그런 자리에서 나오는 줄을 꿈이라도 꿀 수 있겠는가?

　생각을 멈추는 공부 중, 첫 번째로 하여야 할 것은 부정적인 감정들 negetive emotions을 멈추는 것이다. 예를 들면, 폭력적이거나 불쾌하거나 울적한 감정의 표현은 반드시 멈추려고 노력하여야 한다. 이런 것이 공부의 기초다. 그리고 가능한 한 느긋한 마음으로 모든 것을 수용하기로 하고, 잠재의식으로 깔린 그 마음과 절대 싸워서는 안 된다. 주인과 하인이 싸우면 둘 다 똑같아져서 십중팔구는 하인이 주인이 되어버리고 말기 때문이다. 절대로 그런 부정적인 감정들과 맞붙어 싸워서는 안 된다. 그런 감정들에 대해 완전한 '스탑!'을 시키면, 무의식적으로 깔린 마음이란 것은 원래 의지가 없는 것이기 때문에 그 '스탑!'이라는 명령을 받으면, 최면에 걸린 피술자가 시술자의 지시를 따라오듯 그 명령에 복종하게끔 되어있다.

　소태산이 산업부를 가는데 동행하던 조선계 일본 순사 황이천은 희한한 구경을 하였다. 제자 김남천이 약초밭에서 제초작업을 하다가 폭양 염천에 밭 가운데 앉아서 "이놈, 썩 물러가지 못할까!" 하고 소리로 호령을 두세 번 연거푸 하고 있었다. 소태산과 이천은 걸음을 멈추고 있다가 소나무 그늘에 들어갔다. 이천이 말했다.
　"저 영감, 노망기가 있는 모양입니다."
　"노망이 아니고 까닭이 있는 말이니 저녁에 본인에게 물어보면 알게 될 것이네."
　"까닭은 무슨 까닭이 있단 말입니까? 이 뜨거운 여름에 밭 가운데 아무 상대자도 없는데 이놈 저놈 호령하는 것이 무슨 까닭이 있겠소, 노망기이지요."
　그날 저녁 식사 때 이천이 남천에게 물어보았다.

"남천 씨, 오늘 약초밭에서 누구를 보고 이놈 저놈하고 호령을 하였소?"

"그런 것이 아니라, 이 늙은 뼈다귀가 공사로 인하여 약초밭을 매고 있는데 마귀란 놈이 와서 날 보고 '더우니 솔밭 시원한 곳에 가서 좀 쉬자'고 자꾸 유혹합디다. 그래 나는 안 된다고 거절했더니 '아무도 보는 이가 없으니 괜찮다'고 자꾸 유혹하므로 그놈을 내 마음속에서 쫓아내느라 생욕을 보았소."

이 말을 듣고 이천은 남천이 참으로 공부하는 사람이요, 마귀라는 존재가 어떤 것인지를 알게 되었다.

소태산이 김남천에게 "내가 일전에 어떤 사람이 소를 타고 가는 것을 보니, 사람의 권리대로 소를 끌지 못하고 소의 권리에 사람이 끌려가는데, 그 소가 가시밭이나 구렁으로 들어가면 가시밭이나 구렁으로 끌려들어 가고, 산이나 들로 들어가면 산이나 들로 끌려가서 자빠지고 엎어지니 의복은 찢어지고 몸은 상하여 차마 볼 수 없더라. 내가 그 광경을 보다가 그에게 말하기를, 그 소를 단단히 잡아서 함부로 가지 못하게 하고 꼭 길로만 몰아가면 그런 봉변이 없을 것 아닌가 한즉, 그 사람이 말하기를 그러하면 오죽 좋으리오마는 제가 무식하여 이 소를 길들이지 못하고 모든 권리를 소에게 맡겼더니, 저는 점점 늙어지고 소는 차차 거칠어져서 이제는 도저히 어거할 능력이 없다 하더라. "오늘 그대의 오는 것을 본즉 역시 소를 타고 오니 그 소는 어디 있는가?" 남천이 사뢰기를 "방금 타고 있나이다." 소태산이 "그 소의 모양은 어떻게 생겼는가?" 남천이 사뢰기를 "키는 한 길이요, 빛은 누른빛이요, 신은 삼으로 만든 신이오며, 수염은 혹 검고 혹 희게 났나이다." 소태산이 웃으며, "그대가 소의 모양은 알았거니와 그러면 그대의 소는 그대의 하자는 대로 잘하는가? 그래도 역시 소에게 끌려다니게 되는가?" 남천이 사뢰기를 "소가 대체로 저의 하자는 대로 하나이다. 만일 정당한 일에 소가 게으름을 부리면 호령하여 아무쪼록 그 일을 하게 하오며, 부당한 일에 소가 동하려 하오면 또한 호령하여 그 일을 하지 못하도록 하나이다." 소태산이 말씀하시기를 "그대가 소를 이미 발견하였고, 길들이는 법을 또한 알았으며, 더구나 소가 그대의 말을 대체로 듣게 되었다 하니, 더욱 힘을 써서 백천만사를 다 자유 자재하도록 길을 들이라." (『대종경』 수행품 54장)

두 번째는, 자기가 가진 부정적인 감정들을 항목별로 적어서 그것을 분석해 보아야 한다. 그런데 어떤 것은 간단히 해결될 수 있지만, 또 어떤 것은 복잡하게 얽혀있는 것도 있겠는데, 어쨌든 그런 것들이 다 소용없는 것임을 통찰하여야 한다. 간과看過 또한 그리 호락호락한 것은 아니지만, 통찰이란 예사로이 대강 보아 넘기는 간과가 아니요, 뒤에 숨겨있는 관계의 그물을 꿰뚫어 살피는 것이다.

대소유무의 이치도 그렇겠지만 생겨나서(生) 머물렀다가(住) 흩어지고(異) 결국은 사라져버리는(滅) 마음을 관객의 입장에서 '통찰'하여야 한다.

부정적인 감정들을 항목별로 적어본다는 것은 그 감정들 하나하나에 이름을 붙여보는 것이다. 이름을 붙여보는 자체가 벌써 시간상으로 '스탑!' 공부하는 시간이 된다.

감정을 표현하기에 앞서 먼저 그것을 행동으로 옮기는 사람은, 자기가 어떤 감정을 가진지도 모른 채 감정에 휘둘린 것이다. 감정을 느끼기는 하지만 언어로 각각의 감정을 구체적으로 표현할 수 없으면, 마치 서로 모순되는 수많은 감정이 한 감정으로만 생각되기 때문이다.

예를 들면 우리는 억울하거나 부끄러울 때도 화를 낸다. 창피하고 속상하고 실망스러운 다양한 감정이 그냥 분노로만 표출되는 것이다. 그래서 그 '분노'의 이면에는 도대체 어떤 감정들이 감추어져 있기에 그렇게 되었는지 확실하게 이해하여야 한다.

감정에 이름을 붙이면 뇌에서 브레이크 역할을 하는 전두엽이 활성화되고 이것을 통하여 감정의 중추 기관인 변연계가 진정된다.

감정을 더 잘 알고 싶으면, 즉 인지하는 능력을 높이기 위해서는 그 감정들에 대해 항상 깊은 관심을 가져야 한다. 감정에 이름을 붙이는 연습을 하다 보면, 생각한 것과는 달리 다른 감정들이 둔갑하여 분노로 표현된다는 것을 알게 된다. 꾸준히 일기를 쓰는 것도 자신의 감정을 인지할 수 있는 능력을 기르는 하나의 방편이다.

세 번째는, 그 부정적인 감정들의 출처라는 것이 대부분 다른 사람으로부터 배우고 익혀온 본래 내 것이 아닌 공허한 것임을 이해하여야 한다. 사람의 뇌의 기억 창고에는 자동화된 생각이나 감정 또는 행동들이 저장되어 있다. 우리가 어떤 상황에서 어떤 행동을 했을 때, 그 위기를 극복하였는지를 기억하고 저장해 왔다. 그래서 그와 비슷한 상황이 닥쳤을 때 힘 안 들이고 대처할 수 있는 능력이 생긴다. 이런 일들을 여러 번 반복하다 보면 자동화되어버린다. 예로 차를 운전하면서 제동장치를 밟아야 할 때 우리는 이런저런 생각을 안 하고 1초 안에 반응하여 사고를 면한다. 이런 자동으로 반응하는 행동이 없었다면 인류는 지금까지 살아남을 수 없었을지도 모른다.

그런데 이런 자동화된 반응이 습관으로 고착되어 버리고, 이 습관화 된 행동이 항상 이롭지만은 않다는 것이다. 그중 하나가 잘못된 감정 습관이다. 언짢은 일이 생겨 화를 낸다는 것도 습관이다. 원시시대와 같이 열악한 자연환경에서의 생존을 위해서는 화를 내는 것이 당연한 일일 수도 있겠지만, 현대사회에서 살아남으려고 무조건 화를 내기만 한다면 사회생활을 해나가기가 힘들다.

현대에서 이데올로기 비판에 가장 에너지를 쏟아붓는 철학자는 슬라보예 지젝Slavoj Zizek이다. 그는 포스트모던 시대의 이데올로기에 대한 집요한 탐색과 비판을 자신의 주제로 삼았다. 그러나 지젝은 구르지예프와 조금 비슷하게, 마르크스주의자들의 관심사였던 세계사라는 무대보다는 개별 주체에 더 관심을 가진다. 포스트모던 시대에는 개인과 정치가 구분될 수 없는 시대이기 때문이다.

지젝은 우리가 유기농 사과를 사거나 쓰레기 분리수거를 하면서 지구 생태계 보호에 기여하고 있다고 생각하고, 우아한 모습으로 스타벅스의 커피를 마시면서, 소말리아의 아동들과 열대우림을 보호하는 일에 기여하고 있다는 허위의식을 고발한다. 그는 그 같은 행동들은 문제의 근본적인 해결책이 아니라 오히려 환경이나 기아 문제 등 자본주의 작동을 돕고 있는 행동에 불과하다고 말한다. 이런 일련의 허위의식을 고발하는 것도 '스탑!' 공부의 하나다. 우리가 그런 사고의 틈새를 발견하고 냉정하게 생각하지 않고서는, 즉 그런 자본주의 체제에 도전하지 않고서는 아무런 의미가 없다는 것이다. 멈추어서 깊이 여러 개인적인 문제뿐만 아니라 사회 또는 세계문제도 생각해 보아야 한다.

'스탑!' 공부는 생각과 생각의 간격gap을 확실하게 만들자는 것이다. 제아무리 필름이 빨리 돌아간다고 하여도 그 필름들 사이에는 미세한 공간이 있듯이, 두 개의 생각 사이에도 반드시 비집고 들어갈 수 있는 즉 우리가 공부심을 들이댈 수 있는 틈새가 있기 마련이다. 그 미묘한 간격을 포착하자는 것이다. 우리가 주의하면 호흡의 호와 흡의 사이를 의식할 수 있듯, 생각과 생각의 사이를 놓쳐서는 안 된다. 그 간격이야 말로 말할 때마다 '지금-여기here and now'인 것이다.

파탄잘리의 『요가경』에는 '아뱌사abbyasa'라는 말이 있다. 말뜻은 '속 깊은 공부the inner practice'다. 어떤 행동을 할 때 우선 자신의 센터로 들어가고 나서야 다음 행동을 하는 것이다. 우선 센터에 들어간 후의 행동은 관점의 차이를 가져오고 더욱더 넓은 생각을 하게 된다.

소태산도 제자들에게 일일 시시로 점검을 주문한 '일상수행의 요법'에서, 행동하기 전 "심지는 원래 요란함이 없건마는 경계를 따라 있어지나니"라는 행동의 사전 점검을 잊지 말라고 하였다.

"내가 그대들에게 일상수행의 요법을 조석으로 외게 하는 것은 그 글만 외라는 것이 아니요, 그 뜻을 새겨서 마음에 대조하라는 것이니, 대체로는 날로 한 번씩 대조하고 세밀히는 경계를 대할 때마다 잘 살피라는 것이다."(『대종경』 수행품 1장)

수피들은 앉거나 설 때마다 무슨 행동을 하건, 그 전에 반드시 '알라Allah!'의 이름을 부른다. 'Allah!' 하면서 앉고 또 'Allah!' 하면서 일어서고, 의식적으로 알라신을 기억한다. 일종의 주문이다. 알라신을 기억함으로써 '간격gap'이 생기게 되고, 하면 할수록 '간격'의 사이가 커진다. 궁극적으로는 모든 나의 행동은 내가 하는 것이 아니고 알라신께서 하는 것이 되어버린다. 내가 행동하는 것이 아니요 알라신께서 움직이는 것이며, 나는 알라신의 '도구'에 불과할 뿐이라는 신앙체험이다. 그러니 사악한 일을 하려야 할 수가 없고, 산다는 것은 신성한 일이 되며, 그 사람의 몸은 사원Temple이 되는 것이다. 사원에서 살고 있으니 따로 교당이나 교회에 갈 필요가 없다.

영화를 볼 때 그 화면에 비친 이야기에 푹 빠져 환상의 세계와 현실에 무감각해져 있다가, 필름이 탁 끊어져 공백이 생기게 되면 그때야 자기의 위치를 밝게 되돌아볼 수 있듯이, 우리의 눈 앞에 펼쳐진 세계는 믿거나 말거나 영화의 스크린과 똑같은 환영의 세계인 것이다. 이런 생각과 일어나는 생각의 간격을 즐기는 것은 자기 자동 최면에서 벗어나려는 몸부림이다. 그 간격에서 전 세계가 멈춰버리는 것이다.

'스탑!' 수련은 인간의 자동 기계화 현상을 방지한다. 우리는 조건에 무조건 반사 하는 등 모르는 사이에 로봇같이 기계적인 행동을 하는데 '스탑!'은 그에 대한 일종의 경종 역할을 하는 것이다.

우리가 육체를 빌려 표현하는 행동이란 것은 결국 정신적인 상태나 감정의 표현이다. 생각이 변하면 행동도 변하기 마련이다. 그렇기 때문에 느끼거나 생각하는 태도에 변화를 주고 싶으면 우선 움직이는 자세에 변화를 주어야 한다. '스탑!'이란 명령으로 인하여, 평소에는 생각하지도 못한 어색하고 불편하기 짝이 없는 자세를 유지하려고 하면 자연히 의지력이 생기게 되고, 그 개발된 의지력이 주인이 되어 약화한 정신과 감정을 제어할 수 있게 되는 것이다.

분노나 아니면 너무 좋아서 죽을 것 같은 기쁨을 조절하는 가장 좋은 방법은, 자극과 반응 사이에 간격을 두는 즉 완충지대를 만드는 것이다. 그 '간격'에는 내가 반응을 선택할 수 있는 자유와 능력이 있다. 아리스토텔레스의 『니코마코스 윤리학』에 있는 말이다.

"누구든지 화를 낼 수 있다. 물론 쉬운 일이다. 그러나 올바른 사람에게, 올바른 정도로, 올바를 때, 올바른 동기로, 올바른 방식으로 화를 내기는 쉽지 않다."

타력보다 자력에 비중을 두는 종교들의 핵심은, 어떻게 하여서든지 육신과 정신을 분리하고 정신을 각성시키는 데 있다. 즉 어떻게 하면 24시간 정신을 바짝 차리고 살 수 있는가를 연구하는 것이다. 이런 '스탑!'을 통해서 정신을 초롱초롱하게 하고자 노력하는 것은, 잠재된 에너지를 낭비하지 않고 축적하여 그 에너지를 고급화하려는데 있다. 구르지예프는 그런 공부들을 위해 제자들에게 최고 속도로 3㎞ 정도를 달리게 하거나, 오밤중에 제자들을 갑작스레 깨워서 복잡한 자세를 취하게 하는 등의 훈련을 시켰다.

이처럼 간단한 '스탑!'이라는 테크닉으로 마음과 몸의 교섭을 분리하며 태고의 정적을 만들고, 그 정적에서 "제호의 일미醍醐一味"(『정전』, 무시선법)를 맛보는 것이다. 이 명쾌한 수피의 '스탑!' 공부라는 테크닉의 진가를 진작 알아보고 그 외연을 넓혀 후세에 전한 것은 오로지 구르지예프의 공이다. 이렇게 간단명료한 테크닉이 성성적적惺惺寂寂 적적성성寂寂惺惺의 경지를 관광시켜준다는 것은 참으로 신기하고 고마운 일이다. 고타마 붓다도 파탄잘리나 마하비라 그 누구도 생각하지 못했던 테크닉이다.

스탑! 수련은 한 잔의 차를 마시면서도 할 수 있고, 핸드폰의 벨이 울렸을 때 기계적으로 반응하였던 자기를 멈추면서도 할 수 있고, 운전하는 중 멈춤이라는 표지판 앞에서 슬쩍 지나가지 않고 완전한 멈춤을 하면서도 할 수 있다. 또 산책하다 잠깐 멈추어 나의 주인이 누구인가 하고 그 에너지의 흐름을 보며 순간을 즐겨볼 수도 있다. 그러나 심고나 기도를 드릴 때도 마찬가지겠지만, 주절주절 긴 시간을 하게 되면 딴 마음이 비집고 들어오기 때문에 잠깐씩 여러 번 강도 높게 하는 것이 효과적이다.

프랑스에서 틱낫한 스님이 경영하는 플럼 빌리지에서 종소리에 맞춰 마네킹처럼 멈추는 것도 '스탑!' 공부요, 격렬한 음악에 가련한 몸을 싣고 은하수로 달리는 라즈니쉬의 '쿤달리니 메디테이션Kundalini Meditation'에서의 기절초풍할 '스탑!'도 다 이것이다.

출가 교도로서 직장(기능인)과 가정(자연인)을 철저히 분리하고 그 역할을 분명히 구분하면서 사는 것 또한 품위 있는 '스탑!' 공부다.

구르지예프의 러시아 제자였던 우스펜스키가 그의 말년 영국에서 뉴욕으로 가기 위해 그 일행들이 짐을 전부 싣고 만반의 여행 준비를 끝내고 있을 때, 배가 떠나기 몇 시간 전 부두에 나타난 구르지예프가 제자들에게 "나는 이번에는 미국에 안 갑니다."라고 하여 여러 사람의 인생을 뒤죽박죽 만들어 놓은 폭탄선언 또한 비싼 비용이 들긴 하였지만 '스탑!' 공부다.

그러면, '파란 고해의 일체생령'(『정전』 개교의 동기)에 끼어 서투른 노를 저어가는 사공의 한 사람으로서, 또는 '수많은 고원Mille Plateaux'을 넘어가는 초라한 '유목민'의 일원으로서, 더욱더 큰 스케일의 '스탑!' 공부로는 어떤 것이 있을 수 있을까?

3.
부정적 감정들 Negative Emotions

인간은 예나 이제나 스트레스를 주고받으면서 살아간다. 감정 속에는 강한 에너지가 있기 때문에 잘못 처리하면 병의 원인이 되고 만다. 인간의 감정들을 흔히 희喜 노怒 애哀 락樂 애愛 오惡 욕慾의 7정情으로 묶고, 『황제내경』에서는 기쁨喜 분노怒 근심憂 생각思 슬픔悲 놀람驚 두려움恐으로 설명한다.

흥미 있는 것은 고인들도 분노하는 것을 마음心의 노예奴가 되었다고 생각했다는 것이다. 화내는 마음은 주인의 자리에서 굴러떨어져 마음의 노예가 되었다는 것이다. 『황제내경』은 스트레스를 어떻게 조절하느냐를 설명하는데, 그중에서도 '분노 조절'이 가장 중요하다.

왜냐하면, 감정에 과도하게 집착하는 행위가 도움이 안 되는 이유는 감정은 늘 수시로 변하는 것이기 때문이다. 감정은 일종의 '피드백 메커니즘'으로 우리에게 어떤 것이 중도中道이고 어떤 것이 중도가 아닌 줄을 가르쳐 줄 뿐, 그 이상도 그 이하도 아니다. 긍정적 감정이 옳은 행동을 했을 때 돌아오는 보상이라고 한다면, 부정적 감정은 그것에 대한 어떤 대책을 실행하라는 요구다. 나쁘게 느껴진다고 나쁜 것만은 아닌 경우가 많다. 감정은 단지 안개 낀 바다에서 암흑을 헤치고 나가는 수단일 뿐이다. 부정적인 감정을 갖게 되면 단지 이성적 판단이 방해를 받을 뿐이다. 아니면 자신을 비난하고, 의욕을 꺾고 외부의 상황을 왜곡하는 인지 치료 연구자들이 말하는 '사고오류'를 하게 된다.

불교에서도 탐욕貪과 분노嗔 어리석음癡을 삼독심이라 하면서 독약毒이라는 카테고리로 묶는다. 하기야 108가지의 번뇌 또한 독 아닌 것이 없다. '108'이란 숫자에 주눅들 필요도 없다. 몇천 년 전에는 인간의 번뇌가 108가지이었는가는 몰라도 현대는 몇천 가지의 스트레스 쌓이는 일들이 있다. 약간 구질구질하지만, 108이란 번뇌의 수는 안·이·비·설·신·의식이 일어날 때 그 대상이 자기에게 맞으면 오케이OK! 하고, 맞지 않으면 노NO! 하고, 이것도 저것도 아니면 좋다고도 싫다고도 하지 않는다. 이처럼 6가지 인식 감각에 '좋다, 싫다, 좋지도 싫지도 않다' 3가지 경우가 있으니 18가지가 된다. 여기에다 각각 깨끗한 것과 더러운 것이 연결되어 36가지가 되고, 또 각각 과거 현재 미래의 세 경우가 있기 때문에 108가지가 된다. 이것 말고 다르게 계산하는 방법도 있다.
108가지의 독이 있으면 또 그에 대한 108가지 해결방법(약)도 있기 마련인 것이 인생이다.

탐진치는 자연스러운 현상이며 우리 삶의 일부분일 뿐이다.(감정은 피드백 메커니즘으로 작동되는 것임을 잊지 말자) '스트레스는 나의 힘'이라고 하듯 부정적인 감정을 받아들이지 않으면 그 부정적인 감정들은 더 깊어지고 오래가며 결국에는 장애를 일으키고 만다. 세상일이 꼬이기만 하고 내 속을 뒤집어 놓으면 더러운 기분을 느끼지만, 이런 부정적인 감정이 정신건강에는 필수 요소일 수도 있다. 그런 부정적인 감정을 점잖게 받아들이지 않는다면 숙제를 풀지 않고 사는 것과 같다. 요령은 화가 머리끝까지 날 때 그 분노를 세련되고 우아하게 표출할지언정 상대방의 얼굴에 주먹을 날리지는 말라는 것이다.

구르지예프는 현대 심리학에서처럼 이런 인간의 감정을 해부하는 데 치중하기보다는 자신의 공부(Work)를 위해 에너지 낭비를 막기 위한 관점에서 부정적 감정을 다루고 있다.

1923년 1월 30일 프랑스 프리우레이Prieuré 학교에서 구르지예프는 이런 법설을 했다.

"너희들은 매일 24시간 동안 우리 몸의 기관에서 생존을 위한 일정량의 에너지가 만들어진다는 것을 들었을 것이다. '일정량'이라고 내가 되풀이하지만, 우리가 평소 사용하는 에너지보다 훨씬 많은 양의 에너지가 만들어진다. 그런데 우리가 사는 모양이 잘못되었기 때문에, 우리는 만들어진 에너지의 일부분 어떤 때는 전부를 비생산적인 방식으로 소비하고 있다. 에너지가 소모되는 가장 중요한 원인은 일상생활에서의 불필요한 움직임들 때문이다. … 예를 들면 내가 이 의자에 앉아 있는 것을 너희들은 내가 움직이지 않으니까 에너지 소모가 없으리라 생각할지 모르지만, 모든 동작과 모든 크거나 작거나 한 긴장들로 에너지는 새어나간다, 만일 내가 이렇게 움직인다면(구르지예프가 실제로 움직이는 모양을 내며) 더 많은 에너지가 필요하겠지. …"

구르지예프는 에너지 만들기와 에너지 비축畜氣하기를 제자들에게 강조하였다. 에너지氣가 넘쳐나지 않으면 깨칠 수가 없다는 것은 명명백백한 사실이고 아무리 강조해도 지나치지 않는다. 사실 이것이 도道 닦는 공부의 알파요 오메가다. 예수는 직업이 목수였다. 하지만, 당시의 목수란 요샛말로 핸디 맨handy-man인 무슨 일이든지 다 해야 하는 잡역부라 비리비리할 수가 없다. 더구나 공생애를 시작하기 전 잃어버린 13년간의 청소년 시절에 인도나 티베트까지 갔었다고 가정한다면, 요가의 깊은 경지도 맛보았을 테니 체력적으로도 대단한 내공을 쌓은 청년이었을 것이다. 자이나교의 창시자 마하비라도 출신 성분이 왕자인 크샤트리아, 즉 사람을 죽이는 무사 계급이요, 고타마 붓다도 같은 무사 계급이니 모두 체력으로는 만점이었을 것이다. 구르지예프 또한 세 번의 총상과 목숨을 내건 구도의 여행을 했을 정도니 더 말할 나위도 없고, 또 만일 소태산이 기침이나 콜록콜록하고 뒷방에 누워있는 청년이었다면 대각은커녕 소각도 못 했을 것이다.

구르지예프는 에너지의 종류를 세 가지로 구분하였다.

육체적 에너지Physical Energy, 정서적 에너지Emotional Energy, 정신적 에너지Mental Energy를 만들 수 있는 재료들은 우리가 숨 쉬는 공기air, 먹는 음식food, 그리고 감각기관을 통해 갖는 인상impressions이라고 하였다. 그리고 우리는 획득한 에너지 이상을 사용하게 되면, 바람 빠진 타이어(flat tyre)처럼 기진맥진한다고 했다. 그리고 흥미롭게 인간기계를 3층 집으로 비유하였는데, 1층에는 육체가 살고, 2층은 정서적 생활emotional life을 하고, 3층은 지적 생활intellectual life을 한다고 했다.

소태산은 공부의 실천 여부를 판결하는 잣대로 여섯 가지의 법위등급(『정전』 17장)이 있고, 구르지예프도 진급하는 인간의 일곱 계단의 순서를 만들었다.

소태산의 법위등급 여섯 가지,

1. 보통급
   처음으로 불문에 귀의하여 보통급 10계문을 받은 사람.
2. 특신급

계문 중 특신급 10계문을 지키고 원불교 교리와 법규를 대강 이해하고, 모든 사업이나 생각과 신앙과 정성이 다른 세상으로 흐르지 않는 사람.
3. 법마상전급
   법과 마를 분석하고, 원불교 경전 해석에 과히 착오가 없으며 사심을 제거하는데 재미를 붙이고 무관사無關事에 부동하는 사람.
4. 법강항마위
   대소유무의 이치에 걸림이 없고 생로병사에 해탈한 사람.
5. 출가위
   모든 종교의 교리에 정통하고 원근친소와 자타의 국한을 벗어나 일체생령을 위하여 천신만고와 함지사지를 당하여도 여한이 없는 사람.
6. 대각여래위
   일체생령을 제도하는데 만능萬能이 겸비하고, 동하여도 분별에 착이 없고 동하여도 분별이 절도에 맞는 사람.

구르지예프의 인간 계발의 7가지 단계 The 7 Levels of Human Development.

1. 사람 #1(Man #1)
   본능적으로 움직이는 사람, 모방과 자기 본능에 충실하고 위로와 쾌락 추구에 몰두함.
2. 사람 #2(Man #2)
   자기감정에 의해 작동되는 사람. 좋아하거나 싫어하거나 좋은 것만을 추구하고, 몸이 아픈 경우에는 아주 역겹게 생각하는 수준.
3. 사람 #3(Man #3)
   지적인 면에 중심이 서 있는 사람. 모든 일에서 이론과 이성적 근거를 높게 평가하는 사람. 항상 증거와 체제systems를 따지는 사람.

※ 사람 #3까지는 자신을 컨트롤 할 수 있는 힘이 없다. 셰익스피어 작품에 나오는 인물에 비유하자면, 사람 #1은 폴 스태프Falstaff, 사람 #2는 할 왕자Prince Hal이고, 사람 #3는 햄릿Hamlet이라 할 수도 있다.

사람 #4부터 #7까지는 약간 수준이 있는 사람들이다. 소태산의 법위등급에서도 4번째인 법강항마위부터가 성인聖人의 위位에 해당한다.

4. 사람 #4(Man #4)

생각이나 가치관 등 중심이 잡히고, 마음 깊은 공부에 항상 관심이 있다. 높은 단계로 올라가려는데 관한 지식이 있다. 그리고 보통 일어나는 일들의 영향에서 벗어나 있으며, 완전한 의식을 갖고 일을 한다.

5. 사람 #5(Man #5)

조화된 인격체로 수정화되어 있다. 아래의 단계로 불퇴전하지 않는다. 전체적으로 모든 일의 진행하는 과정을 잘 알고 있다.

6. 사람 #6(Man #6)

사람 #7과 비슷한 수준이지만 아주 완전하지는 않다. 완전한 지혜를 갖고 있기는 하지만 약간 어리둥절한 경우가 있다.

7. 사람 #7(Man #7)

변하지 않는 영원한 'I'의 의식과 의지가 있다. 개성이 확실하고 불사신immortality 같다.

구르지예프의 일곱 가지 사람됨의 구분과 소태산의 여섯 가지 법위등급을 비교하여 보면, 동서양의 문화적 배경과 표현하는 방법에 차이가 있어 재미있다.

구르지예프의 공부법은 평범한 사람 #1로부터 #7로 가려는 방법이고, 그렇게 되려면 많은 에너지가 필요하기 때문에 에너지 비축을 강조한다.

구르지예프는 "우리들의 에너지는 수면 시간에 모였다가 낮의 여러 가지 만나는 일로 소진된다. 온종일 소비가 계속된다. 우리들의 에너지 비축량은 보통의 기계적인 생활로서는 충분하지만, 이 공부를 위해서는 부족하다. 예를 들면 보통 일은 15W의 전구로 충분하다면, 공부는 100W의 전력이 필요하기 때문에 금방 소모된다. 만일 우리가 에너지를 욕망·후회·걱정 같은 쓸데없는 대인관계 등에서 생기는 일에 소비하여 기운이 없어졌다면, 우리 몸은 그저 하나의 고깃덩어리에 불과할 뿐이다. 우리는 어떻게 에너지를 효과적으로 사용하는가를 배워야만 한다."고 말했다.

그리고 공부에 사용되는 에너지는 다시 회복하여 찾을 수 있지만, 무의식적으로 소비된 에너지는 영원히 찾을 수가 없다는 것이다.

한 제자가 "그러면 어떻게 우리가 그 에너지를 경제적으로 사용할 수 있을까요?"라고 물었을 때 "그것을 배우려면 오랜 시간이 걸리지."

또 제자가 "그러면 우리가 누워있을 때는 에너지 소비가 적을까요?"라는 질문에 "누워있을 때는 외부로부터 영향이 적어서 그럴 것 같이 생각되겠지만, 눕게 되면 머리를 더 굴려 많은 생각을 하므로 에너지를 더 소모한다. 그리고 앉아있는 것이 걷는 것보다 에너지가 덜 소모될 것 같지만, 걸을 때는 다리들이 규칙적으로 움직이기 때문에 생각보다 에너지가 적게 든다. 마치 저단 기어로 차를 몰면 고단 기어로 달리는 것보다 연료가 더 드는 것과 같은 이치다."

프랑스 학교에서 구르지예프가 자동차 사고로 몸이 불편했을 때인데, 10월의 타는 듯이 무더운 날 옥외에서 제자들을 시켜 큰 장작불을 피우게 하고, 의자에 앉아 1시간 이상 화염을 쳐다보곤 하였다. 목적은 그 불꽃으로부터 어떤 힘을 얻기 위해서였다. 구르지예프는 에너지의 낭비를 막기 위해 부정적인 감정들의 표출을 자제하도록 강조하였다. 사람의 에너지도 열 같은 기계적 에너지Mechanical Energy, 생명 에너지Vital Energy, 정신적 에너지Psychic Energy, 의식 에너지Conscious Energy와 같은 여러 종류가 있다.

구르지예프는 소모적인 부정적 감정 말고도 멈추거나 제어할 수 없는, 마음속에서 일어나는 여러 생각의 흐름이나, 끊임없는 신체의 불필요한 근육의 연속된 긴장을 경계하였다. 심지어는 마룻바닥에 떨어진 실 바늘 하나를 줍는 데 몸무게까지 사용하여, 많은 에너지를 쓰는 것에도 주의를 환기했다. 그리고 편지 한 장 쓰는데도 공연히 책 한 권 분량의 글을 쓰는 에너지를 소비한다고 나무라기도 하고, 어깨와 팔 없는 방법 등, 불필요한 근육의 움직임에 세심한 주의가 필요하다고 하였다.

구르지예프의 공부법[19]에서 부정적인 감정들은 어떤 것이 있나 보자.

첫째, 초조함, 참을성이 없음, 실망, 가슴 아픈 일, 작은 걱정거리, 지루함(무관심), 약간의 질투심, 분개, 불만족, 당황함.(이런 감정들은 표현하지 않도록 주의해야 함)

둘째, 후회, 자기연민, 우울, 냉담, 의심, 실쭉하기(sulkiness), 격정, 습관적 걱정, 싫어하기, 죄책감, 향수병.(이런 감정들은 자기관찰self-observation과 생각의 변화가 필요함)

셋째, 혐오감, 질투심, 원한, 공포심, 후회, 무상無常함, 의기소침, 자

---

19 구르지예프의 공부법이란, 구르지예프 자신의 법문은 물론 그 뒤를 이어 나름대로 소규모의 회상들을 연 여러 제자의 가르침도 포함한다.

포자기, 폭력.(기도와 셀프-리멤버링으로 만 변화시킬 수 있음)

인류 역사에서 부정적인 감정들이 꼭 나쁜 것만은 아니었다. 분노 공포 비애 같은 정서는 외부로부터 오는 생존 위협에 대한 일차적인 방어선으로서 살아남으려는 전투자세를 취하게 한다. 진화 과정에서 보면 사활을 건 싸움은 반드시 승자와 패자를 가려야 하는 게임이기 때문에, 극단적인 부정적 감정으로 무장을 하게 되고 따라서 자연선택은 부정적 정서가 발달하는 쪽을 선택하였을 것이다. 본능적으로 살아남기 위해서 그랬는가, 인간에게는 긍정적인 면보다는 부정적 정서와 경험 및 정보에 더 무게를 두는 '부정적 편향negativity bias'이라는 본성이 있다. 즉 이익 보는 것보다는 손해를 본 것에 더 아쉬워하고, 내게 손해는 있을 수 없다는 식의 분노를 한다. "은혜는 물 위에 새기고 원한은 돌에 새긴다."는 말이 있고, "남에게서 받은 은혜가 깊어도 갚지 않으면서, 원한은 얕아도 갚는다."는 『채근담』의 말도 있다. 은혜와 사랑보다는 원한과 미움에 훨씬 강하게 반응한다. 또 소문도 부정적인 소문이 빨리 그리고 넓게 전파되는 것이다.

현대는 원시시대와는 아주 다른 환경이다. 불안이나 초조 공포를 느끼면 신체는 호흡 심장박동 혈압 동공의 크기가 증가하고 타액과 소화액은 감소한다. 즉 수승화강水昇火降이 안되어 오장육부에 고장이 난다. 그래서 『법화경』에서는 그런 스트레스를 갖는 사람과 그런 세상을 '불타는 집'火宅에 비유하였다.

『황제내경』에서 황제는 "저는 모든 병은 기氣에서 생긴다고 알고 있습니다. 성내면 기가 거슬러 오르고, 기뻐하면 기가 느슨해지며, 슬퍼하면 기가 사라지고, 두려워하면 기가 내려가며, 추우면 기가 수렴되고, 열이 나면 기가 빠져나가며, 놀라면 기가 어지러워지고, 피로하면

기가 소모되며, 생각하면 기가 맺힙니다."(내경편,기,67쪽)

그중에서 화를 내는 것이 가장 에너지의 손실이 크다. 화는 간에서 주관하는 것으로 아래에서 위로 솟구치는 힘이다. 상식적으로도 위에서 아래로 내려가는 것보다 아래에서 위로 솟아오를 때 더 많은 에너지가 소비된다. 참는다는 것은 만능이 아니다. 화를 참는다는 것은 올라오는 힘을 당분간 눌러 놓은 것에 불과하다. 『수심결』에서도 바위로 풀을 누르는 '여석압초'如石壓草로 비유하였듯이, 화를 참고 참다가 임계점을 넘으면 백배 천배의 복수를 당하게 된다.

프로그램 안 된 어린아이는 감정표현이 자유롭다. 상처를 받았을 때는 거침없이 주저앉아 울음을 터뜨리지만, 잠시 후에는 언제 그랬느냐는 듯이 다른 놀이에 또 열중한다. 엘리자베스 퀴블러 로스Elisabeth Kuebler-Ross는 어린아이의 감정 폭발은 15초 정도라고 한다. 이런 표현을 막을 때 경색되어버린 그 감정은 자기 연민으로 변하여 몸에 축적된다. 자기연민은 구르지예프 공부법에서 말한 둘째 감정에 속하고 있지만, 이기심 못지않게 많은 에너지를 고갈시킨다.

구르지예프의 말대로 '나' 안에는 수천 개의 다른 '나'가 살고 있기 때문에 수많은 감정이 자신을 잘 드러내지 않으면서 살고 있다. 그 감정들은 외부로 자주 표현되는 '강경파'와 자신의 본체를 잘 드러내지 않는 '온건파'로 구분할 수 있다. 그래서 개인 간의 다툼이나 조직에서의 갈등은 강경파 감정들은 물론 온건파로 분류되는 미세한 감정까지 이해하고 설득해야만 치료가 되는 경우도 있다. 예를 들면, 부부 사이에서 아내이며 동시에 아이 엄마인 '외로움' 같은 것은 그 본색이 잘 드러나지 않는 온건파 속에 속한다.

구르지예프의 제자 우스펜스키가 자신의 그룹 제자들과 나눈 문답 감정을 보자.

"… 그렇지만 부정적 감정을 내게 일으키는 것은 밖의 세계가 그 원인을 제공하는 것 같이 보이는데요."

"바로 그것이 우리가 갖는 가장 나쁜 환상의 하나지. 우리는 부정적인 감정들이 전부 밖의 영향에서 온다고 생각하는데, 실은 우리 안이야, 안. 이건 아주 중요한 관점인데 어떤 조건도 없어. 100% 내가 만들어내는 거야. 그건 단지 나의 약점이야. … 우리는 우리 인생을 부정적 감정들로 소비하고 있지."

또 다른 제자가 물었다.

"그러면 긍정적 감정은 어떤 것입니까?"

"우리에게 없는 것들이지 뭐. 신약성경에서 너희에게 정말 믿음이 충만하다면 산들도 움직일 수 있다던가, 원수를 사랑하라. 그러나 누가 그럴 수 있겠는가? 우리는 우리들의 친구조차 사랑할 수가 없는데."

구르지예프는 공개석상에서 사랑에 대해서 언급한 일이 많다. 특히 그의 유럽 체재의 첫해와 1924년 미국 첫 방문 때 그랬다. 그는 사랑은 남녀 양성 간의 상호교감의 에너지로 성격을 규정했다. 사랑은 '긍정적 에너지의 발전기'라고 했다. 구르지예프가 그의 어머니와 부인을 지극히 사랑했었다는 것은 의심할 여지가 없다. 그러나 '외부인outsiders'에게는 그의 효심이나 부인에 대한 옹호에 대해서는 사람을 어리둥절하게 만드는 면도 없지 않았다. 그는 프랑스에 있는 모친의 묘비명에 프랑스어로 "여기에 자기 자신을 찾은 사람의 어머니가 누워있다. 어머니의 죽음은 그로 하여금 『Les Opiumistes(영어로는 The Opiumists)』라는 제목의 책을 쓰게 하였다."고 적었다. 그러나 필자의 좁은 견문으로는, 그는 회상을 열기 전 구도의 과정 중, 중앙아시아에서 알코올이나 마약 중독자에 대한 연구와 치료를 담당한 일은 있었으나, 아편에 관한 책을 쓴 일은 없다. 구르지예프는 그의 부인인 율리아Julia Ostrovska가 죽은 그날 저녁 보드카vodka파티를 열었다.[20] 율리아는 시어머니에 대해 언급한 일이 없었고, 구르지예프가 대중에게 눈물을 보인 것은, 기록상으로는 영국인 제자 오라지Orage가 죽었을 때뿐이다.

사랑이나 감사 등 능동적인 감정은 부정적인 감정의 찌꺼기들을 없애고 몸에 활력을 가져다주는 최고의 묘약이다. 긍정적 감정은 사고의 범위를 넓혀줄 뿐만 아니라 건강상태를 뒷받침하는 신체적·사회적·지적·심리적 자원 구축에도 도움이 된다.

1942~45년까지 아우슈비츠와 네 곳의 유대인 포로수용소에서 살아남은 빅토르 프랑클은 인간은 존재에 구속된 자가 아니라 언제나 자신의 존재를 결정하고, 그 결정으로 그의 존재가 된다고 말했다. 그는 "본질적으로 인간의 구원은 사랑에 있으며 사랑을 통해 구원은 이루어진다."라고 했다. 그리고 『삶의 의미를 찾아서』에서는 "내가 비록 한순간일망정 사랑하는 사람을 생각할 수 있다면, 이 세상에서 모든 것을 박탈당한 인간이라도 행복을 찾을 수 있다는 사실을 알게 되었다. … 인간은 사랑하는 사람에 대한 아름다운 상상 속에서 자아를 실현할 수 있다."라고 하였다.

긍정적 감정은 구르지예프의 공부 속에서도 많은 에너지를 생산할

---

20 앞에서도 이야기했지만, 구르지예프는 율리아가 죽은 후 며칠 동안 방 밖으로 나오지 않았다고 한다. 이 책 앞부분에 '쿠오바디스 도미네'에서 언급한 대로, 구르지예프는 동생인 드미트리가 먼저 죽었을 때, "장례식은 중요하지 않아. 자, 우리 피크닉이나 가자!"라고 조크 아닌 조크를 한 일이 있다.

수 있지만, 스트레스 해소나 행복을 추구하는 신체적 자원을 생산하고, 사회생활을 하는 데에도 적극적 반응으로 표현되어 좋은 결과를 가져다준다. 사랑이나 인생에 대한 긍정적인 감정이나 태도는 창의성이나 대인관계·자신감·어려운 상황에 대한 인내심과 궁극적으로는 좀 더 긴 수명연장의 계기를 가져다준다. 그래서 그랬는지 구르지예프는 공동체 사람들을 위해 특이한 향미를 가진 이상한 음식을 손수 만들어 제공하고, 터키식 목욕탕을 만들어 제자들을 목욕시키기도 하고, 커피 시간을 가지면서 대화를 하고, 춤추고, 정원을 가꾸고, 목제품을 세공하는 등 긍정적인 정서 내지 감정들을 위한 작업을 많이 시켰다. 사랑이나 즐거움 희망 등의 긍정적인 감정은 T-림프구와 엔도르핀의 생산을 증진한다. 언젠가 구르지예프는 우주에는 우리가 가져다 쓸 수 있는 무량한 에너지가 있다고 하였는데, 우리는 그 에너지와 차단되면서 살고 있기 때문에 건강하지 못한 것이고, 우리가 그 에너지를 가져다 쓰려면 그 에너지의 주파수를 찾아야 한다고 말했다. 그리고 그런 작업은 기차를 타고 가면서도 옆 사람이 눈치채지 않게 15분 동안 할 수도 있다고 하였다.[21]

언제인가 우스펜스키에게 한 제자가 물었다. "어떻게 에너지를 조절하는데 더 좋은 방법은 없을까요?" "조절control 하는 것보다는 작은 일이라도 컨트롤하기 위해서는 우리는 모든 기계를 잘 알아야 한다. 먼저 의식이란 관점에서 우리 자신을 컨트롤해야만 한다. 그리고 나서 불필요한 에너지 낭비를 멈추어야지. 사람들은 망상imagination, 남이 나를 어

---

21 우주에 있는 그런 생명 에너지를 빌헬름 라이히Wilhelm Reich는 오르곤 에너지orgone energy라 불렀다.

떻게 생각할까 미리 생각하는 것considering, 거짓말로 둘러대기, 자기가 관심 있는 것에 대한 끊임없는 동일화identifying 또 부정적 감정의 표현, 그리고 잡담으로 에너지를 낭비한다."라고 했다.

우스펜스키는 '공부(Work)'의 첫 번 단계를 '기계 청소cleaning the machine'라고 했다. 어떻게 공부를 시작해야 하는지 모르는 질문자에게, "잡초로 뒤덮인 밭에 작물을 심으려면, 그 잡초를 보고 '어떻게, 어떻게 하고만 있으면 곡식을 심을 수 있을까요? 우선 잡초를 뽑아야지요. … 그리고 녹슬고 더러워진 그 기계를 청소해야지요. 여기에 온 사람 중 새 기계를 가지고 온 사람은 아무도 없답니다. 매일 매일 청소를 해야 합니다. … 사람 안에 가장 더러운 것은 부정적인 감정들과 순간적으로 나쁜 탐닉에 빠지는 것입니다."

틱낫한 스님의 말이 기억난다. "우리의 마음은 밭이다. 그 안에는 기쁨·사랑·즐거움·희망과 같은 긍정의 씨앗이 있는가 하면, 미움·절망·좌절·시기·두려움 등과 같은 부정의 씨앗이 있다. 어떤 씨앗에 물을 주어 꽃을 피울지는 자신의 의지에 달렸다."

그러면 구르지예프와 그의 제자들이 이야기한, 부정적인 감정을 어떻게 극복하느냐는 방법을 필자 나름대로 정리하여 보았다.

1. 항상 자신이 그런 부정적 감정과 동일시identification 하는 것에서 벗어나기를 노력하라. 즉, 그런 부정적 감정의 정보에 대해 감사의 뜻을 표한 뒤, 판단이나 비판과 걱정 등의 생각들로부터 점잖게 물러나도록 노력하라. 그런 감정들이 너의 세계를 지배하도록 내버려 뒤서는 절대로 안 된다. 그것은 단지 생각이기 때문에 동일시할 가치조차 없고, 그런 것들은 네가 강력한 의지력으로 명령만 하면 없어지게 되어있다.

2. 자신의 불쾌한 감정들을 누구도 상처를 입지 않도록 가장 즐거운 방법으로 표현하기를 노력하라. 살면서 부정적인 생각을 전혀 안 할 수는 없다. 그것은 불가능한 일이다. 그러나 부정적인 생각이 떠오르면 그런 생각에 잠겨있는 시간을 통제하고 또 그것을 덮어버릴 수 있는 다른 긍정적인 생각을 해서 마무리 지어야 한다. 말은 해버리면 그냥 소리로 끝나는 것이 아니라, 상대편에는 물론이고 말을 한 자기 자신의 몸과 마음에도 영향을 미친다.

3. 외부의 현실을 바꿀 수는 없지만, 자신의 관점을 바꾸는 것은 공부심으로 가능하다. 고통·슬픔·깊은 근심에 잠겨있는 사람은 먼저 자신의 고통을 인지하고 받아들일 수 있어야 한다. 살아있는 모든 생명과 연결된 느낌이 들고, 우주 일부가 되는 체험을 해보는 것이다. 우리 고통의 대부분은 '타인이 나고, 내가 타인'이라는 사실을 모르기 때문에 그렇게 느낄 뿐이다.

살면서 나쁜 에너지는 버리고 좋은 에너지만 갖고 살 수 있을까? 부정적인 에너지는 말할 것도 없지만 긍정적인 에너지조차 초월해야 할 무엇이다. 소태산은 "큰 도는 원융하여 유와 무가 둘이 아니요, 이理와 사事가 둘이 아니며, 생과 사가 둘이 아니요, 동과 정이 둘이 아니니, 둘 아닌 이 문에는 포함하지 아니한 바가 없다."(『대종경』 성리품 4장)고 하였다. 행복감은 왔다 갔다 하고 그 반대의 기분도 왔다 간다. 우리가 행복감을 느낄 때 그 뒤에는 불행이 자기 차례를 기다리고 있다. 마치 사랑을 할 때 미움이 자기 순서를 기다리듯이. '마음'이란 것이 작동하는 한 기계는 그렇게 작동하게 되어있다. 먼저 부정적 감정을 버리고, 그다음엔 긍정적 감정까지 놓아야 한다. 그런 텅 빈 자리가 정각正覺의 자리요 대각大覺의 터다. 부정적 감정은 내려놓기 쉽지만, 긍정의 감정을 넘어서기는 어렵다. 왜냐하면 '마음'이 작동하는 부정적 감정이란 것은 긍정적 감정의 변형이요, 긍정적 감정 또한 부정적 감정의 다른 얼굴이기 때문이다. 행복은 불행의 속임수에 불과하다. 마치 암탉과 달걀의 관계라고 할까? 웃음과 울음의 관계라고 할까? 표면상으로는 두 얼굴이지만 안으로는 한 얼굴일 뿐이다. 부정적 감정을 제거하고 싶으면 잊지 말고 긍정적 감정까지 잘라버려야 한다. 왜냐하면 사랑과 미움은 두 개의 다른 감정이 아니라 같이 자라는 한 나무이기 때문이다.

사랑과 미움은 '따로국밥'이 아니다. 육도윤회六途輪回 이전에, 사랑과 미움이라는 두 개의 시계추가 왔다 갔다 진자振子 운동을 하듯이, 사랑과 미움의 윤회가 먼저 있었다. 사랑과 미움은 개념상으로는 두 가지로 구분하지만, '사랑-미움(love-hate)'이란 한 단어로 표현해야 맞다. 빛과 광명도 그렇다. 그래서 현자는 생명과 죽음을 '생사生死'라는 한 단어로 표현하지 않았는가. 만일 사랑의 한쪽이 미움이라면 '미움' 또한 나쁠 것이 없다. 불가에서는 삼독심三毒心이라 하여, 탐욕과 화내는 마음과 어리석은 마음을 못된 것으로 일방적으로 폄척貶斥하지만, 그것이야말로 야생의 에너지요, 그 에너지로 우리는 진급하는 것이다.

저급의 에너지를 고급 에너지로 승화시키는 방법을 배우는 것이 공부Work다.

4.
인간기계 Human machine

"인간은 하나의 복잡한 존재다. 보통 우리가 이야기할 때, '나는' '나는 이렇게 생각하는데' '나는 이것을 하고 싶어 하는데' 등으로 이야기를 하지만 이것은 잘못이다. '나'라고 하는 것은 없고, 아니 그 속에는 수백 개의 '나', 수천 개의 다른 '나'가 있는 것이다. 어떤 때는 이런 '나'가 작동하고 다른 때는 또 다른 '나'가 행동하는데, 서로 모순되어 충돌만 할 뿐 조화를 이루지 못하고 있다.……우리는 우리가 기계인지를 인식하지 못하고 있다. 그리고 우리는 그 본성과 기계가 어떻게 작동하는지 또한 모르고 있다. 우리는 기계들이다.(We are machines.)"[22]

또 그는 1922년 8월 파리에서 있었던 법문에서 "사람이 태어날 때는 3개의 다른 기계들과 같이 출생하는데, 그것들은 그가 죽을 때까지 형성된다. 이 기계들은 서로 관계가 없다. 첫째는 육체이고, 둘째는 영적 실재(essence)요, 셋째는 인격(personality)이다. … 그런데 그것들은 제각기

---

[22] 구르지예프의 1922년 런던에서의 법설
Gurdjieff, 『Views from the Real World』, E. P. Dutton, 1975, p. 75.

그 사람이 가지고 있는 데이터data나 그를 둘러싼 환경과 처지 또 지리적인 조건 등에 좌우된다."라고 했다.[23]

구르지예프는 제자들에게 "너희는 스승이 되어 인간 기계들을 청소하고 고친다는 것이 얼마나 어려운 것인지를 알고 있어야 한다."고 했다. 그는 인간을 큰 저택에 많은 하인이 있지만, 주인이나 집사가 없이 황당하게 돌아가는 집에 비유하기도 하였다. 그러면서 그는 그 기계를 컨트롤하기 위해서는 기계 전체를 잘 알아야 한다고 보았다.

첫째, 쓸데없이 낭비되는 에너지를 멈춰야 하고 둘째, 셀프-리멤버링의 공부로 그 에너지를 모으고 그리고 나서 모든 것을 골라 맞게 조정해야 하는데, 이렇게 시작하는 방법밖에는 없다고 하였다. 그리고 에너지 낭비 중 가장 나쁜 것은 부정적인 감정들(negative emotions)이다. 그런 표현을 절대로 해서는 안 되고, 부정적 감정들은 모두 자신의 약점의 신호일 뿐이라고 하였다. 하기야 머리로는 '사람들과 사이좋게 지내는 것이 좋다'라는 것은 잘 알고 있으면서도, 실제로는 자기도 모르게 상대편에게 공격적인 언행을 하는 일이 비일비재하다. 이런 잘못된 기계들을 기관차 정비공장이나 자동차 수리점처럼 고치는 곳을 '학교'라고 하였다. (1923년 8월 12일, 쁘리우레이 학교에서)

어떻게 보면 기계처럼 사는 것이 편할 수도 있다. 무의식에 의해 많은 부분을 지배받고 있다는 사실이 불쾌할 수는 있지만, 무의식이 없는 삶은 피곤하고 에너지 소비가 많을 것이다. 수동식 트랜스미션의 기어를 변속시킬 때라든가, 밥 먹는 것, 말하는 것 등 일일이 의식을 집중하

---

[23] 같은 책, p.136.

고, 그때마다 심사숙고해야 한다면 말이다. 무의식적인 동작으로 우리는 그 덕분에 편안한 삶을 지탱해 갈 수 있는 면도 없지 않다.

조지 엘리엇의 『플로스 강변의 물방앗간The Mill on the Floss』에는 주인공인 매기의 어머니가 자기 딸의 헤어스타일이 다른 집 애들과 같아야 한다고 고집하는 장면이 있다. 어느 집의 애들처럼 살아야 '안전빵'이라고 생각하기 때문이다. 불안 사회를 대표하는 정서는 남들과 비슷하게 살아가야 한다는 것이다. 매기의 어머니뿐이겠는가. 다른 집 애들처럼 자식들이 자라주기를 바라는 심리도 모두 불안 때문이다. 불안을 만들어 경쟁시키며 즐기는 사회는 수많은 '자동인형'을 만들 수밖에 없다. 인간이란 외부적인 다양한 사건에 조종되는 일관성이 전혀 없는, 자신의 공포와 욕망의 먹이라는 기계가 장치된 인형에 불과하다.

어떻게 보면 사회나 어떤 종교단체도 그런 완전한 기계 노릇을 하는 개인들을 원한다. 왜냐하면 자유인이란 사회나 그런 단체에는 해악이 되므로, 좀비나 로봇 같은 물건이 필요하기 때문이다. 이 책 앞에 있는 '전쟁의 내적 원인'에서 잠깐 언급했지만, 구르지예프가 좋아하는 우화가 있다.

아주 많은 양 떼들을 갖고 있던 부자 마술사가 있었다. 그런데 이 마술사는 좀 못된 면이 있었다. 그는 목동들을 고용하려 하지도 않았고, 양들이 풀을 뜯는 초원에 목책을 두를 생각도 안 했다. 그의 양들은 계속 숲속을 배회하였고, 어떤 때는 협곡으로 떨어지거나 도망가버리곤 하였다. 왜냐하면 양들은 자기의 주인이 자신들의 고기와 껍질을 원하는지 잘 알기 때문이었는데, 양들은 그것이 싫었다. 마술사는 그의 양들에게 이런 내용의 최면을 걸었다. 첫째, 너희 양들은 죽지 않는 불사

조요 껍질을 벗길 때 아프기는커녕 반대로 매우 기분이 좋고, 둘째, 너희들의 주인은 아주 훌륭하고 사랑스러운 지도자이기 때문에 너희들을 위해 세상에서 무슨 일이든지 할 수 있는 능력이 있고, 셋째, 그런데도 어떤 일이 일어난다고 생각할지 모르겠으나 그런 일은 절대 일어나지 않을 것이고, 어쨌든 너희들은 그것에 대해서 복잡하게 생각할 것이 없다는 것이다. 거기다가 마술사는 너희들은 양 떼들이 아님을 알려주고, 몇 마리의 양들에게 너희는 사자들이고, 또 다른 양들에게는 너희는 독수리들이고, 또 다른 양들에게는 너희는 사람들이고, 나머지 양들에게는 너희는 마술사들이라고 했다. 이런 일이 있은 후, 마술사에겐 걱정거리가 없어지고 편안한 마음으로 양들의 고기와 가죽들을 쉽게 가질 수 있었다.

이 짧은 우화 속에는 구르지예프의 철학이 담겨있고, 인간들이 얼마나 무의식 속에서 양들 같이 농락당하고 있는지를 알려준다. 인간은 태어나자마자 생물학적으로, 가정으로, 사회, 국가, 종교로부터 알게 모르게 최면 당하고 있는지를 고발한다.

만일 어떤 사람이 자기의 기계인 '화학공장'을 컨트롤할 수 없다면, 그 사람은 기계일 뿐이다. 항상 기억해야 할 것은, 나는 피아니스트이지 피아노가 아니라는 것이다. 우리는 눈가리개를 씌운 말처럼 어디로 가는지 알 수 없는 '자동생각기계'로 살아서는 안 된다. 구르지예프 가르침의 출발점은 인간은 외부 세력에 의해 통제되는 기계라는 것이다. 그는 컴퓨터 시대 이전에 열반하였기 때문에 기계라는 단어를 사용하였지, 컴퓨터 세계를 알았으면 컴퓨터라는 단어를 사용했을 것이다. 마치 타자기처럼 외부에서 누군가 키를 누르면 작동하는 것처럼, 인간의 신경 시스템도 외부의 영향에 따라 반사작용을 하는 것이라는 것이다.

앞에서도 언급하였지만, 전쟁도 국가 간의 정의나 경제문제 때문에 발발하는 것이 아니라, 행성 간에 생기는 힘의 영향력 때문에 발생한다는 것이다. 즉 그런 영향 아래서 인간은 '미친 기계들mad machines'이 되는 것이다.

인간은 의식적으로 하는 일은 통제할 수 있지만, 무의식적인 행동은 통제할 수 없다. 그 무의식이 신체에 반복 행동을 일으키는 것을 '오토마톤(자동기계)'이라고 한다. 본인은 그 무의식적 반복행동을 왜 하는지 모르는데, 그 원인과 이유를 치유하는 것이 정신치료. 언젠가 지적 감각이 상당히 예민하게 생긴 한 부인이, "인간이 기계라면 어떻게 예술이 있나요?"라고 물었을 때, 구르지예프는 "레오나르도 다빈치나 미켈란젤로 등 훌륭한 마스터들이 있겠지만, 그들도 역시 기계들이야 … 굉장히 좋은 기계들이지."라고 답한 일이 있다. 하기야 분위기는 좀 다르지만, 책을 사랑하고 지식을 갈망하면서 김소월의 시와 『젊은 베르테르의 슬픔』을 무척 좋아했으며, 분신 직전까지 소설 세 편의 집필에 매달린 전태일이 "우리는 기계가 아니다."라고 외치며, 인간 이하의 대우를 받는 노동의 현실을 세상에 알리고 산화한 일이 있었다. 1940년대 초반부터 각 분야의 학자들은 인간과 잘 어울리는 기계를 만들기 위해, 즉 인간의 생각이 움직이는 방식을 연구하여 기계에 이른바 '인공지능(AI : artificial intelligence)' 탑재를 시도하였다. 그 대표적인 예로 이세돌 바둑 9단과 대결에서 승리한 인공지능 컴퓨터 바둑 프로그램 알파고Alpha Go였다.

인간은 대단한 수준의 지적 역량을 갖고 있지만, 정작 인간 자신에 대해서는 무지하다. 더욱 곤란한 것은 인간은 자기 자신에 대해서 무지하다는 사실을 알지 못하고 있다는 것이다. 수피Sufi들은 '가플라ghafla'를 이야기하는데, 가플라는 무의식 상태를 의미한다. 구르지예프가 인간은 뭣인지도 모르고 무의식 상태 즉 수면 상태에 있다고 한 것은, 수피들한테서 빌려온 것 같다. 인간은 대낮에도 '꿈'을 꾸며 걸어 다니는 '몽유병자'라는 것이다. '붓다buddha'라는 말은 '꿈을 깬 사람'이란 뜻도 된다. 밤 꿈은 물론 낮 꿈도 깬 사람 말이다. 자기 자신에 대해서 모르고 있다면 그런 상태가 다 잠자는 것이다.

눈앞에 보이는 세상이 꿈이라고 주장한 사람은 서양 철학사에서는 주관적 관념론자인 조지 버클리George Berkeley가 있고, 인도 철학사에서는 AD 8세기에 비인격적인 절대자로서의 브라만을 강조한 불이론(不二論, Advaita)의 샹까라Shankara가 있다. 그런데 샹까라의 논리는 이론을 위한 이론이 아니라 꿈을 깨기 위한 특별한 선禪으로 가는 자리를 제공하기 위한 것이라는데 있다. 대부분의 인도철학 이론이 그런 경향성을 띠고 있지만, 철학적인 이론 전개가 아니라 실생활에서 그 이론을 극복하고자 하는 노력의 일환들이다. 샹까라는 온 세상이 환상(maya : illusion)이란다. 이 세상이 꿈이라면 무엇을 할 필요가 없다. 먹을 필요도 없고 일할 필요도 없다. 그저 꿈일 뿐이니까. 샹까라는 배가 고파서 먹든 말든, 또 포만감을 느끼든 말든 꿈이라는 사실만은 각골명심하란다. 지금까지 실재의 세계라고 확신하고 있는 네 마음의 작동하는 패턴을 바꾸어야 한다는 것이다. 그렇게 노력하기를 끊임없이 100일 정도만 하면, 밤중에 꿈을 꾸다가도 벌떡 일어나서, '이것은 꿈이다!'라고 소리 지른다는 것이다. 더는 그 꿈이 나를 속일 수 없는 경지에 이르는 것이다.

'인간-기계l'ome machine'의 발상은 합리주의 철학자 르네 데카르트까지 거슬러 올라간다. 데카르트는 "산 사람과 죽은 사람의 차이는 작동하는 시계와 고장 난 시계의 차이와 같다"고 생각했지만, 기계와 같은 것은 인간의 신체일 뿐, 인간성의 요체는 '정신' 혹은 '영혼'에 깃들어 있다면서, 인간은 자동인형이 아니고 기계 속에 깃든 영혼이라고 했다. 데카르트가 스웨덴의 여왕이었던 크리스티나에게 "신체의 작동이 기계와 같다."고 하자, 그녀는 시계를 가리키며 "그럼 시계가 애를 낳을 수 있단 말인가요?"라고 반론을 폈다는 이야기도 있다. 그 후 프랑스 유물론의 대표 격인 라 매트리La Mettrie는 인간에 대해 유물론적인 정의라 할 수 있는 '인간-기계'의 생각에 이른다. 라 매트리는 자신의 논문 '인간-기계'(1748)에서 "개구리 심장은 신체에서 떼어내도 한 시간은 박동한다"와 "머리를 자른 닭도 한동안 뛰어다닌다."는 예를 들었다.

그 후 기계론은 여러 분야에서 각광을 받는다. 정신분석학에서는 '욕망 기계desiring machine', 사회과학에서는 도시를 '사회 기계social machine', 인공생명에서는 '세포 기계cellular automation', 컴퓨터 공학에서는 '추상 기계abstract machine'라는 말을 사용하고, 심지어 촘스키는 유한수의 문장에서 무한수의 문장을 만들어 내는 '언어 기계(변형생성문법)'를 이야기하고 있다. 우리는 '기계'라는 말에 거부감을 느낀다. 그러나 질 들뢰즈Gilles Deleuze와 가타리Felix Guattari는 이 말에 아주 참신하고 다양한 의미를 부여한다. 그들은 네트워크 안에서 에너지 등의 흐름이 이어지거나 끊어지는 방식으로 무엇인가를 만들어 내는 것을 기계라고 불렀다. 그 존재가 어떤 네트워크의 플러그에 꽂혀서, 어떤 기계로 작동하고 있는가가 문제다. 그들은 『앙띠 오이디푸스』에서 "유방은 젖을 생산하는 기계요, 입은 유방에 연결된 기계다. 식욕 상실자의 입은 식사 기계, 항문 기계, 말하는 기계"라고 말하고 있다. 사이버네틱스에서 생명을 자동제어 기계로 간주하는 것을 보면, '인간-기계'는 더는 은유의 세계가 아니다.

프랑스 계몽철학자 중에는 우주를 '신이 감아 놓은 태엽 시계'로, 또 인간을 '살과 뼈로 이루어진 기계'로 보고, 인간이 자유롭다는 것은 환상이라는 주장을 편 사람도 있었다. 지금도 사회과학자들 사이에는 인간을 '유전자와 환경의 노예'로 보는 견해가 뿌리 깊게 남아있다. 그러나 양자역학의 등장과 함께 소립자의 세계는 자유로움이 넘치는 곳임이 입증되었기 때문에 20세기 들어 물질이 과연 인과율의 지배를 받느냐는 것에 대해 회의적인 견해도 일어났다. 양자역학에서처럼 물질이 근본적으로 자유롭다면, 자유가 있는 곳에는 예측 불가능의 세계가 있게 되고, 인과율을 전가의 보검처럼 휘둘러댄 과거 종교의 존재근거인 도그마를 초월하고 상식을 뛰어넘는 굉장히 재미난 세계가 펼쳐질 수도 있기 때문이다.

'신新기계론적 인간관'에 의하면 죽음이란 것도 결국 컴퓨터가 고장 나는 것과 다를 바 없다. 신기계론적 인간관을 대변하는 대표적인 사람은 스티븐 호킹S.W.Hawking이다. 그는 『우주에도 생명이 존재하는가?Life in the Universe?』에서 인간의 몸은 하나의 기계이며 몸의 각 부분은 기계의 부품이라고 했다. 그는 미래 세계가 기계들의 세계가 될 것이라고 전제하면서, 생물학적인 생명보다 기계적인 생명이 더 진화된 생명이라고 암시한다. 그리고 기계가 곧 생명이고 인간 생명이 기계화되는 것이 진화이기 때문에, 인간이라는 기계는 그 부품인 유전자를 조작하여 '초인'이라는 기계가 될 수 있을 거라고 주장한다.

오늘날 상당수의 뇌 과학자나 로봇과학자들은, 인간 역시 의식을 가진 기계일 뿐이라고 생각하는 경향이 강하다.[24] 인간의 신체를 기계로

---

24 영국의 루스 해리슨Ruth Harrison은 1964년 동물에 대한 부당처우 문제를 다룬

만드는 가장 극심한 예는 군대다. 그나마 인간성을 조금이라도 느끼게 해 줄 두 눈은 선글라스로 가렸다. 군복을 입은 인간의 신체는 환경의 변화에도 불구하고 몇십 년 전의 동작들을 반복한다.

『동물 기계Animal Machines』를 출간하여 문제를 일으킨 일이 있다.

5.
셀프-리멤버링 Self-Remembering

1) 셀프-리멤버링이란?

"언제 어디서든지 항상 '너 자신'을 기억하라."
(Remember yourselves always and everywhere.)

- G.I. 구르지예프

의학용어에 '소재식所在識' 검사가 있다. 병원에서 환자의 의식 수준이 점점 낮아지고 있을 때, 그 수준이 어느 정도인지를 판단하기 위해 이 검사를 하게 된다.

질문의 내용은 간단하다.
1. 여기는 어디입니까?
2. 당신은 누구입니까?
3. 지금은 언제입니까?

병원 안에서의 답이야 병원과 자기 이름과 시간을 대면 정답에 비슷하기야 하겠지만, 이 세 가지 질문은 역사를 통하여 인류가 추구해 온 의문들이다. 이 물음에 대한 답을 찾고자 저마다 한 마디씩 답을 내

놓았는데도 여전히 끝나지 않은 질문이다. 많은 답이 가능하다는 것은 답이 없다는 뜻이다. 답이 없기 때문에 그것을 동기로 문명이나 역사도 지속할 수 있었다. 문화나 과학, 종교가 깊은 고뇌를 해왔지만 아직 정답을 모른다. 애들의 싱거운 질문인 '아빠! 나는 왜 나예요?'라는 헷갈리는 의문 속에도, 내가 생각하는 나, 남들이 보는 나, 그리고 그 사이에서 보이지 않은 나가 있다. 우리의 일상은 이 세 가지의 '나'가 혼재되어서 나간다. 그런데 나와 남들이 보는 나 사이에서 틈이 큰 사람일수록 괴리감에 빠지기 마련이다.

"누구냐? 거기 누구냐?"로 시작하는 『햄릿』은 그 물음부터가 심상치 않다. 셰익스피어가 이 문장을 썼을 때는 그저 '아무렇지도 않은' 평범한 대사이었을 수도 있었겠지만, 지금 우리가 읽을 때는 머리가 띵한 질문이다. 저자가 생각지도 못한 새로운 해석이 가해지고 또 그것을 그 텍스트는 버티어내는 것이다. 누구인 줄 안다면 과연 거기 있었을까? 그런 물음에서부터 도망치고 싶은 것이 우리다. 아니 내가 인생에 관해 묻는다기보다는 인생이 내게 줄기차게 묻고 있는 것은 아닐까?

내가 누구인지? 왜 살아야 하는지? 살면 또 어떻게 살아야 하는지는 천하무적 구글 검색엔진에서도 알려주질 않는다. 설사 알려준다 해도 삶의 현장에서는 쓸 수가 없다.

어느 젊은 여자가 수도원의 대문을 두드리며 마이스터 엑카르트를 만나고 싶다고 했다. 문지기가 물었다.

"누구라고 전해 드릴까요?"

"저는 모르겠습니다."

"아니, 당신이 어째서 그걸 모른단 말이오?"

"저는 소녀도 아니요, 아줌마도 아니고 남자도 아니고 하녀도 아니니까요."

문지기는 재수가 없다는 표정을 지으며 엑카르트의 방으로 갔다.

"선생님, 좀 나오셔서 좀 이상한 여자를 만나보시지요."

엑카르트가 문을 열고 나가 그 여자에게 누구냐고 물었고, 그 여자는 그 수수께끼 같은 답을 또 하면서, 자기는 자기의 역할이 그 어느 것도 아니라고 했다. 엑카르트는 나중에 신도들에게 그녀는 자기가 여태까지 만났던 사람 중에서 가장 순수한 인간이라고 했다.

현실은 연극이다. 주어진 역할에 몰두하다 보면 본래의 정체성을 잃고 그 역할 속에 파묻혀 울고 웃으면서 산다. 눈앞에 보이는 세계는 나타났다가 사라지는 허공의 꽃(空華)이며 사라졌다가 나타나는 그림의 떡(畵餠)과 같이 실체가 없다.

심여공화사心如工畵師 마음은 화가와 같아서
능화제세간能畵諸世間 능히 모든 세상을 그려내나니
오온실종생五蘊實從生 오온이 실로 마음 따라 생기어
무법이불조無法而不造[25] 만들지 못하는 것이 없다.

또 십지품十地品에는 "삼계가 헛것, 다만 이 마음이 조작三界虛妄但是一心作"이라는 유명한 유심게唯心偈가 있다. 삼계란 욕망의 세계인 욕계欲界, 욕망은 없지만 형체를 가진 세계인 색계色界, 욕망도 형체도 없는 영적 세계인 무색계無色界를 이름이다.

---

[25] 화엄경 제4막의 둘째 장면인 야마천궁보살들의 시詩의 장(夜摩天宮菩薩說偈品).

그러니 지금 맡은 배역에 충실하면 그뿐이다. 중요한 것은 그 배역에 속아 울고 웃을 것이 아니라 그 역할을 즐길 줄 알면 된다. 그리고 힘이 있으면 배역을 선택할 줄도 알아야 한다. 그런데 그것이 어디 쉬운 일인가? 햄릿의 말을 들어보자. "이럴 것인가 저럴 것인가?(To be or not to be)" 영어 단어로는 여섯인데 'or'을 빼면 다섯이다. be라는 말의 진의는 아무도 모르고, 누워있는 셰익스피어에게 직접 물어보아야 알 수 있을 것 같은데, 어쨌든 'TO BE'는 의식의 최상승에서 놀아야 알 수 있는 상태다. 그래서 구르지예프는 자신의 마지막 책 이름을 『'나'를 알 때라야만, 삶이라고 할 수 있다(Life is real only then, when 'I am.')』라고 했다. 내 생각이나 행동이 나를 만드는 것은 따로 정해진 '나'가 없기 때문이다. 노예가 되든 주인이 되든 내 탓이요, 운전석에 앉든 조수석에 있든 다 자기 소관이다.

나는 무엇인가? 나를 움직이는 실체가 따로 있는가? 내가 자동차라면 그 주인은 누구인가? 녹야원에서 교진여 등 다섯 비구에게 설법을 마친 고타마 붓다는 우루벨라를 향해 길을 떠났다. 어떤 숲속의 한 나무 아래서 쉬고 있을 때, 한 떼의 젊은이들이 무엇인가를 찾아 허둥지둥 헤매고 있었다. 그때 나무 아래 조용히 앉아있던 부처님을 보자 그들이 물었다. "혹시 이리로 도망가는 여자를 보지 못하셨습니까?" "왜 그 여자를 찾으려 하는가?" 사연인즉 그들은 이 근처에 사는데 기생을 데리고 놀러 나왔다 한다. 그런데 놀이에 정신이 팔려있는 동안 한 여자가 그들의 값진 패물을 들고 달아나서 그 여자를 찾고 있다는 것이다. "이 사람들아! 달아난 여자를 찾는 일과 자기 자신을 찾는 일 중 어떤 것이 더 보람 있는 일이라고 생각하는가?" 정신없이 헤매던 그들은 이런 질문을 받고서야 정신을 차릴 수 있었다. "물론 자기 자신을 찾는 일이 더 중요하지요." "그럼 모두 거기 앉아라. 내가 자신을 찾는 일을 알려주겠다." 부처님은 그들을 위해 차근차근 괴로움과 괴로움의 원인과 괴로움의 극복과 그 극복에 이르는 길을 말씀하셨다. 그들의 마음은 흰색의 천과 같이 세상에 물들지 않았으므로, 이치에 맞는 부처님의 말씀을 듣고 진리를 보는 눈이 열렸다. (율장律藏, 1권)

우리는 주위에 있는 모든 것을 느끼면서 살고 있지만 내가 살아있다는 것을 확실하게 깨닫지 못하고 있다. 세상사를 다 알고 있어도, 만일 자기 자신을 모른다면 그 안다는 것은 거짓이다. 네 마음은 모든 것을 반사할 수 있지만 너 자신을 반사할 수는 없다. 왜냐하면 진실한 의미의 너는 그 마음이라는 것의 뒤에 숨어있기 때문이다. 마치 거울이 세상을 비추기는 하지만, 거울 자신을 비추지는 못하는 것과 같기 때문이다. 셀프-리멤버링은 마음으로 진행하는 과정이 아니다. '나다(I am!)'라고 하는 것은 말로 하는 것이 아니다. 생각이 아니고 느껴야 한다. 느끼는 것(feeling)을 오래 하면 마음대로 되지 않아 절망에 이를 수도 있다. verzweifeln이라는 독일어의 절망은 의심(Zweifel)이 소멸하거나 억제되었다는 뜻이다(ver는 '저지', 소멸 등을 의미하는 접두어). 의심의 끝에 절망이 오지만 절망은 그것으로 끝나는 것이 아니다. 일본어의 '단념하다'가 진리를 본다는 체관諦觀의 뜻과 통하는 것과 같다. 쥐구멍에도 햇볕이 드는 때가 있는 것이다.

모든 사람은 제각기 과즙nectar을 만들 수 있는 재료들을 가지고 있고, 잡철을 황금으로 제련할 수 있는 역량을 갖고 태어나지만 그런 방식들을 잊어버리고 산다. 이런 것을 회복하는 것은 일종의 기억하는 방법인데, 구르지예프는 그런 것을 '셀프-리멤버링'이라 이름 지었다. 그의 공부법은 이 '셀프-리멤버링'이라는 말 주위를 도는 것인데, 셀프-리멤버링은 이를테면 바퀴의 축이요 그 외의 다른 공부들은 그저 차바퀴의 살일 뿐이다. 구르지예프의 제자가 되기로 한 우스펜스키가 구르지예프에게 물었다. "도대체 셀프-리멤버링이란 무슨 말입니까? 나는 나 자신을 기억합니다. 나는 우스펜스키입니다." 구르지예프가 말했다. "그럼 눈을 감고 당신이 우스펜스키인지를 기억하세요. 그리고 잊어버렸을 때, 내게 이야기하세요, 솔직하게." 몇 초가 지나자 우스펜스키는 눈을 뜨고 말했다. "저는 꿈을 꾸기 시작했고, 그리고 내가 우스펜스키라는 것을 잊었습니다. 그리고 스스로 '나는 우스펜스키다, 나는 우스펜스키다, 나는 우스펜스키다' 했더니 꿈이 깨지고 나는 자각을 못 했습니다." 그러자 구르지예프가 말했다. "그것은 내가 우스펜스키라는 셀프-리멤버링이 아닙니다. 첫째, 당신은 우스펜스키가 아닙니다. 둘째, 그런 것은 셀프-리멤버링이 아닙니다. 셀프-리멤버링이 되면 자기가 누구란 것을 부정하게 됩니다." 그 후 3개월 동안 우스펜스키는 일심으로 공부를 하였다. 공부를 강하게 하면 할수록 자기가 평생을 꿈속에서 살았다는 것을 알았다. 우스펜스키는 새로운 의식의 기둥을 느끼게 되었다. 그쯤 되었을 때 구르지예프는 우스펜스키를 데리고 거리로 나갔다. 그 소감을 우스펜스키는 다음과 같이 표현하였다. "도시의 거리에 서 있었을 때, 나는 모든 사람이 몽유병자처럼 보였다. 눈만 떠 있지 모두 자고들 있었다." 우스펜스키는 기계처럼 사는 사람들이 너무 무섭게 보여서 구르지예프에게 "더 갈 수가 없습니다. 돌아가야겠어요."라고 말했다.

"무수한 사륜마차가 가로지르고, 장난감과 봉봉과자가 번쩍거리고, 탐욕과 절망이 들끓는 진흙과 눈의 혼돈, 가장 완강한 고독자의 뇌수마저 어지럽히려고 마련된 대도시의 공인된 착란." 이것은 샤를 보들레르가 1862년에 쓴 산문시 '장난 꾸러기'의 일부다. 발터 벤야민이 그 당시의 파리를 '모더니티의 수도'라고 하였지만, 물론 우스펜스키는 러시아에 있었으므로 파리에서의 경험을 이야기한 것은 아니다. 그러나 대도시의 인간들이란 외적 자극과 내적 자극들이 급속히 변화하는 이미지의 홍수로 인해, 일종의 신경과민 증상을 겪게 된다. 삶의 외형은 화려해도 그들이 느끼는 공허감은 분명히 있다. 『파리의 우울Le Spleen de Paris』만이 아니다. 우울 증세와 탐욕이 들끓는 현대 도시가 어디 파리뿐이겠는가. 어떻게 하면 스스로 자기 삶의 주인공이 될 수 있을까? 소녀들이 '오빠'들의 공연장을 찾아다니며 아우성을 치고, 소년들은 '누나'들의 공연장을 쫓아다니며 '누나!'를 외치고 법석을 떤다. 어른도 청소년들과는 장소와 모양새만 다를 뿐, 내면을 응시하는 방법을 잊어버린 지 오래다.

모든 지식knowledge은 세 가지 부분으로 나눌 수 있다. 아는 자knower, 알려진 것known 그리고 앎 자체knowing다. 앎은 두 개의 포인트인 주관과 객관의 다리 역할을 하는 것이다. 보통 우리의 지식은 알려진 것the known일 뿐, 아는 자the knower는 숨겨져 있다. 그러니까 지식이란 그저 한 방향만 가르치고 있는 것이다. 누가 어떻게 해서 얻은 지식이란 것을 모를 때 그 지식은 한계가 있기 마련이다. 지식이라는 객관 이전에 그 주체를 봐야만 한다. 예를 들면, 당신이 내 이야기를 들을 때 당신은 두 가지 방향으로 듣는다. 첫째, 당신의 마음은 나에 대해 초점을 맞추고, 듣고 있는 당사자인 자신을 잃어버린다. 구르지예프의 '셀프-리멤버링'은 들을 때 화자도 알아야 하지만 동시에 청자 역시 알아야 한다는 것이다. 즉 두 개의 방향으로 동시 작동해야 한다. 뒤에서 이야기하겠지만, 이것은 고타마 붓다가 사용한 오래된 테크닉의 하나다. 붓다는 이것을 정념正念 즉, 삼약 스므리띠(samyak smriti; right mindfulness)라고 불렀다.

다시 강조하지만, 구르지예프의 공부는 이 '셀프-리멤버링'을 기본으로 시작한다. 무엇을 하든지 '자기 기억'을 해야 한다. 우리가 벌리는 생각들이란 음악의 여러 악보처럼 왔다가 가는 것이다. 집착하면 그 생각에 당한다. 사람들은 '자기'를 이 몸이라고 생각한다. 앞에서 언급한 'To be or not to be'에서, '자기 기억'이란 To Be!를 하는 것이다. 얼른 생각하기에는 쉬울 것 같지만, 정말 어렵다. 자꾸 '자기'를 잃어버리고 만다. 몇 초조차 계속하기가 쉽지 않다. "알았어! 나는 나를 기억하고 있지"라고 하겠지만, 아뿔싸! 바로 그때 또 허탕을 친 거다. '오케이, 나는 지금 셀프-리멤버링을 하는 거야'라는 바로 그것이 문제인 것이다. 왜냐하면, 셀프-리멤버링은 생각이 흘러가는 과정이 아니요, '나'와 '생각'이라는 것이 끊어진 자리이기 때문이다. 걸을 때 그냥 생각하지 말고 걷기만 하라. 꽃이 예쁘다는 등 저녁놀이 아름답다는 등 쓸데없는 사족을 달지 마라. 견문각지見聞覺知에 여여하라. 선가의 말대로 '주둥이를 벌리면 버려버린다(開口卽着).' Don't verbalize. 그냥 느껴라. 구르지예프는 이런 상황에 부닥친 제자들에게 Stop thinking, Just sensing!이라는 명령을 자주 하였다. 특히 구르지예프의 제자들은 하나같이 당시 유럽 사회의 첨단을 걷는 유식한 '물건'들이었기 때문에 더욱 그랬을 것이다.

에고ego가 강한 것이 문제다. 지난 세기에 내로라하는 마스터 중의 한 사람이었던 구르지예프의 '셀프-리멤버링'을 공부하였던 그의 제자 중에 누구 하나 확실하게 깨치지 못한 것은 바로 그 강한 에고 때문이었을 것이다. 셀프self와 에고는 다르다. 셀프와 에고는 가깝기도 비슷하기도 하지만, 99%는 셀프가 아닌 에고인 것이다. '셀프-리멤버링'이라는 방법은 스승의 지도가 절대적으로 필요한 것인데, 그것은 그 단단한 에고들을 부숴버려야 하기 때문이다. 스승이 제자의 에고를 날려버리지 못하는 한, 제자는 깨치기는커녕 오히려 에고를 강화하게 되고,

오히려 더 어두운 세계로 가버리게 된다. 셀프-리멤버링은 공동체(학교)에서 실행하는 방법이다. 대중과 함께 있는 것이야말로 수행에 가장 좋다. 대중보다 더 좋은 공부터는 없다. 대중이 곧 수행의 울타리이기 때문이다. 구르지예프의 공부는 그룹으로 하는 공부법이다. 많은 사람이 한 스승 밑에 모여 한 사람만이 가질 수 없는 효과를 얻는다. 서로 에너지를 만들고 상호 간의 마찰에서 생기는 심리적 열기를 생산하고, 또 그것을 이용한다. 공동체형이라는 말은 안전한 수도원 같은 위험을 수반하지 않는 분위기를 말한다. 기계를 깎는 선반 작업이나 운전을 하면서 이 공부를 할 수는 없다. 왜냐하면 정신을 몰두해야 하는 공부이기 때문이다. 그러니 그리스 정교회의 정신적 고향인 아토스 산Mount Athos에 있는 20여 개의 수도원 같은 죽어서만 나올 수 있는 곳이 최적지다. 그렇지만 그런 공부는 '송장'을 만드는 것이 목적이 아닌 이상, 그런 곳에서는 의미가 없다.

자기를 잃어버린 사람은 허공을 헤맨다. 앉아있을 때마다 과거를 생각하고 그런 생각에 붙잡힌다. 과거는 지나간 것인 줄 확실하게 인식해야 한다. 과거는 단물이 다 빠진 추잉검 씹기와 똑같다. 추잉검은 영양가도 없다. 그냥 기계적으로 씹으며 입 운동을 하면, 마치 무슨 중요한 일을 하는 듯 기분이 좋아진다. 미래라는 것도 못다 한 과거가 아름답게 편집된 투사投射일 뿐이다. 과거가 사라지면 미래 또한 없어진다. 그리고 갑자기 '지금-여기'에 있게 된다. 이것이 선禪이요 예수의 이른바 하늘나라다. 구르지예프의 셀프-리멤버링은 다음 순간에 일어나는 것에 에너지와 관심을 쏟는 것이 아니라, 이 순간, 지금, 바로 여기에 대한 것이다. '지금 여기now-here' 말고는 아무데도nowhere 관심이 없다. 지금 이 순간 현장에서 일어나고 있는 일에 마음을 챙겨 반응하고자 하는 것이다. '지금-여기'야 말로 차안에서 피안으로 들어가고, 밖에서 안으로 들어가는 문이다. 장바닥이 사원으로 변하고, 성령이 비둘기같이 강림한다. 관건은 각자의 성숙한 각성이 필요하다. 성성(awareness)이 마스터키다.

암두 화상의 제자에 서암瑞岩이라는 사람이 있다. '서암 주인공'이라는 유명한 화두인 고측공안古則公案의 주인공이다. 스님은 날마다 판도방(큰방) 앞 마루에 나와서는 먼 산을 바라보며 혼자서 외치며 하루도 빠짐없이 자신을 각성시켰다고 한다.

"주인공主人公아!"
"네."
"정신 차려라(惺惺着)."
"네."
"남에게 속지 말아라!"
"네."

여기서 부르는 주인공이란 본래의 자기 면목面目이요 부모미생전父母未生前의 그 물건인 것이다. 스페인 속담처럼 "신이여, 나를 나로부터 지켜주소서!" 하는 것과 같다.

당나라 고승 황벽이 있는 절에 당시 재상이란 벼슬을 하고 있던 배휴 상공이 찾아왔다. 벽에 그려져 있는 큰 스님들의 화상을 둘러보다가 옆에 있는 스님에게 물었다.
"이 스님들은 지금 다 어디 갔습니까?" 그 스님이 대답을 못 하고 쩔쩔매다가 황벽을 찾아가 자초지종을 말하니, 황벽이 배 상공에게 다시 묻게 하였다. "이 스님들은 지금 어디 갔습니까?" 그러자 황벽이 두말하지 않고 "배 상공!" 하고 소리를 쳤다. 배 상공이 얼떨결에 "예" 하고 대답하니, 황벽은 "지금 어디에 있는가?" 하고 다시 소리쳤고 그 끝에 배상공은 깨달은 바가 있었다.

몸에 통증이 있는 경우를 생각해보자. 그 중세를 분석해 보면, 첫째로 아픈 것이 있다. 그리고 그 아픈 것을 느끼는 '나'란 것이 있다. 이 둘 사이에는 간격이 없이 그냥 하나로 느껴진다. 그런데 또 다른 세 번째의 상태는 '나는 그 아픔을 깨닫고 있다'라는 것이다. 그 깨닫는(aware)다는 것으로 차이가 벌어진다. 그 아픔이라는 의식으로 통증과 나는 같은 것으로 생각한다. 그러기 때문에 통증을 치료하고 싶은 요구가 생기기도 하지만, 또 그런 상황으로 인해 나와 통증을 하나로 보게 된다. 이것은 생물학적 생존의 본능이기도 하다. 그러나 이런 본능적인 생각으로 인해 통증이나 기쁨 또 분노나 사랑 그런 개체가 느끼는 감정이 자기 것인 양 착각을 하게 한다. 그러나 그런 것은 과정에서 일어나는 일일 뿐이지 내 것이 아니다. 행복한 느낌이나 고통 등은 찾아왔다가 지나가는 '손님'일 뿐이다. 손님은 왔다 가지만 '나'는 여전히 있다. 그런 손님들에 의해 좌지우지 당하면 안 되고, 나의 주인을 기억해야 한다. 주인이란 정신 차리고 있는 어떤 것이다. 그런 손님들을 나라고 착각해서는 안 된다.

중국 한漢나라 때의 작가 중 동방삭東方朔은 "내 육신의 형체가 산산조각으로 흩어지게 됨을 슬퍼한다. 내 영혼은 육신을 잃고 의지할 바 없어지고 거처할 바 없어진다.(哀形體之離解兮, 神罔兩而無舍 『七諫, 哀命』)"라고 하면서 자신이 육신과 정신으로 나누어지고, 그 육신이 다시 사지오체四肢五體로 나누어지는 것을 슬픔을 머금고 멀리 타향으로 떠나는 비감한 심경으로 표현하고 있다. 전한前漢의 시인 유향劉向도 이렇게 묘사하고 있다.

> 창자까지도 분노의 마음을 품고 있다.
> 포부는 주저주저하는 사이에 서서히 시들어가고 있다.
> 마음은 당황하여 나와 더불어 가주지 않는다.
> 육신은 서먹서먹한 분위기를 만들며 나와 친화하려 하지 않는다.
> 『九歎, 逢紛』

위와 같이 자아를 분석적으로 깊이 느낄 수 있다는 것은 옛날 사람인데도 그만큼 정감적으로 자아 응시가 심화하였음을 의미한다.

자기 자신을 그림자와 더불어 묘사하였던 시인도 있다.

> 홀로 그림자를 감싸 안고 서 있다.
> 아득히 멀리 있는 고향을 그리워한다. 『엄기嚴忌, 애시명哀時命』

막막한 산야山野에 서서 홀로 자신의 그림자를 감싸듯이 바라보고 있는 것 같다. 어떻게 해야 할지 고뇌하면서 방랑하는 모양이다. 제2의 자아가 제1의 자아를 그림자를 매개체로 하여 응시하고 있다. 인간이 자신의 그림자를 발견하기 시작한 것은 도대체 언제부터였을까? 이 인생이란 것에 또는 세속 일에 또는 자기 사랑에 최면 당한 우리로서는 도무지 흉내 낼 수 없는 경지다.

고래로 '이 뭐고?Who am I?'는 많은 스승이 사용하였다. 특히 정신의학자 융C.G.Jung도 찾아간 라마나 마하리시Ramana Maharish는 평생을 제자들에게 이 질문을 던졌다. 티베트에도 이와 비슷한 테크닉이 있는데, 그들은 '후 엠 아이?'라 묻지 않고 "어디에 내가 있나? Where am I?" 라고 묻는다. 왜냐하면 '누구?'라고 물을 때, 공연한 문제를 일으킬 수도 있기 때문이다. 티베트인들의 방법이 보다 좀 더 깊을 수도 있다.

2) 셀프-리멤버링과 유사한 명칭들

일본 근대문학의 지평을 열어 국민작가로 일컬어지는 나쓰메 소세키의 글쓰기는 "나는 결국 무엇을 하러 이 세상에 태어났는가?" 하는 질문이다. 그는 자서전이 되어버린 소설『한눈팔기 : 道草』에서 그 질문에 대해 이렇게 대답하고 있다. "모르겠어. … 모르는 게 아니지. 알아도 그곳에 도달할 수 없는 거겠지. 도중에 멈춰있는 거겠지." 그 알 수 없는 도중에서 구르지예프는 '셀프-리멤버링'을 가르친다.

칠통을 타파하기 위한 '셀프-리멤버링'의 뉘앙스는 조금씩 다르기는 해도, 이 뭐고是甚麼? 참주인, 참나, 진면목, 본래면목(육조혜능은 一物이라고도 했음), 돌이켜보기, 주인공, 주인옹翁, 부모미생전父母未生前, 천지미분전天地未分前, 혼돈미분전渾沌未分前, 무위의 진인無位-眞人, Who am I?, 운전자 The Driver's Seat다. 외연을 넓히면, 쇠렌 키르케고르Søren Kierkegaad의 '단독자(주체적으로 사유하는 자)요, 마르틴 부버Martin Buber의 '너thou로서 나가 된 사람' 등 표현은 여러 가지다. 그러나 셀프-리멤버링은 간화선의 화두하고는 성격이 다르다.

도대체 나는 누구인가? 독일이 낳은 천재적 신학자요 히틀러 암살모의에 가담했다가 사형당한 디트리히 본회퍼의 기도문이 있다.

"… 나는 누구인가?/ 남들이 종종 내게 말하기를/ 감방에서 나오는 나의 모습이/ 어쩌나 침착하고 명랑하고 확고한지/ 마치 성에서 나오는 영주 같다는데 … 남들이 말하는 내가 참 나인가? 나 스스로 아는 내가 참 나인가? 새장에 갇힌 새처럼 불안하고 그립고 병약한 나 … 나는 누구인가? 이것이 나인가? 저것이 나인가? 오늘은 이 사람이고 내일은 저 사람인가? 둘 다인가? … 나는 누구인가? 외로운 질문이 나를 조롱합니다. 내가 누구인지 당신은 아시오니 나는 당신의 것입니다. 오, 하나님!"

이 글은 그가 베를린 감옥에 갇히어 있던 동안에 지인들에게 보낸 편지를 모은 『옥중서간』에 실려 있는 시 '나는 누구인가?'이다. 위대한 정신을 보이면서도 평범하고 사소한 것들에 대한 그리움에 목이 메는 한 인간의 적나라한 모습을 읽을 수 있다.

나는 뭣일까? 71%의 물과 18%의 탄소, 4%의 질소, 2%의 인, 1%의 칼륨, 2%의 칼슘, 0.5%의 나트륨, 0.4%의 염소인가? 거기다 마그네슘, 아연, 망간, 구리, 요오드, 니켈, 불소 등인가? 이런 물질들이 나라는 생명을 구성하고 있단 말인가? 이런 화학적 구조물이면서도 어떻게 이렇게 '나'라는 출중한 작품이 걷고 뛰고 스트레스를 주고받고 웃고 울고 한단 말인가? 전자기적인 힘과 인력과 전자의 힘으로 절묘하게 결합하여 작동된다고? 셰익스피어의 『리어왕』에 나오는 리어왕의 목소리로 나는 묻고 싶다.

"내가 누구인지를 말해 줄 사람 누구 없느냐?"
(Who is it that can tell me who I am?)

인간의 삶에서 자신을 가장 비참하게 만드는 상황은 자신이 누구인지를 모를 때다. 문지기가 아닌 주인의 삶을 회복하고자 한다면, 템플스테이를 홍보하는 문구였던 '참 나를 찾아 떠나는 여행'도 생각해볼 만하다. 시각장애인에게 고흐의 해바라기를 보여주고 언어장애인에게 베토벤의 '운명'을 감상하는 능력이 있다 하더라도, 무엇에 멈추어 있는 자는 문지기 노릇밖에 못 한다. 이 차가 사륜구동인지 실린더는 몇 개인지도 모르고 끌고 다닌다면 차에 대한 실례도 이만저만이 아니다. 현대의 도인은 거시적으로는 천체물리학도 알아야겠고 미시적으로는 분자 생물학에 대한 기초상식도 있어야 하듯, 인간기계가 어떻게 작동되는 줄을 알아야 한다.

인간이 소의 형상을 했다면 신神도 소와 같은 형상으로 표현하였을 것이다. 지옥이나 천당 또한 인간의 속물적인 욕망이 투영된 것에 불과하다. 대체로 아열대 기후인 인도는 낮에는 달달 볶다가 저녁에 해가 뉘엿뉘엿할 때는 좀 시원하다. 힌두교의 천당인 스와르가Svarga에는 소원을 성취할 수 있는 큰 나무가 있고 기후도 좋다. 불교 또한 아미타불이 계신 정토 극락은 당연히 동쪽이 아닌 서방 정토 극락이 된다. 에어컨이 작동되는 곳을 희망하는 것이다. 눈으로 덮인 티베트의 극락은 불이 지글지글 타고 따뜻한 김이 모락모락 올라오는 아늑한 곳이다. 지옥은 그 반대다 힌두교의 지옥은 불길에 싸인 곳이고, 티베트의 지옥은 눈이 녹지 않는 추운 곳이다. 이슬람교의 천당 또한 예외가 아니다. 그들의 천당은 피르다우스Firdausi라 하는데 끊임없이 술이 흐르는 강이 있단다. 평생을 금주했으니 얼마나 목이 말랐으면 술타령을 했을까. 지금도 부자들은 술을 마실 수 있는 이집트의 카이로로 갈 수 있기나 하지만 없는 자는 마냥 목이 컬컬할 뿐이다. 그리고 여자들은 늙지 않는단다. 항상 16세 정도로 머물러 있으니 그것도 하루 이틀이지 지겨울 것이다.

늙기 때문에 젊음이 아름답고 꽃은 시들기 때문에 시인들이 탄식하는 것 아닌가. 인간의 욕망이란 구질구질하다 못해 이처럼 역겹다. 잘되는 꼴 보기 싫으니 지옥을 만들고 아쉬운 마음이 있으니 천당을 만든다. 내가 욕망하는 것이 아니라 욕망이 나를 가지고 노는 것이다. 선가禪家에서는 바로 내 마음속에서 끊임없이 투정 부리고 있는 바로 '그놈'을 잡아서 족쳐야 한다고 가르친다.

당나라 시절 백장 회해百丈懷海 선사가 마조 대사 밑에서 수행하고 있을 때다. 어느 날 스승을 모시고 들길을 지나가고 있는데, 발소리에 놀라서인지 무엇인가가 푸드덕 날아갔다.

"뭐냐?"(이 뭐고?)

이론에 기울어져 가고 있는 선禪을 구체적인 일상생활이야말로 불법이라는 것으로 방향 전환을 시도하고 있던 마조인지라, 새 한 마리가 날아가는 것 또한 공부 거리인지라 놓칠 수가 없었던 모양이다.

"들오리(野鴨子)입니다."

"어디로 갔느냐?"

"저쪽으로 날아갔습니다."

처음부터 마조가 날아오른 새 따위에 흥미가 있어서 '이 뭐고?'라 물은 것이 아니었듯이, '어디로 갔느냐?'는 말도 문자 그대로의 뜻이 아닌데 … 바로 이렇게 백장이 대답하는 순간 마조는 몸을 돌리더니 백장의 코를 비틀었고, 백장은 "아아야!" 하면서 비명을 질렀다. 그때 마조의 호통이 떨어졌다.

"날아갔다더니 여기 있지 않으냐."

그 순간 백장은 크게 깨달았다. '이 뭐고?'를 남의 이야기로만 여긴 것이 처음부터 잘못된 일이었다. '아야야!' 하는 소리는 경전에서 배운 소리도 아니고, 수행에서 나온 것도 아닌 분별 이전의 소리요, 부모미생전의 차원에서 나온 소리다. 바로 그 이튿날이다. 마조가 설법하기 위해 법당에 들어서는 순간, 무슨 생각에선지 백장은 배석拜席을 치워버렸다. 배석은 조실이 설법하기 전에 예배하거나 끝나고 예배할 때 사용하는 방석이다. 그 방석이 없어 설법하지 못한 마조는 백장을 방장으로 불러 따졌다.

"설법하기 전인데 왜 방석을 치웠느냐?"
"어제 스님이 비트신 코가 아직도 아픕니다."

이제는 불佛이니 법法이니 하는 거추장스러운 것에 매이지 않아도 될 깨달음을 얻었다는 것이다.

"그렇다면, 어제 아팠던 그 마음은 어디에다가 두었느냐?"
"코가 오늘은 아프지 않습니다."

그 깨달음에조차 머물지 않았다는 말이다.

'이 뭐고?是甚麼'는 『오등회원』 제3권 백장 회해 장에 보이는 말인데 의심을 참구하는, 즉 간화선의 화두라기보다는 지금 여기서 자기 자신의 불법의 지혜로운 삶을 전개하는 자각의 주체로 철저히 각성하라는 경고의 법문이다. 뼛속 깊이 자본의 노예가 되어 나의 재산이 곧 '나'라고 생각하고 있는 우리에게, '삶이냐, 소유냐?'라는 고전적 질문에 명쾌한 답을 하라는 것이다. 왜냐하면 소유라는 집착은 다른 생물과 물질과 에너지 그리고 정보를 상호 교환하면서 살아가는 공동체이며, 숨을 쉴 때 우리는 다른 동포들인 생물들과 연결된 연기적 존재인데도 불구하고, 그런 불필요한 집착을 한다는 것은 그 리듬을 깨트리는 것이기 때문이다.

3) 셀프-리멤버링의 방법

입문한 지 얼마 안 된 한 제자가 구르지예프에게 물었다. 자기는 열심히 셀프-리멤버링 공부를 하려고 하는데, 이 셀프-리멤버링 공부 때문에 도무지 다른 일을 하는 데 방해가 되고, 하루가 질서 없이 지나가는 것 같고, 그리고 또 이 집에 있는 사람들에게 불편을 주는 것 같은데 어떻게 하면 좋겠냐는 것이다.

구르지예프는 러시아어로 이렇게 말했다.
"누구나 다 그런 의문을 품게 된다. 내가 가끔 이것에 관해 이야기하지만, 너는 이 공부를 하기 위해 특별한 시간을 마련해야 한다. 항상 이 공부만 할 수는 없는 일이다. 이 셀프-리멤버링 공부는 진지하게 해야 한다. 그리고 처음에는 매일 하루에 30분 정도씩 하는 것이 좋다. 그런데 이 30분 동안에는 다른 일은 다 제쳐두고 오직 일심으로 해야 한다. 그렇다고 온종일 이 공부를 할 수는 없다. 실제로는 5분도 어렵다. 왜냐하면 전력투구해야 하는 공부이기 때문이다. 금방 피로를 느끼게 되지… 짧게 공부를 하는 대신에 잘해야 한다.… 산다는 것과 공부는 별개다. 그렇지 않으면 정신병이 생길 수도 있다. 처음에는 5분 정도로 시작해라. 그렇지만 다른 일들은 전적으로 무시해야 한다. 철저한 에고이스트가 되어야 하고 신神이니 남편이니 애들이니 돈이니 하는 것은 싹 잊어버려야 한다. '공부'만 생각하고, 짧게 그러나 실질적으로 해야 한다."

소태산의 다음과 같은 법문이 있다.

옛날 어느 절에 한 스님이 일상 기거동작에 항시 바쁘다, 바쁘다 하여 '바쁘다 스님'이라는 별명을 얻는 동시에, 대중들의 조소 거리가 되었다고 한다. 그러다 우연히 그 스님이 병이 들어서 열반하게 되어 화장을 마치고 돌아왔는데 한 스님이 말하기를 주야장천에 끔찍이도 바쁘다, 바쁘다 하더니, 이제는 또 어디 가서 바쁘다고 할 것인가 한즉, 공중에서 '그럼 아니 바빠, 지금은 더 바쁘다' 하는 소리가 들렸다고 한다. 남 보기에는 별일 없이 놀면서 공연히 바쁘다고 한 것 같지만, 사실은 간단없는 숨은 공력, 즉 일심 공부를 계속하였기 때문에 그만한 신통까지 나투게 되었을 것이다.

무릇 도학이란 과학과 달라서 무형한 마음을 찾고 길들이며 조종하는 것인지라, 겉으로 보아서는 그 정도를 전혀 알 수 없으나, 동정 간에 일심만 계속한다면 행주좌와 무비불리자성行住坐臥 無非不離自性 공부니 비록 외면에는 눈을 감고 누웠다 하더라도, 일심만 챙겼다면 그 사람은 공부를 바쁘게 한 것이다. 만일 공원에 가서 친구와 종일 한담냉설閑談冷說로 놀았다 할지라도, 일심만 챙겼다면 그 사람은 공부를 바쁘게 한 것이다. 또한 밭을 갈고 논을 매었다 할지라도 일심만 챙겼다면 그 사람은 공부를 바쁘게 한 사람이다.

바꾸어 말하면 육근이 무사 시에는 잡념을 제거하여 일심을 양성하며, 육근이 유사시에는 먼저 그 일심을 계속하여 불의를 제거하고 정의를 양성하였다면 한순간 한 찰나도 방심할 틈도 없는 동시에 눈코 뜰 사이 없이 공부를 바쁘게 한 것이니, 바쁘다 스님이 항상 바쁘다 한 것도 거짓말은 아닐 것이다. 그대들도 성불제중을 원하거든 동정 간에 게을리하지 말 것이다.

이 공부를 위해서는 일단 에고이스트가 되어야 하지만, 그 에고ego에게서 맴맴 돌게 되면 그 공부는 질병이 될 뿐이다. 왜냐하면 그 에고라는 것은 있지도 않거니와 살에 박힌 가시같이 계속 고통을 주기 때문이다. 보이는 것the object 보다는 먼저 주체the subject에 집중해야 한다.

꽃을 예로 들면, 첫 번째, '나'란 것을 잊어버리고 꽃이 있는 그대로 본다. 두 번째 단계는 꽃은 잊어버리고 꽃을 보고 있다는 것에 몰두한다. 그러나 '나'라는 주관이 들어와서는 안 되고, 그저 보고 있다는 것에만 몰두한다. 그냥 보는 것이다. 세 번째 단계는, 그냥 'I am!'이다. 이 단계가 구르지예프의 셀프-리멤버링이요 지두 크리슈나무르티의 성성awareness이요, 우파니샤드가 이야기하는 중인 되기witnessing이다. 그런데 첫 번째 단계부터 차례를 밟아야지 세 번째를 먼저 해서는 안 된다. 이런 방법으로 석 달을 공부하면 뭣이 좀 보이게 된다. 이럴 때 댄스나 노래 부르기를 하면, 가무를 하는 사람도 없고 오직 춤만 노래만 있게 된다. 이런 것이 힌두교에서 말하는 삼매samadhi요 예수의 천국the kingdom of God이다.

구르지예프의 셀프-리멤버링과 성격은 좀 다르지만, 원불교『대종경』수행품 17장에는 소태산의 일심 공부(無時禪) 또는 동중정動中靜 공부의 요령이 있다.

양도신이 여쭙기를 "대종사께옵서 평시에 말씀하시기를, 이 일을 할 때 저 일에 끌리지 아니하며, 저 일을 할 때 이 일에 끌리지 아니하고, 언제든지 하는 그 일에 마음이 편안하고 온전해야 한다고 하시므로 저희도 그와 같이하기로 노력하옵던바, 제가 이즈음에 바느질을 하면서 약을 달이게 되었사온데 온 정신을 바느질하는데 두었삽다가 약을 태워버린 일이 있사오니, 바느질하면서 약을 살피기로 하오면 이 일을 하면서 저 일에 끌리는 바가 될 것이옵고, 바느질만 하고 약을 불고 하오면 약을 또 버리게 될 것이오니, 이런 경우에 어떻게 하는 것이 공부의 옳은 길이 되나이까?" 대종사 말씀하시기를 "네가 그때 약을 달이고 바느질은 하게 되었으면 그 두 가지 일이 그때의 네 책임이니, 성심성의를 다하여 그 책임을 잘 지키는 것이 완전한 일심이요 참다운 공부니, 그 한 가지에만 정신이 뽑혀서 실수가 있었다면 그것은 두렷한 일심이 아니라 조각의 마음이며 부주의한 일이라, 그러므로 열 가지 일을 살피나 스무 가지 일을 살피나 자기의 책임 범위에서만 할 것 같으면 그것은 방심이 아니고 온전한 마음이며, 동할 때 공부의 요긴한 방법이니라. 다만, 내가 아니 생각해도 될 일을 공연히 생각하고, 내가 안 들어도 될 일을 공연히 들으려 하고, 내가 안 보아도 좋은 일을 공연히 들으려 하고, 내가 안 간섭하여도 좋은 일을 공연히 간섭하여, 이 일을 할 때는 정신이 저 일로 가고 저 일을 할 때는 정신이 이 일로 와서, 부질없는 망상이 조금도 쉴 사이 없는 것이 비로소 공부인의 크게 꺼릴 바이라, 자기의 책임만 가지고 이 일을 살피고 저 일을 살피는 것은, 비록 하루에 백천만 건件을 아울러 나간다고 할지라도 일심 공부하는 데에는 하등의 방해가 없으니라.

매 순간을 나의 마지막 행동으로 알고 진지하게 생각해야 한다. 분리된 주의심이 셀프-리멤버링이다. 말이 셀프-리멤버링이지, 그것은 기억이 아니라 어떤 의미에서는 오히려 자기를 잊는 공부다. 자신은 개의 목에 줄을 묶어서 끌고 다닌다고 생각하지만, 실은 개가 이끄는 대로 따라가는 것과 같다. 개나 어떤 것에도 끌려다녀서는 안 된다. 항상 자기를 기억하고 있어야 한다. 물을 마실 때나 음식을 먹을 때, 항상 'I am!' 해야 한다. 언제나 'I am!' 'I am!' 해야 한다. 절대 잊어서는 안 된다. 1분간만이라도 'I am!' 할 수 있다면 그건 거의 기적이다. 그렇게 할 수 있다면 이 수피에서 유래한 테크닉은 당신을 위한 안성맞춤이다. 낮에 꾸는 꿈은 물론이요, 밤 꿈도 없어질 수 있다. 'I am!'이라는 깨어있는 의식이 잠잘 때도 지속하기 때문이다. 더는 여몽환포령如夢幻泡影의 세계가 나를 속일 수 없다. 꿈인데 현실로 느껴지는 것은 내가 'I am!'을 놓치고 있기 때문이다. '나무아미타불'이나 '옴마니밧메훔'이나 'Ram Ram Ram'은 심리적 안정제에 불과하다. 이런 주문들은 심리적으로 스트레스를 받는 사람에게는 약효가 있을 수 있으나 선禪하고는 거리가 멀다. 왜냐하면 의식 없는 똑같은 소리는 아기를 재우려는 어머니의 자장가처럼 지루함을 불러일으키고, 그 권태는 수면으로 가는 고속도로이기 때문이다.

셀프-리멤버링 테크닉은 소리를 내는 만다라가 아니다. 'I am!'을 만들고 자신의 존재감에 민감해야만 한다. 물건에 손이 닿았을 때 그 손의 감각을 예민하게 느끼고 여기-지금을 100% 느껴야 한다. 먹을 때는 먹는 기계처럼 먹지만 말고, 먹고 있는 자신을 통찰해야 한다. 그런 느낌 그런 민감함이 자신의 깊은 곳으로 들어가 새로운 자신을 만들게 된다. 그리고 어느 날 '나'의 센터center를 찾게 되고 이 세상은 그저 일장춘몽임을 알게 된다. 그리고 나의 꿈이 단지 꿈이라는 것을 알게 되면 그 꿈꾸는 일 또한 멈춘다. 이것이 부활이요 중생重生이다. 이런 상태가 '붓다(a Buddha, Awakened One)'이다.

4) 셀프-리멤버링의 공덕

붓다는 "나의 가르침은 쓰지만 끝은 달다."라고 말했다. 축구경기 때 센터링해야 득점을 얻을 수 있듯, 모든 수행은 일단 자신에게로 들

어가야만 한다. 일본 조동종의 종조 도겐道元이 『정법안장』에서 이야기 했듯이,

> "불교를 배우는 것은 자기를 배우는 것이다.
> 자기를 배우는 것은 자기를 잊는 것이다.
> 자기를 잊는 것은 만법萬法을 증득하는 것이다.
> 만법을 증득하는 것은 자기의 몸과 마음 그리고
> 다른 이의 몸과 마음을 탈락시키는 것이다."

이 셀프-리멤버링만이 나를 진급으로 변화시킬 수 있다. 인간이 신성神性을 가질 수 있는 것은 이 셀프-리멤버링으로부터 시작한다. 구르지예프에 의하면 인간의 근본적 문제는 우리는 '기계적' 즉 의식 없이 기계같이 작동하기 때문에 로봇 같은 상태에 빠진다는 것이다. 이런 상태에서 빠져나오려면 공부Work를 해야 하는데 그것은 셀프-리멤버링이요, 셀프-리멤버링은 '자발적 고난intentional suffering'의 한 형태라는 것이다.[26]

구르지예프의 제자의 한 사람인, 토마스 드 하르트만의 경험담에 의하면, 승마 경비 장교로 전쟁터에서 포격으로 자신과 타고 있던 말이 폭탄의 폭풍으로 날아갔을 때, 그 공황상태를 이기고, 계속 'I remember myself'라는 말을 되풀이하면서 정신을 곤두세우고 그 곤경

---

[26] 구르지예프는 살아가면서 '자기도 모르게 당하는 고통-unconscious suffering'은 공부에 아무런 도움이 되지 않는다고 하면서, 자발적으로 경험하는 고통을 conscious labour, 또는 conscious suffering, voluntary suffering, deliberate suffering, intentional suffering이라 표현하면서 이런 고통을 높이 평가했다.

을 빠져나올 수 있었다는 경험담을 한 일이 있다.

강원도 시골 마을의 목사이며 시인인 고진하의 이런 시가 있다.

"영혼의 머리까지 하얗게 센 듯싶은/ 팔순의 어머니는/ 뜰의 잡풀을 뽑으시다가/ 마루의 먼지를 훔치시다가/ 손주와 함께 찬밥을 물에 말아 잡수시다가/ 먼 산을 넋 놓고 바라보시다가/ 무슨 노여움도 없이/ 고만 죽어야지 죽어야지/ 습관처럼 말씀하시는 것을 듣는 것이/ 이젠 섭섭지 않다./ 치매에 걸린 세상은/ 죽음도 붕괴도 잊고 멈추지 못하는 기관차처럼/ 죽음의 속도로/ 어디론가 미친 듯이 달려가는데/ 마른 풀처럼 시들며 기어이 돌아갈 때를 기억하시는/ 팔순 어머니의 총기聰氣."

자신의 현자 같은 팔순 노모는 돌아갈 때를 기억할 만큼 총기가 있는데, 탐진치 삼독으로 들끓는 세상은 돌아갈 때를 모르는 치매 환자 같다고, 치매에 걸린 세상과 그 속에서 순서도 모르고 질주하는 인간들을 보면, "마른풀처럼 시들며 기어이 돌아갈 때를 기억하시는 팔순 어머니의 총기"가 필요한 것이 아니겠냐는 자탄이다.

'I am!' 공부를 하는데 구르지예프는 부정적 감정들을 주의하라고 강조했다. 특히 고난이나 역경을 당할 때 '셀프-리멤버링'의 공부가 제일 하기 쉽다고 했다. 만일 그런 역경을 잘 이용하기만 하면 크나큰 발전을 한다는 것이다. 사람의 마음은 참 이상하다. 만족을 모르고 불만이나 불평을 해댄다. 불만족스러울 때 사람은 당장 그 기분을 느낀다. 가령 목이 마를 때 곧 갈증을 느낀다. 처음에는 목구멍으로만 느끼다가 정도가 심해지면 온몸으로 느끼게 되고, 더 심해지면 오직 목 타는 것만 생각하게 된다. 사막에서 물을 구할 수 없는 지경이 되면, 몸조차 잊어버리고 그냥 갈증 덩어리로 있게 된다. 긍정적인 것은 못 느끼고 항상 부정적인 것만 느낀다. 인생이란 그리 비참한 것이 아닐 수도 있는데 계속 징징거린다. 불행은 상당히 상대적으로 우리의 해석일 뿐일 때가 많다. 고타마 붓다가 사바세계라 한 이유는, 너희가 살고 있는 모습이 고해라고 하였지 당신의 삶이 고해라는 뜻은 결코 아니다. 부처님은 항상 지금-여기에서 중도中道의 평온한 삶을 즐기셨고, 크리슈나 Krishna는 우리가 파란 고해라고 생각하는 이곳에서 춤을 추고 피리를 불었다. 축복이니 불행이란 단지 우리의 세계 해석이요 태도일 뿐이다. 우리가 어떻게 보느냐에 따라 또 우리 자신들의 선택으로, 극락과 지옥이 있을 뿐이다. 누구도 나를 지옥으로 이끈 것은 아니다. 부정적인 해석은 나를 그렇게 만들고 또 그런 부정적인 생각을 하면 할수록 축적되고 빠져나올 수가 없게 된다. '셀프-리멤버링' 공부 공덕의 하나는, 이 부정적 감정을 긍정적으로 전환한다. 어떻게 보느냐는 우리 자신이 세계를 내다보는 어떤 창문을 가졌느냐에 따라 달라진다. 고통이란 창문으로 내다보면 지옥이요, 축복이란 창문으로 내다보면 환희의 세계다.

5) 셀프-리멤버링과 증인되기Witnessing의 차이

　셀프-리멤버링이 에고-리멤버링이 되면 안 된다. 그만큼 에고는 요사스럽고 미묘하다. 셀프-리멤버링을 자기의 공부법으로 택한 사람은 셀프와 에고를 능히 구분할 수 있고, 인도해 줄 수 있는 지도자를 만나야 한다. 셀프-리멤버링은 공동체에서 해야 하는 학교 공부school method 법이다. 24시간 스승에게 100% 헌신할 수 있는 제자가 되어야 한다.
　사건에 말려들지 않고 증인으로 남는 '증인 되기 공부'는 사람에 따라서 조금 다르기는 하지만 생각보다 그리 어려운 공부는 아니다. '증인되기'는 모든 선禪 방법들의 에센스다. 셀프-리멤버링 조차도 궁극적으로는 '증인되기'라 할 수 있다. 그러면서 엄밀하게는 차이가 있다.

기독교 계통의 수도원에서 가르치는 내관(內觀 : introspection)이 생각이나 느낌 감정 분노 성충동sexuality 같은 것에 중점을 두면서 자기self는 생각하지 않는데, 셀프-리멤버링은 자기를 기억하고 모든 에너지가 '자기'에 집중된다. 자신의 기분이나 느낌 등은 생각하지 않는다. '내관'은 반성하고 생각하는 것이다. 그러나 동양의 수행법에서 보면 '내관'에게서의 생각은 그냥 자는 것일 뿐이다. 생각이란 것이 '저쪽'에서 보면 '잠자는' 행동이기 때문이다. 생각이 없어야 한다. 자신의 행동을 반성한다든가 하는 순간 생각은 일어나기 마련이다.

그런데 '증인 되기'는 한 걸음 더 나간다. '증인 되기'에서는 '자기'는 없고 단지 기억remembering만 남는다. '증인 되기'에서는 나를 기억하는 것이 아니라 '나'라는 것조차 없다. 증인 되기는 자기를 남의 일처럼 보는 것이다. (Witnessing is a witnessing of the self.) 시작은 셀프-리멤버링으로 하지만 끝은 '윗니씽witnessing'으로 마무리된다. 셀프-리멤버링으로 화나는 감정 등 마음에서 잔물결처럼 일어나는 것들을 보지만, 그 근본인 마음은 점점 사라지고, 그 사라진 마음자리에는 텅 빈 곳이 생기고, 그때야 자기라고 할 수 없는 상태가 된다. 즉 분노나 성욕 질투 같은 것으로부터 자유롭고 그 에너지가 자기 자신의 주위를 돌면서 남의 일처럼 보게 된다. 궁극에는 그 보는 에너지마저 사라지고 결국에는 단지 기억remembering만 남게 된다. 이때의 그 기억이라는 것이 '증인 되기'이다. 불교의 한 종파인 조계종에서 소의경전으로 삼기도 하고, 원불교에서도 연원 경전으로 자리매김한 『금강경』 1장에서,

"세존께서 식사 때가 되어 가사를 입으시고 발우를 가지시고 사위대성에 드시사 걸식하실 때 그 성중에서 차례로 빌기를 마치시고 본처로 돌아와 공양을 마치시고 의발을 거두시고 발 씻기를 마치신 후 자리를 펴고 앉으시니라."하고 별스럽지도 않은 이야기를 장황하게 하는데, '무엇이' 경전이 밥 먹고 손발 씻고 앉는 것이 얼마나 중요하다고 이런 한가한 소리를 했느냐 하지만, 실은 이 '윗니씽witnessing'의 소식을 전하고 싶어서 그런 것이다. 그래서 금강경 1장만 숙독하면 32장까지 읽을 필요가 없다는 이야기가 나올 수도 있다. 구르지예프는 평생 이 '윗니씽' 공부법을 서양세계에 전달하려고 노력하였는데, 기독교 문화에 찌든 서양인들로서는 그런 세계를 이해하기가 어려웠을 것이다. 그래서 '내관법'을 넘어서 할 수 있는 수행법을 '셀프-리멤버링'이라 이름 짓고, 제자들에게 그 공부를 시켰다. '셀프-리멤버링'을 마스터해야 윗니씽으로 갈 수 있기 때문이다. 결과적으로 볼 때 구르지예프는 서양의 제자들에게 윗니씽의 세계를 구체적으로 전달할 수가 없었다.

소태산의 상수 제자이며 원불교 초대 종법사를 지낸 정산鼎山 송규宋奎는 도교 계통의 수련서인 『정정요론定靜要論』을 보충 정리한 수양보조 경전인 『수심정경修心正經』을 강의하면서 내수양內修養으로 집심執心공부, 관심觀心공부, 무심無心공부 세 가지를 이야기 했는데(『정산종사법어』 경의편 65장) 관심공부는 셀프-리멤버링이요 무심공부는 윗니씽이라 생각하면 큰 착오는 없을 것이다.

『난중일기』에서 충무공은 의주로 도망간 피난 정부에서 벌어지는 이전투구의 정치 상황은 일언반구도 언급하지 않고, 매일 바다의 날씨 같은 현장의 상황만 적고 있다. 그는 항상 병으로 신음했고 슬픔과 기쁨의 소용돌이에서 맴도는 평범한 인간이었지만, 그의 슬픔은 "나는 오늘 슬펐다."라고 까지만 기록하는 통제된 슬픔이었다. 그의 슬픔과 기쁨에는 이렇고 저렇고 수사학적 군더더기가 없다. 그는 그 통제된 슬픔의 힘으로 "저녁 무렵에 동풍이 잠들고 날이 흐렸다. 부하 아무개가 거듭 군율을 어겼기 때문에 베었다."와 같은 놀라운 문장을 만든다. 바람이 잠든 것과 처자식이 주렁주렁 있을 부하를 죽인 것이 동일선상에서 놀고 있다.[27] 이런 이순신의 심법은 무심공부 즉 윗니씽의 결과라 할 수 있다.

6) 셀프-리멤버링과 비슷한 다른 종교의 수행법

타인들로부터 거부를 당했거나 자기 생각이 타인들과 소통이 안 된다고 생각했을 때, 보통은 고독감을 느끼게 되고 '자기 응시'自己凝視를 시작한다. 물론 도덕적 반성을 위해서도 자기 응시는 한다. 자기를 깊이 들여다보게 되면 자기를 바라보는 또 하나의 다른 자아가 있고, 또 제3의 제4의 자아가 있다는 것을 알게 된다. 자기 응시란 여러 다른 자아들이 원초적인 제1 자아를 바라보는 것이다. 물론 윤리적 입장에서 자아가 자기 육신을 성찰하는 것도 자기 응시다.

노장老莊에서는 견독見獨이라 하고, 유교는 신독愼獨이라고 표현하였다. 신독은 보통 혼자 있을 때 몸과 마음을 근신하라는 뜻이기도 하지만, 자기 응시의 깊은 뜻도 있다.

---

27   김훈, 『자전거 여행』 p. 225 참조.

❖ 파탄잘리 Patañjali

고타마 붓다 훨씬 이전에 『요가경Yoga sutra』을 남긴 파탄잘리는 인도서 출발하는 거의 모든 수행 테크닉의 요람이다. 구르지예프의 셀프-리멤버링 또한 파탄잘리에서 차용한 것 같다.

"셀프-리멤버링 공부로 일어난 신성神性과의 합일."
Union with the divine happens through self-study - swadhyaya.
Swadhyayat istadevata ahmpryogah.

원불교의 '일원상 서원문'에서처럼 신앙과 수행의 목적인 '일원의 체성에 합하고 일원의 위력을 얻는 것'은 교당이나 종교단체를 통해서 얻어지는 것이 아니라, swadhyaya(self-study), 즉 셀프-리멤버링 공부를 통해서 가능하다. 셀프-리멤버링 공부는 그냥 되는 것이 아니다. 에너지가 모이지 않으면 성성惺惺하기가 어렵다. 보기補氣가 되고 그 에너지가 넘쳐야만 가능하다. 한 곳으로 전력투구해야 하는 일이므로 아르바이트하는 식으로 이것저것 일을 벌이고 '다른 집'을 기웃거려서는 안 된다. 절대적으로 에너지가 필요한 만큼 섹스 같은 일에 허비할 에너지의 여유가 없다. 파탄잘리의 이야기로는 독신Brahmacharya은 수행의 요건이 아니요 수행의 결과물인 것이다. 그것은 도를 닦는데 그럴 뿐만 아니라, 그림이나 노래나 춤 등 자신의 에너지로 전력투구를 해야 하는 작업에서도 섹스에서부터의 해탈이 필요하다. 섹스는 남아도는 에너지요, 섹스는 보일러의 안전밸브safety valve일 뿐이다.

그래서 "부득이 당연한 일에 육근의 기관을 운용하는 것도 오히려 존절히 하려던, 하물며 쓸데없는 망념을 끓이어 두뇌의 등불을 주야로 계속하리오. 그러므로 좌선은 이 모든 망념을 제거하고 진여의 본성을 나타내며, 일체의 화기를 내리게 하고 청정한 수기를 불어내기 위한 공부니라."(『정전』, 좌선의 요지)고 말하는 것이다.

'성성'이란 에너지의 미묘한 변화인 것이다. 에너지의 크림cream이라고도 할 수 있다. 정남이나 정녀 등 금욕생활을 선택하는 이유도 에너지를 아껴 원하는 것을 성취하자는 것인데, 그 본의를 잊고 독선기신獨善其身으로 그런 생활을 택하고 보여줄 만한 결과가 없다면, 요새 같이 신생아 부족, 출산파업으로 허덕이는 사회에 대단히 죄송스러운 일을 저지르고 있다.

❖ 불교

불교 기본 교리의 하나인 팔정도(八正道 : 8가지 진실로 올바른 길)가 있다. 팔정도는 불교의 궁극적 목표인 깨달음을 향한 구체적 실천의 길을 제시한다. 서구의 불교학자들 중 일부는 이웃의 고통과 불행을 외면하고 자신만의 해탈을 위한 팔정도라 하면서 8가지의 방법을 하나하나 떨어진 실천 덕목으로 간주하는 경향이 있으나, 개인 수양이 없는 사회변화는 사상누각이요 8가지를 따로 분리하는 것은 온전한 인간을 지향하는 불교로서는 바른 태도가 아니다.

팔정도는 바른 견해(正見), 바른 사유(正思惟), 바른말(正語), 바른 행동(正行), 바른생활(正命), 바른 노력(正精進), 바른 기억(正念), 그리고 바른 정신통일(正定)이다.

그중 일곱 번째인 정념(samyak-smriti : right mindfulness)의 스므리티smriti는 '기억'이라는 뜻으로 진리에 대한 열정이 늘 새롭고 나태에 빠지지 않는, 진리를 향한 구도 열에 기쁨으로 나를 밀어 넣는 것을 말한다. 성경에서도 "하늘나라가 언제 올지 모른다. 도둑처럼 온다."라고 했듯이 현재의 실천을 강조하고 있다. 이 '스므리티'가 구르지예프가 말하는 '셀프-리멤버링'이다. 스므리티는 의식 안에 주관과 객관이 같이 있는 것이다. 말이 쉽지 굉장히 어려운 과제다. 만일 주관과 객관이 잠깐이라도 같이 있으면 바로 견성의 자리다. 고도한 긴장을 해야 하는 일로, 만일 성공한다면 몸을 떠나는 유체이탈 경험을 할 수도 있다. 그러나 그런 과정에 신심이 없다면 하나의 긴장으로만 남게 되고, 심하면 잠도 잘 수 없고 또 미칠 수도 있다. 그만큼 밀도 높은 긴장 속에 있기 때문이다.

산의 정상으로 올라가는 데는 많은 길이 있다. 올라간 사람은 그런 걸 알지만 모르는 사람은 한 번에 두 길을 같이 갈 수는 없다. 수행의 길과 신앙의 길 말이다. 부처님이나 구르지예프, 지두 크리슈나무르티는 성성(awareness, alert)의 길을 가르쳤고, 티베트 밀교의 틸로빠Tilopa는 어떤 노력이나 갈등도 필요 없는 방법을 택했다. 틸로빠의 길은 어떻게 보면 궁극적인 입장인지도 모른다. 그냥 긴장을 풀고 세상이 흘러가는 대로 보는 것이다. 그야말로 '봄이 오면 풀은 저절로 난다.(the spring comes and the grass grows by itself.)'

고타마 붓다는 제자들에게 걸을 때 왼발이 나가면 왼발을 의식하고 오른발이 나갈 때는 오른 발을 의식하고, 숨 쉴 때도 들숨 날숨을 철저하게 의식하라고 가르쳤다. 그렇게 의식만 하면 되고 다른 것은 필요 없다고 하였다. 이런 의식으로 24시간 공부를 하면, 광고나 TV 스크린 등이 걸어오는 최면상태에서 벗어날 수 있다고 가르쳤다. 붓다가 창안한 위파사나 선종의 화두선은 방법이 다를 뿐 그 본질에서는 같다. 위파사나Vipassana의 뜻은 윗니씽이다. 간단하면서도 대단한 테크닉의 하나인 위파사나는 단지 들숨과 날숨을 관찰하는 간단한 방법이면서도 효과는 크다. 'Ram Ram Ram' 같은 만트라를 부르려면 약간의 노력이 필요하게 되고, 계속 긴장을 가질 수밖에 없다. 그리고 'Ram'이라는 신의 이름이란 마음의 부산물인데, 마음에서 나오는 그런 것으로 마음의 세계를 결코 뛰어넘을 수는 없다. 붓다는 전적으로 다른 각도에서 테크닉을 만들었다. 그것은 호흡呼과 흡吸에서 4가지 포인트를 보는 것이다.

첫째, 포인트는 조용히 앉아서 들숨과 날숨을 보고 느낀다.
둘째, 숨을 들여 마셨을 때인 아주 짧은 순간에 멈춘다.
셋째, 들어온 숨이 나가고 있는 것을 본다.
넷째, 숨이 완전히 나갔을 때 잠깐 몇 초 동안 멈춘다.

이러기를 계속 반복하는 것이다. 이렇게 간단하기 짝이 없는 것이 놀라운 효과를 가져온다. 왜냐하면 그 과정 중에 '마음'이라는 것이 전혀 개입되어 있지 않았기 때문이다. 처음에야 당연히 여러 번 마음이 들어온다. 그러나 계속하면 잊어버린 것을 후회할 시간도 없이 또 호흡을 보기만 하면 된다. 누구든지 49분만 계속 그 상태를 유지하면 결과는 놀랍다. 그러나 49분이 별거 아니겠지 생각할지 모르지만, 해보면 49분이 아니라 49초조차도 쉬운 일이 아니다.

❖ 수피즘 Sufism

선종이 불교의 핵심이라고 한다면, 하시디즘Hasidism은 유대교의, 수피즘은 이슬람의 꿀이다. 수피즘은 교리체계가 아니다. 낮은 세계에서 더 높은 세계로 비상하고자 일련의 사람들이 노력하는 연금술이다. 맹목적으로 신을 믿는 쓰레기 같은 철학적 사변이 아니요, 어떻게 하면 기계같이 작동하는 인간에서 어떻게 하면 자동화를 풀 수 있겠는가(deautomatize)를 시도하는 단체다. '셀프-리멤버링'은 그들의 철학이요, 이것을 이해할 수만 있다면 수피즘은 거의 이해하였다고 하여도 과언이 아니다.

인간 행동을 자극과 반응의 관계로만 설명한 미국의 심리학자 스키너B.F.Skinner는 쥐의 마음을 읽을 수만 있다면 인간의 마음도 읽을 수 있다고 하였다. 인간을 쥐보다 약간 더 복잡한 '기계'로만 파악하였다. 서양인들은 쥐 같은지 몰라도, 붓다 같은 사람의 마음을 모른다면 어찌 인간을 다 안다고 할 수 있을까. 왜냐하면 인간은 씨앗이요 씨가 자라면 느티나무도 될 수 있기 때문이다. 선禪이 반지성적이요 황당한 면이 있다고 하면, 수피즘은 선과 달리 균형 잡힌 관점을 가지고 있다. 수피즘에는 '지크르(zikr 또는 dhikr)'라는 말이 있는데, 글자의 뜻은 '기억하기(remembering)'다. 알라Allah 신을 기억 또는 기도하는 것이다. 수피들은 앉을 때도 '알라' 하고 설 때도 '알라' 한다. 어떤 동작이든지 신을 기억하려고 노력하는 것이다. 소리를 낼 수 없는 분위기에서는 속으로 '알라'를 기억한다. 알라신을 끊임없이 부르는 것 자체가 축복이 된다. 그들은 그것을 즐기고 일생의 전부로 삼는다. 심지어 그것은 음악이 되어 내적인 하모니를 이룬다.

수피의 메블레비Mevlevi파에서는 회전무(whirling dance)를 추는데, 실은 일반적인 의미의 댄스가 아니요, 안으로 더 많은 에너지로 의식이 확장할 수 있도록 몸을 의식하기 위한 것이다. 춤출 때 몸의 미세한 각 부분을 끊임없이 의식한다.

❖ 까비르Kabir와 나낙Nanak

까비르는 힌두교의 유명한 시인이요, 까비르와 같은 시대를 살았던 나낙은 힌두교의 신애(信愛, 바크티) 신앙과 이슬람의 신비 사상이 융합된

시크교Shkhism의 창시자이다. 11세기에 무슬림이 힌두교 일색의 인도에 본격적으로 출현한 후, 두 종교 사이에는 무서운 충돌이 있었다. 그 갈등의 와중에서 화해의 깃발을 흔들고, 종교의 본질을 노래하며 과감한 개혁의 메시지를 남긴 종교 통합의 사도가 있었으니, 그가 바로 까비르(1398~1448)다.

까비르와 나낙도 '쑤라띠Surati'를 사용했다. 쑤라띠는 구르지예프가 사용한 '기억하기remembering'이다. 구르지예프는 '에센스essence'와 '퍼서낼러티personality'라는 두 단어를 사용했는데, 에센스는 그냥 불성佛性이라 이해하면 되겠고, 퍼서낼러티는 사회가 부여해서 만들어진 것이다. 구르지예프는 '위니씽'이라는 말을 전혀 사용하지 않았고 '리멤버링'이라는 말을 썼다. 까비르와 나낙도 '리멤버링'을 사용했다. '쑤라띠'는 불교에서 사용한 '스므리티(smriti : remembering)'이다.

❖ 지두 크리슈나무르티

신지학회(神智學會, Theosophical Society)를 해산시켜버린 그는 '간택揀擇 없는 성성(惺惺, choiceless awareness)'을 강조했다. 어떤 생각이 지나갈 때 그것에 대해 비판을 하지 말고 그냥 그 지나가는 것만 보라는 것이다. 계속 주시하고 있으면 언젠가는 그 생각의 속도는 줄어들고 또 언젠가는 생각과 생각의 사이가 길어지다가 그 생각 자체도 없어진다는 것이다. 마치 도로에서 질주하는 차들이 속도를 줄이다가 도로는 차들이 없이 텅 빈다는 것이다. 우리의 머릿속은 항상 출퇴근 시간의 도로와 같은 상황이다. 끼어들기도 하고 때로는 충돌하여 사고도 일으킨다.

동양에서는 사변가(思辨家, thinker) 보다는 비非 사변가(non-thinker)를 선호하는 경향이 있다. 붓다나 마하비라 사라하Saraha 등 모두 사변가는 아니었다. 그들이 처음에는 철학적인 사고를 하였다 하더라도, 그것은 비사변가로 들어가기 위한 도약대였을 뿐이다. 기억으로부터 기억이 아닌 곳으로 가는 것이 성성惺惺의 첫 번째 다리라고 한다면, 기억이 아닌 곳으로부터 유심 중中 무심으로 가는 다리는 두 번째 다리다. 크리슈나무르티가 1번 다리라면, 구르지예프의 공부는 2번 다리에서 놀고 있다. 꼭 말을 해야 한다면 2번 다리가 조금은 멋진 다리라고 할 수 있다.

탄트라Tantra 불교에서는 세 번째 다리를 이야기한다. 세 번째 성성이란, 주관과 객관이 함몰된 제3의, 어느 것에도 구애받지 않고 순수하게 노는 성성의 세계다.

다시 이야기하면,

첫 번째는 객관 세계에 몰두하는 것이고

두 번째는 객관과 주관에 몰두하는 것이라면

세 번째는 '몰두'를 내려놓은(放下着) 그저 무심(no-mind)의 세계다.

6.
종교예술

"인간이 성취할 수 있는 최고의 경지는 무엇을 할 수(TO DO) 있는 것이다."라는 말은 꼭꼭 씹어야 할 구르지예프 격언 중의 하나다. 그렇다면 우리는 무엇을 할 수조차 없는 사람들이란 말인가?

영국 왕실을 수호하는 포병대의 시범을 구경하고 있던 관광객들이 있었다. 6명으로 한 조가 되어 기계처럼 움직이고 있었는데, 그중 다섯 병사만 일사불란하게 움직이고 있을 뿐, 나머지 한 명은 몇십 미터 떨어진 곳에서 포성이 끝날 때까지 남의 일 보듯이 그저 부동자세로 서 있었을 뿐이었다.

어떤 관광객이 궁금해서 담당 장교에게 그 병사의 역할이 도대체 무엇이냐고 물었다.

"네, 그는 그냥 차렷 자세를 취하고 있는 겁니다."

"아 그거야 알죠. 그런데 그는 왜 아무것도 안 하고 서 있기만 하냐고요?"

그 이유를 서 있기만 하던 병사 자신은 물론이고, 나머지 다섯 병사 그리고 담당 장교도, 총책임을 맡은 지휘관조차도 그 이유를 알 수 없었다. 그들은 부랴부랴 몇백 년 전부터 내려온 훈련 교본을 들춰보고,

오랜 시간이 걸려서야 그 연유를 알게 되었다. 그 여섯째 병사의 역할은 대포소리에 놀라 도망치려는 말들의 고삐를 잡고 있어야 하는 것이었는데, 말이 없어진 오늘날에도 자기의 역할이 무엇인지도 모르고 그저 시키는 대로 천치같이 서 있었을 뿐이었다. 왕실 포병대의 여섯 번째 병사, 그것이 바로 현재 우리들의 모습이라는 것이다.

구르지예프의 눈으로 볼 때 제 딴에는 무슨 의미 있는 일을 한다고 동분서주 '25'시간을 돌아다니고 있지만, 우리는 그저 걸어 다니는 산송장이고 30세 즈음에 이미 죽었는데 다만 70세에 묻히는 것일 뿐이다.

'무엇을 할 수 있는 사람', 이 얼마나 멋진 말인가. 진정한 의미로 무엇을 할 수 있는 사람, 즉 초롱초롱한 의식을 갖고 여의주를 얻은 용처럼 행동할 수 있는 사람, 임제 선사의 표현대로 그 자리 그 자리에서 주인이 되는 사람(입처작주立處作主 입처개진立處皆眞), 바로 그런 사람이 되기 위해서 우리는 선각자들에게 오체투지로 다소곳이 머리를 조아리고 정기와 상시훈련을 받는 것이다.

부처님께서도 "삼가 네 뜻(생각)을 믿지 마라. 네 생각은 가히 믿을 것이 못 된다. … 아라한(남방불교의 깨친 사람, '목우십도송' 9장에서 노는 분, 혹은 원불교 법위등급에서의 출가위 정도)이 된 뒤라야 너의 생각을 믿어도 된다."(『42장경』, 28) 고 치솟는 성욕 문제를 예로 들면서 충고를 하셨는데, 주관의 세계(아공)와 객관의 세계(법공)를 초월한 반야를 얻기 전의 생각들은 모두가 다 망상이기 때문에 결코 무엇을 할 수 있다고 이야기할 수는 없다는 것이다.

'아라한' 정도의 정신연령이 되지 못한 사람은 누구에게도 참사랑을 나눌 수가 없다. 우리가 주위에서 '당신을 사랑해'라는 말을 자주 듣는다. 이것은 거의 잠꼬대 같은 수준의 소리임이 틀림없다. 왜냐하면 유행가 가사처럼, '사랑은 아무나 하나?'라 하듯이, 아무나 하는 것이 아니요 사랑할 만한 자격이 있어야 한다. 그런 사람이 과연 몇 사람이나 될까? 사랑한다는 달콤한 말의 뒤에는 상대방이 자기에게 어떻게 해 주기를 바란다거나 이렇게 저렇게 보여주기를 바라는, 권위적이거나 또는 명령조의 단호한 '요구demand'들이 수없이 깔려있기 때문이다. 바로 이 요구하는 것 즉 대접받고 싶어 하는 생각들을 원인으로 하여 비극이 탄생하는 것이다.

인생이란 결코 내 마음대로 되는 것이 아니며, 강물을 힘들게 거슬러 올라가는 것보다 어떤 때는 그 물결을 따라 흘러내려 가는 것이 상수일 때가 있다. 상대방이 요렇게 저렇게 해 주기를 기대하는 것은 나 자신이 나의 과거에 분별하고 주착하는 마음으로 덮혀있기 때문이다. 인생이란 끊임없이 변하는 것인데 자기의 관념에 병적으로 고착되어 있다면, 변화무쌍하게 다가오는 미래의 일들에 '자연스럽게(spontaneous라는 말은 참 좋은 말로, 주한 바 없이 마음을 내는 '것'인데, 사실 또 '… 것'이라고 액자를 딱 짜버리면 이 또한 틀린 말이 되어버린다.)' 대응할 수 있는 능력을 잃어버리게 된다.

삼독의 탐심인 '욕망이라는 이름의 전차'에서 내리고 싶은 사람의 처음 공부는 무-주착non-attachment하는 것으로부터 시작하여야 한다. "응용에 무념"(『정전』 천지보은의 조목)하라는 말씀이 있지만, 응용조차 못 하는 "똥자루"(『수심결』 40)들이 어떻게 무념까지 시도해 보겠다는 것인가? 그러니 '너를 사랑해'든 무엇이 되었든, '응용' 즉 'To Do'를 잘해보려고 있는 힘을 다해(『정전』 일원상 서원문, '지성으로') 힘써야 한다.

자기의 제자들을 이 응용할 줄 아는 사람으로 돌리기 위해, 심신의 평정을 위한 대안의 하나로, 구르지예프는 그의 독특한 예술관인 주관적 예술Subjective art과 객관적 예술Objective art의 차이점을 이야기한다. 이것은 부처님 선법禪法의 생리하고는 성격이 좀 다른 것이기는 하지만, 그의 공부와 깊게 관계된 것으로 경청할만한 가치가 있다.

마르크스의 주장에 따르면, 예술같이 상부구조를 이루는 것들은 생산조건이나 노동 양식 같은 경제적 하부구조에 대단한 영향을 받는다. 그래서 배가 불러야 예술이나 사상이 발달하게 되고, 또 종교 특히 진정한 의미의 종교는 일반적인 문화 현상과 같이, 배부른 사람들the haves에게서 나오는 것이지, 배고픈 사람the have nots의 종교는 사이비성을 면하기가 어렵다.

종교와 예술의 관계는 루마니아 출신 미국 종교학자 엘리아데Mircea Eliade의 말처럼, "종교는 형태와 형상 없이는 존재할 수 없기 때문에 언제나 예술이 필요하다. 그 반면에 예술은 '그 속으로 흘러 들어가는 더 넓고 더 깊은 강'으로서의 종교로 돌아오기 마련이다."라든가, 심지어는 유명한 스리랑카의 미술사가 쿠마라스와미 같이, "예술은 종교다. 종교와 예술은 관계된 정도가 아니라 아주 같은 것이다."라고 이야기하였듯이 서로 상보적인 관계에 있는 것만은 부정할 수 없다. 그래서 그런지 미술관이나 박물관에서 보내는 시간은 종교의 예배의식에 참여하는 것과 비슷한 심리적 위안을 받고, 먹고 사는 혼탁한 세상과 잠깐 격리된 듯한 느낌이 들게 된다.

기독교에서 예술은, 글을 특히 라틴어를 읽지 못하는 일반 대중들에게 성서의 내용과 기독교 성인들의 삶과 그들의 가르침을 효과적으로 전달하기 위해 시작되었다. 그림은 성서 속에서 작동하는 이야기들을 입체적인 상황으로 표현함으로써 문맹인 신도들의 감정에 호소한다. 음악 또한 성서에 나오는 이야기들을 감동적인 소리로 전달한다. 기독교의 신념을 배경으로 고무된 유럽의 예술가들은, 예수 일생에 전개된 여러 사건을 시각적인 드라마로 표현하여 보는 사람이 깊은 인상을 받도록 노력하였다.

1924년 2월 29일 뉴욕에서, 당신의 가르침 중 예술이나 창조적인 작업이 차지하는 위치가 어떻게 되느냐는 공개석상의 질문에서, 구르지에프는 다음과 같은 내용의 답변을 한 일이 있다.

"지금 세상에는 예술이 뭐 꼭 창조적이어야 할 필요는 없겠지만, 우리 공부에 있어서 예술은 목적이 아닌 하나의 수단입니다. 고대 예술에는 어떤 정신적인 가치들이 들어 있습니다. 요즘 책들이 어떤 지식을 보전하거나 전달하는 기능들을 가지고 있듯이, 고대의 예술에는 그런 분명한 목적들이 있었지요. 그러니까 옛날에는 책이 없었던 대신에 예술품으로서 그런 지식이나 지혜를 표현했습니다. 우리가 그런 예술들이 의미하는 내용을 책 읽듯이 충분히 읽어낼 수 있는 능력만 있다면, 그런 예술품들에서 많은 아이디어를 발견할 수 있었겠지요.

당신네는 무대에서 우리 단원들의 몸동작이나 댄스의 아름다움이나 테크닉 같은 외적인 부분만 보셨겠지만, 사실 중요한 것은 내적으로 예술이 어떻게 하여서 인간의 심성을 온전하고 조화롭게 만들어 줄 수 있겠는가 하는 것입니다.

그러니까 음악도 마찬가지입니다만 댄스도 하나의 공부랍니다. 요즘 세상은 춤도 그냥 습관적으로 추고 있지만, 옛날 동방에서는 그런 움직임들에는 분명히 두 가지의 중요한 목적이 있었는데, 공부와 개발이 바로 그것입니다. 공부와 개발이지요."

그가 말하는 주관적 예술이란 우리가 보통 생각하는 예술들을 말한다. 즉 소위 예술가라는 사람들이 자기 자신의 이런저런 감정의 변화되는 느낌을 두고, 다른 사람들에게 보여주기 위해서 표현하는 것들이다. 그는 이런 것을 전혀 예술이라고 생각하지 않았다. 그가 지칭하는 참 예술은, 작가 본인의 감정 따위와는 전혀 무관하게 특별한 목적을 가지고 수학적인 계산 하에 제작된 객관적인 예술로서, 제작자가 그 예술품을 만들 때 무엇을 하고 왜 하는지 분명한 목적의식이 있으며, 보는 사람이 특별한 인상을 주고 분명한 반응을 기대하기 위하여 제작한다는 것이다. 즉 제작자의 소원이 깃들어 있다는 것이다. 구르지예프는 노트르담성당 등과 올림푸스에 있는 제우스Zeus상, 그리고 음악으로는 뒤에서 이야기하겠지만, 코브라를 피리로 불어 춤추게 만드는 것을 예로 들었다.

'예술치료art therapy'라는 말은, 1942년 에이드리언 힐Adrian Hill이 영국의 킹 에드워드 7세 병원에서 결핵 환자들에게 그림 그리기를 시키다가, 그것이 불안과 심리적 외상을 치료할 수 있는 도구가 될 수 있다는 것에 착안하여 생긴 말이다. 예술 치료에는 크게 표현 위주의 치료법과 감상 위주의 치료법으로 구분하는데, 표현 치료로는 음악·미술·무용 등이 있고, 감상예술 치료는 주어진 예술 매체를 관람 또는 감상하는 방법이다. 그 후 분석심리학이나 대상 관계 이론가들이 예술 매체를 심리치료에 십분 활용하였고, 1970년대에는 미국의 다양한 형태의 집단상담 열풍에 힘입어 독서치료·영화치료 등 크나큰 발전을 보게 되었다. 구르지예프의 주요한 공부법인 음악과 춤 등 의도적인 예술품들은 모두 예술치료법의 범주에 들어간다고 할 수 있다.

7.
'가짜' 예술품은 보지도 말자

미학에서는 예술이 인간에게 주는 효과를 지각적perceptual 효과, 정서적emotional 효과, 지성적intellectual 효과, 영적spiritual 효과 등 네 가지로 분류한다. 발터 벤야민Walter Benjamin의 기념비적인 에세이 『기술복제 시대의 예술 작품』에는 이런 글이 있다.

"어느 여름날 오후 휴식의 상태에 있는 사람에게 그림자를 던지고 있는 지평선의 산맥이나 나뭇가지를 보고 있노라면, 우리는 이 순간, 이 산, 그리고 이 나뭇가지가 숨을 쉬고 있다는 느낌을 받는다. 이런 현상을 우리는 산이나 나뭇가지의 아우라가 숨을 쉬고 있다고 말할 수 있을 것이다."

어떤 예술품에 '아우라Aura'가 있어, 그것을 보면 살아있는 듯한 느낌으로 다가오는 예술품, 그것을 구르지예프는 의도적 예술objectiv art이라고 하였다. 건축이나 미술이나 음악이나 무엇이 됐던, 벼락을 맞은 것 같은 느낌의 그런 감동으로 전율했을 때, 살아있다는 고마움을 느낄 수 있다면, 그것은 의도적 예술이라고 할 수 있다.

구르지예프가 말하는 주관적 예술subjective art이란, 무의식적으로 작가의 심성과 주변 환경의 영향을 받아 오직 창작자 '자신'만을 표현하는 작품들을 말한다. 즉 저녁놀을 보고 어떤 사람은 기쁘게 또 다른 사람은 슬프게 상반된 느낌이 들 수도 있듯이, 주관적 예술이란 그야말로 모든 것이 다 그 사람의 주관에 의해서 이루어지는 것이요, 그 사람에 따른 부수적 산물인 것이다. 조가나 상엿소리 또는 장송 행진곡 같은 것도 슬프고 엄숙하게 작곡된 것 같이 생각되지만, 듣는 사람의 입장에 따라 꼭 그렇게만 느껴지는 것은 아니다. '음악은 감정들이 느끼는 것처럼 들린다.'는 말처럼, 그 곡을 듣고 어떤 연상을 하는가에 따라서 그 기분이 얼마든지 달라질 수가 있는 것이다.

그러나 구르지예프가 참 예술이라 일컫는 '의도적 예술objective art'은 한 사람이든 여러 사람이든 그 작가가 분명한 의식을 갖고, 자기가 무엇을 또 왜 그것을 만드는 줄을 알 뿐만 아니라, 작가와 같은 수준의 사람들이라면 그 창작물을 보거나 듣거나 또는 그 분위기에 둘러싸일 때, 모두가 어떠어떠한 인상과 감명을 받을 것이라는 수학적인 계산 아래 제작된다는 것이다. 마치 화학이나 수학 교과서를 읽고서는 어떤 사람은 이렇게 이해하고 또 어떤 사람은 다르게 이해할 수 없는 것과 같다. 즉 제작자의 의도가 적실하게 표현되어 있어서, 그것을 느끼는 사람들이 그 정서를 통하여 진리로 향할 수 있는 계몽적인 역할을 노리는 것이다. 그러나 참 예술작품을 보거나 듣더라도, 의식 수준이 낮은 사람은 높은 사람의 느낌을 넘어다볼 수 없다는 것이다.

구르지예프는 지구 위에 있는 사람들이 얼른 보기에는 똑같이 먹고 자면서 사는 것 같지만, 사실은 우리가 생각하는 것 이상으로 천차만별 제각기 서로 다른 수준과 세계에서 살고 있다고 하면서, 6단계로 구분한 소태산의 '법위등급'과 비슷하게 의식 수준을 7가지로 구분하였다.

의식의 수준과 질이 가장 낮은 사람을 '사람 1번men number one'으로 말하고 그보다 조금 높은 사람을 men#2 men#3의 순서로 표현하였는데, men#3까지는 주관적 예술 같은 것밖에는 보고 들을 수가 없고, 의도적 예술을 이해하기 위해서는 적어도 '객관적 의식의 섬광들flashes of objective consciousness'이 필요하고, 그리고 그런 섬광들을 적절히 이해하고 바르게 이해하기 위해서는, 기품 있는 심성의 조화와 자기 자신을 임의대로 조종할 수 있는 능력(소태산의 '무시선법' 중의 "놓아도 동하지 않아야 길이 잘 든 것")이 필요하다고 하였다.

그러니, "일원의 위력을 얻고 체성에 합하도록 까지 서원"(『정전』 일원상 서원문)한 공부인들이 예술품을 감상할 때는, 먼저 그것이 주관적 작품인지 의도적인지를 구분하고, 공부인을 위한 참 예술품이라고 인정되면, '법위등급'의 어느 정도인지를 가늠 잡아 보는 것도 미상불 재미가 없지는 않을 것이다.

그는 의도적 예술의 대표적인 현장으로, 고대 오리엔트 신화에 나오며 현재 이집트에서 볼 수 있는 스핑크스와 그리스 신전 중 올림피아에 있는 제우스 상을 들었다. 우리가 손안에 든 책을 읽고 글쓴이의 의도를 찾아낼 수 있듯이, 이런 조형물들은 만든 사람이 무엇을 우리에게 전달하려고 하였는지, 그 의도와 메시지를 바로 읽을 줄 알아야 한다는 것이다. 구르지예프식으로 이야기하자면, 어떤 책은 건축·미술·음악의 작품들 못지않게 의도적 예술품이 될 수도 있다. 한 가지 예를 들자면, 파탄잘리의 『요가 수트라經』같은 것이다.

요가 공부법은 파탄잘리 이전의 인도에 이미 있었고, 또 그 후에도 계속 이어져 내려왔지만, 처음으로 요가 공부법을 일목요연하게 정리한 사람은 파탄잘리였고 그 후 아무도 그에게 이의를 제기할 수 있는 능력 있는 사람은 나타나지 않았다. 그는 구르지예프와 같이 종교를 과학적으로 풀어보려는 시도를 처음으로 하였는데, 간단한 표현 속에 무진장한 법의法義가 숨어있어서, men#6나 men#7의 사람이나 또는 '법위등급'의 출가위 정도나 되어야 겨우 이해할 수 있을 것 같은 대목들이 많다. 이런 경전은 가히 예술품이라고 할 수 있겠다.

텐진天津에 있는 역사박물관에, 청나라 때 황신黃慎이 그린 '도연명중양음주도陶淵明重陽飮酒圖'가 있다. 술과 국화를 무척이나 사랑한 도연명이 9월 9일 즉 높은 곳에 오르기도 하고, 국화를 감상하며 술도 마시고 친구도 만나는 중국의 명절인 중양절에 동자의 도움을 받아 그 좋아하는 술을 벌컥벌컥 마시는 그림이다.

큰 고래가 백 개의 강물을 빨아들이듯이 술을 마시는 음주 탐닉이 가경佳境에 들어간 도연명을 그렸는데, 바쿠스의 신탁을 받고 있는 듯한 생각이 든다. 호탕하게 마시는 사람과 지켜보는 하인의 모습이 리듬감을 불어넣고 또 붓 발의 면과 선에서 노는 모양이 음악처럼 고저와 경중이 있다. 누구는 이 그림을 음악이 응축된 그림이라고 하였는데, 이 정도는 사실 아무것도 아니다.

하도 유명한 그림이라 이러쿵저러쿵하기가 좀 찝찝하지만, 김홍도의 '무동舞童'을 보자. 이것은 음악이 응축된 그림이 아니라 냉동된 음악, 아니 차라리 그냥 음악이다. 그림이 음악이라 했으나 이상할 것도 없다. 필자는 북과 장구 젓대 해금 그리고 두 개의 피리로 불리는 삼현육각에 둘러싸여, 율동감에 넘쳐 인생을 밟고 날면서 춤추는 소년을 보고 있노라면, 그냥 꾀죄죄한 나 자신의 삶마저 마냥 즐겁게만 느껴진다.

그때의 나의 기분은 men#?, 어디에서 놀고 있는 것일까?

그림도 그렇듯이 역사적인 건축물 또한 냉동된 예술품들이다. 구르지예프가 제일 먼저 손꼽는 것은, 스핑크스와 수피들에 의해 조성된 인도의 타지마할이다. 그는 그 자신이 이 두 개의 구상예술로부터 아주 강렬한 인상을 받았다고 하였다.

그런데 스핑크스는 지금으로부터 약 5,000년 전 작품이요 타지마할은 약 350년 전에 만들어졌는데, 그것들은 8,000년 전 바빌로니아의 어떤 것을 모방한 것이고, 비전의 전통으로 내려온 인간의 생명에 활력을 불어넣고, 야만적인 노예 상태로 추락하는 인간을 구제하기 위하여 만들어진 것이라고 하였다. 그런데 그는 그것들이 의도적 예술의 대표적이라고만 하였지 종교예술로서 어떠어떠한 가치가 있기 때문에 그렇다는 구체적이고 세밀한 이야기를 한 적은 없다.

그가 젊은 시절 그룹을 지어 중앙아시아를 여행할 때, 힌두쿠시Hindu Kush의 어떤 산기슭에 있는 사막에서, 신과 같기도 하고 악마의 모양을 한 것 같기도 한 것을 보았는데, 처음에는 그냥 호기심이 나서 이상하다고만 생각하고 가까이 가서 자세히 살펴보았더니, 그것은 우주의 운행 시스템을 정교하게 표현하고 있었다는 것이다. 그는 몸으로 표현된 것 중 다리를 빌려 형상화한 눈과 귀를 이용해서 그것이 의미한 암호들을 전부 풀어낼 수 있었다고 하는데, 탐험대 대부분 사람은 수천 년 전에 만들어졌을 그 형상을 보고, 만든 사람들의 메시지와 심정들을 읽을 수 있었고, 그들 중 몇 사람은 만든 사람들의 얼굴까지도 볼 수 있었고 또 그들의 목소리까지도 들을 수 있을 정도였다고 이야기한 일이 있다.

이런 이야기들이 황당무계하기 짝이 없게 들리는 것은, 우리들이 자신의 불필요한 신념이라고 할 수 있는 즉 종교적·철학적·문화적 편견에 중독되어 있기 때문이다.

구르지예프가 사막에서 본 일들이 어떻게 일어날 수 있는지 의심하는데, 우주는 현대 인간이 발견하여 알고 있는 우주관이 허용하는 것보다 훨씬 더 많은 것을 담고 있다는 증거가 얼마든지 있다. 고대 및 초고대 문명을 연구하는 학자들은 고대 문명의 유물 및 거대 건축물들은 모두 다 하늘의 질서를 옮겨놓은, 이른바 '하늘 베끼기' 작업이라고 설명하고 있다. 필요한 것은 다만 자신이 모르는 과학용어와 만날 때, 그것을 열린 개념으로 대하려는 자세가 필요하다. 왜냐하면 우주는 우리 인간이 도저히 상상할 수 없는 방법으로 작동하고 있기 때문이다. 양자물리학의 발달로 파동공학의 눈으로 우주를 바라보고, "갈수록 우주는 거대한 기계가 아니라 거대한 생각처럼 보인다."(제임스 진즈卿)라고도 하지 않았는가. 현재 우리가 몸담은 3차원 공간에서 일어나는 모든 일이 내 눈앞에서 정말 일어나는 것이 아니라, 아주 먼 곳에 있는 2차원 평면에서 진행되는 사건들인데도 다만 우리 눈에 지금 그렇게 보일 뿐이라고 한다면, 구르지예프의 4차원 세계 같은 이야기는 수긍이 갈 수밖에 없다.

또 구르지예프는 몽골 지방에서 어떤 대가람의 노랑·초록·보라·남빛의 타일로 덮인 지붕을 보았는데, 그 지붕은 원근에 따라 여러 가지 색깔과 모양들로 요술 같이 변하는 움직임을 보여주었다는 체험담을 말하면서, 그것을 보고 정말 신기하게도 자기의 육신과 정신으로부터 이탈되는 해방감을 맛보았다고 경험담을 이야기한 일이 있다.

예술사가와 문학사가들은 한결같이 고대와 현대 사이에는 단절된 것 같지만 내실 비밀스러운 관계가 있다고 한다. 고대의 양식들이 지금까지도 매력을 뿜고 있기 때문이라기보다는, 현대를 풀 수 있는 열쇠가 바로 고대의 작품들 속에 숨어져 있기 때문이다. 그 고대인들과 동시대同時代의 인간이 될 수 있는 능력, 그리고 고대인들이 세계를 표현한 것을 판독할 수 있는 능력을 갖춘다는 것은 현대인들의 행운인 것이다.

8.
타지마할Taj Mahal
- 또 하나의 상징

조선 왕조 신위가 모셔져 있는 종묘宗廟는 5월 첫째 주에는 종묘 제례악이 펼쳐진다. 또 이곳은 5만6천 평의 면적 위에서 빈 곳의 아름다움을 여실히 보여준다. 아테네의 파르테논 신전은 외관의 장중함에 압도되지만, 종묘 정전의 본질은 건물의 시각적 아름다움에 있다기보다는 정전 앞의 텅 빈 곳이 주는 허공의 아름다움에 있다고 할 수 있다. 개벽開闢이 있기 전의 영원한 침묵 같다. 서양인들은 그런 공간들을 '폭력적으로' 건축물들로 채워야 속이 시원한 모양이다.

1889년 구르지예프는 나일강 중류에 있었던 중왕국 시대의 카르낙Karnak 신전과 룩소르Luxor 신전 그리고 왕들의 분묘가 있는 테베Thebae 옛 도시를 방문하였다. 필자도 오래전에 구르지예프의 발자취를 따라 그 지역을 둘러보았지만, 그곳은 고대 이집트 최전성기에 제정의 중심지였던 관계로, 그야말로 웅대한 건축물들이 장관을 이루고 있었다.

가령 예를 들자면, 카르낙 신전의 거대한 열주들이 하늘을 뚫을 듯서 있는 큰 홀에 서 있는 것만으로도 위압감을 느낄 판인데, 겨울철에도 충분히 볕을 받을 수 있도록 기하학적으로 계산된 그 기둥들 사이로 흘러들어오는 직선의 햇빛 속에 서 있는 것은, 그 빛의 칼날로 인정사정없이 목숨이 잘리는 기분이기도 하였고, 제3의 세계로 들어가는 것 같은 느낌이 들기도 하였다. 그 이유는 모든 건축물이 기하학적인 계산 하에 만들어진, 즉 구르지예프가 말하는 의도적 예술품들이었기 때문이다.

안타깝게도 원불교는 1세기 기념 파티가 시시하게 그 잘난 상암 운동장 행사 하나로만 끝났고, 기억에 남고 후진에게 물려줄 이렇다 할 만한 유산은 하나도 없다. 50년이 걸리든 100년이 걸리든 규모는 작더라도 확실하게 무엇인가 보여 줄 수 있는 살아서 숨 쉬고 있는 건물을 하나쯤 지었으면 좋겠다는 생각이 든다. 그런데 그런 건축물은 한두 사람의 요구로 되는 것만은 아닐 터이고, 재가출가의 지고한 의식의 결정체일 것임은 두말할 것도 없다.

건축물을 시대 상황과 분리해서 생각할 수는 없겠지만, 건축에 대해 문외한인 필자로서도 이스탄불의 산타 소피아 성당이 반원형 돔으로 창을 자유롭게 낸 지붕을 보고서는, 익산 원불교 총부에 있는 영모전에 대하여 아쉬운 생각이 들었다. 하기야 세계 최초의 콘크리트 돔dome 지붕을 만들어 건축에 우주를 담아낸 건물로는 2천 년 전에 지은 지름 43.3m 돔으로 된 로마의 로톤다광장에서 볼 수 있는 판테온(Pantheon : 萬神殿)이 있다. 르네상스 시대에 피렌체의 두오모가 완성되기 전까지는 세계 최대의 돔이었다. 영모전도 돔 모양으로 선진들을 상징 추모하면 좋았을 것 같았다. 가령 뒷면에 큰 돔을 만들어 대종사를 암시하고, 그 앞에 약간 작은 돔으로 중앙을 그리고 그 앞으로 더 작은 모양의 여덟 개의 돔으로 모양을 만들었다면 혹시 다른 멋이 생겨나지는 않았을까 하는 생각이 들었다. 그리고 영모전의 위치도 익산 성지의 어느 뒤편

아늑한 곳에 수공간水空間을 만들어 그 건물을 '앉힌' 것이 좋았을 것 같다. 불국사에도 백운교 청운교가 있고 물은 파란 고해를 넘은 사람들의 이야기라, 다른 공간으로 건너간다는 상징적인 의미에서 사용하는 건축적 장치의 하나이기 때문이다. 그것은 꼭 경제적인 문제로만 평계를 댈 수 있는 것은 아닐 것이다.

이런 건물들에 대한 가십에 앞서, 건축물은 그 단체의 정체성을 나타내는 것이다. 원불교 익산성지 안에는 성지라고 할 만한 분위기를 자아내는 건물이 없어 보인다. 건축물은 시간의 한계를 극복하고 다음에 오는 시대의 사람들과 이야기를 하는 곳이다. 그리고 건축물 특히 종교적인 건물은 에너지가 넘쳐야 하는 곳이다. 그러나 종묘처럼 신위를 안치한 곳에서 에너지를 찾는다는 것은 연목구어緣木求魚가 아닐까. 가슴 벅찬 소태산과 그 제자들의 살아있는 에너지를 찾아야 하는 것은, 그 공간은 어떤 사람이 모이는가에 따라 그 공간의 느낌과 성격이 달라지기 때문이다. 그리고 그 모인 사람들의 열망과 동경에 의해서 그 건축물의 가치는 좌우된다. 익산 성지 내의 건물들의 배치도 어수선하며 우후죽순같이 질서가 없고, 필요에 따라 임시방편으로 세워놓은 땜질한 듯한 임시 건물들이 군데군데 처박혀있다. 주 건물이 있다면 현재의 위치로 봐서는 영모전인데, 그것은 살아있는 자를 위한 건물이 아니요, 죽은 자들을 위한 유교식 제사 집이다. 소태산의 교리로 보아서는 죽음보다는 생생약동하는 삶을 지향하는 가르침인 데 비하여, 장의 불교 같은 음습한 기운이 감돌고 처음 들어가는 사람에게 감명은커녕 기분을 거스른다.

구르지예프가 인도의 건축물 중 의도적 예술품으로 손꼽는 것은 1526년 무굴(또는, 무갈) 족이 인도에 세운 이슬람 제국의 5번째 황제이며 무굴 제국 역사상 태평성대이며 최전성기의 왕이었던 샤자한Shah Jahan 이, 그가 사랑한 두 번째 왕비를 위하여 만든 눈부신 대리석 무덤인 타 지마할이다. 타지마할은 인도 고대의 서사시 '마하바라타'에 '천국의 정 원(아그라바나)'이라는 이름으로 등장할 정도로 유서 깊은 도시 아그라에 있다. 그것은 세상에 알려지지 않은 수피의 천재가 만든 작품이다. 스 페인의 함브라al-Hambra궁전과 터키의 톱카피Topkapi궁전, 인도의 타지 마할(실제 발음은, 따즈마할)은 이슬람 건축 예술의 백미라고 말할 수 있다. 하 얀 대리석의 차가움이 긴 인공 연못과의 반사와 진초록의 나무색과 어 울려 더욱더 화려하게 돋보인다. 타고르는 시인답게 타지마할을 두고 "시간의 뺨 위에 떨어진 한 방울의 눈물"이라는 절창絶唱을 남겼다.

타지마할은 육중한 벽으로 싸이고 양쪽에 이슬람사원(모스크)을 가진 복합건물이다. 건물의 네 귀퉁이엔 파수병처럼 네 개의 첨탑이 우뚝 솟 아 올라있다. 눈부신 흰 대리석 벽에는 마노(애깃)·홍옥수(코르넬리아)·벽옥 (재스퍼)·터키석 같은 아름다운 색깔의 돌로 문양이 상감 되어 있다. 이 보석 같은 돌들은 인류역사상 건축에 사용된 장식물 가운데 가장 아름 답고 값비싼 것들이다.

인간의 뇌는 본능적으로 규칙을 찾는데, 그 규칙 중 하나가 시각적 좌우 대칭이라 한다. 그 대칭으로 하나의 큰 공간이 된다. 타지마할은 물론이고 로마의 성 베드로 성당 앞의 광장, 베르사이유 궁전으로 들어 가는 길, 미국 국회의사당 앞길, 광화문 광장 등 수도 없다. 건축학에서 는 거대한 건축물과 공간을 좌우대칭으로 벌리면 그 안에서 함몰된 인 간은 심리적으로 왜소하여진다고 한다.

그 무덤을 설계한 사람은 터키인 우스다드 이샤라는 등 여러 명의 이름이 거론되고 있으나 정설은 없다. 오히려 누구라는 이름이 있었더라면 아마 그 신비감을 반감할 수 있었을지도 모른다. 누군지도 모르게 짙은 안개로 싸여있다는 것 또한 멋진 일이다. 그것이야 어쨌든 타지마할의 위용에 감동한 17세기 모굴Mogul 왕 샤자한Shah Jahan이 세상에 그와 같은 집을 또다시 짓는 것을 원하지 않았기 때문에 건축책임자의 손을 자르고 벽의 장식을 맡은 화가들의 눈을 멀게 하고, 많은 건축 기술자를 죽였다는 전설이 내려오기까지 하지만, 그 규모의 사실 여부는 알 수 없는 일이겠다. 그러나 한 가지 분명한 것은 1858년 영국이 무굴을 멸망시킬 때까지는, 무슬림이 아닌 그 능의 침입자는 이유를 불문하고 즉시 처형하였다고 한다.

22년간 터키, 페르시아, 포르투갈, 이탈리아, 프랑스 등지에서 선발된 2만여 명의 남녀가 동원되어 만든 타지마할은, 그 건축으로 인한 재정의 핍박으로 인하여 샤자한은 왕권을 탐내는 그의 아들 자한기르에 의해 유폐되고 말았지만, 왕비(Mumtaz Mahal)에 대한 애틋한 사랑의 조형화된 아름다움의 극치는 그야말로 전무후무한 하나의 '사건'으로 남아 있는 것이다. 필자에게 누가 세계에서 관광지 두 곳을 추천하라고 하면 자연으로는 필자가 미국이나 중앙아시아나 사하라 또는 고비 사막들을 먼저 봐서 그런가, 브라질의 아마존강과 인공으로는 타지마할을 권한다.

여러 번 인도를 들락거린 필자는 갈 때마다 빠지지 않고 방문하는 두 곳이 있는데, '냉동된 음악' 즉 건축물로는 타지마할과 까쥬라호의 여러 탑이다. 사람으로 태어나서 더군다나 정신세계에 관심을 가진 사람으로서 이런 곳들을 보지 못하고서야, 아니 가슴에 넣지 않고 간다면 뭐가 하나 빠진 것으로 생각한다. 더구나 타지마할 같은 곳을 참예

할 수 있는 자격은 무슬림이 아니더라도 가능한 오늘날이니까 말이다. 어깨 위에 얹힌 목을 온전히 보전할 수 있으니 얼마나 좋은가. 목을 온전히 보존해야 "응용하는데 온전한 생각으로 취사"(『정전』, 상시응용주의사항 1조)도 할 수 있다. 혜초나 현장 스님같이 그 먼 천축국을 단시간에 목에 상처를 입지 않고도 푸근한 마음으로 관상할 수 있다는 것은 현대에 태어난 축복의 하나가 아닐 수 없다.

나는 샤자한 왕이 사랑했던 왕비 뭄타즈를 위하여 흰 대리석으로 타지마할을 짓고, 강 건너편에 검은 대리석으로 또 다른 한 채를 지어 공중다리를 놓으려다 권력에 욕심이 난 아들 자한기르에게 유배당하고 어쨌다는 간지러운 사랑 이야기 따위에는 흥미가 없다. 타지마할은 수피의 예술이며 그냥 그 자체가 수피즘Sufism이다. 내가 1979년 벽두에 처음으로 타지마할을 대면했을 때, 이것이 꿈인지 생시인지 어쩔 줄 몰라, 그냥 입만 벌리고 한참 동안 망연자실 서 있었던 것을 아직도 기억한다. 지금은 정문의 위치가 달라져, 그 기막힌 광경을 쉽게 찾을 수가 없다. 나는 이와 비슷한 감동을 잉카의 마추픽추에 올라가서도 받은 적이 있다.

필자는 밤과 낮, 두 때로 또는 네 가지 방향으로 멀리 나가서 원경遠景으로 놓고 구경하곤 하였다. 사람의 내왕이 없는 곳에는 반드시 숨어있는 아름다움이 나를 기다리고 있었기 때문이다. 몬순이 시작되어 줌나Jumna강(또는 야므나강이라 불린다)이 범람할 때는 가히 장관이다. 하기야 아침과 한낮과 노을이 질 때가 서로 너무나 달라 세 개의 타지마할이 존재한다는 말도 있다. 보름달을 배경으로 한 타지마할의 고혹한 자태는 꿈나라에 있는 듯 정말 끝내준다. 결국 역사란 유적들에 대한 값비싼 안내서일 뿐이다. 그곳이 39세로 죽은 여자의 무덤이라 더 신비감을 자아냈던 것 같다. (13번 째 출산을 하다 죽어서 좀 징그럽기는 하지만, 당시 필자는 총각이었다.) 지금은 모르겠지만 1980년대는 밤에는 공식적인 입장을 허용하지 않았다. 그러나 미국 돈으로 얼마를 주면 만사가 형통하던 때라 그야말로 불법활용佛法活用이 아닌 '불법활용不法活用'을 활용하였다. (어떤 때는 외국인에게는 비싼 입장료로 야간 관광을 허용하는 경우도 있었다.) 거만한 흰 대리석과 그 잔인한 달빛과의 교감이라니. 그리고 … 이런 것들이 나를 몸살 나게 만든다.

인도 여행을 하는 사람은 많이 있지만, 대부분 고타마 붓다의 4대 유적지와 몇 군데의 옛 도읍을 거쳐 오는 것 같다. 단지, 불교를 보기 위해서 인도를 갔었다면 손익계산서에 붉은 글씨로 적어야 한다. 사실 인도는 불교를 수출한 나라이기는 하지만 13세기 이후 거의 흔적이 없어져 버렸다. 인도 불교의 몰락은 이슬람교 주범 설과 자연 쇠퇴설 등이 있다. 불교는 이슬람교보다 세속사회와 종교 간의 관계가 치밀하지 못한 느슨한 구조를 가졌다. 이런 태도는 다른 문화와 습합習合을 하는 데는 역사적으로 장점이 되었지만, 이슬람의 지배 아래에서는 약점으로 남는다. 이슬람은 본질적으로 승려들의 고행에 대해 반감을 품어서 머리 깎은 브라만과 승려 특히 불교의 승려는 가장 먼저 학살의 표적이 되었다. 그들의 멸절은 신도 집단의 종말을 의미하는 것이었다. 좁은 의미로 인도는 불교 박물관이라기보다는, 모헨조다로나 하라빠 유적으로 대표되는 인더스 문명으로부터 시작한다. 인도인의 역사적 소산물인 힌두이즘, 탄트리즘과 회교의 에센스인 수피가 승리한 땅인 것이다.

줌나Jumna강을 배경으로 우뚝 솟은 그 대리석 능은 기자의 피라미드나 그리스의 아크로폴리스 같은 역사의 기념물이 아닌 숨 쉬는 로맨스가 보는 이의 마음을 안타깝게 하면서, 흰 대리석에 상감 세공된 작품들의 하나하나를 더욱 돋보이게 한다.

줌나강은 갠지스강과 같이 히말라야산맥에서 시작하여 내려오다가 부처님의 단골 설법 지역이었던 비하르Bihar 지방에서 갠지스강과 합쳐 벵골Bengal로 흐른다. 지금의 그 강은 몬순이 아니면 수량도 별로 없는 진흙땅으로 수박밭을 따라 물소들이 줄지어 지나가는 별 볼 일 없는 평범한 풍경으로 끝나고 만다. 하지만 300년 전의 타지마할의 배경 음악이 된 그 강은, 또 다른 깊은 모습을 갖고 있었음이 틀림없다. 사람이 올라가서 기도하는 시간을 소리쳐 알리는 4개의 '미나렛' 등 조용히 종교적 감성을 깨워주는 언어를 외치는 곳이다.

어떻게 보면 타지마할은 북경의 자금성과 같이 가운데의 축을 중심으로 꽉 잡힌 대칭적인 질서 때문에 왠지 모르게 숨이 막힐 듯하다. 이 대칭성은 선의 자유로운 사용을 차단하는 르네상스의 예술, 특히 건축 부문에서 아주 중요한 원리로 작용하였다. 자연은 모든 형태 중에서 일원상과 같이 원형을 좋아한다고 원형에 대한 찬미로 10권의 『건축론』을 저술한 르네상스 초기 이탈리아의 천재 건축가 알베르티Leone Battista Alberti는 원 이외에도 6각형 10각형 12각형 등의 최고의 대칭성을 가진 도형들을 이야기하였다.

안성에 있는 청룡사 대웅전의 양측 면 기둥들을 보면 어떤 획일적 전제 군주적인 선線들로부터 해방되는 느낌을 받아 너무 재미있다. 기둥들이 댄스를 하는 것 같이 흔들흔들 움직이는 느낌을 받는다. 휘어진 자연목을 제재를 안 하고 사용하였기 때문에 자유로운 '히피hippie'가 대웅(大雄 : 부처님 10가지 이름 중 하나)이 된 것 같은 재미를 느낀다. 하기야 히피가 진급하면 대웅으로 뛰는 것이기도 하지만.

제3장 무량법문 457

타지마할에서는, 물론 그것이 시체를 보관하는 무덤이라서 그렇기도 하겠지만, 청룡사 대웅전 같은 그런 동적이고 자유분방한 정신은 찾을 수가 없다. 그래서 오히려 적막은 깊어지기만 한다. 오직 싸늘한 대리석, 특히 교교한 보름달에 빗겨진 타지마할의 분위기는 시간과 처소를 잊게끔 하는 마력이 있기 때문에, '좌선의 방법'이라는 것도 '그 물건' 앞에서는 잔소리가 되고 만다. 그냥 보거나 눈을 감고 상상하는 것만으로도 입정상태가 되는 것이다. 구르지예프가 타지마할을 이야기하는 것도 바로 이런 면을 의식하여서다.

그런데 그 '마블(대리석, marble)'이 내뿜는 기氣가 문제다. 만일 타지마할이 대리석이 아닌 다른 재료로 만들어졌다면 이야기가 또 달라질 수도 있었을 것이다. 신전이나 사원의 건축에 광범위하게 대리석을 사용하는 이유가 있다. 사원이나 모스크는 어떤 특별한 느낌의 떨림이나 분위기를 만들기 위해서 디자인한다. 대리석은 바로 그런 '떨림'들을 보호 유지하며 또 외부로부터 불필요한 잡음이나 불안 등 상이한 기운들의 침투를 훌륭히 차단하는 역할을 하고 있기 때문이다.

공부 중에 듣는 공부도 중요하지만 보는 공부 또한 소홀히 할 수 없다. '타지마할'을 '보는 것'은 소리를 '보고' 글자나 그림을 '보고' 실상을 관하는 밀교의 중요한 관법의 하나인 아자관阿字觀의 관법과 같은 역할을 하고 있다. 그래 '타지마할'의 종교는 몸 밖의 세계에 서 있는 단순한 조형물로서의 세계가 아니라, 내 안에 형상이 없는 에너지로 그리고 다른 모습의 새롭고 신선한 '종교'로 마음 깊이 들어오고 있다.

우리가 있는 듯 없는 듯, 또는 들을 수 있는 듯 없는 듯한 해조음이나, 그물에 걸리지 않는 바람소리나, 끝소리가 아닌 첫소리 같은 종소리 등. 그 '소리'들을 마음에 모시듯이 선과 악, 사랑과 미움의 윤회 등 이원론적인 사고에 끊임없는 시달림을 받는다. 우리로서는 의도적 예술로서의 형상 아닌 형상을 모셔 보는 것이다.

'타지마할'은 또 하나의 '일원상—圓相'인 것이다.

〈 추기 〉

인도는 세계에서 도시오염이 가장 심한 나라다. 그중에서도 타지마할이 있는 아그라 일대는 대기 오염이 한층 심하다. 타지마할의 대리석 외벽은 공기 오염과 주변에서 짓고 있는 건축물들 그리고 뒤에 있는 강에서 번식한 곤충들의 배설물로 흰 대리석이 노란색·녹색·갈색의 때가 끼었다. 타지마할 오염에 대한 시민 청원에 답변하는 차원에서 인도 대법원은 2018년 2월에 정부의 임기응변적 나태한 대응을 비난했었는데, 5월 1일에는 "비용을 생각하지 말고 외국 전문가들을 불러와서라도 타지마할을 꼭 지켜라"고 명령했다.

9.
의도적 예술로서의 건축과 색조色調

　　피학대성 변태 성욕이라는 마조히즘의 빌미를 주고, 수동적인 자아 포기로 신에 대한 철저한 복종인 순명順命을 강조한 혼 자허-마조흐von Sacher-Masouch나 능동적인 가학성 변태 성욕인 사디즘의 드-사드de Sade도 감히 상상 못 하였을 장면들을 조각한 인도의 까쥬라호Khajuraho와 꼬나락Konarak의 작품들도 구르지예프가 말하는 '의도적 예술품Objective art'들이다.

　　바츠야야나의 『까마수트라』를 형상화한, '대문'이 열린 이런 시대에 서조차도 얼굴이 달아오를 정도로 민망스럽기 짝이 없는 까쥬라호의 20여 개의 사원은 '보아서는 안 될 곳'이 아닌 '꼭 보아야 할 곳'이다. 아니, 꼭 보아야 할 곳이란 있을 수가 없다. 원래 좌선이라는 것도 일어난 마음을 진정시키기 위한 대중요법에 불과하듯, 마음이 일어나지 않았거나 또는 온전히 일어난 사람에게는 오히려 좌선은 하나의 '병'인 것과 같이, 병 없는 사람에게 약을 주는 것은 새로운 환자를 만드는 것과 같아 긁어 부스럼이다.

　　마찬가지로 까쥬라호의 탑들도 하나의 치료법이기 때문에 환자에게

만 필요한 곳이다. 그러나 과연 우리들 가운데, '돌로 풀을 누르듯'(如石壓草, 수심결 24) 하지 않고, 섹스 환자의 울타리를 벗어나 '만세! 만세!' 하고 외칠 수 있는 사람이 과연 몇 명이나 된단 말인가. 탑 모양의 그런 사원들이 하나의 테크닉인 줄 금방 알 수 있는 것은 사원의 외면만 그런 엽기적인 장면을 조각하였을 뿐이지, 일단 사원 안으로 들어가면 언제 그런 곳을 통과하였나 의심스러울 정도로 조용하다. 필자도 처음 방문하였을 때는 한참이나 어리둥절하였던 기억이 난다. 까쥬라호는 인간 실험을 위한 만트라 용用 사원들이다. 무의식 세계에 있는 잡다한 본능들에 대하여 무장해제를 시키기 위하여 존재하는 것이다. 하급 에너지의 해방 없이는 절대로 고급 에너지에로의 승화가 힘들기 때문이다.

인도에 있는 의도적 예술로서 까쥬라호와 더불어 아잔타Ajanta와 엘로라Ellora 석굴들을 빼놓을 수가 없다. 아잔타와 엘로라 두 동굴의 거리는 약 100km 정도 서로 떨어져 있다. 잡목이 우거진 깊은 산속에 그런 위대한 예술들의 집합소가 된 동굴들이 있을 줄이야 누가 꿈이라도 꾸었겠는가. 그 동굴들은 기원전 2세기 때부터 약 800년간에 걸쳐서 완성되었다고 한다. 1819년 한 영국 관리에 의해 발견되었다. 당시 동굴 입구는 전부 흙으로 막혀 있었다고 한다. 아잔타는 『왕오천축국전』을 쓴 신라의 혜초 스님이 7세기 초 그 부근인 나시크Nasik까지 다녀간 것으로 되어 있는데도 불구하고 알려지지 않았던 것을 보면, 그 작업이 비밀리에 진행되었던 것임을 추측할 수 있겠다.

아잔타에는 29개의 동굴이 있고 엘로라에는 34개의 동굴이 있다. 엘로라의 동굴은 12개가 불교, 17개가 힌두교, 5개가 자이나고 동굴이다. 이 동굴들은 관광객을 위하여 만들어진 것이 아니다. 이 동굴들의 목적의 하나는 보고 듣는 사람들이 내적인 하모니와 선禪적인 정적을 위하여 만들어졌다. 동굴들은 제각기 특징을 갖고 있다. 프레스코 화법으로 그린 어떤 벽화는 보살의 얼굴이 보는 각도에 따라 입체감을 느끼고 여러 가지의 얼굴 모습을 보여준다. 꼭 무슨 요술을 부리는 것을 보는 것 같기도 하고, 또 어떤 동굴은 무슨 돌을 사용하였는지 건드리기만 하면 악기 소리가 난다. 동전을 하나 떨어트리면 그 메아리가 울려 퍼지는 것이 악기 속에 들어와 있는 듯 신기하게 들렸다. 마치 음악치료를 받는 느낌을 지울 수가 없었다. 엘로라의 한 동굴은 벽을 두들기지 않아도 바람이 부는 날은 그 바람 소리 때문에 동굴 안이 뮤직홀같이 되어버리는 때도 있다고 한다.

의도적 예술들인 이런 동굴들은 절대로 떼를 지어 우우 몰려다니면서 관광하는 곳이 아니다. 이 동굴을 기웃거리다가 저 동굴로 가보고, 일정이 바빠서 곧 다른 동굴로 가야만 하는 그런 식의 주마간산 격의 관광객은 결코 그 진경을 맛볼 수가 없다. 인도의 무더운 날씨에 시원한 동굴에서 한두 시간 조용히 앉아 있어 보면, 왜 그런 '오브젝티브 아트의도적 예술'가 필요한 것인지 조금이라도 수긍이 갈 것이다.

유교 건축인 서원이 자체 건물이 유난히 초라하게 보이는 것은, 건물의 외양보다는 앉아서 바깥으로 보이는 경관을 더 중요시하여 세운 건축물이라 그렇다고 한다. 내부를 예술화한 이 동굴들은 '안으로-안으로 우리들 몸의 저 깊은 곳을 불국토로 만들려고 하는 의도가 아니었을까?'라는 생각이 든다.

뭐, 꼭 웅장한 건축물뿐만이 아니라 돈도 별로 안 들면서, 단지 색깔로서도 의도적 예술품들과 같은 효과를 낼 수도 있다. 쓰츠이 준케가 도요토미 히데요시의 참전 요청을 거부하였다가 사죄의 뜻으로 바쳐 용서를 받았다는 조선의 막사발 찻잔이나, 일본의 국보가 된 기자에 몬이도의 은은한 비파 열매와 같은 색을 사진으로나마 보면, 꿈을 꾸고 있는 듯한 기분이 든다. 흙을 다루는 방법에서는 신기에 가까운 기술을 가졌던 무명의 도공들이 꾸밈없는 무기교의 기교에, 가루를 풀어 마시는 말차를 즐긴 일본인들이 어떻게 일개 찻잔 하나와 성城을 바꾸지 않겠다고, 찻잔의 상품 가치를 한껏 올리는 그런 대담한 장담을 할 수 있었을까?

색깔에 대해서는 바넷 뉴먼의 거대한(274×603cm) 대표작인 '누가 빨강·노랑·파랑을 두려워하랴'도 있기는 한데, 막사기의 비파 색조를 보면 회회청(回回靑, Mohammedan Blue)이라 부르는 코발트 청색cobalt blue이 떠오른다. 필자의 법호가 된 '푸를 벽碧' 자도 실은 송나라의 임제종 승려 대해 종고가 불살라 버려야 할 책이라고 저주하였던 『벽암록』의 '碧' 자도 건드리고 있지만, 그보다는 뜨겁고 깊은 사막에서 보는 코발트 청靑을 더 생각하고 있었다. 중앙아시아 사막에서 화엄 철학과 같은 대승의 불교에 불을 지핀 천재들, 사막에서 신과 대화를 나눈 수피들, 부패하여가는 초기 기독교에 결사 운동을 일으키려고 이집트 사막으로 들어가 수도원을 만든 수사들 등, 사막에 대해서는 더 할 이야기가 있을 것 같다.

필자는 회청回靑이 남빛이라는 쪽빛 또는 비색秘色과 친형제인지 또는 이복형제인지, 아니면 동명이색인지 그 족보가 어떻게 되는지 확연히 가리를 낼 수 있는 실력은 없으나, "밤드리 노니다가 … (중략) … 둘은 내 것인데" 하며, 처용이 레즈비언이 아닐 것 같은 자기 아내와 뒹굴고 있는 아라비아인을 보고 울었는지, 아니면 운우지정雲雨之情의 기막힌 장면을 보고 까무러쳐 해탈의 노래를 부른 것인지, 신라가 그 당시 회교도들과 교역을 했을 듯싶은 그런 향가의 소재에서도 생각해 볼 수 있 듯이, 회회청은 아라비아에서 수입된 안료인 것만은 틀림없을 것 같다.

소태산은 사람의 정신 기운에 대해 말하면서 "세상의 빛 가운데에는 오색이 물들기 전 백색이 최상이고 한 사람의 마음 가운데에는 오욕이 물들기 전 소심素心이 최상이다." 또 "누구나 마음에 욕심이 떨어지면 다른 사람의 기운 뜨는 것을 볼 수 있다. 기운 뜨는 것은 비컨대 굴뚝에 연기가 오르는 것과 같다. 굴뚝의 연기도 바람 부는 쪽으로 쏠리듯이 사람의 정신도 마음 빼앗기는 곳이 있으면 그리로 쏠린다. 사람의 기운 에는 다섯 가지가 있다. 검은 기운은 탐심이 많은 사람의 것이요, 붉은 기운은 진심이 많은 사람, 노란 기운은 치심이 많은 사람, 흰 기운은 부심淨心이 많은 사람의 것이다. 그리고 푸른 기운은 일심을 잘 단련한 사람의 것이다."라고 했다.

그 후 조선에서도, 타지마할의 벽과 같은 곳에서도 볼 수 있고, 이슬람의 공예나 건축의 벽 또는 지면에 물결 같은 선이나 잎과 꽃, 조수 또는 인물을 섞어 공상적으로 도식화한 무늬를 가지고, 좌우 대칭으로 된 아라베스크가 후대 도자기에서 응용된 것을 보면, 오아시스 문화가 진작 배를 타고 건너왔다는 것을 짐작할 수 있다.

코발트청은 대부분 회교국이 목숨을 이어가는 현장인 뜨겁고 메마른 땅과는 너무나 대조적인 색깔이다. 그들의 오아시스 색은 녹색보다 더 '쿨'하게 느껴지는 청색이다. 무슬림들이 얼마나 회청回靑에 집착하였으면, 실크로드를 통하여 장거리를 거쳐 온 회회교를 당시의 중국인들이 청진교靑眞敎라 하고, 예배 장소인 회교사원 '마스지드'를 청진사靑眞寺라고 색깔로 기호화하여 이름 지었을까? 무슬림들이 코발트청에 애착을 한 것은, 인도인들이 아미타불을 서방정토에 계시다고 믿으면서,

동방이 아닌 서쪽을 가리키고, 무더운 한나절이 지난 후 시원한 저녁이 되면 살맛이 다시 나듯이, 우리를 포근히 안아 주시고 구원하여 주실 부처님은 에어컨디셔너가 있을 서쪽이라 상상한 것과 같이, 그래서 그런 시원한 땅에 왕생하기를 갈구하는 심리와 일맥상통하는 바 있을 것 같아, 어쩌면 측은한 생각까지 든다.

　많은 색상 중 코발트청, 그것은 또 다른 취향의 '광대 무량한 낙원'으로 들어가는 일주문의 색깔일 수도 있겠다.

10.
가톨릭 성당

건축은 의식주라는 인간의 3대 기본 본능적 행위 중의 하나다. 건물은 인간이 짓고 또 그들의 심성을 '미러링mirroring'한다. 건축물은 보는 이의 기분에 영향을 준다. 어떤 건축은 첫 대면을 할 때나 이따금 볼 때는 괜찮지만, 점점 스트레스를 주는 사람을 소외시키고 '건축적 살인'이라고 공격받을만한 건물도 있고, 반면에 보면 볼수록 생기가 넘치면서 우아하고 착 안기는 건물도 있다. 최초의 건축 이론서라고 할 수 있는 고대 로마의 건축가 비트루비우스Marcus Vitruvius Pollio의 『건축십서De architectura』에서 건축이 만족시켜야 하는 3가지 기본요건으로 공간의 안락한 유용성, 구조가 강한 튼튼함, 아름다움을 꼽는다. 예술은 아름다운 형태를 통해 그 속에 내포된 의미의 세계로 우리를 인도하고 또 우리는 어떤 식으로든지 반응하게 된다. 건물은 그 지어진 형태로 감동을 주고받지만 다른 예술과는 달리 건축은 사회성과 공공성을 띤다는 것이 다르다.

1980년 공간사 사장이자 경동교회의 장로 양우석의 주선으로 김수근은 경동교회 설계자로 선정되고 그것도 이듬해에 완공해 버린다. 경동교회는 1978년 마산 양덕성당, 1985년에 지어진 서울 불광동성당과 함께 김수근이 지은 3대 종교건축물의 하나다. 군사정권의 어두운 그림자로 덮인 남영동 대공 분실을 만든 건축가가 어떻게 상반된 성격을 가진 성당이나 교회를 엿볼 수 있었을까 도무지 이해가 안 된다. 그때 그 동네에서는 그래도 괜찮았는가 보다. 인간은 동물이면서 동시에 그 이상을 추구하기 때문에 배부르고 따뜻하기만 하다고 해서 만족할 만한 건축물이라고는 할 수 없고, 기능적인 건축물 이상의 것을 제공할 수 있어야만 한다. 그런 숭고한 감정을 얻기 위해 '그곳'에 가는 것이다. 몸과 마음이 함께 작동하는 것을 고려하는 종교건축은 그래서 더 어렵고 심오하다.

1994년 터키 남동부 샤 늘르우르파 외렌직에서 괴베클리 테페라는 신석기 시대의 유적이 발견되었다. 탄소 연대 측정에 의하면 이 건축물은 1만~8천 년 경에 지어졌다는데 인류 최초의 사원으로 추정된다. 그렇다면 놀라운 사실이 된다.

신을 쫓아 상승하려는 성聖의 상징인지 아니면 하강하는 신을 겁먹게 하여 쫓아 보내려는 속俗의 유물인지, 외양은 창끝과 같이 하늘로 치솟고, 속은 십자가형 아치의 천정에서 네 기둥을 타고 땅으로 내려오는 립 볼트rib vault의 율동을 통해, 힘의 현시를 나타내면서 '중세의 가을'이 거둔 마지막 열매요 '돌로 된 스콜라 철학'을 풍미한 가톨릭의 고딕 성당들은 부활과 승천의 의미가 담겨 있다고는 하지만 섬쩍지근한 생각이 먼저 든다. 인도나 동남아 등 불교국의 불탑들도 뾰족하기는 마찬가지지만 밑이 둥글기도 하고 또한 넓기도 하며, 또 끝에는 둥근 상륜相輪들을 만들어 놓아, 하늘로 날아오르는 돌덩어리같이 전체적인 분위기가 왠지 불안하게 느껴지는 고딕 성당의 분위기와는 큰 차이가 있다.

상당의 모양뿐만 아니라 그것을 짓는 자리를 놓고서도 치열한 경쟁을 하였다. 프랑스 최대의 순례지이며 관광지가 되어버린 로마네스크 양식의 성당 몽생미셸Le Mont Saint Michel이 세워진 것도 당시 그곳에 얽힌 미신을 타파하고 싶은 노르망디를 지배하고 있었던 영주들의 작품이다. 원뿔 모양의 화강암으로 이루어진 앞산에 수도원을 세운 사람들은 몽생미셸이 3층으로 된 노아의 방주와 같은 모습이 되어 피안으로 가는 뗏목을 생각하고 있었던 것 같다.

'명산에 명당 없다'고 회유하며, 우리들의 삶의 젖줄인 공기와 물의 시원이며 청정 지역인 산을 함부로 건드리지 말라는 뜻의 풍수 원칙이 있다. 절도 그냥 명당만 찾는 것이 아니라 어머니를 대하듯 병든 터나 흠이 있는 땅을 일부러 골라 절을 앉힌다. 여러 예가 있지만, 가령 해남 땅끝 마을에[28] 있는 달마산 미황사美黃寺는 산 정상부의 급경사면과 아래쪽의 완경사면이 만나는 지점에 있다. 즉, 위쪽의 암산岩山과 아래쪽의 토산土山이 만나는 곳이다. 그러니 산사태의 위험이 도사리고 있다. 그런 곳에 절을 세웠다는 것은 종교적인 면을 떠나 현실적 측면에서 대단히 좋은 생각이다. 왜냐하면 평상시에는 절에 상주하는 스님들을 경계 요원으로, 유사시에는 급히 노동력을 투입하여 '불편한 어머니'를 보살필 수 있기 때문이다. 그래도 종교 건축물을 기필코 명당에 앉히고자 한 것은 동서고금을 통하여 다 아는 사실이다. 영남의 7대 명산의 하나라고 불리며, 낙동정맥落東正脈에 있고 바위산의 위용을 자랑하는 가지산 자락에 안겨있는 배내골의 배내청소년훈련원도 명당이다. 어린애가 엄마 품에서 감싸주는 체기體氣 때문에 새근새근 잠을 잘 수 있듯이, 아기에게 엄마의 품 이상의 명당은 없다. 아니면 '배의 내'라는 말이 자

---

28 사실 땅은 둥글기 때문에 땅끝은 없다. 답답한 이름이면서도 재미있다.

궁이라고 한다면, 현실의 어려운 문제에 부딪혀 그 돌파구를 찾지 못하고 좌절할 때, 그토록 편안하였던 곳으로 돌아가고 싶은 무의식적 퇴행 충동의 극단적인 형태인, 자궁회귀 본능의 발로가 아닌가. 이 시대의 방이나 소파나 자동차의 안락감 등의 추구는, 모두 자궁을 모방한 고안품들이기는 하지만, 과연 그 어느 것이 어머니 자궁의 분위기를 흉내 낼 수 있었단 말인가?

자궁으로부터의 퇴출이 신체적인 출산이었다면, 쿤달리니 에너지인 샥티Shakti를 일깨워 본래 면목을 찾는 것은 브라민Brahmin이란 말의 뜻과도 같이 다시 태어난다는 즉 두 번 출생하는 것이다. 까쥬라호 사원 속에 세워진 '시바 링가'의 모습도, 모든 운동과 진동의 근원을 상징하는 것으로 다시 태어나는 에너지를 함축하기 위한 것인데, 우리가 사원을 짓고 천장을 높여 성당을 세우고 배내청소년훈련원 등을 만드는 것 또한 부활 또는 중생重生을 위한 것이 아니겠는가.

가톨릭 성당의 모두가 다 그런 것은 아니고, 구르지예프는 성당으로서 오브젝티브 아트(의도적 예술)라고 할 만한 것은, 파리의 노트르담Notre Dame de Paris과 드넓은 평야 한가운데 우뚝 솟아 있는 샤트러에 있는 노트르담Notre Dame de Chartres 대성당 두 곳만을 지적하였다. 파리의 노트르담 성당은 소설의 원래 제목은 '노트르담 드 파리'이지만, 우리가 '노트르담의 꼽추'로 알고 있는 집시 소녀 에스메랄다를 중심으로 엮어지는 멜로드라마로 익히 알고 있는 터이다. 그리고 노트르담이란 말은 주지하듯 글자 그대로 성모 마리아인 '우리들의 귀부인'이라는 뜻이다. 큰 도시라면 어디든지 그런 큰 성당이 있기 마련이지만, 1163년에 기공하여 1240년에 완성된 파리의 것이 유명하고 또한 고딕 건축의 대표작으로 알려져 있다. 이 감동적인 건축물은 건축가를 존경하는 문화가 있었고 또 건축을 단순 노동행위가 아닌 종교예술로 보았기에 문화선진국을 이루고 시대를 이끌어 나갔을 것이다.

'고딕'이란 형용사는 야만족이었던 고트족을 의미하는 '기괴하다'라는 뜻이 있으며, 19세기 중반까지도 고딕 성당이 예술적이라고 생각하는 사람은 별로 없었는데, 위고 같은 낭만주의자들이 나타나 그 미적인 가치를 이야기하기 시작하였고 또 고딕 성당을 배경으로 하여 소설도 썼다.

구르지예프는 위의 두 성당은 우리가 통상적으로 생각하는 기독교와는 다른 비전秘傳의 크리스쳔Christian esoteric school에 의하여 디자인되었다고 하였다. 그러나 그는 구체적으로 왜 그 성당들이 의도적 예술품이 되는지에 대하여서는 자세한 언급을 하지 않았다. 그는 그저 그런 건축의 목적은 일반에게는 잘 알려지지 않았지만, 분명히 의도적인 목적이 있어서 지어졌다. 사람이 어떤 정신적인 전파를 받고 감화를 주기 위한 효모균 같은 역할을 한다고 하면서, 사람들이 그런 것을 느낄 수 있는 능력이 있든 없든 간에 예술품들은 특별한 역할을 하기 위하여 존재한다고 하였다.

같은 집이라 할지라도 어떤 것은 눈으로 바라보는 건축이 아니라 보는 사람과 호흡을 함께하는 건축도 있고, 시각적 감각을 통하여 들어오는 빛과 그림자의 효과를 건축의 한 요소로 과감하게 끌어들여, 빛의 신비감을 통하여 보는 사람이 일종의 엑스터시 즉 환각 현상을 불러일으키게 하는 건축도 있다. 대부분의 고딕체 성당들이 대체로 그런 경향이 있지만, 성당 내부의 공간감이 보는 사람에게 말을 걸어오면서 관찰자를 끌어당기는 분위기를 갖고 있다. 인적이 끊어진 대성당은 돌에 새겨진 침묵과도 같이 주위를 감싼다. 그것은 성당의 고독이다. 천장을 높이는 것도 중요하다. 사무실 공간도 마찬가지지만, 천장의 높이가 종교 건축물에 들어가면 우리의 눈은 왠지 모르게 보이지 않는 영적인 상상을 하게 된다. 빈 곳 즉 허공을 바라보면서 우리의 생각은 비상飛上한다.

1955년에 소아마비 백신을 개발하여 특허권 없이 인류에 선사하고, 후에는 후천성 면역결핍증인 에이즈 치료법 개발에 힘을 쓴, 의료계의 선구자 조너스 에드워드 솔크Jonas Edward Salk. 1950년대에 피츠버그 대학교에서 소아마비 백신을 연구하던 그는 한동안 교착상태에 빠졌다. 사기가 저하된 그는 휴식을 위해 프란체스코 성인이 태어난 곳인 아름답고 고풍스러운 이탈리아 아시시로 여행을 갔다. 어느 날 성당 안에서 그는 불현듯 백신 개발의 실마리를 풀 결정적인 아이디어를 얻고 그 백신 개발에 성공한다. 그러면서 "천장이 높은 곳에서 창의적인 아이디어가 나오는 것 같다."고 말했다. 백신 개발의 공로로 그의 이름을 딴 생명과학연구소Salk Institute for Biological Studies를 짓게 되었을 때, 그는 아시시에서의 경험을 잊을 수 없어 영감을 받을만한 장소를 찾아다녔다. 그는 캘리포니아주 남쪽에 있는 샌디에이고 근처의 라호야La Jolla에서 태평양이 내려다보이는 절벽 위에 세계적인 건축물 중 하나로 꼽히게 되는 솔크연구소를 지었다. 당시 최고 건축가인 펜실베이니아대학 건축학과 루이스 칸 교수에게 천장의 높이가 3m인 건물을 주문했다.

실제로 솔크연구소는 현재 700여 명의 연구원 중에 노벨상 수상자만 5명을 배출한 세계 최고의 생명과학 연구기관이다. 그런데 연구원들 사이에는 다른 미국 동부의 유수한 대학에 있을 때보다 창의적인 아이디어가 더 많이 떠오른다 하고, 그 이유로 '다른 데보다 높은 천장'을 손꼽았다.

천장이 높으면 창의력도 높아진다는 사실은 2008년 미국 미네소타 대학교 조앤 메이어스 레비Joan Meyers-Levy 교수의 실험으로도 입증됐고, 토론토대학의 신경과학자 오신 바타니언Oshin Vartanian과 그의 동료들이 수행한 연구에 의하면, 천장고가 높은 방들은 더 개방적이고 접근하기 쉽게 느껴지며 미적으로 더 아름답게 보이고, 따라서 사람들이 방 안으로 들어갈 확률도 더 높아진다고 한다. 그러나 가정집 천장 높이에 대한 선호도는 3.04m에서 최고점에 도달했다가 높이가 높아질수록 다시 감소한다는 사실도 드러났다.

또 참가자들의 뇌를 MRI로 스캔했는데, 천장이 높은 방의 사진을 볼 때는 시각적 탐사 및 3차원적 사고와 연관된 전두엽과 후두엽의 두뇌 방이 활성화되는 것으로 나타났다. 또한 시각적 행동을 처리하는 영역들은 더 개방적으로 보이는 방의 사진들이 나타났을 때 활성화되었다. 이는 아마도 방 안으로 들어가 그 공간을 탐사하는 기대감 때문인 듯하다. 건강한 공간은 사람을 치유한다는 말이다. 천장이 낮으면 집중력이 높아지고 천장이 높으면 창의력이 높아진다. 지금은 신경과학과 건축학이 만난 신경건축학이라는 학문의 분야도 생겨 '행복한 공간'에 대한 우리의 이해를 넓히고 있다.

성당을 건축하는 목적도 비가시적인 것을 가시화하려는 메시지 전달의 극대화를 위한 것이기는 하지만, 중요한 것은 그 메시지의 내용과 그것을 보조하여주기 위한 진행하는 의식의 리듬 사이에서 일어나는 조화로운 균형에 의하여 효과를 얻어야만 소기의 목적을 달성할 수 있다. 즉 메시지의 문화적 내용과 그것을 수용하여야 하는 인간의 신경학적 공명 사이의 미묘한 균형이 있어야 한다. 설교의 내용이 아무리 훌륭하다 하더라도, 진행하는 의식의 리듬이 적절하지 못하다면 그 종교적 의미는 해체되기 쉽기 때문이다.

가톨릭교회의 엄숙한 종교의식에 어떤 가치가 있느냐는 한 제자의 질문에 구르지예프는 다음과 같은 내용의 대답을 해준 일이 있다.

"나는 가톨릭 의식에 대해 공부하여 본 일은 없지만, 그리스 정교회 의례의 내용과 형식에 대해서는 잘 알고 있지.(그는 그리스계 아르메니아인으로 소년 시절 러시아 정교회에서 교육을 받은 일이 있다) 그 의식에는 아주 깊은 뜻이 있어. 모든 의식이 변함없이 계속되면 나름대로 가치가 있지. 의식이란 것은 고대의 댄스처럼 진리가 적혀진 안내서 같은 거야. 그런데 그런 것을 이해하려는 사람은 그것을 열 수 있는 열쇠가 필요하지. 옛날 민간에서 행하여진 춤도 그 의미가 있는데, 잼jam을 어떻게 만드는지를 적은 요리법 같은 거야. 한 가지 종교의식은 많은 내용이 적혀있는 책 같은 거야. 그것을 이해할 수 있는 사람이라면 책을 읽는 것과 똑같은 효과를 얻을 수 있지. 어떤 종교의식은 그 자체로도 100권의 책을 읽는 것보다 더 나을 수도 있지."

종교의식이나 종교 서적 또는 공간을 이용한 건축물이 되었건, 모두 다 그 나름의 독자적인 의미가 있다. 티베트에서 불경을 읽을 수 없는 불자들에게는 '최고르'(prayer wheel, 한국인들은 마니차라고 부른다)라는 불구佛具를 손으로 빙빙 돌리는 것만으로도 부처님의 경전을 읽은 것으로 간주하여주고 있다. 중세의 유럽에서도 성당 건물에 종속된 조형 예술들은 라틴어를 해독할 수 없는 못 배워 무식한 민중들에게, 당시 성행하였던 도박으로부터 구제하고 성경의 가르침을 전달하기 위한 수단이었다.

고딕 양식의 성당은 빛이 더 많이 들어오게 하는 공간을 만들기 위해 지어졌다. 왜냐하면 빛은 하나님의 임재臨齋를 상징하기 때문이다. 그 창문에는 유리로 창을 막아야 하는데, 그 당시 기술로는 대형유리 만들기가 어려웠고 작은 조각의 유리만 가능했다. 작은 유리라도 불순물이 들어가면 색깔을 갖게 된다. 이렇게 여러 가지 불순물이 들어간 여러 가지 색깔이 있는 유리를 이어 붙이면서 스테인드글라스가 우연히 생겨났다. 이 스테인드글라스에 그려진 기독교 그림은 문맹의 신도들을 노래의 가사처럼 그림으로 감동시킬 수 있었다. 색 유리창으로 쏟아져 들어오는 빛은 그것들의 아름다움을 더 돋보이게 한다. 색유리는 고대 이집트와 로마에서 작은 크기로 많이 생산되었다. 처음으로 유리를 창에 사용한 것은 고대 로마인들이었다. 서기 100년경 이집트의 알렉산드리아 건축물에 유리창이 사용되었다. 4~5세기 초대교회의 목재 프레임에 붙어있는 색유리는 얇은 설화석고(雪花石膏, alabaster)다.

금속활자가 발명되기 이전에 책은 수도원에서 필사본으로 만들어졌고, 성경을 구경할 수 없었고 읽지도 못하는 대중은 그저 신부가 말하는 이야기로 신의 메시지를 전달받을 수밖에 없었다. 그런 그림이나 음악 등 시청각 자료들은 더 많은 사람을 불러들였고, 따라서 성당 또한 막대한 부를 축적할 수 있었다.

당시의 조형예술이나 만화 또는 특히 목판화 같은 것은 천국과 지옥 등 그들에게 강력한 인상을 심어주어, '마음이 가난한 사람의 성서'라고까지 불렸다. 말 못 하는 사람이라고는 없는 이 시대에, 깊은 종교성을 가진 의도적 예술품인 건축물들은 언어보다도 더 깊고 넓은 공간이 있을 수 있음을 암시하여 준다. '거대한 침묵의 저수지처럼' 말이다.

11.
의도적 예술인 '음악'

　한때 일본 열도를 눈물의 도가니로 만든 구리 료헤이栗良平의 동화, 『한 그릇 메밀국수』를 읽고 너도나도 울지 않은 사람이 없었다고는 하지만, 어떤 종교적인 건축물 안으로 들어가면 그 종교의 신자가 아님에도 옷깃을 여미며, 평소에 감지 못하였던 복잡 미묘한 감정이 일어나는 것을 느낄 때가 있다.

　구르지예프가 구도 일념으로 여행할 때, 페르시아 지방에 있었던 두 개의 방으로 되어 있는 어떤 한 사원에 들어간 적이 있다. 그 방에 들어간 사람은 모두 울고 말더라는 경험담을 이야기한 일이 있다. 그곳이 어디라고 밝히지는 않았지만, 유식 무식 남녀노소를 불문하고 누구나 그 방에 들어가기만 하면 똑같이 눈물을 흘리더라는 것이다. 그래서 구르지예프와 그의 동료들은 하도 이상해서, 그 부근에 거처를 정하고 2~3주를 머물면서 다음과 같은 실험을 하였다고 한다. 그 집 앞에 진을 치고 앉아 재미있는 곡을 연주하여, 지나가는 통행인들을 끌어 그 방으로 들여보내 그 감정의 변화를 살펴보았다. 또 기분이 한껏 좋아 보이는 사람을 불러들여 그 반응을 보았지만, 정도의 차이는 있었을망정 한결같이 눈물을 흘리더라는 것이다.

수학과 같이 치밀하게 계산되어 어떤 소기의 효과를 기대하는 그런 방들이 구르지예프가 말하는 '의도적 예술'이다. "그러면 수학은 모든 예술의 바탕입니까?"라는 제자의 질문에 그는 "동방의 예술은 다 그렇다."라고 대답을 하면서, 현대의 음악들은 거의 다 '주관적 예술'이라고 하였다.

음악의 이론을 가지고 우주의 신비를 푸는 것은 역사적으로 피타고라스까지 올라가지만, 구르지예프도 공적영지空寂靈知의 광명光明(『정전』, 일원상의 진리)이 전개되는 과정과 인간의 진급 강급의 추이를 음악의 이론을 빌려서 약간 복잡하게 설명하고 있다. 이것은 음악 이론에 대한 지식이 없으면 이해하기 어렵다.

그는 그러한 오브젝티브 음악들은 물을 얼게도 할 수 있고, 심지어는 사람도 그 자리에서 즉사시킬 수 있다고 하며, 구약에서 여리고 Jericho 성을 파괴시켰다는 전설적인 음악이나, 하프의 명수 오르페우스 Orpheus의 음악들은 모두 이런 오브젝티브 음악이라고 하였다. 그런데 그런 음악들은 성을 함락시킬 수 있을 뿐만 아니라, 그 반대로 부서진 성을 재건시킬 수도 있다는 것이다.

그는 인도 등지에서 코브라를 세우고 앉히며 또 춤을 추게도 하는, 뱀을 부리는 마법사의 음악은 매우 원시적인 형태이기는 하지만 다 그런 음악의 종류들이라고 하였다. 그런데 내면적인 옥타브들은 귀를 통하여서는 들을 수가 없고 정서로 느끼는 것인데, 엄격하게 말하면 뱀들이 그 음악을 듣는다고 하기보다는, 그것을 느끼고 그 음악에 복종하는 것이라고 하면서, 좀 복잡하기는 하지만 사람도 음악을 가지고 능히 복종시킬 수 있다고 하였다. 음악을 들으면 사람의 몸은 뱀처럼 저절로 움직이게 되어있다. 몸이 움직이면 마음도 따라서 움직인다. 서구의 클래식 곡의 연주는 지휘자 혼자 움직일 뿐 청중은 멍하게 조용히 있어야만 하니, 몸으로 느낄 수 없는 음악이 인기가 있을 리 없다.

구르지예프의 가르침의 본령은 음악과 춤이라는 문을 통하여 들어간다. 그가 제자들에게 가르친 댄스들이 다 오브젝티브 예술들이지만, 제자의 한 사람이고 제정 러시아 음악가 드하르트만과 같이 작곡한 음악들도 다 그런 의도적인 예술품들이었다. 그 음악들은 무심히 들으면 변화가 거의 없고 단조로운 음의 연속으로, 코브라를 춤추게 하는 것인지 쿤달리니 에너지를 부추기는 것인지, 단순한 편이라 지루한 느낌마저도 든다. 카프카는 친구인 오스카 폴 로크에게 보낸 편지에서 "책은 우리 안의 얼어붙은 바다를 부수는 도끼여야 한다." 고 썼는데, 음악은 우리에게 얼어붙은 마음을 깨는 도끼일 수도 있다. 우리로서는 구르지예프의 음악들을 쉽게 접할 수 없으니 주위에서 당장이라도 들어볼 수 있는 오브젝티브 음악을 이야기하여 보자.

선율이나 화음의 반복진행Sequence 기법은 베토벤의 '피아노 협주곡 4번'(2악장 31~35번째 마디)이나 브람스의 피아노 협주곡 1번 2악장 2번째 피아노 도입부에서 두 번씩 진행하는 형태를 보이나, 그 반복의 절정은 '볼레로Bolero'에서 들을 수 있다.

북들을 잔잔하게 연속적으로 치며 크레센도로 상승하고, 몇 개의 테마 음악만을 계속해서 변주하는 라벨Maurice Ravel의 볼레로가 오케스트라로 연주된 것은 1928년 11월 파리의 오페라 코믹에서였고, 그다음 해 미국에서는 유럽에서보다도 더 열광적인 찬사를 받았다. "모리스, 너무 훌륭해, 저 흥분한 청중들을 좀 봐"라는 평에 대하여 그는 빈정대는 미소로 다음과 같이 답했다. "그게 내 의도야. 감정을 서서히 달아오르게 하려는 고의적인 시도라 할까, 당신이 듣기 좋았다면 말이지."

미국에서는 당시 라디오는 물론 카바레에서도 볼레로를 들을 수 있었고 유행가보다도 더 유명해졌다고 하는데, 대중의 환호 따위에는 선천적으로 관심이 없던 라벨 그 자신은, 그 음악의 대중적인 인기와 성공을 도무지 이해할 수 없었다고 한다.

라벨을 이해하기 위해서는 그가 천성으로 물려받은 피레네산맥에 사는 바스크Basque인들인 스페인의 열정과 프랑스인의 자제력을 이해하여야 한다고 하지마는, 볼레로만 보면 그것은 한마디로 수피 음악이다. 그가 볼레로의 영감을 큰 공장 기계 돌아가는 소리에서 얻었고 또 그런 공장들을 여러 번 방문하였다 한다. 하지만 그 곡은 페르시아의 무슬림 사상가 가잘리Ghazali를 비롯하여, 불교의 운수들이라고 할 수 있는 수피의 데비시Dervish의 수도 모임 단체인 터키의 메블레비Mevlevi나, 북인도 수피의 한 파로 음악을 중요한 도구로 생각하는 치스티Chisti에서 사용된, 원불교식으로 이야기를 하자면 '법위향상法位向上'이라고나 할까, 그런 의식 상승을 위하여 특별히 작곡된 리듬 일부를 차용한 것으로밖에는 볼 수 없다.

빛과 어둠의 교차를 이용하며 숲속에서 일어나는 일을 통하여, '인간이란 동물은 본능적으로 자기 과장에 시달린다'는 것을 주안점으로써 만들어진 영화가 있다. 인간이란 자기를 광채 내고 싶어 하고 색칠하기에 부지런히 움직인다는 메시지를 전하기 위하여, 무엇이 거짓이고 무엇이 진실인가의 '진실 게임의 또 다른 현장'으로 포착한 영화다. 필자가 근무하였던 초창기 원불교 밸리교당에서도 일요일 법회가 끝난 후 문화행사의 목적으로 단체 관람을 한 적이 있다. 이 영화의 이름은 구로자와 아키라를 세계 영화사의 10대 감독의 한 사람으로 올려놓은 라쇼몽羅生門이다. 그때 그는 일본 내에서는 별로였고 이 영화 또한 전혀 주목을 받지 못했었다. 영화는 1950년 제작되었는데, 그다음 해 베니스 영화제에서 대상을 받으면서 일본 영화를 세계에 알리는 계기가 되었다. 이 영화는 일본 근대문학의 총아 아쿠타가와 류노스케의 단편소설 '라쇼몽'에서 아이디어를 얻었는가는 몰라도 이야기의 진행은 그것과 상당한 거리가 있다.

주목하고자 하는 것은 이 영화의 배경음악이 볼레로식의 긴장감을 부추기는 리듬이 대부분이라는 것이다. 그 단순한 리듬을 통하여 진실과 거짓의 또는 삶과 죽음의 여러 가지의 해석을 시도한다. 반복구라고 번역되는 리토르넬로 음악을 배경으로 깔면서, 소탈한 서민의 나무꾼과 종교적 소심증의 승려 또 냉소적 이기주의로 분장하고 있는 사내라는, 제각기 다른 가치관을 갖고 사는 세 사람의 이야기를 풀어가고 있다.

사람은 대개 대화나 독서 등에서 일반적으로 반복을 좋게 보거나 즐기지 않는다. 그런데 음악에서만은 반복을 좋아한다. 그래서 거의 모든 음악 즉 팝송이고 클래식이고 랩이고 다 반복적이다. 그러나 음악에서의 반복은 반복되는 선율 아래의 화성이 바뀌거나 똑같은 선율을 다른 악기로 연주하기 때문에 지루하지 않다. 즉, 음악에서 많은 반복은 리듬이나 음높이, 혹은 악기를 살짝 바꾸는 식으로 진행한다. 그러나 반복이 아름다운 음악적 순간이 되려면 거기에 놀람이라는 양념이 필요하다.[29]

---

[29] 반복에 관한 것은, 존 파웰 『우리가 음악을 사랑하는 이유』, 장호연, 뮤진트리, 2018, pp. 82~93 참조.

그런데 비록 구르지예프가 의도적 음악을 강조하였고 또 그런 음악이 우리에게 선禪적인 공간을 만들어 주는 데 일조를 하는 동기가 된다고 할지라도 음악은 한갓 밖에서 나는 소리요 우리가 말로써 생각하는 소리지, 욕망으로 시작되는 사량분별思量分別의 소리가 멈추고 심신이 탈락한 후에 들려지는 '허공虛空'의 소리는 아니다.

수양을 위해 하는 염불은, 비록 순역順逆 경계에 까불거리는 마음을 안정시키는 것으로 시작은 하지만, 궁극은 자심미타自心彌陀를 발견하여 자성극락自性極樂의 '소리'를 듣고자 하는 것이다. 그 '극락'에서 나는 소리 없는 소리를 인도에서는 '옴Aum'이라 하고, 조로아스터교에서는 파르시어Parsee로 아후라 마즈다Ahura Mazada 즉 A,M으로 표기하고, 크리스천들은 아멘Amen으로 소리를 낸다.

우리가 그런 심원한 소리 없는 소리를 '볼(見)' 때, 그 소리 자체가 되어 주관과 객관이 연결되는 듯하다가, 양변이 동시에 함몰되어 불이문不二門을 이루는데, 색즉시공色卽是空 공즉시색空卽是色이란 자리에서의 형상과 소리가 '없는 문(無門)'이야말로, 생사의 자유와 윤회 해탈과 정토 극락의 고향(『정전』, 무시선법에서)인 것이다.

아무리 무슨 음악 무슨 음악 하여도, 음악은 삼매로 들어가는 기본단계로서 방편의 하나일 뿐, 그 이상은 될 수 없다. 리듬을 타고 놀아나는 일이 종종 있더라도, 정신을 차려 음악의 옷을 입은 '소리'가 바로 '도둑놈'인지도 알아야 한다.

12.
의도적 예술인 '그림'과 '경전'

　　과학이나 종교와 더불어 예술의 눈을 가지고 우주나 인생을 조명하여 보는 것도 또 하나의 방편이다. 예술은 과학과 같이 치밀하게 구조의 핵심을 파헤치는 작업이 아니요, 그 반응에 대한 관심이다.

　　그림에 있어서 대체로 서양 화법은 고정된 관점에서 사물을 바라보며 평면에 깊이를 주는 원근법으로서 조정하는 그림들이 많고 또 수평적이며 평면적이다. 물론 '무대 위의 무희'를 그린 에드가르 드가처럼 위에서 내려다본 대담한 구도를 가지고 신선한 각도로 앵글을 잡은 것도 있기는 하다. 그러나 대부분 동양의 화법은 김홍도의 '부벽루 연회도'처럼, 마치 풍선을 타고 올라가 창공에서 조감하는 듯 학처럼 고고하게 살면서 세상을 내려다보고 있는 듯한 그림을 그린다. 즉 네발 달린 짐승의 그림이라기보다는 자유로운 새의 기상을 갖고 삶의 전체를 통찰하고 혼魂의 눈높이를 올리는 그림들이다. 이런 그림들 앞에 서면 곱게 다문 입과 반개한 눈 그리고 그 고요함으로 인하여, 선가에서 이야기하는 한 손으로 내는 박수 소리를 들을 수 있을 것만 같은, 마치 불상 앞에 다소곳이 앉아있을 때처럼 마음속으로 무엇인가 조용하고 안정되어 가는 기분을 느끼게 된다.

'의미정보'를 중시한 고전 회화와는 달리 형체와 색채로 '미적 정보'만 남아 있는 현대 예술에 대해서, '도대체 저것이 무엇을 그린 것이냐?'고 시비를 거는 것 자체가 실례인 줄은 알지만, 대부분의 현대 미술 작품들과 같이 피카소의 그림이란 것도 어쨌든지 결국은 그의 마음자리의 한 표현일 텐데, 보면 볼수록 구역질이 나고 어지럽고 악몽을 꾸는 것 같아 얼른 그 자리를 피하고 싶다. 사르트르의 '구토'의 분위기와 같은, 그런 그림으로 표현된 마음의 상태는 우리들의 잠재된 정신병을 나타내는 것이다. 이런 것들은 구르지예프가 말하는 건강한 아이를 낳는 의도적 예술이 아니요, 아이를 낙태시키는 주관적 예술인 것이다.

예술가들이란 원래 에고이스트들이 대부분이듯이, 주관적 예술이란 자기 자신에게 도움을 주는 자기를 위한 치료법일 뿐, 미래의 관람자들을 위한 것은 결코 아니다. 다시 말하면 그 작품들은 무의식적인 병적 자기표현으로 만들어진 것이다. 만일 피카소 등이 그런 그림을 그리지 않았더라면, 그들도 철두철미한 마조히스인 반 고흐처럼 미치고 말았을지도 모른다. 그런 사람들의 작품이 주목을 받는 것은 그가 그린 시대 그런 사람들의 광기를 대변하고 있었기 때문일 수도 있다.

회화를 음악에 접근시키려고 하였든 파울 클레Paul Klee가 이야기한 것처럼, '현실이 끔찍해질수록 예술은 더욱 추상적으로 된다.'라는 말이 맞는 것 같기도 하다. 음악치료요법도 있고 미술치료요법도 있듯이, 물론 그런 작품들은 그런대로 의미가 있어 박물관이나 갤러리에서 수집하고는 있겠지만, 예술이란 핑계로 만들어진 쓰레기 거리도 많이 있는 것 또한 사실이다.

문학에서도 오브젝티브 아트가 있는데, 거의 불가능할 것 같은 목표를 추구한 인도 고대의 산스크리트 대서사시인 마하바라타Mahâbharata

나 우파니샤드Upanishad 같은 것들이다. 200여 개나 되는 우파니샤드 중, 정통 우파니샤드로 인정받고 있는 18개의 우파니샤드는, 아름다운 시어체로 축약된 표현 속에 깊은 의미를 담고 있는데, 하나같이 그것을 지은 현자의 이름을 남기지 않고 있다. 왜냐하면 그것들은 사람이라는 매체를 통하여 하늘이 쓴 것으로 생각하였기 때문이다.

구르지예프는 "참 예술은 정보지 재능이 아니다."라 하고, 프랑스에 있던 학교의 벽에 새겨져 있는 경구인, "절대로 기분으로 예술품을 만들거나 관람하지 말라(Never try to create or observe art with feeling)고 하였다. 선禪적인 분위기는 모든 훌륭한 예술품들의 고향이 되는 듯, 그런 상태를 맛보지 못한 사람은 결코 위대한 예술가가 될 수 없다.

성경도 그렇거니와 마음이 아닌 묵도默禱로 쓴 바쇼의 하이쿠도 오브젝티브 문학이다. 그 하이쿠들은 덧말을 붙여 분석할 대상이 아니다. 왜냐하면 그런 시는 분별된 의미로부터 해방되고 주착된 관념으로부터 탈주하고 싶은 언어들이기 때문이다. 그것은 거의 'LSD trip'이요 만트라에 가깝다.

개찬改撰의 여지를 거의 남겨 놓지 않으면서 마음공부의 행로를 병풍처럼 펼친 파탄잘리의 『요가경Yoga Sutra』도 의도적 예술품이다. 그 경經은 일별만 하여도 알 수 있지만, 바가바드 기타Bhagavad Gita나 라마야나Ramayana 등과 같은 갑남을녀를 위한 이야기가 아니요, 후세에 올지도 안 올지도 모르는, 단지 몇 전문가들만을 위하여 남겨진 간결하기 짝이 없는 '과학논문scientific treatise'인 것이다.

구르지예프가 직접 쓰거나 아니면 제자들이 그의 법문을 편집한 책은 4권이 있다. 그의 생전에 간행된 책은 『The Herald of Coming

Good』뿐이고 나머지는 그의 열반 후 비로소 세상에서 빛을 보았다. 그중 초기 러시아에서 회상을 폈을 때, 그의 제자 우스펜스키가 법문을 모아 쓴 『In Search of the Miraculous』는 그의 아이디어를 간명하게 편집한 권위 있는 책으로 정평이 나 있다. 왜냐하면 그 원고의 일부를 직접 본 구르지예프가 정확한 기억력으로 썼고 거의 틀림이 없다고 인정을 한 일이 있었기 때문이다.

구르지예프가 파리의 시끄러운 카페에서 사람들을 접견하면서 쓴, 『Beelzebub's Tales to His Grandson』은 그의 사후 몇 달 뒤인 1950년에 출판되었는데 오브젝티브 문학 작품으로 남아있다. 남들은 책을 쓰려면 보따리를 싸 들고 산속으로 들어가는데, 그는 역시 그답게 수백 명이 지나다니는 장바닥에 자리를 잡는다. 말이 좀 이상하게 들리겠지만, 이 책은 독자들을 훈련하기 위하여 고의로 부정확하게 쓴 부분도 있고, 또 사람들에게 읽히기 위한 책이 아니라, 독해에 진땀이 나거나 아니면 거의 못 읽게 하기 위한 책으로 만들어졌기 때문이다. 그 책 속에 사용된 어법도 어법이려니와 단어 자체도 이해하기 어려운 합성어투성이고, 『걸리버 여행기』 같은 이상한 나라의 여행기가 뒤죽박죽되어 있기 때문이다.

그와 비슷한 시대를 살다간 제임스 조이스J. Joyce도 소설 『피네건의 밤새움』에서 17개 국어를 사용하며 여러 개의 어근을 모아 한 개의 낱말을 만드는 '장난'을 쳤는데,[30] 구르지예프의 그 책에도 역시 사람이 만

---

[30] 2008년 46세의 나이로 자살한 미국 소설가요 문학비평·글쓰기창작 수업·에세이스트인 데이비드 월리스David Foster Wallace도 그런 재능 때문에 명성과 함께 악명을 공유하였다. 그의 두 번째 장편소설인 『무한한 재미Infinite Jest』는, 제목을 셰익스피어

든 사전에는 나오지도 않는 말들이 있고, 한 개의 단어가 한 문장이 될 정도의 긴 것도 있으며, 또 한 문장이 한 페이지를 넘는 경우도 있다. 이 작품은 수승한 의식이 있는 사람이 일곱 번쯤 정독하여야 조금 이해를 할까 말까 하는 수준의 책으로 웬만한 사람은 몇 페이지를 넘기지 못하고 집어 던지게 된다. 필자도 그 책을 펴 놓은 지가 장장 20여 년이 지났는데도 아직 앞 장의 글자만 관상용으로 구경하고 있다. 역사상 그와 같은 부처님은 전에도 없었고 아마 후에도 없을 것이다.

우리는 교화를 한답시고 사람을 못 모아서 안절부절, 물량 위주식의 교도나 신도 배가 운동 등을 벌이고 있지만, 그는 오히려 몰려드는 어중이떠중이들을 쫓아버리면서 다녔다. 자기가 신행하는 종교가 '깨달음의 종교'라는 주제 파악을 확실히 할 수 있다면, 자기 걸음걸이에 더 주의를 쏟을 뿐 부수적으로 따라오게 마련인 교세 같은 것에는 별로 관심이 없을 수도 있을 것이다.

우리는 세계 역사상 최악의 피비린내 나는 '사회' 현장들을 가로지르면서 가르침을 편 구르지예프가, 왜 긴박할 것 같기만 한 '사회변혁'에 대해서는 구체적으로 전혀 관심을 보이지 않았는지, 그 연유를 깊이 생각해 보아야만 한다. 그것은 간이하고 명백함을 모토로 삼은 소태산과는 달리, 그가 왜 그리도 책을 일부러 어렵게 쓴 이유와도 맞물려 있을 것 같기 때문이다.

의 『햄릿』 중 햄릿이 죽은 요릭을 "익살이 무궁무진한 친구"였다고 회고하는 대목에서 빌렸는데, 조이스의 『율리시스』보다 두꺼운 분량이고, 깨알 같은 글씨로 엄청나게 많이 덧붙은 각주, 작가가 만들어낸 새 단어, 지식을 갖은 미국인도 사전을 찾아봐야 알만한 어려운 단어, 종종 2페이지에 걸쳐 이어지는 긴 문장 등 보통 독자들은 따라가기가 숨이 찬 이야기를 썼다.

13.
바보들을 위하여 건배!

먹는 일처럼 중요한 일이 어디 있을까? 여러 가지 의미에서 하는 말이다. 원숭이 수컷은 발정한 암놈에게 잘 익은 바나나를 가져다줌으로써 호감을 산다. 이런 작법은 비단 원숭이뿐만 아니라 모든 동물이 다 비슷하다. 남성의 경우도 S자 몸매의 쭉쭉 빵빵한 여성에 대한 호감을 차 한 잔이나 한 끼의 식사 즉 입으로 들어가는 대접으로부터 시작하여야 한다는 것은 다 아는 상식적인 매뉴얼이다.

"남녀가 단둘이 저녁 식사를 세 번 하고도 관계에 진전이 없다면 단념하는 게 좋다." 어디선가 한 번쯤 들어본 듯한 이 말을 한 사람은 가족과 결혼 이야기의 대가로, 평생을 독신으로 지낸 일본의 영화감독 오즈 야스지로다. 그는 카메라의 높이를 인물이 다다미에 앉아 있을 때의 눈높이에 맞춘 '다다미 숏'으로 유명했다.

이렇게 자리를 같이하여 먹는다는 것은 공적이든 사적이든 동서고금을 통하여 일관된 관습이다. 요새 행사 때 하는 심포지엄이라는 것은 아무것도 없이 시종 그저 '주디'(입의 경상도 사투리)만 놀리는 것으로 업을 삼지만, 플라톤 시대의 심포지엄의 그림을 보면 '향연'이라는 말이 부끄럽지 않게 줄곧 먹어대는 것이다. 물론 마시는 컵의 모양이나 사용하는 방법 같은 것들이 좀 '형이상학적'(?)이었을지 몰라도, 어쨌든 우선 마시고 몸을 풀며 먹어서 정신을 차려야, 제대로 이야기가 진행되는 것이기 때문이리라.

구르지예프 자신이 일류 요리사여서 그랬는지 그는 제자들과 같은 자리에서 고래술을 마시고 먹으며 많은 공부를 시켰다. 그의 주량은 소크라테스와 같이 바다를 들이키는 것과 같았다고 한다. 그렇게 마시고도 추태 한 번 보인 일이 없었다고 하니, 가히 간수를 마시고도 끄떡없었다고 하는 진묵 스님과 어깨를 겨룰 만했던가 보다.

'바보들을 위하여 건배!Toast to the Idiots!'는 그가 제자들과 향연을 즐기는 자리에서 아르마냑이나 보드카로 축배를 하는 좀 이상하기도 하고 혁신적이기도 한 공부법 중의 하나다. 그는 그런 술자리를 통하여 사람은 거울을 보듯 자신을 깊이 들여다볼 기회를 가질 수 있다고 하였다.

그는 이런 의식을 1922년부터 시작하였는데 1940년부터는 횟수를 늘리며 강조하였다. 그런데 성급하게 먼저 말해두지만, 그 '바보'라는 것들을 확대 해석하여 원불교 교전의 피날레를 장식하는 '법위등급'에 비교하자면, 우리는 모두 여섯 가지의 범주를 벗어나지 못한 '바보'들이라는 것이다. 예를 들자면 보통급바보, 특신급바보, 법마상전급바보, 항마위바보, 출가위바보, 여래위바보들이라는 것이다. 그러니 모두 바보들이고 바보들이 합창하는 것이란다. 세상이 인정을 해주지 않았는데도 저희끼리 어린애들같이 딱지치기 놀이를 하면서, '너는 보통급 해라' … '너는 여래위 해라' 등 우습지도 않은 놀이를 즐기고 있으니, 이보다 더한 바보들의 모임이 이 세상 말고 또 어디 있을까?

그는 이 의식을 오랜 투르키스탄Turkestan 체류 기간을 통하여 수피들에게서 배웠다고 하지만, 글쎄 맛술이나 벌술이 아니요, 횟술도 아니요, 취하기 위한 술도 아닌 공부인의 의식 향상을 위해 힘을 내기 위한 술이라 할지라도, 그것을 못 마시게 되어있는 이슬람에서의 일인지라, 당신이 아이디어를 얻어 응용한 것 같기도 하다. 어쩌면 수피 라이쿠르 Lai-Khur에게서 한 수 배워왔는지도 모른다.

그냥 술에 취하여 미친 사람으로만 알려진 수피 라이쿠르가 있다. 세계를 정복한 알렉산더 대왕에게, 나는 어디를 따로 정복하지 않고도 이렇게 인생을 편안히 즐기고 있다고 기행을 하며, 개별자로서 자유롭게 살다가 시노페에서 추방형을 당하기까지 한 디오게네스처럼, 라이쿠르도 정복욕에 불타 어쩔 줄을 모르던 군주 술탄 바람샤에게 뼈아픈 말을 던졌다. 그 앞에서 항상 '술탄 바람샤의 무지無智를 위하여!'라고 소리치며 축배를 들었다고 한다. 세상에는 수십억의 사람들이 살고 있지만, 디오게네스나 라이쿠르의 눈에는 단 두 사람, 즉 '아는 사람'과 '모르는 사람'인 두 종류의 인간이 있을 뿐이다.

우리는 왜 동물한테는 '천치'니 '멍청한 것'이니 또는 '바보'라고 하지는 않으면서도, 유독 사람에게 그런 표현을 쓸까? 이분법적인 사고로 중도를 모르고 극단에서 극단으로 달리는 것일까? 극락이 있으면 지옥이 따라가게 되어있고, 탐욕이 있으면 공포가 자동으로 따라붙는다. 그러니 천당을 구하지 않으면 지옥도 없을 것이요, 욕심이 없으면 무서움도 없을 것. 그러니 탐심은 공포의 어머니요 극락은 지옥의 아버지인 것이다.

그러면 왜 그렇게 개구리눈으로 사물을 거꾸로 보듯, 전도몽상이라는 착각을 하게 되는 것일까? 그것은 우리의 소위 '감각의 제국帝國'의 기초를 형성하고 있는 시각 청각 후각 미각 촉각과 그것들을 교통정리 하겠다고 서 있는 마음이라는 육근이나, 신경조직, 두뇌 같은 접수인이요 메신저인, 그런 '애'들이 '이디엇'들과 같이 잘못된 정보를 계속 전달하여 주고 있기 때문이다. 힌두교에서 이 세계를 '마야'라고 표현하는 것도, 철창을 벗어나지 못한 이디엇들이 조그마한 열쇠 구멍으로 세상을 보고 있으면서 그것을 진실인 양 착각하고 있기 때문인 것이다.

희랍어 어원을 가진 이디엇은 idiotiki로 그 의미는 '사적인 목표a private goal를 갖고 있다'는 뜻이라고 한다. 영어의 'idiot'은 옛날에는 지능지수 25 이하의 백치라는 뜻으로 쓰이기도 했으나, 지금은 구어口語로 그냥 바보 멍청이로 쓰인다. 결국 지혜 또는 불교의 반야般若가 없는 상태의 사람들이다. 바보idiot라는 말의 참뜻은 고대의 은자sages들이 '자기를 찾은 사람'에게 내려주는 말이었다. 주인공을 찾은 사람은, 전도몽상顚倒夢想하는 인간들에게는 정신 나간 사람으로 보였기 때문이다. 공부Work를 작정한 사람에게는 '구도자'라는 뜻과 '바보'라는 두 가지 의미를 다 포함하고 있다. 공부인은 모두 '이디엇'들이 되어야 하지만, 그 누구도 그 사람을 바보로 만들 수는 없다. 공부인은 가슴 속 깊이 진심으로 '이디엇'되기를 갈망해야만 한다.

건배를 위해 술을 사용하는 이유는 고대의 현자들로부터 내려온 전통인데, 취하자고 마시는 것이 아니라 그런 서원을 세운 사람에게 에너지로 힘을 북돋는 의미에서 사용해 왔다. 구르지예프는 이 의식(science Idiotism)이 바빌론 시대보다 더 오래된 4500년 전통이 있다며 자신이 어디에서 배워왔는지에 대해서는, 티베트인지 아니면 수피 공동체인지 구체적으로 언급한 일이 없다.

어리석은 사람의 두 가지 부류인 바보와 백치를 엄밀하게 구분하자면, 바보란 자기가 옳다는 것을 믿기만 하고 주위의 상황을 살펴보지 않고 그것을 막무가내로 심지어는 자기 목숨까지도 걸고 실행하려는 사람이다. 특히 사회혁신 운동을 하는 사람들의 경우는 이런 부류에 속한다고 할 수 있다. 백치白癡는 백지白紙처럼 머릿속이 텅 비어 있어서 누가 이렇게 하자면 그렇게 하는, 판단 없이 그 상황을 다 받아들이는 사람이다. 어떻게 보면 성인聖人의 경지일 수도 있다.

장자莊子는 "성인은 세속적인 일에 종사하지 아니하며, 이익을 추구하지 않고, 해로움을 피하지 않고, 구하는 것을 기뻐하지 아니하며, 도를 억지로 따르지 아니하니, 말이 없지만 말이 있고, 말이 있지만 말함이 없어 세속 밖에 노닌다."(장자 1,113)라고 하였다. 구르지예프의 '이디엇'은 바보와 백치를 명확하게 구분하여 사용한 말은 아니다. 그저 반야의 지혜가 없는, 의식이 수준 미달인 사람으로 보면 대과가 없을 것 같다.

개인의 야심적인 목적이란 이 세상을 살면서 '천지8도'(『정전』 천지의 천지의 8가지 도)를 따라 살지 않고 분에 넘치게 욕심을 부리는 사람이다. 다시 말하면 진리와 같이 흘러가는 인생이 아닌 사생활을 강조하는, 즉 "능이성유상能以成有常"하고 "능이성무상能以成無常"하는(『정전』 일원상서원문) 천지의 진로를 거역하는 인생이다. 금수와 초목을 보라. 어디 돈과 명예와 권세를 따라서 쫓아가든가? 유독 인간만이 바보 같은 목표를 세우고 이를 악물고 눈을 부라린다. 이런 아이들은 어떻게 보면 '쓸모 있는 백치'들이다. 하기야 그런 '바보'들도 있어야 국가나 민족 같은 추상명사를 위하여 전쟁터라도 쫓아가는 것이기도 하다.

바보가 있어야 즐겁다. 겨울이 온다고 두툼한 외투는 준비하면서 다음 생의 준비는 남의 일처럼 나 몰라라 하는 사람들. 라스베이거스에서 슬롯머신에 앉아 $1을 투자하여 $100을 따먹었다고 흐뭇한 미소로 일어나면서, 속으로는 '난 너희들의 간계에 넘어가지 않는다.'고 자신만만해하던 학자나 신부가 쇼핑몰에 가서는 엄청나게 저렴한 명품에 무장해제가 되어 돈을 다 뺏기고 나오는 얼간이들. 소비사회의 '살아있는 시체들'. 구르지예프의 공부Work가 콘스탄틴 스타니슬랍스키Konstantin Stanislavsky의 '메소드method연기법'과 유사하다 하여, 구르지예프의 공부가 배우 훈련의 목적이었다고 생각하는 바보들.[31]

미국 펑크록 밴드인 '그린데이Green Day'가 2004년에 발표한 앨범으로 미국에서 600여만 장, 세계적으로는 1500여만 장이 팔린 '아메리칸 이디엇Amercan Idiot'에서는 실명만 거론하지 않았을 뿐, 거의 대놓고 대통령 부시를 '이디엇'으로 조롱하고 있다.

우리는 바보를 '일원상의 진리'(『정전』 일원상의 진리)에 역행하는 뜻으로 이해하기도 하지만, 역사적인 면에서 보면 그런 바보들을 귀엽게 옹호하기도 한다. 지금은 만성절(萬聖節, Halloween)로 희미한 그림자만 남아 있지만, 중세 유럽의 대담한 풍자로 세태를 비웃고 조소하던 '바보제祭'라는 축제도 있었다. 유럽 중세 때 여러 지역에서 '바보제'라 불리는 휴일

---

[31] '메소드 연기'는 러시아의 연극 이론가인 스타니슬랍스키(1863~1938)가 창안한, 극중 인물과의 동일시를 통한 극사실주의적 연기 스타일을 말한다. 구르지예프의 가르침을 따라 피터 브룩Peter Brook과 예지 그로토프스키Jerzy Grotowski같은 연극인들은, 무대를 인간 행위의 본성을 탐구하는 실험실로 사용하였다. 그러나 구르지예프의 공부가 배우 훈련의 목적은 결코 아니다. 피터 브룩은 구르지예프의 구도 과정을 1979년에 영화화한 'Meetings with Remarkable Men'의 감독이었다.

이 성행했다. 이때는 늘 경건하기만 하던 사제司祭들도 이상한 가면을 쓰고 거리로 나온다. 말단에서 일하는 사람들도 상사들의 예복을 걸치고 거리를 활보하거나, 심지어는 교회나 궁정에서의 웅장한 예식을 흉내 내면서 그것을 조롱하기도 하고 사회를 비판하였다. 이런 축제는 기득권층의 입맛에 맞을 리가 없었기 때문에 그 축제를 비난하고 혹평을 가하였다. 축제는 까다로운 성직자들의 방해와 1431년의 바젤 공의회 the Council of Basel에서의 공식적 불법화라는 결의가 있었음에도 불구하고 16세기에 이르기까지 그대로 계속되었다.

1445년 파리 신학 교수회는 프랑스의 주교들에게 바보들의 축제야말로 기독교 달력에서 필수적인 행사라고 설명했다. "이는 우리들의 두 번째 본성이며, 인간 누구나가 가지고 있는 어리석음을 최소한 한 해에 한 번은 자유롭게 분출할 수 있기 위해서이다. 와인 통도 간혹 한 번씩 열어서 공기를 통하게 하지 않으면 터져버리고 만다. 우리 인간은 모두 아무렇게나 모아놓은 통이나 다름없으며, 따라서 우리는 특정한 날에 어리석은 행동을 하는 것이다. 그렇게 함으로써 결국에는 하느님을 섬기려는 열성이 더 커져서 돌아오게 된다."[32]

왕권신수설王權神授說이나, 교황무오설敎皇無誤說, 또 근대적 전체주의 국가 등, 잠꼬대 같은 소리는 모두가 '바보제' 소멸 이후에 꽃피었던 것들이다.

선禪이 그 본질을 망각하고 다시 껍질을 쓰고 전통화하려는 기미를 보인, 특히 당나라 때 그것을 비판한 인물들, 예를 들어 보화普化나 임

---

32 알랭 드 보통, 『무신론자를 위한 종교』, 박중서 역, 청미래, 2011, p.70.

제 또는 국청사 뒤 바위굴에서 부엌의 음식 찌꺼기를 얻어먹으면서 앙천대소한 한산, 습득 같은 아웃사이더들을 선어록에서는 풍전風顚 또는 풍광자風狂者라고 부른다. 승도 아니요, 속도 아닌 그런 사람들로 인하여 선이 다시 활기를 띠었던 것과 같이, 양광佯狂이나 양치佯癡 같이 바보는 아니지만, 바보인 척 역사를 만든 일군의 무리가 있었던 것도 사실이다.

라캉Jacques Lacan의 핵심 테마는 '내가 욕망하는 것의 타자성他者性'인데, 문제는 그 타자가 내가 스스로 내 의지대로 선택한 타자이냐, 아니면 부모처럼 내가 절대적으로 그 타자에 의지하여서 적응하느냐. 보통 자기를 먹여준 보모의 가치관을 그대로 수용하는데 그러면 평생 '어린아이'에 불과할 뿐이다. 자기 자신이 하고 싶은 '자기의 욕망'을 갖는 것이 어른이 되는 것이다. 자기의 욕망이 무엇인지도 모르고 살아왔다면 걸어 다니는 송장에 불과하였을 뿐이다.

선가禪家에는 부처건 부모건 심리적으로 벼룩의 간을 빼먹겠다고 하나밖에 없는 '나'를 귀찮게 하고 압박하는 인연들은 다 죽여 버리라는 어처구니없는 파격적이고 강도 높은 말이 있다. 기개 있는 선사가 아니면 참으로 하기 힘든 표현이다. 말투가 거칠고 무서워서 그렇지 백번 천번 옳은 말이다.

"도를 배우는 벗들이여! 법다운 견해를 터득하려면 남에게 미혹(속임)을 당하지 말고 안에서나 밖에서나 마주치는 대로 곧바로 죽여라. 부처를 만나면 부처를 죽이고, 조사를 만나면 조사를 죽이고, 아라한을 만나면 아라한을 죽이고, 부모를 만나면 부모를 죽이고, 친속을 만나면 친속을 죽여라. 그래야 비로소 해탈하여 사물에 구애되지 않고 투철히

벗어나서 자유자재하게 된다."(임제록, 14-7)

이것은 부처나 부모뿐만 아니라 스승이나 친척 등, 선禪이라는 자유를 향하여 가는데 내가 미혹을 당하고 심리적으로 방해가 될 수 있는 만나는 모든 것을 제거하라는 말이다. 살불살조殺佛殺祖의 메시지다. 그것들이 끌려다니기 쉬운 마지막 장애물이라는 것이다. 그 길이라는 것은 물론 '자유'로 가는 길이다.

비슷한 내적 성장에 관한 이야기가 있다. "새는 알을 깨고 나온다. 알은 세계다. 태어나려는 자는 세계를 파괴해야 한다."는 경구로 유명한 헤르만 헤세의 『데미안』이다. 독실한 기독교 집안의 천진한 아들인 주인공 싱클레어는, "나는 나의 내면에서 우러나오는 대로 살려고 애썼다. 그런데 그것이 왜 그렇게도 어려운 일이었던가"라는 말로 시작한다. 이 책은 2차 대전 당시 독일 병사들의 배낭 속에 한 권씩 들어있었다 한다.

예수도 선사와 같은 과격한 표현은 안 했지만, 그와 비슷한 말을 한 일이 있다. 또 그것은 자신도 부처가 될 수 있다는 최고의 가치에 대한 쓸데없는 희망 때문에 현재의 삶을 부정해서는 안 된다는 가르침이기도 하다. 또 부모와 친척으로 상징되는 과거로부터의 자유를 의미하기도 한다. 모두 걸리는 것은 사정없이 죽이고, 죽인다는 생각마저도 아니 어떤 생각도 발붙일 수 없도록 죽여야 한다. 통렬한 가르침이다. 조심할 것은 임제 선사의 통렬함이 천박함으로 이어져서는 결코 안 된다. 자신이 최고의 가치라고 생각하는 것을 깨부수라는 것이고, 자기가 그토록 지향하는 그런 가치와 목표를 버리라는 것이고, 자기도 모르는 사이에 스며들어온 가치판단 기준과 감각이 제공한 인상들을 의심하라는 것이다. 그래야 그런 것에 매이지 않을 수가 있고 또 그래야만 그것들을 넘어갈 수가 있다. 스승을 버리고 스승을 넘어가는 것이야말로 살불살조殺佛殺祖의 기백이다.

구약의 모세가 시나이Sinai 산에서 신을 만났을 때, 허겁지겁 신에게 달려가던 모세에게 신은 이곳은 신성한 곳이라 모세의 신발을 벗으라고 주문한다. 사막에서의 신발은 발을 보호하는 귀중한 물건이다. 우리의 마음이란 것도 우리 영혼의 신발이다. 신발이 발을 보호하듯 마음이란 것은 혼을 보호하는 것이다. '신발을 벗으라'는 신의 말씀은 주석학자들이 어떻게 의미 부여를 하고 있는지는 몰라도, 모세의 신발을 이야기하는 것이 아니라 마지막 장애물인 신발까지도 벗어버리라는 말일 것이다. '곳곳이 부처님'이라는 원불교 표어의 하나처럼, 어느 곳에나 하나님이 계실 것이고 신발 속까지도 하나님이 임재하실 테니까 말이다. 절에 살아도 부처님 법대로 살지 않으면 절이 아니요, 몸은 비록 세간에 머물러있다 할지라도 부처님 가르침을 행하면 그곳이 바로 절이다. '신발을 벗으라'는 그 신발은 하나의 상징일 뿐이다. '신발을 벗으라'는 말은 마음을 버리라는 즉 No-Mind가 되라는 말일 것이다. 왜냐하면 선입관 등으로 가득 찬 편벽된 인간의 마음을 가지고는 선악과 미추를 초월하여 노시는 하나님을 뵐 수는 없을 테니까 말이다.

부처나 스승이나 부모는 강을 건너는 뗏목과 같은 것, 강을 건너고 나면 버려야 할 '도구'들이다. 그 도구에 애착을 가질 필요는 없다. 그러나 물론 튼튼한 나무에 단단한 밧줄로 양질의 뗏목을 열심히 만들 필요는 있다. 그러나 거기까지다. 부처는 우리를 선meditation과 삼매samadhi로 안내할 수 있다. 그런데 이 둘의 차이는 우리 마음이 성성惺惺하고 적적寂寂하나 아직 마음 한구석에 '스승'이라는 것이 남아있다면 그것은

제3장 무량법문 **495**

선이요, 마음이 성성적적하면서도 스승이나 부처라는 것까지 없어지면 그것은 삼매다.

이상李箱의 단편 『날개』의 도입부에 "그대는 이따금 그대가 제일 싫어하는 음식을 탐식貪食하는 아이러니를 실천해"봐야 한다고 한다. 어디 음식뿐이겠는가. 뭐든지 '구미'가 당기면 생각만 하지 말고 일단 행동으로 옮겨보라는 것이다. 그래서 자기에게 맞는 욕망의 대상을 발견하는 것이다.

막걸리에는 홍어 삼합이 제격이지만, 가난한 사람들의 술상에는 번번이 오르기 힘든 음식이다. 그런데 그 전라도 음식을 처음 먹을 때는, 도대체 이런 것을 음식으로 먹는가 하는 의구심이 생겼지만, 차츰 횟수를 거듭하다 보면 그 진미가 별미라 그 고린내 나는 향이 자다가도 벌떡 일어나게 만든다. 이렇듯 입뿐만 아니라 모든 분야에서 자기를 실험해봐야 한다. 나는 본래 좋아하고 싫어하는 것이 없는데 습관이 나를 길들이는 것이니, 그것이 '습관'인지도 알고 고민도 해봐야 진정한 나를 발견할 수 있다. 그래서 양치나 양광 같은 모습으로도 세상을 맑힐 수 있는 샘물이 된다.

어느 단체나 그렇듯이, 어느 집단이 부지런히 규준과 새털 같은 시시콜콜한 법규를 두며, 차별을 만들어 곪거나 썩어가면서 한 치 앞도 안 보일 때, 그렇게 좀 미친 척하는 사람들이 많이 나와야 생생약동하는 법이 살아남을 수도 있는 것이다. 이런 사람들은 가히 '쓸모 있는 바보'들인 것이다. '쓸모 있는 바보들을 위하여 축배!'

이디엇에 대해 좀 더 깊은 이해와 냄새를 맡고 싶다면 올라가서 『도덕경』을 펼쳐보아도 되겠고, 내려와서 『예언자』를 쓴 칼릴 지브란의 친구였던 미하일 나이미Mikhail Naimy의 『미르다의 책The Book of Mirdad』을 열어 보아도 된다. 이런 식으로 보면 유대교에 반기를 든 예수도 '쓸모 있는 바보'다. 왜냐하면 새 종교의 틀을 짠 주인공들은 기성세대 쪽에서 보면 완전한 광대요, 어리석기 짝이 없는 자들이기 때문이다. 신학적으로 그리스도를 피에로로 분장시키는 것도 그런 이유가 있어서일 것이다.

아무것도 모르는 백치와 오직 하나만 아는 바보에 대한 걸작 소설이 있는데, 이탈로 칼비노의 『존재하지 않는 기사』다. 우리말로도 옮겨졌다. 이 소설에서 우리는 전형적인 백치의 모델을 발견한다. 한 사람이지만 수많은 이름을 가진 주인공은 개구리를 보면 자신이 개구리라고 생각하고, 사과나무 옆에서는 사과나무, 물고기를 만나면 물고기가 되는 편리한 인간이다. 하는 짓이 그러니 주위 사람들을 웃기고 언제나 놀림감이 된다. 그는 계절마다 다른 이름을 갖고 만나는 사람마다 또 다른 이름을 제시한다. 그러니 그를 뭐라고 부른들 상관없다. 어떻게 보면 우리도 그런 식으로 살고 있다.

어떻게 보면 '나의 병을 대신 앓아 준 사람' 같기도 하고, 또 다르게 보면 엘리트인 척 오만한 위선자로, 선악이니 구원이니 하며 건방지게 누구를 계몽시키려는 것 같은 모티브가 주류를 이루고 있는 글쓰기에 취미를 붙인 도스토옙스키, 그가 1867~1869년에 쓴 『백치The Idiot』의 주인공 미시킨 왕자Prince Myshkin. 미시킨은 스스로 '백치'라고 생각하며 남들 또한 그렇게 그를 비난한다. 그는 포용력 있고 부드러운 인물이며, 사교계에서 있는 예절이나 관습 같은 것과 부딪치고 싸우지는 않지만, 그렇다고 거기에 또한 얽매이지도 않는다. 미시킨은 나스타시야

Nastassya Filippovna와의 결혼을 원하고 나스타시야 또한 미시킨이 자기의 더러운 과거를 이해해줄 수 있다고 생각하고, 선량한 성품을 가진 미시킨을 좋아는 하지만, 결국 돈을 들고 아부하는 로고진을 따라간다. 미시킨은 '바보'와 '백치' 사이에서 왔다 갔다 한다. 그는 두말할 것 없이 러시아인으로 분장한 예수 자신이다. 이디엇들의 공통점은 다른 사람들을 철석같이 믿는 무심no-mind이라는 마음 자락을 바탕으로 한다. 백치와 예수의 차이점이라면 백치는 분하(分下, below mind)요, 예수는 분상(分上, above mind)일 뿐이다.

이 분상分上의 백치들이 자주 나오는 곳은 『장자』다. 그 책의 내편內篇 제물론齊物論 2에 나오는 이야기를 보자. 설결齧缺과 문답하는 왕예王倪의 이야기다. 먼저 설결이 왕예에게 묻는다.

"모든 사물이 동일한 것을 확실히 아는가?"
"내가 어떻게 알겠는가?"
"그럼 모르는 것을 아는가?"
"그럼 아는 사람이 없는가?"
"내가 어찌 알겠는가? 그렇지마는 한마디 해보려 한다. 내가 소위 안다는 것이 참으로 아는 것이 아니고, 내가 모른다는 것이 참으로 모르는 것인 줄을 어떻게 알려질 수 있는가?"

안다는 것이 오히려 모르고 있는 것은 아닌지, 또는 모른다고 하는 것이 정말 알고 있는 것이 아닌지 하고 반문하는 왕예의 대답에서, 우리는 겉으로 안다는 것이 정말 아는 것이 아닐 수도 있고, 그렇게 안다고 하는 것이 오히려 실상의 세계를 이해하는 데 있어 방해물이 될 수도 있다고 생각하게 된다. 그러면서 왕예는 계속 이야기를 잇는다.

"사람이 습한 곳에서 잠을 자면 요통이 생겨 죽는다. 그러나 미꾸라지는 어떤가? 또 사람이 나무 위에서 살면 불안하고 신경에 고통을 주지만 원숭이는 어떤가? … 어느 거처居處가 가장 좋은 곳인가? … 사람들은 문장과 여희를 아름다운 여자라고 생각하지만, 물고기들은 그런 여자가 오면 물속 깊이 도망가고 새는 공중으로 날아가 버리고 사슴은 급히 달아난다. 어느 것이 정말 아름다운 것의 표준이 된다고 단언할 수 있는가?"

그래서 이런 '고급 백치'들에게는 자아自我라는 것이 있을 수 없다. 그래서 오히려 '나'를 벗어나 '모두'가 될 수 있다. 무아無我나 망아忘我가 대아大我가 되는 것이다.

고급 백치는 불교의 이상적인 인물이다. 그래서 선어록에서는, 선승들이 백치들의 흉내를 내어 '모른다! Don't Know!'라고 하품을 하는 것이다.

양무제가 "짐은 사찰을 짓고 불탑을 세우고 스님들에게 도첩을 내렸는데 무슨 공덕이 있습니까?" 하니 달마는 "공덕이 없습니다."라고 빈둥거렸고, 또 "무엇이 근본이 되는 가장 성스러운 진리입니까?"라고 물으니, "텅 비어서 성스럽다 할 것이 없습니다."라고 대답 아닌 대답을 한다. 갑갑한 무제가, "그럼 나와 마주하여 이야기하고 있는 당신은 도대체 누구십니까?" 하니, "모릅니다(불식, Don't know!)"라고 한다. 불변의 자아라는 것이 없으니 알 수가 없는 것이다. '나'란 것은 연기적 조건에 따라 변하는 존재일 뿐, 뭐라고 이름 지을 수 없는 현상의 진행 과정이기 때문이다.

부처님의 경지도 위 같은 경우인데, '백치'를 뒤집어쓴 것이 부처라면, 부처님은 자발적으로 '바보'를 자청한 것이다. 다 같은 일반명사이기는 하지만 유희遊戲하는 처소에 있어서 천양지차가 있다는 것은 두말할 필요조차도 없다. 인도 말에서 부처님buddha에서 유래된 바보idiot라는 뜻의 Buddhu가 있는데 어원은 바로 고타마 붓다에서 유래하였다. 부처님이 무여열반에 드셨을 때, 처자식을 굶기며 그의 법을 따르는 제자들을 보고 주위의 사람들은 그들을 바보라고 불렀다. 마치 소태산 재세 시에도, 근동에 사는 주민들이 '불법연구회'의 회원들을 보고 '저것들은 도대체 무슨 재미로 사나?'하고 손가락질을 하며 비웃거나 염불 좌선을 하면 석방리, 오룡동, 만석리, 새말 등의 청년들이 '니애미타불' 하고 욕을 하거나, 도통한다고 하면 '절구통'하고 놀리며 야유를 하였던 것의 경우다. 하기야 소태산 자신도 '바보' 소리를 들을 만했다.

전쟁 말기에 불법연구회에도 일경이 번번이 찾아와 소태산에게 시국 강연에 동참할 것을 요청해 왔다. 그때마다 소태산은 말을 못 알아듣는 것처럼 어눌하게 자꾸 "그저 지도만 잘해 주세요. 우리가 무얼 압니까. 우리는 시키는 대로 하겠습니다."라고 이런 말을 세 번이나 반복하고 세 번 절하였다. 일경은 이 사람이 풍채가 그럴듯하고 인품은 좋아 보이는데, 하는 꼴이 우습고 통 말을 못 알아들으니 촌 농판이라 여기고 상대가 안 된다 싶었던지 웃으며 돌아가 버렸다.

또 한 승려가 왔는데 소태산이 친히 응접하며 변소까지 안내하므로 시자가 "뭐 그렇게까지 하실 것 있겠습니까?" 하니 "응, 그래야 한다."고 하며 끝까지 친절히 대하셨는데 그 승려가 돌아가서는 "과연 생불님이시더라"고 선전하였다 한다.

또 사회에서 이름난 사람이 오면 "저는 공부한다고 하는데 이 사람들이 뭣도 모르고 따라와서 그렇지 제가 뭘 알아서 그러겠습니까. 그러니 선생께서 아시는 것이 있으면 말씀해 주십시오."라고 하였다.

바보도 여러 가지다. 연암 박지원과 더불어 18세기 전위적 지식인들이 선도한 아포리즘적 작문의 선두주자의 한 사람이었던 이덕무는, 그의 『청언소품집』에서 자신을 '책밖에 모르는 천치看書癡'라 지칭했던 것과 같이 그런 책벌레 같은 이디엇이 있는가 하면, 무더운 여름날 에어컨디셔너가 없는 것을 부끄럽게 생각하여 그것이 있는 척 차의 창문을 꼭꼭 닫고 다녔던, 몸을 따르지 못하고 마음을 따르는 슈퍼 이디엇도 있었다.

소태산의 불법연구회 회상에는, 앞에 서 있는 사람이 누군지도 모르고 이 법이 어떤 법인지도 모르고 또 미래에는 그 법을 듣고 통곡할 사람이 있으리라는 것을 모르면서, 또 그 부처님을 본 사람의 눈이라도 좀 보려고 몰려드는 사람들도 있으리라 의심하는 제자들에게, "만일 내 말이 믿어지지 않거든 적어두고 뒷날에 대조하여 보라"는 말조차 기연가미연가 믿어지지 않아, 그 말씀을 받아 적는 수고를 아끼지 않았던 바보들도 있었다. 소태산의 그 법을 만나지 못하였더라면, 남자들은 한갓 배추씨 장수나 무씨 장수밖에 될 수 없는 운명이었던 그런 이디엇들 말이다.

지금은 자칭 세련된 모습으로 랩톱laptop을 메고 다니니, 엿장수 목판을 메고 다니던 때와는 좀 분위기가 다르다 하겠지만, 어찌하다 얻어 탄 배가 '힘들여' 물만 먹다 마는 뗏목인지 아니면 몇몇만 즐기기로 디자인된 요트인지 또는 팔자 늘어진 유람선인지, 어선 아니면 구명선이거나 구축함인지 LST인지도 모르고, 그저 파란 고해를 건너가겠다고만 아우성치며, '무엇'으로 한껏 고무된 천치들도 있는 모양이다. 이제는 건너가 보아야 여기만큼 별것이 없다고 하는데, 싼 뱃삯으로 탔으니 구명조끼조차 있을 리 없다. 바보라는 낱말 뒤에 가리어진 뜻은, 그들이 떠 있는 그 바다만큼 그렇게도 '광대 무량'한 것이다. 고대 그리스에서는 공적인 생활에 참여하지 않는 사람을 깎아내려 '바보Idiot'라고 불렀다. 세계가 네트워크로 연결된 현재는 그 네트워크에서 벗어날 수 없는 사람이 '바보'일 수도 있겠다.

구르지예프가 건배를 하면서 부른 이디엇들의 종류는 약 20가지가 되는데, 그런 간단한 이름으로 인간의 품성을 꿰뚫어 본 통찰력에 어쩌면 경외감까지 느끼게 된다. 그가 '인간 동물' 성품의 유형을 그렇게 구분할 필요가 있었던 것과 같이, 예수는 12가지 종류의 인간에 둘러싸였었고, 소태산은 9가지 타입의 인간들에 섞여 신 없는 신화와 전설을 남겼다.

구르지예프가 호칭한 여러 가지의 바보들은, 그런 속성의 인간과 공부 과정에서 보이는 나름의 수준을 의미하기도 한다. 그는 누구나 다 이디엇이고 그 카테고리를 벗어나기는 불가능하다고 하였다. 그는 문필업에 종사하는 제자의 "나는 더 이상 이디엇이 아닙니다."라는 반박을 듣고, "뭐라고! 이디엇이 아니라고! 모두가 이디엇이야, 이디엇. 나도 이디엇이고 신神까지도 다 이디엇이야."라고 하면서, 자신은 '독특한 바보a Unique Idiot'라고 하였다. 그러면서 그는 종종 건배하는 도중, "너는 어떤 종류의 이디엇이냐?"고 물었는데, 제자가 "잘 모르겠어요."라고 우물쭈물하면, "이야기해 봐! 자기가 어디에 있는지 꼭 알고 있어야 해!"라고 단호한 어조로 윽박질렀다.

구르지예프가 축배를 들며 부른 이디엇들을 열거하면 다음과 같다.
보통 이디엇(ordinary idiot), 슈퍼 이디엇(super idiot), 교활한 이디엇(arch idiot), 사람과 같이 품위 있게 죽지 못하고 개 같이 길에서 죽는 가망

없는 이디엇(hopeless idiot), 인정 많은 이디엇(compassionate idot), 몸부림치며 불쾌한 기분으로 일을 처리하는 이디엇(squirming), 줏대 없는 이디엇(zigzag idiot), 부처 같은 이디엇(enlightened idiot), 여우같이 의심 많은 이디엇(doubting idiot), 우쭐거리는 이디엇(swaggering idiot) 등이다.

우리도 건배를 들자. 어떤 내용의 건배를 할까? 영화 '그랜드 호텔 Grand Hotel'에서 라이오넬 배리모어 Lionel Barrymore가 그랬듯이, "장엄하고, 짧고, 위험한 우리의 인생을 위해 그리고 그런 인생을 사는 용기를 위해" 건배를 하자.

자 그러면 나는 퇴장할 시간이 되기도 하였고 또 원불교 교전 솔성요론 10조에도 중생을 어여삐 여기사 그들의 그름을 드러내지 말라는 간곡한 부촉을 남기셨으니, 자기 자신의 언행(idiocy)만을 살펴보기로 하고, 우리도 그 많은 이디엇들, 즉 여섯 가지나 되는 법위등급 속에 빠지는지도 모르고 서로들 히죽거리며 뜻이 맞는다고, 서로의 이마 위에 계급장처럼 출가위出家位니 여래위如來位니 딱지를 붙여주며, 헛소리로 자신을 합리화하면서 허우적거리는 바보들의 건강을 위하여 축배나 들기로 하자. 정말 요즈음에는 바보들이 더 많아진 것 같아 즐겁기만 하다.

바보들을 위하여 건배!!

그리고 그 술잔이 비기 전에 나는 안녕! 즐거운 여행이 되기를 ….

맺음말

    이 책은 구르지예프에 대한 나의 러브레터이다. 중국에 선불교를 전한 보리 달마의 스타일에 흥미를 느끼는 사람은, 구르지예프 부처님에 대해서도 호감을 느낄 수 있다.

    필자는 2001년 7월호부터 원불교 월간 잡지 『원광』에 구르지예프 공동체 이야기를 중심으로, '깨달음의 빛'이라는 제호로 몇 년간 기고한 일이 있었다. 당시의 독자는 원불교 울타리 안에서 '냠! 냠! 냠!'하며 그들만의 음식을 먹는 사람들인지라, '구르지예프'를 던져 놓고는 어떤 반응이 올까 궁금하였는데 박수를 보낸 적극적인 독자도 있었다. 그러나 독자가 작가에게 가장 적극적으로 영향을 미치는 방법은 '구매'일 텐데 그 잡지의 판매량이 그 글 때문에 많아졌다는 이야기는 들어보지 못했다.

    그런데 후에 간혹 누군가 이 글을 읽었다고 말을 해주면 신기하기도 하고 고맙기도 하였다.

    그러나 그런 상업 효과와 관계없이, '구르지예프'라는 메시지는 전통적인 동양의 '구루guru'와는 달리, 사막에서 포효하는 사자의 울음이다. 조르쥬 바타유는 자기의 글이 '인류 앞에 놓인 심연에 다가가는 과정'이라고 했는데, 필자는 그 정도로 중증은 아니지만, G.I. 구르지예프의 '호흡'을 놓치고 싶지 않았고, 비록 재주는 없어도 살면서 한 번쯤은 뻗

뻔해져도 괜찮겠다고 생각했다. 죠지 오웰은 『나는 왜 쓰는가』에서 네 가지 이유를 들었는데 첫 번째가 '잘나 보이기 위해서'란다. 심층적으로 그런 심리도 없지는 않았겠으나 결코 그것만은 아니다. 그래서 일반 독자를 염두에 두고, 기고한 글들을 모아 살을 덧대고 다시 고쳐 쓰며 재구성하였다. 그것은 "우리는 모두 시궁창에 빠져 있지만, 그래도 그 중에는 저 멀리 별들을 바라보는 이들이 있다."는 오스카 와일드의 말에 공감하고 있었기 때문이다.

구르지예프를 한 권에 담아낸다는 것은 애초부터 무리인 줄 알았다. 지면도 그렇지만 필자의 능력 또한 감당하기 어려웠다. 분수도 모르고 무딘 붓에 민망한 생각까지 들었다. 그래서 그의 심리학적, 우주론적인 생각들은 언급조차 못해 아쉬움을 남겼다. 그런 것은 따로 단행본이 필요할 정도로 분량이 많다. 그리고 그의 공부는 영육쌍전靈肉雙全을 하는 방식이지 이론을 위한 이론이 아니다.

소태산도 제자들에게 강연을 시키며 유·무식을 따지지 않고 그 실천 여부를 따져 점수를 매겼다. 갑甲에서 정丁까지 점수를 줬는데 유식한 소리라도 알맹이가 없으면 "송정리(광주 송정리) 여관 밥상 같다. 아무리 반찬의 가짓수가 많아도 젓가락이 갈 데가 없으니 먹잘 것 없는 것 같이 실속 없는 강연이라 정丁이다."라고 판정을 하였고, 시골 논두렁의 무식한 소리라도 실천성 있는 내용은 갑甲 중에서도 12갑甲이라고 평하였다.

구르지예프는 당신의 공부법을 위해 '몸동작'(Movements 즉, dances 또는 sacred gymnastics)을 강조하였는데 그것들에 대해서는 일부분 언급은 하였지만 깊이 천착하지 못한 아쉬움이 있다.

자료를 모아 찌고 굽고 볶고 끓이고 데쳐서 풍성한 지식 먹거리를 만들려고 나름대로 애는 썼으나, 글쎄다. 옷으로 말하면 선녀의 옷에는 바느질한 자리가 없다고 하는데 짜기운 흔적이 여기저기 보이고, 우리와는 시대를 건너 뛴 사람들의 이야기라 그런지, 남의 옷을 입고 있는 기분이랄까 편치 않은 부분도 없지 않았다.

끝으로, 늦가을 광장에 어지러이 흐트러져 있는 낙엽 같은 문장들을 요리조리 재치 있게 쓸어 깔끔한 모습의 책으로 만들어주신 원불교출판사의 소산紹山 주성균 교무님과 천지은 편집장에게 감사를 드려야 겠다.

이 책은 로스앤젤레스교당 창립 멤버였으며, 현재 오렌지카운티교당 지타 원지타圓知陀 한지덕韓知德 교도님의 후의에 용기를 얻어 햇빛을 볼 수 있었다.

연표

	G.I. 구르지예프	소태산 박중빈
1866(?)	러시아와 터키 경계의 러시아 쪽 알렉산드로폴의 그리스 구역에서 출생(1월).	
1878	가족이 까르Kars로 이사. 보시Borsh 사제로부터 교육받음.	
1881	알라게즈 호수의 총격 사건에서 구사일생, 신비경험 체험.	
1882	사격장의 총탄에서 겨우 살아남.	
1883	가출하여 티플리스Tiflis로 여행 시작.	
1885	콘스탄티노플 방문(수피의 메블레비파와 벡타시파의 더비시 공부).	
1888~9	고대이집트 수도 테베(Thebes)와 메카, 메디나를 별장으로 방문.	
1891		전남 영광군 백수면 길룡리에서 출생(양 5월 5일).
1894		(동학혁명)
1897	중앙아시아 및 고비사막 여행.	
1900	파미르 고원, 티베트 및 인도 여행.	한문 서당에 다니기 시작. 수제자 정산 송규 출생.

	G.I. 구르지예프	소태산 박중빈
1905		양하운과 결혼.
1912	모스크바 도착. 율리아와 결혼.	
1914	(독일이 러시아에 선전포고)	고창 연화봉에서 정진. 입정 상태 깊어짐. 온몸에 종기, 해수증 생김.
1915	우스펜스키를 제자로 받음.	
1916		소태산 대각(양 4월 28일). 최초법어설법.
1917		10인 1단의 첫 단 조직.
1918	우스펜스키와 결별.	전북 정읍 화해리 방문하여 수제자 정산 송규와 해후. 최초교당 구간도실 건립. 방언 공사 착공.
1919	처음으로 대중에게 'Sacred dance'를 터키의 티빌리시 오페라 하우스에서 공연.	영광에서 변산으로 들어감. 방언공사 준공, 백지혈인.
1920		『조선불교혁신론』 지음.
1921	터키의 학교 폐쇄. 올가-드 하르트만을 개인 비서로. 베를린에서 유럽 진출의 첫 강좌.	
1922	첫 번째 런던 방문. 프랑스의 Fonfainebleau-Avon에 거주. 뉴질랜드 작가 캐서린 맨스필드(Katherine Mansfield)의 요양을 위해 학교에 거주 허락.	
1923	자동차 운전 배움.	모친상 당함. 전주에 임시출장소 설치.

	G.I. 구르지예프	소태산 박중빈
1924	뉴욕에서 35명의 제자들과 댄스 공연.	익산 보광사에서 '불법연구회' 창립 총회. 중앙총부 건설 착수. 엿방 운영 및 엿장수 시작.
1925	프랑스 학교에서 모친 별세.	제1회 정기 훈련 실시.
1926		경성(서울) 출장소 설치.
1929	2번째 미국 방문.	
1930	4번째 미국 방문.	금강산 탐승.
1931	5번째 미국 방문.	
1932	6번째 미국 방문(시카고그룹 결성).	
1933	경제적 이유로 프랑스 학교 폐쇄.	
1934	제자 오라지(Orage) 사망.	보화당 약방 설립, 부여 여행.
1935		총부 방문한 안창호 접견.
1936	래즈비안 그룹 'the Rope' 결성.	
1939	(2차 대전 발발) 파리에 체류.	
1943		(양) 6월 1일 열반.
1945	(2차 세계대전 종식).	
1947	우스펜스키를 파리로 초청했으나 우스펜스키가 거절. 우스펜스키 사망.	교명을 '원불교'라 정함.
1949	10월 29일 열반.	

참고한 책

1. G.I. 구르지예프 친저와 그의 법문집

『Beelzebub's Tales to His Grandson, (An Objectively Impartial Criticism of the Life of Man)』 1~3권, E.P.Dutton & Co., Inc, 1973.

『Meetings with Remarkable Men』 러시아어에서 A.R.Orage역, E.P.Dutton Co. 1974.

『Life is Real Only Then, When "I am"』, E.P.Dutton, 1981.

『Views from the Real World』, New York, E.P.Dutton, 1975.

(초기, Moscows, Essentuki, Tiflies, Berlin. 중기, London과 Paris 후기, New York, Chicago에서의 법문)

2. G.I. 구르지예프의 1세대 제자들

Margaret Anderson, 『The Unknowable Gurdjieff』, Arkana, 1962.

Diares of J.G.Bennett and Elizabeth Bennett, 1949.

『Idiots in Paris』, Samuel Weiser, Inc., 1991.

John G. Bennett, 『Talks on Beelzebub's Tales』, (상동), 1988.

『The Way to be Free』, (상동), 1980.

『Gurdjieff: A very Great Enigma』, (상동), 1984.

『Making a Soul』, Bennett Books, 1954.

Robert Earl Burton, 『Self-Remembering』, Samuel Weiser, Inc., 1995.

Tomas de Hartmann, 『Our Life with Mr. Gurdjieff』, Cooper Square Publishers, Inc., 1964.

Tomas & Olga de Hartman, 『Our Life with Mr. Gurdjieff』, Harper&Row, 1983.

A. R. Orage, 『Psychological Exercises & Essays』, Samuel Weiser, Inc., 1974.

P.D. Ouspensky, 『A Further Record: Extracts from Meetings 1928~1945』 Arkana, 1986.

『A Record of Meetings』(1930~1947) Arkna, 1992.

『Conscience: The Search for Truth』, Arkana, 1988.

『TERTIUM ORGANUM』(A key to the Enigmas of the World), Vintage Books, 1970.

『New Horizons』, Globe Press Books, 1990.

Fritz Peters, 『My Journey With A Mystic』, Tale Weaver Publishing, 1980.

Beryle Pogson, 『Maurice Nicoll: A Portrait』, Fourth Way Books, 1987.

3. 기타(1)

Harry Benjamin, 『Basic Self-Knowledge』(Based on the Gurdjieff System of Development) Samuel Weiser,Inc., 1987.

Robert Earl Burton, 『Self-Remembering』, Samuel Weiser, Inc,. 1995.

John Fucks, 『Forty Years After Gurdjieff』, Gurdjieff Group of

Denver, 1944.

David Kheridian, 『On a Spaceship With Beelzebub By Grandson of Gurdjieff』, Globe Press Books, 1991.

Rafael Lefort, 『The Teachers of Gurdjieff』, Samual Weiser, Inc., 1966.

Philip Mairet, 『A.R. Orage』, University Books, 1966.

John Mitchiner, 『Guru』, Viking, 1992.

James Moore, 『Gurdjieff』(Biography), Element Books Limited, 1991.

Maurice Nicoll, 『Psychological Commentaries on the Teaching of Gurdjieff and Ouspensky』, I~V, Shambhala, 1984.

Jacob Needleman and George Baker, 『Gurdjieff』, Essays & Reflections on The Man and His Teaching), Continuum, New York, 1996.

C.S. Nott, 『Further Teachings of Gurdjieff』 (Including an Accornt of Meetings with Gurdjieff, A.R.Orage and P.D. Ouspensky)

William Patrick Patterson, 『Eating The 'I'』, Arete Communications, 1992.

『Ladies of the Rope』, (Gurdjieff's Special Left Bank Women's Group), Arete Commuications, 1999.

Irmis B. Popoff, 『Gurdjieff Group Work with Wilhem Nyland』, Samuel Weiser, Inc., 1983.

J.H. Reyner, 『The Gurdjieff Inheritance』, Turnstone Press Limited, 1984.

Kathleen Speeth, 『The Gurdjieff Work』, Jeremy P. Tarcher, Inc., 1989.

Rudolf Steiner, 『Spiritualism, Madam Blavatsky, and Theosophy』, Anthroposophie Press, 2001.

Paul Beekman Taylor, 『Gurdjieff and Orage: Brothers in Elysium』, Weiser Books, 2001.

『Shadows of Heaven: Gurdjieff and Toomer』 Samual Weiser, Inc., 1988.

M.W. Thring, 『Quotations from G.I. Gurdjieff's Teaching』, LU ZAC Oriental, 1998.

Henri Tracol, 『The Taste For Things That are True』(Essays & Talks by a pupil of G.I. Gurdjieff), Element, 1994.

Jean Vaysse, 『Toward Awakening』(An approach to the teaching left by Gurdjieff), Arkana, 1989.

James Webb, 『The Harmonious Cercle』(The Lives and Work of Gurdjieff P.D. Ouspensky, and Their Followers), Shambhala, 1980.

Sophia Wellbeloved, 『Gurdjieff, Astrology & Beelzebub's Tales』, Abintra Books, 2001.

『Gurdjieff, The Key Concepts』, Routledge, 2003.

Colin Wilson, 『G.I. Grudjieff: The War Against Sleep』, The Aquarian Press, 1986.

『The Strange Life of P.D. OUSPENSKY』, Aquarian, 1993.

Michel Waldberg, 『Gurdjieff: An Approach to His Ideas』, Arkana, 1989.

René Zuber, 『Who are you Monsieur Gurdjieff?』, Translated by Jenny Koralek, Arkana, 1980.

4. 기타(2)

『Secret Talks with Mr. Gurdjieff』(To a specially formed group as recollected by his Pupils), IDHHB, INC, 1978.

『NIMBUS: The creation story according to Mr. Gurdjieff』, (상동), 1978.

Pupul Jayakar, 『Krishnamurti: A Biography』, Harper & Row, 1986.

Aryel Sanat, 『The Inner Life of Krishnamurti』, Quest Books, 1999.

Meher Baba, 『God Speaks』, DODD,MEAD & Co., 1973.

Naosherwan Anzar, 『The Beloved』(Life and work of Meher Baba)

John A. Grant, 『Practical Spirituality with Meher Baba』, Merwan Publication, Sydney, 1897.

원불교 정화사, 『원불교 전서』, 원불교 출판사, 1992.

G.I. 구르지예프와 소태산 박중빈
동·서양에서의 '온전한 인간' 만들기 실험

인쇄	2018년 12월 21일 초판 1쇄 인쇄
발행	2018년 12월 28일 초판 1쇄 발행
지은이	김성규(종천)
펴낸이	주영삼
펴낸곳	도서출판 동남풍
출판신고	제1991-000001호(1991년 5월 18일)
주소	전라북도 익산시 익산대로 501
전화	063)854-0784
팩스	063)852-0784

www.wonbook.co.kr

값 19,000원

ISBN 978-89-6288-042-7(03110)

이 책의 저작권은 저자에게 있습니다.
잘못 만들어진 책은 구입처나 본사에서 교환해 드립니다.